Le commerce fluvial à Mont-de-Marsan du XVIIe au XVIIIe siècle

TOME II : *Le quartier du port*

Chemins de la Mémoire

Fondée par Alain Forest, cette collection est consacrée à la publication de travaux de recherche, essentiellement universitaires, dans le domaine de l'histoire en général.

Relancée en 2011, elle se décline désormais par séries (chronologiques, thématiques en fonction d'approches disciplinaires spécifiques). Depuis 2013, cette collection centrée sur l'espace européen s'ouvre à d'autres aires géographiques.

Derniers titres parus :

BOUYER (Mathias), *La principauté barroise (1301-1420). L'émergence d'un État dans l'espace lorrain,* 2014.
BOWD (Gavin), *La vie culturelle de la France occupée (1914-1918),* 2014.
WARLIN (Jean-Fred), J. –P. *Tercier, l'éminence grise de Louis XV. Un conseiller de l'ombre au siècle des lumières,* 2014
MARC (Sandra), *Les juifs de Lacaune-les-Bains (Tarn) dans l'après-guerre,* 2014.
LOUIS (Abel A.), *Janvier Littée, Martiniquais premier député de couleur membre d'une assemblée parlementaire française (1752-1820),* 2013.
MARY (Sylvain), *Le gaullisme aux Antilles et en Guyane au temps de la IVe République,* 2013.
GOASGUEN (Jean), *Un médecin de marine au Sénégal* (de 1882-1884), *Souvenirs de Louis Carrade,* 2013.
MARTINI (Louis François), *Le crépuscule des levantins de Smyrne,* 2013.
FEUERSTOSS (Isabelle), *La Syrie et la France. Enjeux géopolitiques et diplomatiques,* 2013.
MONTBEL (Eric), *Les cornemuses à miroirs du Limousin, Essai d'anthropologie musicale historique,* 2013.

Ces dix derniers titres de la collection sont classés par ordre chronologique en commençant par le plus récent.
La liste complète des parutions,
avec une courte présentation du contenu des ouvrages, peut être consultée sur le site www.harmattan.fr

Vincent LAGARDÈRE

LE COMMERCE FLUVIAL À MONT-DE-MARSAN DU XVIIe AU XVIIIe SIÈCLE

TOME II : *Le quartier du port*

L'Harmattan

DU MÊME AUTEUR

Le Vendredi de Zallâqa, 23 octobre 1086, L'Harmattan, Paris, 1989.

Les Almoravides I, L'Harmattan, Paris 1991.

Campagnes et paysans d'al-Andalus VIIIe – XVe siècle, Maisonneuve et Larose, Paris, 1993.

Histoire et société en Occident musulman au Moyen-Âge, Analyse du Mi'yâr d'al-Wansharîsî, Collection da la Casa de Velazquez, tome 53, Madrid, 1995.

Les Almoravides, le Djihad andalou (1106-1143), L'Harmatan, Paris, 1998, 1^{ière} édition, 2008, 2ième édition.

Madînat Shaltîsh, Une ville islamique dans les marécages de l'Odiel (Huelva, Andalousie) du IXe au XIIIe siècle, Etudes et documents, Archéologie 14, Namur, 2011, chapitre 1.

Le commerce fluvial à Mont-de-Marsan du XVIIe au XVIIIe siècle, tome I, L'Harmattan, 2012, 329 pages.

5-7, rue de l'École-Polytechnique ; 75005 Paris
http://www.librairieharmattan.com
diffusion.harmattan@wanadoo.fr
harmattan1@wanadoo.fr
ISBN : 978-2-343-03035-7
EAN : 9782343030357

Introduction

Au confluent de trois rivières, le Midou, la Douze et la Midouze, le site de Mont-de-Marsan fut choisi par Pierre de Lobanner (Loup Aner) comme étape du commerce fluvial d'un centre de collecte et de rassemblement des grains et des vins de l'Armagnac, descendant la Midouze et l'Adour jusqu'à Bayonne, échangés contre du sel et de nombreuses autres denrées, détaillées dans le premier volume consacré au « Commerce fluvial à Mont-de-Marsan, du XVIIe au XVIIIe siècle ».

Lors de la guerre du sel et des débuts de la Fronde, en 1636, de lourds convois de grains sont acheminés de l'Armagnac au port montois, où ils sont embarqués sur des galupes ou gabares, à destination de Bayonne, chargées en retour de sel. Ce sel, nous en avons détaillé l'origine, les qualités, les lieux de stockage, de vente et les modes de redistribution, les prix du sel blanc du Nord, du sel blanc de Saint-Gilles, du sel commun et du sel noir. Primordial pour l'acquisition de cette denrée, si recherchée pour la conservation des aliments, les vins, puis les eaux-de-vie, acheminés vers Bayonne, très prisés des négociants hollandais ou d'Europe du Nord, servent de monnaie d'échange. L'apprentissage et le développement de la distillation des vins, initiés par des spécialistes hollandais, feront la fortune de grandes dynasties de négociants montois : les Allein, les Dayre, les Lagoanère de Laboge, les Marrast, les Laurans, les Saint-Loubert-Bié, les Péres, les Baylin, les Jumel, les Duvin, dont nous avons décortiqué les carrières commerciales dans l'ouvrage précédent.

Les outils indispensables de ces fructueux échanges, furent l'aménagement du port, la construction de greniers, de magasins, de maisons à sel et de chais, au bord de la Midouze, l'équipement de diverses variétés de bateaux : galupes, gabares, galupats, galupots, demi-galupes, allèges, la formation de maîtres-de-bateaux expérimentés et de bateliers capables de déjouer les écueils de ce genre de navigation.

Si Bayonne devint le port des Landes, au XVIIème et au XVIIIème siècle, le commerce fluvial sur la Douze (Midouze) n'était pas de tout repos. Naviguer sur cette rivière, en période d'eaux hautes, se faisait sans difficultés, à condition d'éviter quelques écueils résultant de trois ou quatre portions de rochers, et d'autant d'îlots de sable, situés sur les bords ou dans le lit de la rivière. Les embarras engendrés par la période d'étiage, l'état désastreux du chemin de halage et les mauvais pas qu'occasionnait la traversée des divers ruisseaux qui le coupent, pour joindre la rivière, étaient autant de freins au transport fluvial. À cela s'ajoutait les divers « pague sau » ou péages dont la légitimité sera régulièrement combattue, au cours de ces deux siècles, sans parvenir à les faire tous abolir.

Ce deuxième volume, centré sur l'activité commerciale dans le quartier du port, analysera sa structure urbaine : la position et la transmission des greniers, des magasins et des chais aménagés autour de la place du Commerce ou place du Port, le long des rues du Port, des Calles, de la rue Batelière ou de la rue du Commerce. L'animation de ce quartier est assurée par les transports fluviaux et terrestres qui l'alimentent en denrées d'origine agricole, en laines d'Espagne et en étoffes les plus diverses, à l'origine de la fortune de nombreux marchands-drapiers montois.

Aux grandes familles de négociants de cette ville, déjà mentionnés, nous ajouterons les carrières commerciales des Douat, des Brettes, des de Cist et de Jean Candau, des Lefrancq, des Lesbazeilles et de François Tartas, pour terminer par l'aventure commerciale de Bernard Branzeau.

Cette reconstitution fragmentaire de l'activité économique du quartier du port de Mont-de-Marsan, n'a été possible que par le dépouillement des minutes notariales des notaires royaux montois de cette époque, documentation conservée aux Archives départementales des Landes, documentation souvent perdue pour certains notaires du XVIIème siècle, ou très endommagée et non communicable parfois, pour d'autres.

Chapitre 1.

Le quartier du port du XVIIème au XVIIIème siècle

Né du développement du commerce fluvial, le quartier du port s'agence autour de la place du Port ou du Commerce (place Pancaut), des cales ou calles conduisant aux berges de la Douze (Midouze), de la rue Batelière et du quartier de Rigole, à Saint-Pierre-du-Mont, peuplé des petites maisons construites par les familles des portefaix et des bateliers.

Le quartier du port

Aménagé hors les murs de fortification de la ville de Mont-de-Marsan, le quartier du port constitue un faubourg où des familles de marchands et grands négociants, s'adonnent au commerce fluvial sur la Douze (Midouze), en direction de Bayonne. À cet effet, ils y ont construit leurs maisons, leurs magasins, leurs greniers, leurs chais et leurs maisons à sel, en bordure de la Douze (Midouze), le long de la place du Commerce, des rues du Commerce, de la Marine ou de la Grande Calle, des Sagues ou Batelière.

Les calles ou cales. Entre les murailles de fortification de la ville qui s'ouvrent sur la place du Commerce, par la porte du Port, et le moulin du Port, cette portion des berges de la Douze, permet aux gabares et autres galupes de décharger les sacs de sel et autres marchandises, en provenance de Bayonne, pour les mener, par des ruelles appelées calles ou cales, vers la place du Commerce, et les magasins et greniers, et d'embarquer les futailles de vin, d'eau-de-vie et les sacs de céréales destinés à l'exportation. Le mot gascon cale désigne ces rampes d'accès à la rivière.

A la veille de la Révolution de 1789, le port est accessible grâce à cinq cales : celle de Marrast et de Bié, celle de Marrast et Cadillon, la Grande Cale, la cale de Sourbets et celle de Laburthe.

La plus ancienne, la cale de l'Abreuvoir ou du Lavoir, certainement de l'époque du Moyen-Âge, est le prolongement direct de la place du Port ou du Commerce, vers la berge de la Douze (Midouze). En 1787, elle est en mauvais état, et les négociants de la ville adressèrent une supplique à Mr. de Boucheporn, intendant de Pau et Bayonne. Les pierres de taille des côtés et des angles de la cale ont été déplacées et renversées, au point que « le moindre effort, lors du roulage des futailles, suffisait pour les précipiter dans un égout profond, où elles seraient fracassées sans ressource ». De plus, il existe dans le milieu de la cale, « des excavations considérables, qui exposent ces mêmes futailles, à s'entrouvrir, quelque solides qu'elles puissent être ». L'entretien de cette cale, sans doute construite au Moyen-Âge, était à la charge de la Communauté de la ville. C'est elle qui permet de relier la cale de l'Abreuvoir à la place du Port ou de Commerce (place Pancaut). Sur le plan cadastral de 1811, le site est vierge. « Le Midou jouxte les murailles de la seconde enceinte, et des bancs de sable prolongent la rue de l'Abreuvoir (actuelle rue Henri Thiébaud). Le site était donc déjà utilisé pour faire boire le bétail. La cale fut construite en remblayant les lieux, vers 1816, avec des matériaux provenant de la démolition de l'ancien pont du Bourg » (A. Lafourcade).A l'extrémité sud de ce pont, s'élevait la porte de Saint-Sever, et au Moyen-Âge, jusqu'au 10 janvier 1702, l'hôpital du bout du pont du Bourg, qui devenu insalubre, fut vendu par l'évêque d'Aire et reconstruit sur un terrain cédé par Jacques Lefrancq, bourgeois et marchand montois, moyennant 3 000 livres. « Notre cale est formée de deux rampes aboutissant au lavoir. Au cours des deux derniers siècles, elles ont porté diverses appellations. Pour la rampe est, descendant du pont Gisèle Halimi : cale Roussoulet en 1836, cale du Pont du Midou en 1844, cale ou quai Ritter en 1863 » (A. Lafourcade). Pour la rampe ouest, cale de l'Abreuvoir en 1827, cale de Gorce en 1844.

La quatrième cale, ou la troisième en partant de la place du Port ou du Commerce (place Joseph-Pancaut), c'est la « Grande Calle », anciennement appelée « calle du Rey », cale du Roi. Elle est le débouché de la rue Marine ou de la Grande Calle, vers les berges de la Douze (Midouze). C'est la plus large des cinq cales qui font communiquer l'actuelle rue du Maréchal Bosquet et le quai de la Midouze. Elle a une longueur de trente-cinq mètres. « Elle est devenue la « cale des Chalands », le 16 juin 1972, rappelant le souvenir de ces bateaux à fond plat, non pontés, appelés dans la région, galupes ou gabares qui, de Mont-de-Marsan à Bayonne, transportaient les grains et les eaux-de-vie de l'Armagnac » (A. Lafourcade).

La dernière cale offrait un débouché vers la rivière, à la rue des Sagues ou Batelière. Cette voie étroite où la circulation se fait en sens unique, débute actuellement, à la jonction des rues Maréchal Bosquet et Charles-Despiau, et s'achève rue du Général-Lasserre. Avant la Révolution de 1789, elle portait le nom de rue des Sagues. « Les sagues étaient des garçons meuniers, allant dans les campagnes, avec un mulet, chercher dans les métairies les sacs de blé ou de seigle qu'ils faisaient moudre ; par extension, les Sagues étaient également les porteurs de sacs du Port » (A. Lafourcade). Cette rue, par ailleurs, donnait accès au moulin du Port. Sous la Révolution, cette rue portait le nom de rue Patriote. Le Conseil Municipal montois, le 5 mai 1806, la dénomma rue Batelière, rappelant qu'elle était habitée par les maîtres-de-bateaux, les bateliers et les portefaix employés au port fluvial, situé sur les quais tout proches. En 1813, elle fut dénommée rue Marine.

Les rues du quartier du Port. La rue du Port qui s'ouvre sur la place du Port ou du Commerce, fut dénommée, au cours du XIXème siècle, rue du Commerce. Au XVIIème et au XVIIIème siècle, elle était bordée par les maisons des négociants tirant leurs revenus de la batellerie et du commerce fluvial entre l'Armagnac, le Languedoc et Bayonne. Ils accédaient au port, aujourd'hui quai de la Midouze, par les cinq cales dont nous avons parlé précédemment, et qui existent toujours. La rue du Port, encombrée les jours de marché, « au point que les citoyens ne pouvaient passer sans être exposés à se faire écraser, et que même le courrier de la Malle fut plusieurs fois arrêté des heures entières par les bouviers, était limitée au XVIIème siècle et au XVIIIème siècle (côté place Joseph-Pancaut), par la Porte du Port, dont la démolition fut décidée en 1777. Sous la Révolution, baptisée rue du Serment Civique, elle s'appela successivement : rue Marchande, rue Bastiat, et en 1884, enfin rue Frédéric-Bastiat en 1899.

Les magasins, greniers, chais et maisons à sel du quartier du port

Dès leur installation dans le commerce des céréales, des eaux-de-vie, du sel et autres denrées, les négociants affluant tant du Gers, du Languedoc, que du Nord de la France, devaient se doter de magasins, de greniers, de chais, de maisons à sel, nécessaires au stockage temporel de leurs marchandises en transit, à destination ou en provenance du port de Bayonne.

Ces lieux de stockage et de vente sont des entrepôts échelonnés le long de la Douze (Midouze), ou construits derrière les maisons des marchands du port. En 1647, Jean Banos détient un grenier situé au port ; en 1654, le marchand Burriot en fait construire un ; en 1684, Jean Candau en est pourvu. Toutes les grandes familles de négociants montois pratiquant le commerce fluvial, en possédaient un ou plusieurs, selon la densité de leurs activités de négoce. Greniers, chais, maisons à sel sont avec les galupes, galupots, demi-galupes ou allèges, les investissements primordiaux de tout commerçant désirant s'installer au port de Mont-de-Marsan.

Figure 1: Plan cadastral de 1811 (ADL)

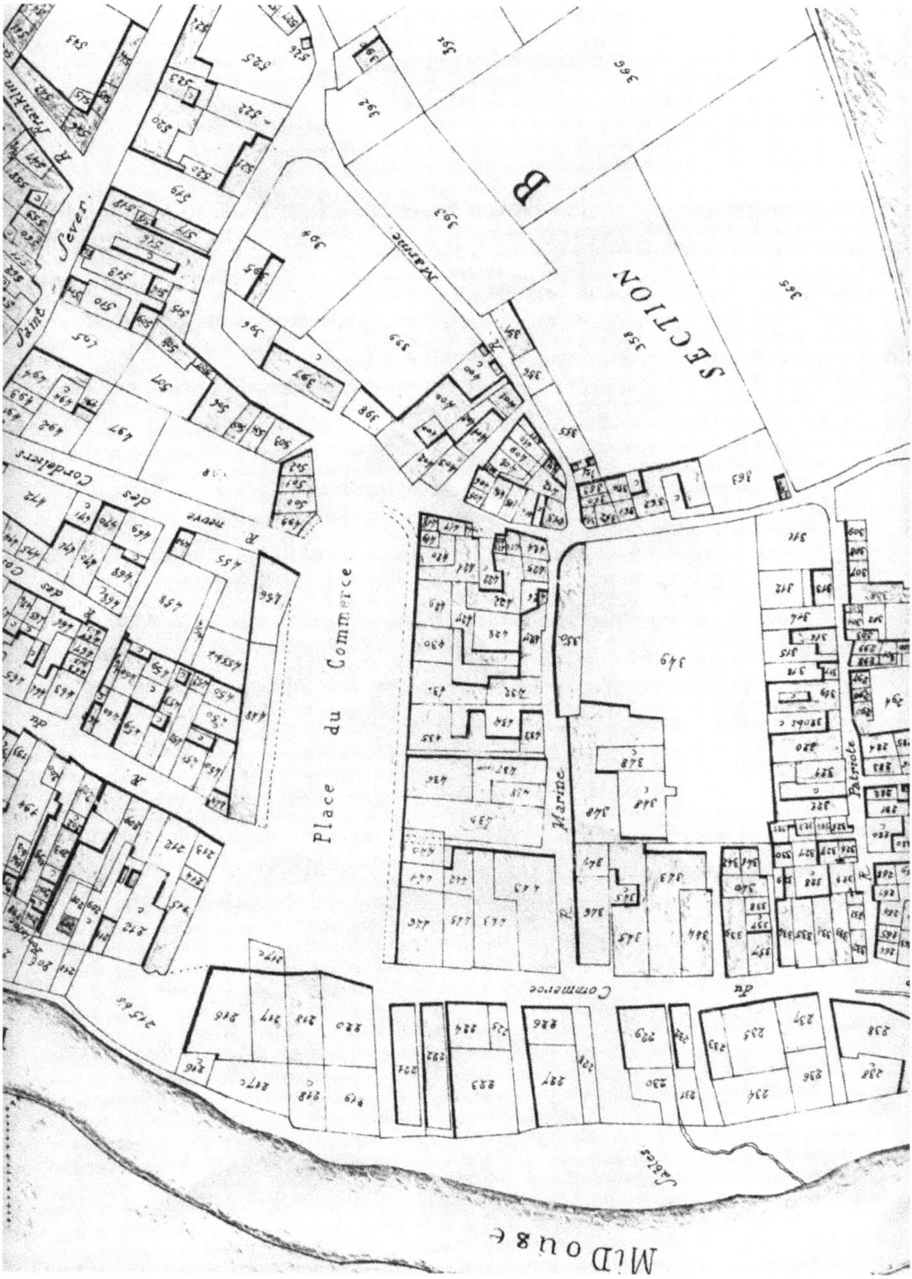

Figure 2: Plan cadastral (numéros des parcelles)

C'est la localisation, la transmission, au cours des XVIIème et XVIIIème siècles, de ces entrepôts que nous allons entreprendre, au hasard des ventes ou des achats que nos négociants ont pratiqués, au cours de leur vie professionnelle.

Maison et grenier de Burriot, Jean Dayre, François Dayre, Bernard Dayre, Bernard Laboge, Joseph Lubet (1655 à 1746)

Lors de son établissement à Mont-de-Marsan, Jehan (Jean) Dayre (m. 1656), acquiert le grenier du sieur Burriot, avant 1655, date d'un « marché de travail », du 4 février, engageant Pierre de Bordenave, maître-charpentier, et Jean Juzan, maître-charpentier, originaire d'Hagetmau, mais résidant à Mont-de-Marsan, pour rénover l'ensemble de l'édifice : ils devront recouvrir de tuiles et fixer le faitage avec du mortier, poser sur le premier étage du haut, les poutres nécessaires, de plus, baisser le plancher du grenier et débâtir le salin, pour baisser le plancher, le refaire et le remettre au niveau du nouveau plancher, moyennant 30 livres, une barrique de vin blanc, bon et marchand, et un ka et demi de « mesture » (millade, moitié millet, moitié panic) (3 E 4 (16) 31). Dans son testament du 23 octobre 1656, Jean Dayre transmet ses biens à ses enfants, dont le grenier appelé de Burriot, avec la maison joignante qu'il a commencé à se bâtir et qui lui appartient, et pour laquelle il a fait un marché avec Jean Brethes, « pour la bâtisse de ladite maison sur lequel il a baillé audit de Brethes, les sommes contenues dans un livret » (3 E 4 (18)).

Son fils François Dayre (m. 1695), trop jeune pour reprendre le commerce, à la mort de son père, laisse la gérance de la maison de commerce et du grenier, à sa mère, Marie Ducournau, jusqu'en 1660. En 1688, François Dayre achète, le 5 novembre, un autre grenier, celui de Jean Catuhe.

Bernard Dayre (1667-1713) ne semble pas s'intéresser au commerce fluvial de son père, mais demeure propriétaire de la maison et des greniers, jusqu'à sa mort le 5 janvier 1713.

Bernard Laboge (m. 1728) semble avoir acquis et utilisé le grenier de Catuhe, avant de louer, le 16 juillet 1718, à Pierre Félix Tastet, marchand montois, « toute icelle maison appelée communément la maison de Dayre, avec le grenier joignant icelle, appartenances et dépendances, situés au port de cette ville, et ce pour le temps et espace de trois années prochaines », pour un loyer annuel de 150 livres (3 E 4 (84-2) 70). Bernard Laboge, secrétaire du roi, premier jurat de Mont-de-Marsan, vend le 23 juin 1714, à Mathias Racle, essayeur particulier de la monnaie de Paris, y habitant en l'hôtel de la Monnaie, paroisse de Saint-Germain-L'Auxerrois, «la maison et grenier appelée de Dayre, qui confronte du levant à grenier des héritiers de Jean Duvin l'aîné, bourgeois et marchand, du midi à la place du Port, du couchant à grenier du sieur Brettes, bourgeois et marchand, ruelle entre eux deux, et du nord à rivière de la Douze », le tout estimé 8 000 livres, avec une métairie (3 E 3 (27-2) 97).

Les Lubet en devinrent propriétaires jusqu'au 6 octobre 1746, où Joseph Lubet, seigneur de Laquy, vend à Joseph Marrast (1699-1768), bourgeois et marchand montois, « toute icelle maison, grenier et jardin, le tout à un tenant, appartenances et dépendances, et sans nulle réserve, appelés de Dayre, situés en cette ville .... Confrontant du levant à grenier de Duvin, environnés entre deux du midi, à la place du Port, au couchant, à la descente vers la rivière de la Douze, et du nord, à ladite rivière », moyennant le prix de 5 775 livres (3 E 4 (143-2) 91). Son fils Fortis Marrast (1730-1802), le plus doué des Marrast pour les affaires, développe son commerce fluvial, par l'achat de trois gabares et organise à partir de ce grenier, une entreprise de fret qui transportera pour son compte, au départ de Mont-de-Marsan, des grains et des eaux-de-vie, au retour de Bayonne, du sel, mais aussi du sucre, des épices et du coton venu des îles des Antilles. Cette maison, ce grenier et ce jardin figurent sur le cadastre de 1811, sur les parcelles B. 218, 219, 220.

Le grenier de Hons ou de Barthe, de Jean Douat (m. 1654), de Jean Douat (m. 1670), de François Douat (m. vers 1703), son frère

Le grenier de Hons ou de Barthe existait déjà, avant de devenir la propriété de Jean Douat père (m. 1654), venu s'installer à Mont-de-Marsan vers 1649, pour s'y marier et pratiquer le commerce fluvial. Ce grenier demeure dans la famille Douat ; Jean Douat son fils (1655-1670), qui en a hérité, l'utilise tout au long de sa vie (3 E 4 (52) 149). À sa mort, en 1670, son frère François Douat (m. vers 1703), le loue à Léonard Manot, marchand habitant au port, le 22 février 1686, pour une durée de cinq ans, moyennant un loyer annuel de 51 livres (3 E 4 (39) 28). Ce contrat de location n'alla pas à son terme, le 8 novembre 1688, la maison, grenier et jardin du Hons, « confrontant du levant à maison des héritiers d'Estéban Dargelas, et de feu Duvignau de midi, et jardin des héritiers dudit Duvignau de couchant et à la maison de Jean de Lannebras, et de nord à rue publique », est relouée à Bernard Louberie, marchand, contre un loyer annuel de 60 livres (3 E 4 (41) 202). S'agit-il du même grenier ?

Le 8 septembre 1696, François Douat, qualifié de bourgeois et marchand, loue à Jean de Broquère, batelier habitant au port, « tout le haut de la maison qu'il possède au port de ladite ville, avec le grenier à sel, tout le jardin, fournière et devant de maison », contre un loyer annuel de 30 livres (3 E 4 (76-2) 227). François Saint-Arroman, maître-cardeur, loue le 15 septembre de la même année, « la chambre du devant de bas, avec le chai, avec son grenier appelé le grenier de bas, situé au port de cette ville, et ce pour le temps et espace d'une année » au loyer annuel de 20 livres (3 E 4 (47) 150).

François Douat, fils de Martin Douat et de Catherine Ducournau, décidait le 20 juillet 1715, d'acheter à Jean Lasserre, bourgeois et marchand, « toute icelle place où il y avait autrefois un grenier appelé le grenier de Lasserre, lequel grenier est tombé en ruine. Les murailles et boisages sont par terre ». Ce grenier estimé 78 livres, confrontait « du levant à jardin des héritiers d'Annet Salles et des héritiers de feu Jean Ducos, de midi à jardin de Jean Deyres dit Marchebiste, de couchant à jardin de Jean Salles, et de nord à place publique ». S'agit-il de la place du Port ou du Commerce ? (3 E 13 (4-2)). Cette acquisition ne devait pas satisfaire ses besoins de stockage, aussi accepte-t-il la proposition de Jean Ducournau, avocat au Parlement, de lui vendre, le 19 juillet 1719, « le grenier appelé le grand grenier de Cist, sis et situé au port de la présente ville », confrontant « du levant à place publique, appelée la place du Port, de midi à autre grenier du sieur Candau, qui est sous le même couvert, de couchant à grenier des héritiers de feu messire Dayre, vivant lieutenant général au sénéchal de la présente ville, et de nord à grenier dudit sieur acheteur », estimé 1 200 livres (3 E 13 (5)).

Claire Lefrancq, veuve de Barthélemy Ducournau, mère de Jean-Jacques Ducournau, « escolier », arguant d'un légitime droit de retrait lignager, fit annuler la vente de ce chai et grenier, son fils étant le plus proche parent du défunt, le rachète le 19 juillet 1720, au même prix de 1 200 livres, réglé en trois billets de la banque royale, un de 1 000 livres, et deux de 100 livres (3 E 13 (6-1)). Ce chai et grenier peut être localisé sur la parcelle B. 218 du plan cadastral de 1811.

Le magasin de Jean Lapeyre (m. 1727), de Barthélemy Baylin (m. 1765), de Jean Baylin (de 1765 à 1773), de Fortis Laurans (de 1773 à 1774), de Barthélemy Laurans (de 1774 à 1791), de Jean-Baptiste Laurans (de 1791 à 1824) et de Jean Loubery (en 1824)

Jean Lapeyre, adhérent du syndicat des marchands montois pratiquant le commerce fluvial sur la Douze, possédait un grenier, de 1700 à 1727, avant de le vendre à Barthélemy et Jean Baylin, père et fils, qui l'exploiteront jusqu'en 1758. Le 2 décembre 1758, Fortis Laurans, beau-père de Fortis Bié, achète au prix de 5 000 livres, « le magasin et pigeonnier attenant, appelés le tout de Baylin, autrefois de Lapeyre, situés sur la place du Port de cette ville », dont les confrontations ne sont pas précisées (3 E 13 (29-2) 194). Acquis par Fortis Laurans qui l'occupa de 1773 à 1774, il passa dans les mains de son fils

Barthélemy Laurans, bourgeois et négociant, qui l'utilisa de 1774 à 1791. Le 5 janvier 1741, ce dernier fait donation à son fils, Jean-Baptiste Laurans, de 4 800 livres et du magasin situé rue du Port, « confrontant au levant à maison et magasin des héritiers du sieur Douat, aujourd'hui occupé par Laurent Brocqua, en « dronne » entre deux , de midi à ruelle publique, de couchant à maison de Jean Laurans, également en « dronne » entre deux, et de nord à rue publique » (3 E 13 (47) 7). Ouvert après son décès, le testament de Barthélemy Laurans, du 24 mai 1793, révèle le montant de sa fortune s'élevant à 105 328 l 17 s. Elle était composée de huit métairies : les métairies de Trenet évaluée 2 928 livres, de Bastarrot 1 527 livres, de Rontun 3 844 livres, de Tout-Blanc 2 874 livres, La Baguette 1751 livres, Scionnet 1 647 livres, La Tuilerie 1 900 livres ; du moulin de Bourrus valant 11 200 livres, toutes ses propriétés étant situées dans la commune de Saint-Pierre-du-Mont ; de la maison paternelle et de deux magasins situés place et rue du Commerce (3 E 13 (52) 35) (Cadastre de 1811 : parcelles B. 431, 445, 456, 499).

Jean-Baptiste Laurans se vit attribuer la maison paternelle et les deux magasins qui lui servirent d'entrepôts dans son commerce, jusqu'en 1824.

Le 11 mars 1824, Jean Loubery, propriétaire négociant, domicilié à Mont-de-Marsan, lui achète au prix de 46 000 francs, « le magasin ayant sa façade rue du Commerce, au côté du nord, confronté au côté du couchant à maison et magasin de monsieur Jean Cadillon , « en dronne entre », au côté du midi, à ruelle conduisant de la place du Commerce à rue de la Grande Calle, sur laquelle ruelle ladite cour, comprise dans la vente, à une porte ou issue, et du côté du levant, ladite cour et ledit magasin confrontent à maison de Marrast et magasin de monsieur Sourbets, et à maison de monsieur Loubery acquéreur » (3 E 13 (76) 90). Ce magasin occupe la parcelle B. 445, sur le plan cadastral de 1811.

Les greniers de Cist au Port, de 1670 à 1762

François de Cist, bourgeois et marchand, ne possédait pas de grenier ; pour ses nécessités commerciales, il louait le 14 août 1670, le grenier du Port, appartenant à monsieur Brassenx ; le montant du loyer s'élevait à 39 l 15 s (3 E 3 (1-2)). Son fils, Bernard de Cist, bourgeois et marchand, louera le grenier de Lachapelle, avocat à la Cour. Ce dernier lui avait baillé, le 24 décembre 1673, ce grenier situé au Port de la présente ville, « pour le temps et espace de dix-huit mois ». Par la suite ce grenier fut réquisitionné, pour entreposer les grains et le foin destinés à la nourriture et l'entretien des gens de guerre qui étaient cantonnés dans la région et en partance pour la ville de Bayonne. Bernard de Cist fit valoir cette contingence pour demander une exonération du loyer s'élevant à 100 livres par an. Le 24 décembre 1673, il en était toujours locataire (3 E 3 (6-1)).

Jean de Cist, bourgeois habitant au Port, fils de Bernard de Cist, détenait le grenier appelé de Catuhe, « bâti de murailles et bois, couvert de tuiles à canal, sol et fondement du tout, avec la place y attenante et les dépendances sur le derrière dudit grenier, confronté du levant à grenier du sieur Brethous (Brettes), de midi à rue publique, de couchant à grenier et maison de demoiselle Madeleine de Lubet, veuve, et de nord à la rivière de la Douze », situé au Port de la ville de Mont-de-Marsan. Ce grenier demeure propriété de la famille de Cist, jusqu'au 8 février 1720, jour de sa vente par Jean de Cist à François Camerade, bourgeois et marchand au Port, pour le prix de 2 000 livres (3 E 11 (19)). Cette cession dut être contestée. Elle donne lieu à un deuxième contrat de vente, le 20 janvier 1724. François Camerade, bourgeois et marchand habitant au Port, verse à Jean de Cist, la somme de « mille sept cents livres tournois et huitante livres cinq sols sept deniers, d'arrérage de rente d'icelle échue jusqu'à ce jour, en laquelle somme capitale, le sieur Camerade était débiteur en faveur du sieur de Cist, pour raison de la vente dudit grenier situé au port de cette ville » (3 E 3 (31-2) 15).

François Camerade, fils de Dominique Camerade, marchand au port et de Marie Saint-Pé, avait repris l'activité commerciale de son père, le 17 février 1694, après son décès. Il avait une sœur, Madeleine Camerade. Leur père dans son testament, leur léguait 100 livres à chacun, qu'il percevrait à l'âge de 25 ans (3 E 4 (46) 30).

François Douat, bourgeois et marchand montois, l'avait acquis avant de le revendre à Fortis Laurans. Le 29 juillet 1744, ce bourgeois et négociant montois, achetait « le grenier anciennement appelé de Catuhe, présentement de Camerade, avec la place attenante sur le derrière, situé au port de la présente ville du Mont-de-Marsan …. Confrontant du levant à grenier du sieur Brettes, de midi à rue publique, de couchant à maison et grenier du sieur Lesbazeilles, et de nord à la rivière de la Douze », estimé 2 750 livres (plan cadastral de 1811, parcelle 222) (3 E 4 (101) 141).

Les de Cist possédaient un autre grenier qui, lors de sa vente à Joseph Marrast, bourgeois et négociant, était propriété de Pierre Lefranc, bourgeois, et de Catherine Ducournau, veuve de Léon Lefranc, bourgeois. Ce grenier, « communément appelé de Cist, et situé au port de cette ville, qui confronte du levant à la place du port, du midi à la ruelle qui conduit chez monsieur Brettes négociant, du couchant au grenier de monsieur Laurans cadet négociant, du nord au grenier de monsieur Ducournau », fut vendu au prix de 1 200 livres (3 E 13 (20-2) 35).

Alexis de Cist de Largelère et Mathias de Cist capitaine, frères et fils de François de Cist, vivant sieur de Vacher et de Marie de Condon, acquéraient le 14 avril 1703, deux greniers, grand et petit, appelés « les greniers de Racle ». Ces entrepôts appartenaient, bien avant le 1ier mai 1688, date de l'inventaire de ses biens délaissés après décès, à Nicolas Racle, bourgeois et marchand (3 E 4 (69) 155). Débiteur d'une somme de 1 000 livres, selon un contrat du 13 juin 1663, reçu par Dufajet, notaire royal, et d'une somme de 400 livres, le 14 janvier 1662, François Racle céda ces deux greniers à feu François de Cist, père d'Alexis et de Mathias de Cist (3 E 4 (80) 90).

Le grenier Lagoanère de Laboge, Fortis Péres (1690-1735)

Avant 1690, Jean Lagoanère de Laboge (m. 1707) détenait une « maison et grenier, jardin et terre labourable, à un tenant, sise audit port, quartier de la Borde du Conquet, et au fief de messire de Brocas, confrontant le tout du levant, midi et nord, à chemin et place publique et de couchant à maison et jardin des héritiers de feu Jean de Lubet dit Joanton ». Antoine Bonnet, bourgeois et marchand de céréales, habitant au port, achetait cet ensemble immobilier le 21 avril 1690, estimé 675 livres (3 E 4 (71) 127).

De plus, notre marchand-drapier, maître-boutonnier, pour son commerce de mercerie, détenait deux boutiques près du vieux château, dans le quartier du bourg vieux de Mont-de-Marsan. Ayant étendu son commerce aux céréales, au sel et aux eaux-de-vie, il eut la nécessité d'acquérir pour ce commerce fluvial, le 17 avril 1703, « deux greniers, grand et petit, avec le jardin joignant iceux, appelés les greniers de Racle », vendus par Alexis et Mathias de Cist, frères, pour la somme de 635 livres (3 E 4 (80) 91). C'est peut-être, à la mort de Bernard Dayre, en 1713, que la maison et grenier de Dayre, fut acquise par François Lagoanère de Laboge, et devint par héritage, la propriété de son fils Bernard Laboge, conseiller du roi et premier jurat de Mont-de-Marsan. N'exerçant plus d'activité commerciale, ce dernier loue, le 16 juillet 1718, à Pierre-Félix Tastet, la maison et grenier Dayre, pour une durée de trois ans, avec un loyer de 150 livres par an (3 E 4 (84-2) 70).

Le 16 avril 1725, Fortis Péres, bourgeois et marchand habitant au port, achète à Bernard Laboge « le grenier ou magasin, appartenances et dépendances … situé au port de la présente ville, au fief de messieurs les prêtres du Martyrologe de la présente ville, confrontant du levant à maison du sieur acheteur, de couchant à grenier aussi appartenant au sieur acheteur, de midi à jardin du sieur Brettes, bourgeois et marchand, et de nord à rue publique », moyennant la somme de 6 000 livres (3 E 13 (7-2)). Fortis Péres jouissait aussi du « grenier et chai communément appelé de Lassalle, et présentement, le grand grenier de Péres, situé au port de cette ville, contigu à la maison appelée de Péres ». Dans son testament du 16 juillet 1714, Fortis Péres en laissait la jouissance à son épouse Jeanne Laboge, qui l'occupa jusqu'au 27 août 1719, date à laquelle elle en fit donation à Jeanne Péres sa fille, veuve de noble Pierre de Junca, écuyer seigneur de Mano. Il contenait « une paire de chaudrons, servant à faire l'eau-de-vie », et était évalué alors, 6 100 livres (3 E 4 (149) 37).

Le 22 janvier 1735, Jeanne Péres, vend à Dominique du Brocas (Dubrocas), bourgeois et marchand habitant de cette ville, « le grenier et chai anciennement appelé de Lassalle et présentement le grand grenier de Péres, situé au port de cette ville, confrontant du levant à grenier de Dayre, « en dronne » entre deux, du midi à rue publique, du nord à rue publique, et du couchant à maison donnée à demoiselle Ducournau », au prix de 4 000 livres (3 E 4 (139) 8).

Le grenier de Catuhe et les greniers de Brettes

Le grenier de Catuhe confrontait « du levant à la descente vers la rivière Douze et maison de François Dayre, de midi à rue publique dudit port, de couchant à maison de Jean de Cist, maître-cardeur de laine (cadastre de 1811, parcelle 222), de nord à la rivière de la Douze » (cadastre 1811, parcelle 221), il fut vendu vers 1633, par noble Pierre-Paul de Prugue, sieur de Cailhau, à Jean Brettes, qui le transmet le 13 janvier 1678, à son fils Bernard Brettes. Ce grenier de « Catuhe, jardin et descente (vers les berges de la Douze) qui est joignante, situé le tout audit port », était estimé 1 000 livres, lors de cette donation (3 E 4 (33) 9).

Un Michel Brettes, maître-tailleur, parent des précédents, loue le 12 décembre 1680, le grenier de Brassenx, « situé au port de la présente ville », à Alexandre de Junca, écuyer, pour une durée de neuf ans, 55 livres par an (3 E 4 (61-2) 280).

Le 11 septembre 1691, Bernard Brettes versait 650 livres à Jean-Martin de Lassalle, baron de Roquefort, fils de François de Lassalle, conseiller du roi, lieutenant général criminel de la ville de Mont-de-Marsan, pour « reste et final paiement de 710 livres, du prix d'acquisition d'un grenier, sur le port de la ville, faite par ledit feu Jean de Brettes », père de Bernard Brettes (3 E 4 (43) 185).

Etienne de Brettes, frère de Jean de Brettes, bourgeois et marchand habitant au port, avait reçu lors de son mariage avec Madeleine Douat, une dot de 300 livres, et « le grenier joignant la maison », sis au port, dont son épouse détenait la moitié de la valeur, ce qu'elle certifia dans son testament du 19 juin 1691 (3 E 4 (43) 115).

Le 15 mars 1711, Barthélemy Brettes, maître-cordonnier montois, vend à Pierre Capdeville, maître-tonnelier montois, « la petite maison appelée communément au grenier de Brettes, couverte de tuiles et bâtie de murailles, avec un petit jardin sur le devant, de la largeur de la maison, ladite maison délaissée par feu Anne Brettes, confrontant du levant à chemin public, de midi à maison de la veuve Brettes, de couchant à jardin de ladite Brettes, et de nord à jardin de la veuve Péres et Laboge, et grenier dudit Péres ... », estimée 480 livres (3 E 4 (83) 25). François Brettes, fils aîné de Jean Brettes, contestera cette vente, et fera valoir, le 3 janvier 1712, auprès de Pierre Capdeville, son droit de retrait lignager, pour racheter ce grenier au même prix (3 E 4 (83) 2).

Marie Darthés, veuve de Jean Lubet, vivant bourgeois et marchand montois, loue le 11 juillet 1718, à François Brettes, bourgeois et marchand de Bayonne, « le grand grenier d'en bas et celui d'en haut, situés au port de la présente ville et ce, pour le temps et espace de trois années », moyennant la somme de 120 livres par an (3 E 4 (84-2) 61).

Jean-Martin de Lassalle, chevalier et seigneur baron de Roquefort, président de la Chambre des requêtes du Parlement de Bordeaux, résidant rue du Chapeau Rouge, dans cette ville, cède le 21 juin 1737, à Jean Brettes, bourgeois et négociant, « le grenier et place publique communément appelés de Lassalle, situés au port de Mont-de-Marsan, appartenant en propre à la dame de Lassalle, confrontant du levant et nord à jardin du sieur Brettes, du midi à rue publique et du couchant et vers le nord à maison de ... », pour le prix de 900 livres (3 E 4 (140) 74).

Après un différend réglé par un arrêt de la Cour du Parlement de Bordeaux, le 11 avril 1724, Jean Pandelle, prêtre et curé de la paroisse de Saint-Girons, diocèse de Bordeaux, fils héritier de François Pandelle, procureur au sénéchal de Marsan, reconnaît le 9 juillet 1747, que Bernard et Jean Brettes, marchands-cardeurs, fils et héritiers de Bertrand Brettes, marchand-cardeur, qui a acquis par contrat du 22 mars 1688, retenu par Mauco, notaire royal de Mont-de-Marsan, de François, Bertrand et Josèphe de Palu, la maison « appelée le grenier de Lachapelle », pour le prix de 1 100 livres, en sont les propriétaires (3 E 4 (144) 113).

François Brettes cadet, bourgeois et négociant montois, avait acquis de François Péres, avocat au Parlement, seigneur d'Artassenx « le grenier communément appelé le grenier de Péres, situé au port de la présente ville, confrontant du levant à ruelle publique, du midi et couchant à maison et grenier du sieur Brettes aîné, frère du sieur Brettes et du nord à grenier du sieur Fortis Laurans ». Cette vente fut remise en cause le 5 août 1763, par Fortis Laurans ; conseiller du roi, receveur des consignations de la sénéchaussée du Marsan, qui, par retrait lignager, en exigea la revente, au prix d'achat. (3 E 3 (24-2) 155).

François Brettes, greffier en chef du sénéchal du Marsan, abandonnant le commerce après l'achat de cette charge, vend le 11 août 1781, à Fortis Bié aîné, bourgeois et négociant montois, le grenier magasin et cave appelé « le magasin de bas et actuellement de Brettes, situé au port de cette ville, qui confronte du levant sur la rue publique, du couchant à la rivière qui conduit à Bayonne, du midi à magasin de monsieur Laurans aîné, « en dronne » entre deux, et du nord à la calle qui sert de descente, maison, chai et plateforme de monsieur Marrast , aîné », au prix de 7 000 livres (3 E 13 (37) 163), Sur le cadastre de 1811 ; c'est la parcelle 221.

Ce même François Brettes, avocat au Parlement, cède le 8 juin 1783, « le grenier et magasin situés dans le port de cette ville, aux fiefs du roi, et tel qu'il l'a acquis de monsieur Péres, conseiller du Parlement de Bordeaux, confrontant du levant à rue publique, du midi à maison appartenant à monsieur Brettes aîné, « en dronne » entre eux, du couchant aux décharges de la maison du sieur vendeur, et du nord, à magasin de monsieur Laurans aîné », estimé 4 500 livres (3 E 4 (186) 90).

Situé dans un pâté de maison délimité par la rue Batelière (ou Patriote), la rue Pierre et Marie Curie, les rues du Maréchal Bosquet et du Général Lasserre, le grenier de François Brettes, est dans la famille depuis trente ans, lorsque, à la mort de son fils Jean-Jacques Brettes, ses héritiers décident de tout vendre. Ce bâtiment « se compose au rez-de-chaussée, d'un emplacement servant de magasin, et au-dessus de cet emplacement, dans toute son étendue, se trouve un grenier. Il est contigu du côté du levant, à un jardin appartenant auxdits héritiers de monsieur Jean-Jacques Brettes, qui poursuivent la vente. Il existe un mur qui sépare de ce jardin, une porte ainsi que des jours et ouvertures ... Du côté du midi, ce magasin est contigu dans une partie de son étendue, à une cour appartenant auxdits héritiers. Les eaux d'une partie de la toiture ont leur écoulement dans cette cour et dans toute son étendue ». Dans cet ensemble existe aussi une écurie. Le magasin-grenier « fait face au couchant à la rue Patriote (rue Batelière), où il a son entrée, par un grand portail. Il confronte du côté du midi, à cour d'écurie et grenier à foin desdits héritiers vendeurs, du côté du levant, à jardin des mêmes, et du nord, à cour et magasin du sieur Garrelon cadet ». Les actes de vente du 19 octobre 1812, et d'adjudication du 1ier décembre 1812, font une estimation de 3 400 francs (3 E 13 (67) 279).

Les greniers Bié et Marrast

Jacques de Saint-Loubert-Bié (1692-1772), marchand-drapier, semble avoir fait une belle fortune dans le commerce des draps, lui permettant d'acquérir de nombreuses métairies, mais pas de grenier avant 1766. Utilisait-il les greniers de la famille Laurans, pour son commerce des céréales et des eaux-de-vie ? Le 27 août 1766, un acte de réclamation, pour aménagement d'un fossé « gênant la circulation des marchandises », du négociant Jean Sourbets, nous révèle l'existence d'un grenier mitoyen de la propriété de ce dernier, dévolu aux activités de Jacques Bié. Possédant un local d'un quart de journal (350 m2), situé au port, « confrontant de levant à la descente qui va à la rivière du Midou (Douze ou Midouze), le long des murs de ladite ville, du midi à la grande place du Port (place du Commerce), du couchant au grenier des héritiers de feu Pierre Duvin, et de nord à la rivière de la Douze », sur lequel ses parents avaient « successivement élevé quelques édifices pour se loger, et entre autres, un atelier à faire l'eau-de-vie et l'esprit de vin ». Jean Sourbets, négociant montois, reproche à Jacques Bié, l'aménagement d'un fossé, qui obstrue le chemin et empêche de décharger les bois de barriques, d'accéder à l'atelier, « pour y faire porter toutes sortes de marchandises, avec bœufs, charrettes ou autrement ..., et y faire transporter les marchandises propres à son commerce » (3 E 4 (170)).

C'est le 5 août 1768, que Jacques Bié achète à François Lapeyre, fils de Jeanne Ducournau, prêtre de Brisquet, « la maison et magasin, le tout d'un seul tenant, avec toutes les appartenances et dépendances de ladite maison et magasin appelée la maison de « La Gallère » (La Galère ?), située au port de cette ville, aux fiefs du roi, qui confronte du levant à descente , et qui fait face au magasin de monsieur de Mesmes, du midi à rue publique, du couchant à la descente publique et du nord à la rivière de la Douze », estimée 7 300 livres (3 E 13 (24-2) 238). Son fils Fortis Bié (1736-1821) acquiert de François Brettes, le 11 août 1781, « le grenier, magasin et cave dit de Brettes, au port ». S'agissait-il du grenier Péres, acheté par François Brettes le 6 août 1763 ?

Se désintéressant du commerce, Jacques Bié, fils de Fortis Bié, vend à Joseph Marrast et Marie-Victoire Bié, son beau-frère et sa sœur, « un magasin situé rue du Commerce, en ladite ville de Mont-de-Marsan, ayant sa façade sur ladite rue du Commerce et au midi, confrontant du couchant à un magasin des héritiers du sieur Lesbazeilles, du nord à la rivière, et du levant à cale conduisant à la rivière » (Plan cadastral de 1811, parcelles n° 226 et 227), pour le prix de 4 000 francs (3 E 13 (76) 161).

Ce n'est pas le premier grenier acheté par les Marrast ; Bernard-Raymond Marrast, vers 1736, avait acquis de Catherine Douat, veuve de François Sarraute er de son beau-frère Paul Sarraute, bourgeois montois, le grenier de Sarraute, situé au port, moyennant 1 550 livres (2 C 860).

Le 20 mai 1727, Joseph Marrast (1699-1768), s'installe à Mont-de-Marsan et loue à Madeleine Lubet, veuve de Jean-Jacques Duvin, un appartement, une arrière-boutique, situés rue du Bourg, et non dans le quartier du port, pour une durée de neuf ans (3 E 4 (86) 40). Ce n'est que le 6 octobre 1746, qu'il achète à Joseph Lubet, seigneur de Laquy, la maison, le grenier et le jardin de Dayre, au prix de 5 775 livres, « au confrontant du levant à grenier Duvin, environnés entre eux deux du midi, à la place du Port, du couchant, à la descente de la rivière de la Douze, et du nord, à ladite rivière » (3 E 4 (143-2) 91). Marrast avait un autre grenier près de la place Saint-Roch (3 E 4 (172) 47). Son fils Fortis Marrast (1730-1802), était propriétaire de trois gabares et utilisateur de deux calles (cales) au port.

Les greniers des Racle, Baylin, Lubet et Lesbazeilles

Le 17 mars 1723, François Lubet, bourgeois et marchand, vend « la maison appelée de sel, située dans la rue du Port », à Barthélemy Baylin, bourgeois et marchand montois, qui devait la lui revendre le 7 août 1724, contre la somme de 2 000 livres (3 E 4 (133) 95). Madeleine Racle, veuve de Pierre Lubet, et François Lubet , mère et fils, semblent se désintéresser du commerce fluvial, au point de vendre, le 16 novembre 1724, à Jean Lesbazeilles, bourgeois et marchand montois, « la maison et grenier, avec une place vide, sur le derrière de la maison et grenier, qui va ladite place jusqu'au bord de la rivière de la Douze, et qui est de la largeur de ladite maison et grenier …., confrontant la maison et grenier du levant à grenier du sieur de Cist, et à présent appartenant au sieur Laurans, de midi à la grande rue du Port, … de couchant à grenier des héritiers de feu sieur Péres, et de nord à la place », le tout estimé 2 800 livres (3 E 4 (133)). Le 23 juillet 1729, François Lubet et sa mère faisaient vente en faveur de Barthélemy Baylin, « de l'écurie située dans la rue du Port, et du pigeonnier au-devant de la Porte du Port, et de la place vide au derrière de la maison du vendeur, donnant sur la rivière de la Douze », moyennant 1 200 livres (3 E 4 (135) 2).

Les greniers de Candau, Péres, Lefrancq, Lagoanère de Laboge, Lafontan, Barbé, Douat et Camerade (ou Camarade)

Certains greniers, chais ou magasins nous sont connus par des baux de location ou de vente qui ne précisent pas la position de ces locaux commerciaux dans le quartier du port. Jean Candau, bourgeois et marchand, le 1ier avril 1679, loue à Michel de Brettes, maître-tailleur, le chai de son père, situé au port, pour une durée de deux ans, pour un loyer annuel de 33 livres (3 E 4 (61-2) 61). De même, François Danduras et son fils Jean Pandelle, curé de la paroisse de Sainte-Croix à Bordeaux, baillent à titre de location à Fortis Péres, bourgeois et marchand, pour une durée de neuf ans, le grenier de Pandelle, situé au port de Mont-de-Marsan, pour un loyer annuel de 50 livres (3 E 4 (87) 9). La société « pour le négoce des marchandises de draperie, grains et autres marchandises », constituée par Jacques Lefrancq, bourgeois et marchand montois et Jean Descorps, de même condition, le 1ier octobre 1697,, au capital de 1 400 livres, avait acquis le grenier et chai de Castéra (non localisé), le 26 juin 1705, avant d'être dissoute par Lefrancq, au profit de Descorps, le 13 juillet 1711, à qui il en coûtera 4 500 livres, pour en devenir l'unique propriétaire, ainsi que de nombreux autres immeubles acquis par la société (3 E 3 (83) 98).

Le grenier Lafontan, situé au port, sera donné en location par Arnaud Lubet, marchand, le 22 juillet 1739, à François Garrelon, marchand montois et maître-de-bateaux, dans sa totalité, « haut et bas et derrière », pour sept ans, moyennant « 75 livres et un sac de sel évalué 5 livres », annuellement (3 E 4 (96)).

La maison, le grenier et le jardin appelés de Darmé, « confrontant au levant à maison du sieur Cazade et grenier du sieur Bordenave, du midi à rue publique, du nord à la rivière de la Douze et du couchant à maison de Dufau et du sieur Candau », vendus par Jean-Pierre Laboge, conseiller du roi, au prix de 5 000 livres, le 12 octobre 1741, en faveur de Pierre Rantheau, seigneur de Lauro, ne peuvent être localisés de façon plus précise. Ce grenier devait être un héritage de la maison de commerce des Lagoanère de Laboge, grande famille de négociants montois (3 E 4 (142) 87).

Même difficulté, pour situer « la maison de sel » de Raymond Barbé, négociant au port, qui, le 23 septembre 1760, avait permis au sieur Dumagen fils, négociant de Saint-Germé en Armagnac, de stocker 25 à 30 pipes de sel et d'emprunter « quatre voiles presque neuves, pour servir à deux bateaux, pour un voyage à Bayonne », avant de lui demander, le 25 décembre, d'enlever ses marchandises et de lui rendre la clef de ce magasin (3 E 13 (19-1) 195).

Paul Douat, bourgeois habitant à Uchacq, tenait de son père François Douat, bourgeois et marchand montois, un grenier attenant à une maison lui appartenant, située « à la place du Port de cette ville », il le loua le 5 novembre 1764, à Annet Lesbazeilles, bourgeois et marchand montois, moyennant 90 livres par an (3 E 4 (170-1).

Malgré quelques précisions concernant la maison et le grenier, « appartenances et dépendances, appelés de Dabadie, situés au port, « confrontant du levant à la place du Port, de midi à maison des héritiers de feu Jean Ducos, de couchant à chemin public et de nord à maison des héritiers de feu sieur Lubet », et achetés 3 700 livres, par François Camerade, bourgeois et marchand montois, il n'est pas permis de les localiser précisément (3 E 13 (6-1)).

Tous les magasins, les greniers, les maisons à sel étaient implantés autour de la place du Commerce, le long des rues du Commerce, de la Marine ou de la Grande Calle, de la rue Batelière et du bord de la rivière Douze (Midouze), entre les murailles à l'est et le moulin du port à l'ouest. La Douze et le Midou actuels, vu leur largeur médiocre, n'ont jamais été et ne sont pas navigables pour des galupes ou gabares. Il n'en est pas de même de la Midouze, appelée Douze au XVIIème et XVIIIème siècle, au lit plus profond et plus étalé, apte à porter bateau dès Mont-de-Marsan, d'où la création d'un port. Le pays d'Armagnac (Gers) a toujours été un gros producteur de vins, d'eau-de-vie et de grains. Ces denrées surabondamment récoltées sur les coteaux actuels du département du Gers, demandaient un débouché pour leur exportation. Ce débouché, c'était le port de Bayonne, très actif et important, depuis une époque reculée. Les marchands, les commerçants, les négociants comprirent l'avantage que présentait pour eux, une voie navigable telle que la Midouze, et la création d'un port à Mont-de-Marsan. Les marchandises venues d'Armagnac par la route, sur des charrettes (ca, ka ou charret), attelées de bœufs, étaient chargées sur des galupes ou gabares, au confluent de la Douze et du Midou, puis acheminées à peu de frais, en dehors des péages, vers Bayonne, d'abord sur la Midouze, puis par l'Adour.

Localisation des maisons, magasins et greniers des négociants montois d'après les relevés du cadastre de 1811

Maisons et greniers Bié : Fortis Bié, magasin (parcelle 221), maison (parcelle 785). Joseph Bié, magasin (parcelle 227), maisons (parcelles 226, 228).

Maisons et greniers de Jean-Jacques Brettes, magasins (parcelles 348 et 320 bis), et maison (parcelle 350).

Maison de Jean Cadillon (parcelle 419).

Maison Pierre Cazade (parcelle 432), cour maison et magasin (parcelle 435).

Magasin de Jean Garrelon (parcelle 321) ; maison de Benoit Garrelon (parcelle 347).

Maison Louis Juzan Labrouste (parcelle 214).

Maison Pierre Lacroix (parcelle 433).

Magasins et maisons de Jean-Baptiste Laurans : magasins (parcelles 456 et 445), maisons (parcelles 431, 499), maison et jardin (parcelles 427, 428) ; maison de Pascal Laurans (parcelle 443).

Maisons et magasins Marrast : maisons de Fortis Marrast (parcelles 413, 440) ; maison François Marrast (parcelle 439) ; maisons Joseph Marrast (parcelles 218, 219 (jardin), 220, 414).

Maison Saboué (parcelle 448).

Maison et magasin Georges Sorbets (parcelle 217) ; maisons et magasin de Jean-Marie Sorbets (parcelle 216 pour le magasin, pour les maisons (parcelles 231, 232, 441).

Chapitre 2.

Les transports fluviaux et terrestres au XVIIème et au XVIIIème siècle à Mont-de-Marsan

Les voies de communication reliant Mont-de-Marsan à l'Armagnac, la Chalosse, le Gabardan, le Marsan

L'amélioration des voies de communication, par les réalisations routières des Intendants du XVIIIème siècle, la construction des routes, fut la grande affaire d'un aménagement du territoire de Mont-de-Marsan en direction de l'Armagnac, ou du Languedoc. Mais les routes sont l'exception. Les voies qui gravitent autour de Mont-de-Marsan et qu'empruntent les charrois sont davantage des chemins de terre que des routes. Dans l'ensemble leur médiocrité rend surtout l'hiver, les transports malaisés. Ceux qui viennent des Landes sableuses du nord sont fréquentés par des charrettes à quatre roues tirées par des bœufs (les cas / kas ou charrets). Sur les chemins boueux d'Armagnac et de Chalosse circulent surtout de lourdes charrettes à deux roues en bois de chêne cerclées de fer. Les bouviers recrutés pour ces transports, souvent des métayers au service de propriétaires fonciers exerçant le négoce fluvial des céréales, des vins et des eaux-de-vie, peuvent être engagés pour des parcours de plusieurs lieues vers l'Armagnac. Leur tâche est rude, les chemins mal entretenus ou pas du tout, sont impraticables après les pluies, les attelages s'y embourbent et les bêtes s'épuisent.

A côté de ces chemins, il est cependant de véritables routes sur lesquelles va nous guider Maurice Bordes, l'historien de l'Intendant d'Etigny (D'Etigny et l'administration de l'Intendance d'Auch (1751-1767, Auch, 1957, 1034 p.).La route dite des « Petites Landes », devenue au XVIème siècle la principale voie de la Gascogne occidentale, va de Bordeaux et Langon à Dax et Bayonne par Roquefort, Mont-de-Marsan et Tartas. C'est la route du grand roulage. Elle est depuis le passage en 1739 de l'ingénieur Pollard, assez bien entretenue, pourvue de ponts de pierres, et plus tard, sur une bonne partie de son parcours, empierrée et bordée d'arbres. La route des « Grandes Landes » qui file droit de Bordeaux à Bayonne, est au milieu du XVIIIème siècle, la seule route pourvue de relais de poste aux chevaux.

Les routes des Intendants Caze de la Bove et d'Etigny

Les Intendants vont compléter ce dispositif en reliant Mont-de-Marsan à Pau. Le désenclavement de Mont-de-Marsan n'est pas le but premier de l'opération, il s'agit de créer une route de Bordeaux à Pau. Or la route des « Petites Landes » convient dans sa première moitié, de Bordeaux à Mont-de-Marsan. L'Intendant Caze de la Bove la prolongea en direction de Grenade puis d'Aire et de Pau ; le travail était achevé en 1750. Le célèbre Intendant d'Etigny l'améliora en faisant construire le pont sur l'Adour à Aire. Cette route de Bordeaux à Pau par Mont-de-Marsan fut cependant doublée entre Roquefort et Aire, par un raccourci qui, passant par Villeneuve, évitait Mont-de-Marsan et était en assez bon état.

Mais de toutes les routes qui aboutissent à Mont-de-Marsan, c'est à celle du Houga que les Montois prennent, aux XVIIème et XVIIIème siècles, le plus d'intérêt. C'est la route de l''Armagnac, au dire de L. et M. Papy, celle des eaux-de-vie. Elle vient d'Auch, à partir de Vic-Fezensac, elle traverse le Bas-Armagnac, par monts et par vaux, passant par Demu, Manciet, Nogaro, Arblade-le-Comtat (aujourd'hui Arblade-le-Haut), accueillant en route de nouveaux charrois d'eau-de-vie. D'Arblade, la voie la plus directe vers Mont-de-Marsan, qui passe par le Houga et Hontanx, est au XVIIIème siècle fort délabrée. Le trafic se détourne vers Aire. Les bouviers rechignent à emprunter les mauvais et montueux chemins du Bas-Armagnac et rejoignent à Barcelone et Aire, la route aménagée par d'Etigny, qui relie Tarbes à Saint-Sever en empruntant la vallée de l'Adour. Les charrois d'eau-de-vie engagés sur cette voie atteignent Mont-de-Marsan par Grenade. Cet itinéraire risquait de favoriser le port de Saint-Sever au détriment de celui de Mont-de-Marsan et de porter préjudice au négoce montois. D'Etigny avait décidé de tracer une route d'Auch à Bayonne par Nogaro, Le Houga et Mont-de-Marsan, il avait commencé les travaux en perfectionnant la voie de Bayonne à Dax et en créant le tronçon d'Auch au Houga. A sa mort en 1767, les choses en restèrent là, malgré les protestations des Montois. A la veille de la Révolution, la municipalité de Mont-de-Marsan et les négociants pratiquant le commerce fluvial demandèrent la restauration du vieux chemin du Houga à Mont-de-Marsan et, à la grande indignation du subdélégué Cist, se déclarèrent hostiles au réaménagement qui était en cours, de la route d'Orthez à Hagetmau, Saint-Sever et Mont-de-Marsan.

Mont-de-Marsan est toujours un lieu de rupture de charge entre les charrois terrestres et ceux qui empruntent la Midouze puis l'Adour en direction de Bayonne D'énormes encombrements de chars (cas, kas, charrets), traversent les faubourgs et le bourg, se regroupent sur la place du Port (Place du commerce / place Joseph Pancaut) et les bouviers déchargent les barriques de vin et d'eau-de-vie, les sacs de grains et autres marchandises dans les magasins, greniers, chais, maisons à sel sur la rive gauche de la Midouze, dans le quartier du port..

Tandis que les évènements révolutionnaires interrompent certains travaux et que la disparition des péages entraîne, par défaut d'entretien, le délabrement de certains ponts, les guerres de l'Empire qui suscitent d'abord un regain d'intérêt pour la voierie landaise, ne tardent pas à avoir de fâcheuses conséquences sur les infrastructures routières, en particulier au moment de la retraite des troupes en 1814. La suppression des franchises dont avait bénéficié le port de Bayonne, de 1754 à 1793, contribua à ralentir encore les échanges. Il faudra attendre la fin de la Monarchie de juillet, pour voir le trafic reprendre sur un réseau routier et fluvial réaménagé (1 J 570, Silguy).

Le « ca, ka, charret » ou charrette à quatre roues

La plupart du temps, du XVIIème au XVIIIème siècle, le transport terrestre des marchandises, céréales, vin ou eau-de-vie, en provenance de l'Armagnac, de la Chalosse, du Gabardan ou de Bayonne et destinés à Mont-de-Marsan, est assuré par des attelages traditionnels de bœufs guidés par des bouviers occasionnels (métayers, petits propriétaires), tant sur des trajets limités que vers Bordeaux, le Languedoc et le Rouergue. Pour le transport du sel, on utilisait aussi des ânes et des chevaux.

Le « ca, ka ou charret »

L'originalité de ce moyen de transport vient de son ancienneté, « il pourrait être la forme la plus primitive du chariot dédié aux transports de marchandises dans les landes » (J.P Lagardère et J.J Taillantou). Dans les Landes, la Chalosse, le Gabardan, l'Armagnac, plusieurs modèles de ca/ka ont cohabité au cours du XVIIème et du XVIIIème siècle. L'origine de son nom fait débat, d'autant que *le ca / ka* est durant cette période une unité de mesure incontournable utilisée dans les transactions commerciales du sel, des céréales, du vin, des eaux-de-vie et des matières pondérables. Ce petit char à quatre roues rayonnées, de forme allongée, est doté initialement d'un avant train fixe, faiblement articulé par la suite. « Le corps du char ou *carpente* (ou encore *catau*) en gascon, repose sur les deux essieux de bois. La hauteur des roues atteint la mi-hauteur des ridelles (ou *cancets*) ce qui n'autorise pas un grand débattement. Dans les Landes, le jeu des ridelles, en forme d'échelle, porte le nom de *barce*, le *poutet* ou *taulo*t s'identifiant à la planche percée reliant les deux ridelles et maintenant la barce rigide » (J.P L et J.J T). Le bandage des roues est constitué d'une bande de métal ou de caoutchouc qui entoure la jante de la roue composée de plusieurs arcs de cercle en bois assemblés à l'aide de chevilles. Le *ca/ka* a les roues du train avant plus petites que celles du train arrière. Le modèle à *escasses* (bras porte-échelages) photographié par Arnaudin en 1928, a une hauteur de la *barce* au sol de 1,2 m environ. Le corps du char, long de 1,6 à 1,8 m, pique du nez sur l'avant et le timon (ou *agulhe*) est articulé sur le plan vertical. « Les *escasses* sont des sortes de jambes de force prises sur les ridelles et courbées pour se fixer au niveau de la pointe de la fusée de l'essieu ». Elles contenaient les mouvements latéraux des moyeux dans les portions sinueuses des chemins empruntés et renforçaient la résistance des ridelles. Le diamètre des roues pourvues de 12 rayons, est inférieur au mètre, elles sont équipées de forts moyeux et de rais ou rayons épais

Au XVIIIème siècle, ces *cas* / *kas* sont décrits comme « de petites charrettes montées de quatre roues en forme de tombereau, d'essieu de deux pieds et demi (0,8 m) et de deux pieds et demi de hauteur. On se sert de ces charrettes à cause de la mobilité du sable et aux bœufs qui sont petits » (ADL, C 15 et 17 L 4).

Le char à quatre roues était connu en Gaule et en Aquitaine à l'époque gallo-romaine. Cette paternité du *ca*, attribuée à la civilisation romaine pourrait être remise en cause si l'on tient compte de l'étude linguistique de Delamarre, auteur d'un dictionnaire de la langue gauloise, pour qui le terme *carros* : charriot, serait « un mot gaulois passé tôt en latin, sous la forme *carrus* pour désigner le char à quatre roues ». Les romains, au dire d'Ernout et Meillet, peuple sédentaire de propriétaires cultivant leur terre, n'avaient pas les grands chars à quatre roues alors que les populations celtes anciennement itinérantes, vivant les longs déplacements avec familles et bagages, maîtrisaient la fabrication des chars. Le vocabulaire latin désignant des chars est un emprunt à la langue gauloise. En vieux breton, on trouve *carr* pour véhicule, en breton *karr* pour charrette, en vieux gaulois *ca*r pour véhicule et en viel-irlandais *car*r pour voiture ou charrette.

Dans les archives notariales du XVIIème et du XVIIIème siècle, traitant des contrats commerciaux de nos négociants montois, la dénomination ca est très largement utilisée, entre 1652 et 1722, alors que ka domine après 1764. Il semble que *ca* et *car* soient l'expression de l'orthographe gasconne alors que ka représenterait la transcription française du *ca* gascon. Le changement de ca en ka, pourrait être lié à l'adoption du français comme langue des documents administratifs. L'une des mentions les plus anciennes du ca dans les landes de Gascogne date de 1468, elle apparaît dans une « baillette » dédiée à la forêt usagère de La Teste : « en pagan per cascun cas de gema et rouzina que furen vingt ardits ».

A partir du XVIème siècle, les forêts de pins du Born et du Marensin produisent en masse des résines, des brais et des goudrons pour le calfatage des bateaux. Ces productions induisent des transports soit vers Bordeaux et La Teste au nord, soit vers Saubusse et Dax au sud. Le ka est alors le moyen de transport essentiel. En 1715, l'ingénieur géomètre Claude Masse fait le constat suivant : « Les peuples de ses bois amènent leurs marchandises sur de petits chariots à quatre roues, traînés par des bœufs. Les voituriers s'appellent cousiots et sont habillés à peu près comme les bergers. Ils paraissent tous gueux et misérables par leurs habits et mauvaise nourriture, cependant ils ne laissent pas d'être aisés et propres dans leur ménage et biens meublés ; ils viennent quelquefois une trentaine de chariots de suite. Ils couchent où la nuit les prend sous leurs chariots comme font les Tartares ».

Un dépouillement des demandes d'exportation réalisé par Aufan et Thierry sur la période 1779-1783, attribue à Bayonne 96,31 % des goudrons et brais expédiés à l'étranger. Si Bayonne devient le port d'exportation des produits résineux issus du massif forestier des Landes maritimes, Dax et Saubusse en sont les avant-ports dans lesquels s'effectuent les transactions. Les marchés de Dax et Saubusse recevaient chaque année environ 50 000 pains de résine, brai sec ou gras. Il faut y ajouter 4 000 barriques de goudron et 2 500 barriques d'essence. Dax accueillait les quatre-cinquièmes de ces produits et Saubusse le reste. De septembre 1776 à juin 1777, 750 milliers (375 tonnes) de résine et 4 986 quintaux de brai et goudron transitent de Dax à Bayonne. En 1779, un négociant Bayonnais, Pierre Caunègre, entrepose dans ses magasins 3 000 quintaux de brai et 1 000 quintaux de goudron achetés au Sablar (AD Gironde, C 1640). Dans son dictionnaire géographique, l'abbé Expilly, évoquant Dax, note que « tous les samedis dans le faubourg du Sablar », se tient « un des plus beaux marchés de France ». Son ampleur n'échappe pas aux observations des négociants bayonnais et dacquois : « un marché de 8 à 900 pains est un marché ordinaire dans la belle saison » (Archives de la Chambre de Commerce de Bayonne C 58 n°21). Les berges de l'Adour peuvent recevoir « 1 500, 2 000 pains de résine, brai sec ou gras ... tout le Sablar est pavé de charrettes (kas) qui ont transporté les matières résineuses ... . Les bouviers sont forcés de décharger bien loin de l'eau faute de pouvoir s'approcher davantage ... à peine un homme peut traverser le marché tant il y a d'embarras par les charrettes. On en compte quatre ou cinq cents » (C 58 n° 19).

Le ca, ka ou charret, unités de mesure

A travers les actes et les minutes notariales ou commerciales du XVIIème siècle et du XVIIIème siècle, les redevances et contrats de métayage ou de fermage, le ca/ka ou charret est utilisé comme unité de mesure.

Figure 3: Le ka, ca, charrette (Photo Arnaudin)

Figure 4: Les kas, cas, charrettes (Photo Bernède)

Le ca/ka de sel équivalait à Bayonne, à 20 conques de sel, soit environ 1 500 à 1 700 kg, la conque qui constituait l'unité de mesure réelle de base et de compte, devait peser entre 75 et 85 kg, suivant les localités et la dessiccation du sel. Jaupart précise qu'à Bayonne une conque de sel pesait « à peu près le double de celle des grains, soit 160 à 170 livres, selon la qualité du sel, soit environ 80 à 85 kg. Une conque de sel de Le Pouliguen pesait environ 155 livres ¾ et avec le sac 157 livres, et une conque de sel de Saint-Gilles faisait 150 livres soit 75 kg (3 E 13 (5)).

Dans le Marsan, le Tursan, le Gabardan, la Chalosse et l'Armagnac, le ka de grains contient dix sacs, le sac vaut 4 mesures, soit 82,315 litres ou 82,325 litres : le litre/poids pour le seigle est de 0,65 kg, pour le blé de 0,75 kg et le maïs de 0,78 kg ; la charge d'un ca/ka de grains varie de 535 à 687 kg.

Le 29 avril 1656, François de Salles, marchand montois, achète 7 cas ou charrets de seigle au prix de 43 livres le ca (3 E 4 (18) 86). François Dayre achète à un marchand de Castelnau en Armagnac, 30 kas de seigle à 23 livres le ka (3 E 4 (54) 172). Jean-Bernard Grenier vend le 7 juin 1691, à Jean Lagoanère de Laboge, marchand montois, 300 kas de seigle à 40 livres le ka, livrés au port (3 E 4 (72)). Seize jours plus tard, ce même négociant traite avec Pierre de Lugat, marchand de Herré en Gabardan, l'achat de 4 charrets de seigle à 40 livres le ka (3 E 4 (72)). Le 29 janvier 1692, François Farbos vend le ka/charret de seigle 42,10 livres. L'année suivante, le 17 septembre 1693, François Salles achète 30 charrets de bled-seigle, 60 livres le charret (3 E 4 (74) 189). L'augmentation ne fait que s'amplifier : le 16 novembre 1694, le ka ou charret de seigle est à 84 livres (3 E 4 (75)), pour retomber à 30 livres le 14 mai 1695. Il remonte à 35 livres le 1ier septembre 1700 (3 E 4 (49) 136). Le 4 mai 1708, Pierre Lapeyre acquiert 20 kas de seigle à 33 livres le charret. Le prix du ka de seigle fait un bon à 103 l 10 s, le 12 juin 1709 et retombe à 55 livres le 5 septembre 1711, pour remonter à 73 livres le 13 décembre 1711 (3 E 4 (83) 124). Jean Candau, marchand montois, l'achète à 57 livres le charret, le 6 juin 1719. Les prix remontent le 12 mars 1720 à 84 livres le charret. Le 13 décembre 1743, le charret de seigle est vendu 70 livres (3 E 4 (100) 241). Il retombe à 60 livres le 27 mai 1749 (3 E 3 (38)), mais baisse à 50 livres le 10 juillet 1767 (3 E 4 (17-1) 95). Lors de la mauvaise récolte de 1791, le ka de seigle était évalué par le Conseil général de l'Administration à 50 livres (3 E 4 (193)).

Le ca/ka ou charret de froment subissait les mêmes fluctuations de prix au cours de ces périodes. Le 5 décembre 1648, Barthélemy Baffoigne, marchand de Saint-Jean-de-Lier, paie le charret de froment 52 livres (3 E 4 (14)). Pierre Descorps, marchand du port, l'achète le 28 mars 1682, à 38 livres le charret (3 E 3 (14)), mais le 26 novembre de la même année, son prix est de 45 livres le ka. Dix ans plus tard, le 4 juillet 1692, le charret de froment coûte 69 livres (3 E 4 (73)). Le 1[ier] septembre 1700, sa valeur n'est plus que de 48 livres (3 E 4 (49) 136), remonte le 4 mai 1708 à 57 livres (3 E 3 (41)) et atteint le 14 mars 1713, la valeur de 135 livres (3 E 4 (84)), pour rebaisser en fin d'année le 24 novembre à 120 livres. Le 16 mai 1749, le charret de froment s'échangeait contre 140 livres (3 E 4 (145) 45). Du fait de la dévaluation de la livre, le ka de froment devait atteindre les 300 livres, le 25 novembre 1791 (105 L 1), mais descendre à 180 livres le 6 janvier 1800 (1 J 635).

Le ca/ka ou charret de panic ou de millet, contenait aussi dix sacs. Le 29 mars 1678, le charret de panic coûtait 29 livres (3 E 4 (60)). Vingt ans plus tard, le 25 décembre 1698, Bertrand Comet, marchand de Vicq, l'achète à 32 livres (3 E 4 (48)). Le prix bondit comme pour toutes les céréales, le 6 août 1720, à 66 livres (3 E 3 (28)).

Le ca/ka de résine représente une charge variant de 405 à 489 kg, plus le poids des barils. D'après une mention de 1516, le ka contenait 10 pains (ou dix quintaux) de cent livres soit 485,5 kg.

Le ca/ka de tuiles, au dire de Félix Arnaudin, dans son Dictionnaire de la Grande Lande (p. 173), contient normalement 200 tuiles. Le poids moyen d'une tuile (tige de botte) des anciens parcs à moutons est d'environ 2,5 kg, ce qui correspond, au dire de J.P Lagardère et J.J Taillantou, à une charge de 500 kg.

Dans une commande passée le 21 septembre 1722 par Bernard Laboge, pour la restauration de sa maison au port, Jean Meneu et Jean Dupont, tailleurs de pierres de la carrière d'Uchacq, s'engagent à lui livrer 3 000 pieds de pierres de taille, de 2,5 pieds de long et 1,5 pied de large, à 3 sols le pied et « deux à trois cents cas de moellons bien conditionnés, à raison de quatre sols la charrette marchande » (3 E 3 (30)). Le ca sert aussi de mesure de transport de matériaux pondéreux.

Les contrats de fermage et de métayage de cette période témoignent que le ca/ka servait de mesure pour le bois de chauffage livré aux propriétaires terriens (3 E 4 (132) 37). Un ca de bois ou un ca d'*escailh*, selon l'abbé Foix, ne devait pas excéder 3 stères, soit une charretée (3 E 4 (86) 124). La charretée de foin contenait probablement mille livres, soit 408 kilogrammes.

Pour le vin et les eaux-de-vie en provenance de l'Armagnac, 3 barriques « bordelaises de 210 à 225 litres », constituaient la charge maximale.

Les transports terrestres utilisés par nos négociants, tant vers l'Armagnac, la région toulousaine, le Rouergue, le Gabardan, la Chalosse, le Marsan ou le Brassenx était le ca/ka ou charret, tiré par une paire de bœufs, transportant des charges excèdents rarement les 600 kg.

Les bœufs, les bouviers, les affréteurs et les mutuelles de bouviers

Les routes sont l'exception pour la circulation des grains, des eaux-de-vie ou des étoffes. Les voies qui gravitent autour de Mont-de-Marsan et qu'empruntent les charrois, sont le plus souvent, davantage des chemins de terre que des routes. Dans l'ensemble, leur médiocrité rend, surtout l'hiver, les transports malaisés. Ceux qui viennent des Landes sableuses du nord sont fréquentés par les kas ou charrets, charrettes à quatre roues tirées par des bœufs. Sur les chemins boueux d'Armagnac et de Chalosse circulent aussi de lourdes charrettes à deux roues en bois de chêne, cerclées de fer. Les bouviers recrutés pour ces transports, souvent des métayers au service de propriétaires fonciers ou de marchands, peuvent n'être engagés que pour un parcours de quelques lieues, ou être astreints par leur contrat de faisande ou métayage à quatre charrois annuels, avec leurs bœufs (3 E 13 (39) 129).

Les bœufs

Animaux indispensables aux travaux agraires dans les métairies, les bœufs devaient être achetés par les métayers, ils en devenaient responsables. Vu leur valeur pécuniaire, leurs propriétaires créèrent des mutuelles et des sociétés garantissant le remboursement de la valeur de tout animal décédé de maladie ou suite à un accident. Les estimations de ces animaux varient avec les fluctuations monétaires, les périodes de guerre et de pénurie. Le 12 mars 1661, Antoine Martin marchand de « Preschacq » en Bazadais, vend à Jean et Pierre Dupoy, père et fils, laboureurs de la paroisse de Bretagne (Saint-Sever), cinq bœufs au prix de 133,5 livres, soit 26,7 livres l'un (3 E 4 (22) 51). Jean Lagoanère de Laboge attribue le 16 octobre 1691, à Jean Baguerie et Jean Davrostaillade, ses métayers de Machiq, paroisse de Sainte-Croix-de Ragues, dans la banlieue de Mont-de-Marsan, une paire de bœufs d'une valeur de 76,10 livres (38 l 05 s l'un) (3 E 4 (72)). Barthélemy Laurans, le 12 avril 1750, prête à Pierre et autre Pierre Dumartin, père et fils, laboureurs de la métairie de Gribère, 120 livres pour l'achat d'une paire de bœufs (prix d'un bœuf, 60 livres) (3 E 4 (145) 29). Bernard Herré, marchand de bœufs, habitant de la paroisse du Sen à Labrit, avait vendu à Fortis Laurans, le 27 mai 1758, une paire de bœufs estimée 312 livres : « il s'est trouvé qu'ils ne veulent point labourer et l'un d'eux ne veut point rester à la fenêtre pour y prendre son paturage ». L'acquéreur exige le remboursement et la reprise des animaux (3 E 4 (108) 77). Lors du renouvellement du contrat de « faisande » de sa métairie de Peyrautbordes à Bougue, le 29 juin 1772, Fortis Laurans, par l'intermédiaire de son fils Jean Laurans, baille à Jean Dulau et Jean Fontanas ses métayers, une paire de bœufs de la valeur de 200 livres (100 livres l'unité), pour le travail d'une métairie dont le revenu annuel est de 48 livres (3 E 13 (28) 208).

Les prix suivent le cours de l'inflation et de la dévaluation de la livre : le 16 juillet 1775, Barthélemy Laurans, négociant et jurat montois, fait un prêt de 250 livres aux métayers Jean, Clément et Antoine Tachon, de la métairie de Lacoste et de Routun à Saint-Médard-de-Beaussé, pour l'achat d'une paire de bœufs (125 livres l'unité) (3 E 4 (178) 118). Jean-Baptiste Lefranc, député de la Convention nationale, attribue le 22 septembre 1793, à Jean Dupouy laboureur de la paroisse de Benquet, une paire de bœufs évaluée 300 livres, pour travailler sa métairie de Lescounat : « il ne pourra les vendre ni les troquer, sans l'approbation et le consentement dudit citoyen » (3 E 13 (50) 1). Dans l'inventaire des effets mobiliers dépendants de la succession de Martin Cassaigne de Garein, effectué le 1ier décembre 1808, Jeanne de Serres sa veuve note « une paire de bœufs vieux, estimée à la somme de 190 francs » (3 E 13 (65) 30).

Un bœuf est plus estimé qu'un vache, si l'on s'en rapporte au montant de la vente de cinq vaches, par Pierre-Luc Bonnet, habitant de la paroisse de Saint-Martin-d'Oney, au prix de 190 livres ; il est vrai qu'il s'agissait « de cinq têtes de vaches, tant vieilles que jeunes » (3 E 3 (49) 46).

Les affréteurs de bouviers

Les bouviers sont recrutés pour le transport des marchandises vers le port de Mont-de-Marsan, ou à destination de l'Armagnac, du Languedoc, du Rouergue. Ils transportent le sel qui « remontant par eau jusques au Mont-de-Marsan, va de là par terre jusques en Quercy, au lieu que les peuples s'en doivent fournir par la Dordogne et par la Garonne », au grand dam de monsieur de Lauson qui s'en plaint dans une lettre du 10 novembre 1644, auprès du chancelier Séquier (Archives historiques de la Gironde, T XIX p. 139).

Leur tâche est rude ; les chemins que les communautés entretiennent mal ou pas du tout, sont impraticables après la pluie ; les attelages s'y embourbent ; les bêtes s'épuisent au passage des gués ; il est des chemins où les bouviers ont toutes les peines du monde à faire croiser deux charrois. Certaines années, l'Armagnac et la Chalosse ne parviennent pas à écouler leurs grains à cause de l'état déplorable de la voierie.

Les négociants montois s'adressaient à des affréteurs pour recruter les attelages et les bouviers capables de transporter les marchandises dans les régions limitrophes. Le 25 août 1761, Jean Lacrouts, laboureur de la métairie de Lahitte, Jacques Joutan, laboureur de la métairie de Bahuret, Pierre Duprat laboureur de la métairie de Harissa, habitants de la paroisse de Saint-Pierre-du-Mont, Blaise Laborde, laboureur de la métairie de Lafarbole, à Saint-Genès, Jean Durou laboureur de la métairie de Panier et Jean Tartas laboureur de la métairie de Dupeyre à Villeneuve-de-Marsan, « ont dit et déclaré qu'en ladite qualité d'affréteurs, ils sont payés pour mander les bouviers, savoir pour chaque bouvier portant la charge en entier, dix sols et pour celui qui ne porte que demi-charge, cinq sols » (3 E 4 (113)).

Jean Castandet, bouvier affréteur, dans une convention du 4 août 1786, demandait à Bacquerisse négociant montois, 7 livres par pièce d'eau-de-vie, pour le transport de 4 pièces d'eau-de-vie de Nogaro (Gers) à Mont-de-Marsan, plus 27 livres de frais et péages divers (3 E 4 (168-1) 49). Pour voiturer 40 mesures de froment, 25 mesures de millet de Vielle-Soubiran au grenier de Mathieu Laurans, au port de Mont-de-Marsan, Claude Mauléon et Jean Dupeyre, laboureurs et bouviers exigeaient, pour frais de charroi, 20 sols par sac et le remboursement des péages (3 E 13 (4)).

Mutuelles, sociétés et syndicats de bouviers

Les mutuelles, sociétés ou syndicats de bouviers ne semblent apparaître dans les actes notariés qu'à partir de la deuxième moitié du XVIIIème siècle. Ces organismes jouent le rôle d'assurance contre la perte d'un animal de trait, pour cause de maladie ou d'accident, moyennant une cotisation annuelle de chacun de leurs membres, l'animal perdu est remplacé.

Le 27 juin 1758, une mutuelle d'entraide est signée par des bouviers de Saint-Pierre-du-Mont et de Saint-Médard-de-Beaussé. Jean Banos, de la métairie d'Harbeaux, Antoine Dupuy de Harissot, Arnaud Dufau de Loustau, Pierre Capdeville à Paillasse, Clément Castandet au Petit Lubet, Clément Nolis à Lareigne, Antoine Tachon à Guillon, tous de Saint-Pierre-du-Mont, avec Pierre Tachon de la métairie de Bache, Jean Capdeville aux Contonneus, Jean Cazaux au Baron, Joseph Cabé au Hairon, Jean Tachon au Biarnes, Jean Dupouy à Hournes, Jean Joutan de Bahuret, Jean Cabé à Guillon, Joseph Touya à Dagos, Jean Descat à Manot, Bernard Barrade à Balanne, Mathieu Portens à Majourau, Jean Gourgues à Bazi, Jean Dupuy à Lageuillade, Jean Cabanne à Saint-Guirons, Jean Clavé de Rechède, Pierre Dumartin à Gribère, André Clavé à Gude, Pierre Duprat de Harissa, Bernard Mauléon de Pegot, Pierre Durou de Burte, Arnaud Labouyrie de Couyon, Arnaud Labouyrie de Manotte, Bernard

Daudignon à Laliot, Antoine Touya à Salles, Jean Clavé à Lahirouère, tous de Saint-Médard-de-Beaussé, décident, en tant que laboureurs et bouviers des paroisses de Saint-Pierre-du-Mont et de Saint-Médard-de-Beaussé, banlieue de Mont-de-Marsan, de s'entraider, « lorsque quelqu'un d'entre eux viendra à perdre par maladie ou au charroi ou par quelque autre accident, quelqu'un de ses bœufs de labourage », et de contribuer tous ensemble, « par portions égales , à faire la somme de ce que les bœufs morts pourront monter ». La somme d'une paire de bœufs est évaluée dans la présente convention à 200 livres (3 E 4 (110) 126).

Des bouviers de Saint-Martin-d'Oney, Campet et Nonères établirent le 28 mars 1758, une convention d'entraide semblable, liant Pierre Vives marchand de Pouyblanc, Pierre Parage de la métairie de Prat, Jean Lucbernet d'Arnautiq, Pierre Miremon à Diagne, François Lucbernet de Loubère, Bertrand Dubosq à Malartiq, Michel Dupouy au Petit Brujat, Etienne Duvin au Chay, Jean-Joseph Dutoya à Brouchet, Bernard Baris au Basta, Vital Clérac à Joandoux, François Lucbernet à Joanetton, Jean Cazaux à Penin, François Duprat à Laubat, Vital Castets au Petit de Haut, Bernard Desportes à la Maisonnave, Etienne Danglade à Poulainne, Grégoire Labarrère de Vigne de Pipas, Arnaud Guilhaumin Sarrade à Masicot, Raymond Dubosq au Matebats, Etienne Harembat à Labarte de Bas, Jean Dejoyes à Gaston, Joseph Poujau à Cousinet, Jean Gauzère à Hillo, François Ducam à Gauzère, Dominique Berné de Vignot, Jean Duboé à Laurent, Arnaud Harembat à Barrejat, Etienne Ducam à Poujau, Jean Dupouy de Nabout, Pierre Duboé à Toumazot, Vital Degos à Lombriq, Bernard Poussade de Mouniq à Campet, Dominique Durou au Bourdin à Campet, Pierre Miremont au Plechat, Jean Castets à Lagrange, François Miremont de Pedarnaut, Bernard Lamuret de Lauga à Nonères. Ils ont convenu « et entre eux accordé que lorsque quelqu'un d'entre eux viendra à perdre par maladie ou au charroi ou quelque autre accident imprévu, quelqu'un de leurs bœufs de labourage, ils contribueraient tous ensemble, par portions égales, à faire la somme de ce que les bœufs morts pourraient monter … »(3 E 4 (110) 61).

Le 5 janvier 1772, naît la société des bouviers de Saint-Avit, créée par Antoine Dumartin de Naute, Jean Saint-Marcq du Soulieu, Pierre Dubois de Nouguès, Jean Bernardet du Menoua, Arnoud Tachon de Mongin, Jean Garbay de Ségues, Jean Clavé au San, Jean Monjet de Marsan, Jean Taris du Ribat, Jean Saint-Marcq de l'Hebe, Jean Remazeille à Lagasse, Etienne Ducom au Mieu, Jean Ségues de Gnandé, Jean Labonne de Pietat, Pierre Bernardet de Rauzet, Jean Vignoles à Guilhemon, tous métayers de la paroisse de Saint-Avit, « ont dit qu'ayant reconnu l'utilité et l'avantage de faire une société entre eux, au sujet de leurs bœufs de labourage, qu'ils sont obligés de tenir pour les cultures des métairies et qu'ils travaillent d'autant mieux qu'il leur arrive bien souvent de perdre quelqu'un desdits bœufs, ce qui les réduit à la mendicité. C'est pourquoi ils se sont assemblés ce jourd'hui pour rédiger en acte public, les conditions et conventions de ladite société ». La société, dans le cas de la perte d'un bœuf, pourvoira à l'acquisition d'un autre ; la cotisation et son recouvrement devront être effectués en argent, selon la valeur du bœuf qui aurait péri, après visite et estimation du bœuf malade (3 E 4 (175) 1).

Dans un contrat de société de bouviers du 28 janvier 1772, 17 métayers et bouviers de Saint-Pierre-du-Mont, quartier de Vache, 2 métayers et bouviers de Saint-Jean-d'Août, 13 métayers et bouviers de Saint-Pierre-du-Mont, quartier de Charressot, 7 métayers et bouviers de la paroisse de Saint-Avit, quartier de Laheugues et 14 bouviers et métayers de Saint-Médard-de-Beaussé, plus 2 de Nonères, « s'associent et s'obligent réciproquement ... à contribuer chacun pour sa part lorsque quelqu'un d'entre eux viendra à perdre par maladie ou accident, soit de charroi ou autrement, quelqu'un de ses bœufs de labourage ». Ils nomment quatre syndics chargés d'expertiser la bête et de fixer et percevoir la quote-part de chacun à remplacement du bœuf décédé (3 E 4 (175) 19).

Les statuts de ce genre de société deviennent de plus en plus complexes, selon la nature de la maladie de l'animal, la cause, le lieu : sur la métairie, en charroi ou en voyage de transport, les modalités d'estimation et de remboursement. On peut en juger dans le contrat d'association signé le 29 août 1784, par 16 métayers et bouviers de la paroisse de Mazerolles, 5 métayers et bouviers de Beaussiet, 2 métayers et bouviers de Bougue, 5 métayers et bouviers de Saint-Médard-de-Beaussé, 5 métayers et bouviers de Saint-Pierre-du-Mont, « qui ont fait les accords de leur société ainsi et de la manière qui s'ensuit, pour durer autant qu'ils l'aviseront et par exprès à contribuer chacun pour sa part à l'indemnité qui sera due lorsque quelqu'un d'entre eux perdra quelqu'un de ses bœufs ou ses bœufs de labourage, par maladie ou autre accident, soit en charroi ou autrement », en voyage. Ils nomment deux syndics pour les bouviers des paroisses de Mazerolles et de Bretagne, un syndic pour ceux des paroisses de Saint-Médard-de-Beaussé et Saint-Pierre-du-Mont, un syndic pour les paroisses de Beaussiet et Bougue, chargés d'appliquer ses divers statuts qu'il serait trop long d'énumérer (3 E 4 (187) 106).

Le contrat de société du 29 mai 1787, liant huit métayers-bouviers de Bougue, treize métayers-bouviers de Lucbardez, est plus précis sur le mode de financement et de cotisation de ce genre de mutuelle. La contribution de chaque adhérent est fixée à 4 livres, si la valeur du bœuf accidenté est de 25 pistoles et plus. Si l'animal est estimé entre 15 et 24 pistoles, la cotisation ne pourra excéder 3 livres pour chacun d'entre eux (3 E 4 (190) 97).

Le village de Bascons se dote d'une société de bouviers le 19 fructidor an V (4 septembre 1797), y adhèrent 27 métayers-bouviers : Jean Ducournau de la métairie de Brouste, Jean Darribau à Nautuc, Jean Catuhe à Landot, Joseph Darribau à Jean Bidau, Mathieu Carrère aux Christians, Jean Castandet à Lartigue, Dominique Darrieumajour au quartier de Cauna, Jean Tartas à Beroy, Jean Darribau au Bousquet, Louis Claverie du Carrate, Jean Mouchès à Guiret, François Ducournau à Thoumas, Jean Laguian à Laborde, Jean Vincent au Micolat, Pierre Laguian à Francès, Vincent Laguian à La Greffière, Pierre Cabé au Grange, Barthélemy Castandet au Pillon, Jean Castandet à Latelade, Vital Darribau à Paloumat, Jean-Pierre Dabadie à Lartigue, Jean Laburthe aux Guirets à Menon, Jean Tartas à Menon, André Tibercen à Belet, Bernard Darrieumajour à Lavigneu, Jean Catuhe à Latelade, Jean Darrieumajour. Chacun possédant une paire de bœufs et désirant « se porter une garantie mutuelle les uns les autres », ils portent la cotisation à 3 francs, sur la base du prix de 90 francs pour un bœuf (3 E 13 (53) 175).

Vingt-six bouviers des communes de Belis, Cachen et Brocas fondent à leur tour, le 7 prairial an VII (26 mai 1799), leur propre société, pour se garantir de la perte de leurs bœufs dans des accidents de charroi (3 E 4 (198) 94).

Le rapport du 4 octobre 1782, du subdélégué Basquiat, sur le Marsan, n'est pas très souriant : « Les laboureurs n'ont pas un excédent de grain dans le produit de leurs terres, à peine récoltent-ils en général ce qu'il leur faut pour vivre ». Outre les grains froment, seigle, millet et panic, les métayers vivent des revenus des charrois, car l'économie des campagnes est imbriquée avec celle de la ville de Mont-de-Marsan. Comme l'écrit Basquiat : « La seule ressource qu'ils ont se trouve dans le transport des denrées et marchandises de commerce par leurs bœufs », que leur confient les négociants montois pour le transport du sel vers l'Armagnac et en retour des céréales, des vins, des eaux-de-vie et des étoffes à destination du port de Mont-de-Marsan.

Les bateaux sur la Midouze et l'Adour, au XVIIème et au XVIIIème siècle

On imagine difficilement aujourd'hui que la Midouze et l'Adour aient pu connaître au XVIIème et au XVIIIème siècle, une grande activité, à la vue de cette rivière et ce fleuve se frayant un chemin, en été, au milieu des bans de sables. Pourtant les épieux couverts d'herbe de Mont-de-Marsan, les chemins de halage de la Midouze et de l'Adour que l'on ne suit plus qu'avec difficultés, la présence d'épis noyés, attestent l'existence d'une navigation autrefois active.

La documentation relative à la navigation sur la Midouze (Douze), à cette époque, est abondante ; elle autorise une description précise des équipements et des faits et gestes des bateliers. Alors que le Midou et la Douze ne sont propres qu'au flottage, la Midouze a, sauf aux mois d'été, assez d'eau pour être naviguée. Les bateaux de la Midouze, les galupes, demi-galupes, galupots ou galupats, sont des chalands à fond plat, à proue pointue, à poupe carrée, de 15 à 23 mètres. Ils jaugent de 10 à 28 et 30 tonneaux. Souvent au Hourquet, confluent de la Midouze et de l'Adour, on ajoute le chargement d'une ou deux allèges ; sur l'Adour l'on emploie souvent la voile. Beaucoup de bateliers conduisent leurs galupes jusqu'à Dax et Bayonne. La navigation sur la Midouze est pratiquée par des patrons d'équipages, qui sont souvent propriétaires des bateaux, et par des marins expérimentés, les galupayres : cinq ou six par galupe, habitués à éviter les pièges qui jalonnent le lit de la rivière. Leur métier n'est pas de tout repos, car « il n'y a point de rivière aussi difficile pour la navigation et aussi rebutante pour les commerçants », au dire d'un mémoire de 1733. Aussi faut-il une longue pratique pour maîtriser ce type de navigation : en 1787, les commerçants se plaignent de ce que la levée des classes pour la marine leur a enlevé des bateliers « qui ne peuvent être formés qu'après de longues épreuves ».

A la descente du cours de la Midouze, les galupes et les galupats portent surtout des grains, des vins et des eaux-de-vie, parfois de la cire et du miel. Quand la rivière est gonflée et le courant rapide, le voyage s'accomplit sans trop d'encombre, mais le plus souvent la force du courant ne suffit pas partout à porter les bateaux, alors il faut les pousser à la perche ou à la rame ; il arrive que les bateaux chavirent avec leur cargaison. Aux basses eaux des mois d'été, la descente est plus lente et plus périlleuse. Quand les eaux sont très basses, les galupes d'un port ordinaire de 20 à 25 tonneaux ne peuvent en charger que 6 à 8.

A la remonte, les galupes sont moins lourdement chargées qu'à la descente. La cargaison comprend des sels, des laines d'Espagne, des sardines et des morues salées, des épices, du sucre, du tabac et autres denrées importées à Bayonne. Le voyage comporte des risques. Il faut recourir au halage sur un chemin que chaque crue dégrade, au moyen de bœufs, parfois d'hommes qui tirent les bateaux avec des cables ou à la cordelle.

La taille et la forme des bateaux sont adaptées à la faible profondeur et au débit médiocre de la Douze, du Midou et de la Midouze. Nous sommes assez bien renseignés sur cette flotte, de nombreux contrats de construction de ses galupes sont conservés dans les minutes notariales du XVIIème et du XVIIIème siècle, les enquêtes et les contrats des jaugeages ordonnés pour l'établissement des péages fluviaux précisant leur capacité de transport des sels, des céréales et autres produits.

Les plus importants chantiers de construction de gabares se trouvaient à Urt, dans les Basses-Pyrénées. Les constructeurs les plus connus se nommaient Cazenave, Pelot, Lamagdelaine et Darrigol, du XVIIème à la fin du XIXème siècle. Ces chantiers ont construits la plus grande partie de la flotte circulant sur la Midouze et l'Adour, avec leurs bateaux accessoires que sont les chalands et couralins. D'autres chantiers plus artisanaux étaient installés à Toulouzette, Laurède, Saint-Jean-de-Lier, Dax et Mont-de-Marsan. Le bois de chêne utilisé provenait essentiellement du bassin de l'Adour, tandis qu'à Urt, les bois étaient issus des forêts des sources de l'Aran.

Au cours du XVIIIème siècle, le chantier de construction de galupe de Saint-Jean-de-Lier produisit de nombreux bateaux utilisés par les négociants montois. Jean de Larrieu dit Pontonx, maître-charpentier de Saint-Jean-de-Lier, construit le 21 septembre 1702, « un bateau à neuf de la portée de dix à onze pipes d'eau-de-vie », pour Bernard Branzeau, bourgeois et marchand montois. Le 7 novembre de la même année, Fortis Péres, négociant montois, lui commande une galupe coûtant 700 livres. Jean Demurès, maître-charpentier, réalise sur ce même chantier, le 27 juin 1712, un bateau neuf « galupat », pour le compte de Nicolas Lesburguères, marchand-batelier, habitant du lieu et Jean Brettes, bourgeois et marchand montois. Cinq maîtres-charpentiers et constructeurs de bateaux de la paroisse de Saint-Jean-d'Août : trois frères dénommés Bertrand Larrieu, Barthélemy Benquet et Jean Larrieu de Laurède, s'engagent le 25 juin 1764, à construire un bateau de la portée et contenance de 100 à 104 barriques de vin et d'eau-de-vie de 40 verges chacune, pour Barthélemy Baylin, négociant du port de Mont-de-Marsan.. Dans un acte du 29 avril 1771, Jean Labaste cadet, maître-charpentier, constructeur de bateaux, habitant de Saint-Pierre-de-Lier et son frère Etienne, loue pour une durée de quatre ans à Pierre Lalanne, batelier montois, un bateau appelé « galupot » qu'ils ont construit. Le 15 brumaire an VIII, Baptiste Labaste, charpentier de Lier, s'engage à construire un bateau pouvant contenir 30 kas, pour la somme de 900 livres, soit 30 livres par ka.

La galupe ou galup, gabare ou gabarre

La navigation sur la Midouze et l'Adour se sert à cette époque de bateaux rustiques appelés galup, galupe, demi-galupe, galupot ou galupat, dont les types sont peu variés et remontent assurément aux âges les plus anciens de circulation fluviale. Ils sont longs de 19 à 25 mètres, larges de 4,50 mètres à 5 mètres, tirent à pleine charge 1,20 m à 1,40 m et portent de 25 à 50 tonnes. Un rapport de

1732 établit des normes précises pour la construction de quatre catégories de galupes : « La galupe de 16 courbes aura la longueur de 30 aunes (1 aune = 1,19 m), de largeur 5 aunes et de hauteur une aune et demie. La galupe de 14 courbes aura de longueur 22 aunes, de largeur 3 aunes et demie, et de hauteur une aune et demie. Les galupes de 12 et 11 courbes auront de longueur 14 et 15 aunes, de largeur 2 aunes deux-tiers, de hauteur une aune un quart » (AB / HH 191). Jacques Duvin, bourgeois et marchand montois, possédait le 3 avril 1690, une galupe « de six à sept cadrancqs (courbes) ». Ces embarcations sont manœuvrées par deux ou trois hommes qui manient à l'avant deux longues rames et une autre plus longue à l'arrière. Quand le vent est favorable, les gabariers hissent une voile unique. Les vitesses sont très réduites. Il est rare que ces bateaux naviguent contre le courant ; ils suivent d'ordinaire les oscillations de la marée. Par bonne brise, ils font 6 kilomètres à l'heure, à la rame, 3 seulement. Quelques-uns se font haler du rivage par une ou deux paires de bœufs ou même par des hommes ; mais on peut dire qu'il n'y a aucun service de halage organisé ; chaque négociant ou maître de bateau organise le halage de son embarcation.

Erran, chalibardon et galupe sont cités ensemble dans la liste des bateaux du « statut des gabariers » de 1732 (F. Jaupart, p. 94-95) ; le nom de erran est appliqué aux bateaux de 18 courbes et plus et celui de galupe aux bateaux plus petits. Par ailleurs, chalibardon et galupe se trouvent également associés dans un second texte, moins clair malheureusement : « Les galupes, anciennement galupes ou coureaux, (il y a confusion, le courau n'est pas un bateau de la même famille), sont d'un premier rang, et d'une première portée, des demi-galupes qui sont de la deuxième portée qui étaient anciennement chalibardon, mais ont changé de nom à l'occasion de leur augmentation pour une plus grande facilité du commerce et de la navigation ».

Le terme de chalibardon était appliqué aux bateaux de transport à fond plat dont les côtés étaient monoxyles ; le terme de galupe aux bateaux de transport à fond plat, de même forme générale, dont les côtés étaient construits à clin ; le mot rare d'erran désigne les chalibardons de grande taille qui ne devaient pas circuler sur la Midouze. Les dimensions du chalibardon de l'Atlas de Colbert peuvent être évaluées de la façon suivante : la hauteur des flans bombés et monoxyles ne saurait dépasser 0,80 m, selon F. Beaudouin, ce qui lui permet de déduire une longueur totale d'environ 8,10 m : étant donné la constance du rapport largeur/longueur = 1/6, on peut évaluer la largeur intérieure à 1,50 m. En élévation latérale, sa forme est presque identique à celle du chaland son contemporain, en un peu plus dissymétrique. La hauteur va en décroissant légèrement de l'arrière vers l'avant, le fond se relève brutalement à l'arrière et plus doucement à l'avant nettement élancé. L'arrière est clos par une arête rectiligne transversale qui porte un grand aviron de queue axial. Les « costés d'arbre » des flancs sont surmontés d'une planche peu élevée, sorte de larque destinée à augmenter le franc-bord : elle est fixée simplement par clouage sur champ car aucune membrure n'est visible. A l'arrière nous voyons un élément de pont bombé, l'escapuchote, et un pont de manœuvre à l'avant : un mât de halage haubané complète l'armement visible.

Les galupes, demi-galupes, galupats ou galupots possèdent les mêmes caractéristiques morphologiques générales que les chalibardons ; grande largeur, avant pointu, arrière carré : leur schéma fonctionnel est identique mais leur morphologie de détail et leur structure sont totalement différentes.

La galupe de l'Atlas de Colbert montre une cassure nette du fond aux deux levées : la ligne du plat-bord présente au contraire, une tonture régulière et faible qui s'accentue à peine dans les extrémités Les flans sont réalisés à l'aide de quatre bordés rectilignes assemblés à clin : ils sont supportés par des membrures dont les têtes sont reliées par une serre intérieure. L'accastillage est identique à celui du chalibardon contemporain : escapuchote, pont de manœuvre avant, mât de halage haubane, aviron de queue et grappin. La réalisation des flancs à l'aide de bordés débités à la scie, posés sur des membrures et assemblés à clin, permet la clôture de l'avant par simple ployage des bordés ; ceci implique que les flancs soient légèrement ouverts et explique la tonture régulière et faible. La discontinuité très nette du fond indique que les extrémités sont réalisées indépendamment, peut-être à l'aide de bordés transversaux ; notons cependant la présence de membrures dans les extrémités, ce qui rend probable la présence de bordés longitudinaux.

Les galupes modernes que nous connaissons par de nombreuses cartes postales illustrées, du début du XXème siècle, et par un plan fait sur les indications de Haristoy constructeur à Urt, se construisaient en plusieurs tailles : de 9 m à 15 m environ, pour les demi-galupes, galupots, galupats, à 24 m pour les galupes ou gabares, qualifiées de gros bateaux par nos négociants, avec 55 à 60 tonnes de port. L'architecture des différents modèles est identique à quelques détails prés. En élévation latérale, le plat-bord est régulièrement tonturé ; l'avant et l'arrière se relèvent assez nettement ; le fond se relève à l'arrière avec une courbure prononcée et de façon moins accentuée à l'avant. En section transversale, le fond est plat et les flancs légèrement ouverts. En plan, les grandes galupes qualifiées de gros bateaux ont les flancs rectilignes et parallèles dans la partie centrale, là où le fond est plat ; les petites galupes, demi-galupes, galupots ou galupats au contraire ont les flancs légèrement arrondis.

Les membrures des galupes sont constituées par une forte traverse posée à plat sur la sole ; à chaque extrémité, une allonge constituée par une courbe de fil est ajustée à mi-bois et chevillée ; l'espacement des traverses de fond est égal à leur largeur, soit un pied (31 cm). Les flancs sont constitués par trois bordés débités à la scie et assemblés à clin ; le bordé supérieur ou préceinte qui double complètement le deuxième bordé est brocheté sur toute sa longueur, selon un dessin élégant non seulement à son can supérieur qui détermine la tonture, mais aussi à un can inférieur. Le can inférieur du deuxième bordé, par contre, n'est même pas tracé droit, il conserve la forme de l'extérieur du tronc dans lequel il a été découpé, avec tous ses accidents. Le bordé du bas est dressé à son can inférieur qui vient s'ajuster dans une sorte de rablure ménagée dans l'ile à laquelle il est cloué par pointe oblique. L'ile est de dimension réduite, angulaire à l'extérieur et arrondie à l'intérieur ; sur les grandes galupes, elle est en deux parties dans la longueur. Un bordé supplémentaire, le soufflage double les deux bordés supérieurs à l'intérieur. Une forte lisse de plat-bord recouvre le tout. Les grandes galupes sont équipées de deux forts bancs fixés, les « tostes » ; les petites, galupots ou galupats en sont dépourvues.

Il est intéressant de noter le processus de construction d'une grande gabare ou gros bateau de 24 mètres, décrit par François Beaudouin. « La première opération consiste à faire les iles ; dans les grandes galupes à bords rectilignes, les deux iles sont découpées dans la même bille de bois. Dans les petites galupes, chaque ile est découpée séparément dans un arbre courbe.

2°) Les iles sont ensuite placées sur un chantier de madriers transversaux auxquels elles sont chevillées.

3°) On pose la soie en commençant par les bordés ajustés aux iles.

4°) Les traverses intérieures, les varangues sont alors ajustées et fixées aux iles et aux bordés du fond par des chevilles en acacias, les gournables.

5°) Les extrémités sont alors relevées au cru, ce qui est très difficile, étant donné l'épaisseur des planches du fond (60 mm) ; afin de facilité cette opération, les bordés du fond à l'arrière où la courbure est plus forte, ont été débités avec une courbure préalable.

6°) On présente et on fixe le premier bordé des flancs.

7°) On met en place les allonges de membrures dont les entailles d'assemblage ont été faites auparavant dans les traverses ; à l'extrême avant, une pièce massive le matchou, améliore le clouage des bordés des flancs et du fond ; à l'arrière, une sorte de tableau large et bas est fixé légèrement en deçà de l'extrémité des bordés.

8°) On met en place le deuxième bordé en le boulonnant au premier.

9°) On fixe de part et d'autre du deuxième bordé le soufflage à l'intérieur et la préceinte à l'extérieur ; le tout est boulonné à travers la tête de la membrure ; la préceinte est en outre clouée au bordé.

10°) Le dessus de l'ensemble est arasé et recouvert d'une forte lisse de plat-bord.

11°) Si on constate des fentes, on met en place des queues d'arondes. Les tustes sont fixés dans des défoncements du soufflage et recouverts par la lisse de plafond ; l'escapuchote est soutenue par quelques forts barrots dont le premier est fixé à travers les bordés par des tiraudes.

12°) On soulève la galupe d'un côté, au cric et on la met en balance sur une pièce axiale ; on met les coins dans les têtes de gournables, on arase à l'herminette, on calfate et on passe le coaltar. A des emplacements précis, on fixe le haut du bordage pour y passer les cabillots de manœuvre en bois et en fer ; enfin on creuse à l'avant et à l'arrière de part et d'autre du bateau dans la préceinte, les défoncements qui permettront la manœuvre du bûtage pour tourner court » (F. Beaudouin).

Les grandes galupes utilisent principalement le halage par attelage de bœufs ; deux mâts de taille différente sont consacrés à la voile (voile au tiers de l'Adour) et à la « cirgue » (halage) ; ces mâts s'appuient sur la « tuste » de l'avant. Grandes et petites galupes sont équipées d'un grand aviron de queue identique à celui du grand chalibardon ; cependant, à la différence de celui-ci, il est rectiligne et la pierre contrepoids est creusée en goutière et repose sur le dessus de la poignée.

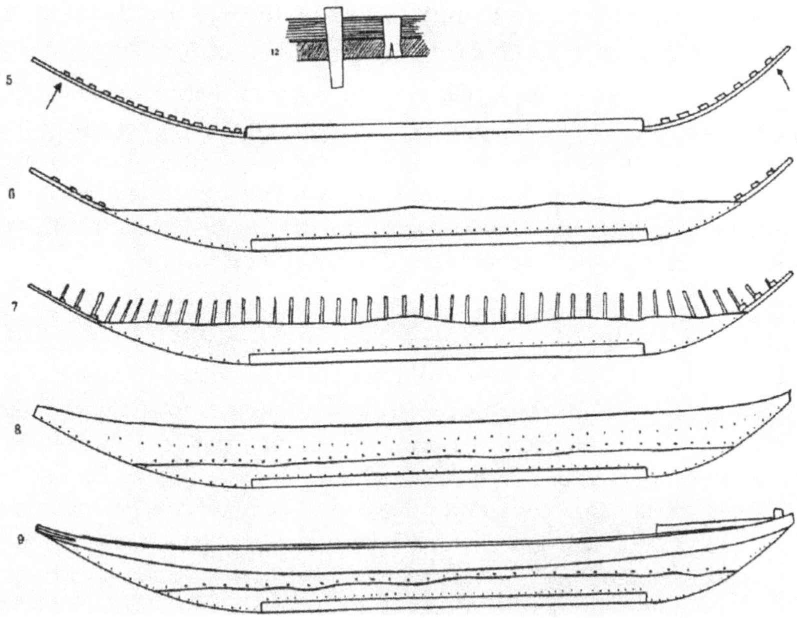

Figure 5: Les phases de la construction d'une grande galupe

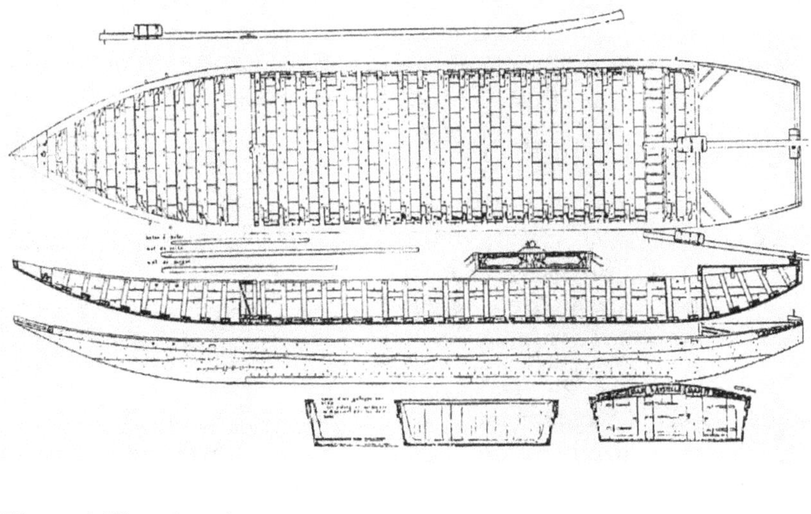

Figure 6: Plan de gabare

Le galup, la galupa (galupe), le gros bateau ou gabare aux XVIIème et XVIIIème siècles

En langue gasconne, un galup désigne une sorte de petit bateau, la galupa (galupe), en occitan ancien calup, calupa désigne un bateau de transport de marchandises. Au cours du XVIIème siècle, le terme galup ou gros bateau est fréquemment employé dans les contrats de construction de bateaux et les contrats commerciaux concernant le commerce fluvial sur la Midouze (Douze aux XVIIe et XVIIIe siècles), entre Mont-de-Marsan et Bayonne.

Ce n'est qu'au XVIIIème siècle, dans un acte d'achat de « la moitié d'une gabare ou galupe et avec la moitié de tous les apparaux nécessaires à la navigation », qu'apparaît la concordance des deux désignations galupe-gabare. Jacques Marimpouy, marchand habitant de la paroisse de Saint-Jean-de-Marsacq, réalise cette vente le 25 novembre 1722, en faveur de Pierre de Belin, aussi marchand de la paroisse de Pey, pour le prix de 330 livres, que ledit Belin a payé et délivré avec sept louis d'or. Marimpouy sera tenu « de conduire et gouverner ladite gabare lorsqu'elle ira en voyage et faire les comptes avec ledit Belin toutes les quinzaines desdits profits et au cas que celui-ci voulant quelques fois la faire gouverner ou conduire par lui ou par autre, il lui sera loisible toutes les fois qu'il se présentera ou qu'il y enverra quelqu'un de sa part » (3 E 49 (24) 106). La valeur numéraire d'une galupe, en 1722, est donc de 660 livres. Entre 1651 et 1809, la galupe (gabare) ou gros bateau est estimée entre 550 livres et 1 600 livres. Le 31 mai 1651, Joan Beson dit Caboy, marchand de Saint-Jean-de-Lier, transportant sur son gros bateau trois pipes de sel, de Bayonne à Mont-de-Marsan, pour le compte du négociant Lacroix, demandait six livres de frais de voiturage ((3 E 4 (15) 40). Dans un contrat d'affermage du 6 octobre 1660, Nicolas Racle, bourgeois et marchand montois, baille à Nicolas Chalosse, marchand de Vicq-en-Auribat, la moitié de son gros bateau, avec son équipage « qui consiste en un mât, deux voiles, un coudail, quatre avirons, une grande drisse », moyennant 275 livres par an (3 E 4 (21) 19). Vincent de Pomiès, batelier de Gousse (Tartas), transportait le 9 mars 1669, sur son « gros bateau » avec cinq hommes d'équipage, 31 barriques de vin pour le compte de Jean Allein, bourgeois et marchand montois et de Commarieu marchand, à destination de Bayonne (3 E 4 (30) 23).

Jean de Lier dit Vidensot, marchand de la paroisse de Saint-Jean-de-Lier en Auribat, vend le 6 décembre 1690, à Jean Duvin, bourgeois et marchand montois, un bateau neuf (galupe) nommé l'Eloy, « sans aucune suite ni apparaux et ce pour le prix et somme de 830 livres » (3 E 4 (71) 369).

Pour charger et décharger des marchandises entre Mont-de-Marsan et Bayonne, Fortis Péres, bourgeois et marchand montois, s'associe en « consorce » avec Etienne Dusesq, marchand batelier de Saint-Jean-de-Lier, pour l'achat d'un grand bateau neuf, avec ses apparaux, le 27 septembre 1712 (3 E 4 (84) 126).

Mathias Laurans possédait un grand bateau qu'il avait confié à Jean Garrelon dit Foulin, patron de bateau montois. Lors d'un voyage où il était chargé de sel en provenance de Bayonne, conduit par François Sabaté dit Flandé, batelier, il fut saisi, le 3 novembre 1722, pour transport frauduleux de 6 livres de tabac d'Espagne (3 E 4 (132) 95).

Dans la constitution de société entre François Tartas, bourgeois et marchand montois et Jean et François Lesbazeilles, père et fils, marchands montois, sont engagés « un galup avec ses apparaux » et un galupat, le 23 octobre 1726, pour une durée de quatre ans : les sociétaires feront commerce sur la rivière de la Douze, allant et revenant de Bayonne, « en grains et autres marchandises qui conviendront de porter dans la ville de Bayonne » (3 E 4 (134)).

Pour pratiquer le commerce fluvial sur la Douze, Joseph Baylin, bourgeois et marchand montois et Jean Garrelon aussi marchand, s'associent le 18 mai 1733, pour une durée de cinq ans ; Jean Garrelon verse 3 000 livres tournois, pour participation à la société équipée de trois bateaux : un grand et deux petits, « du montant desquels le sieur Baylin a payé la moitié au Garrelon » ; ce dernier s'oblige de faire la conduite des bateaux pour la solde de 8 livres par voyage qui seront portées en dépenses (3 E 4 (138) 73).

Le grand bateau (galupe) de Fortis Laurans, bourgeois et négociant montois, en provenance de Bayonne, conduit par le batelier de Saint-Pierre-du-Mont Jean Lalanne dit La Bonté, contenait le 15 novembre 1745, 71 balles de laine d'Espagne ; il dût acquitter au cours du trajet diverses taxes, scizes et péages d'un montant de 259 l 10 s (3 E 4 (101) 130).

Un grand bateau (galupe ou gabare), appartenant à Gabriel Duvin, fait l'objet, le 20 août 1748, d'un contrat de « baillage à troc » avec Cazaux marchand batelier de Saint-Jean-de-Lier en Auribat (3 E 3 (46)).

Etienne Baillet, meunier de Saint-Orens, baille à titre de ferme, le 18 mai 1756, pour une durée de sept ans, aux habitants de la paroisse de Martiens ;

Jeanne Dunogué, Jean Noguère dit Mora, Michel Broquère, Jean Bourdon, André Clément, laboureurs, le bateau qu'il a sur la rivière de l'Adour, au passage de Lespugnat, moyennant « une mesure et une demi-pugnière de seigle par bouvier, moitié moins par brassier, payées annuellement » (3 E 4 (108)).

Pour payer à Joseph Marrast fils aîné, bourgeois et négociant montois, une dette de 2 100 livres, Raymond Barbé, bourgeois et négociant montois, fait vente le 6 février 1760, de deux bateaux « actuellement voyageant sur la rivière de la Douze, qu'il a acquis de Dabadie négociant de Monfort et de Barthélemy Baylin négociant montois » (3 E 4 (149) 12).

Cinq maîtres-charpentiers, constructeurs de bateaux : les trois Bertrand Larrieu, Barthélemy Benquet de la paroisse de Laurède et Jean Larrieu de Saint-Jean-d'Août, seront nécessaires, le 25 juin 1764, pour construire le grand bateau (galupe ou gabare) commandé par Barthélemy Baylin, de la contenance de 100 à 106 barriques de vin et d'eau-de-vie de 40 verges chacune, estimé 1 600 livres (3 E 4 (152) 142).

C'est encore une galupe ou gabare que Jean Lesbazeilles, marchand montois, vend le 15 septembre 1775, au prix de 1 400 livres, à Nicolas Nots, marchand de Tartas (3 E 4 (178) 163).

Les grands ou gros bateaux, galupes ou gabares, peuvent transporter de Mont-de-Marsan à Bayonne, de 100 à 110 barriques d'eau-de-vie ou de vin : le grand bateau nommé l'Harlequin (Arlequin), appartenant à Barthélemy Laurans, bourgeois, négociant et jurat montois, fit naufrage sur une souche le 17 janvier 1777, avec 110 barriques d'eau-de-vie à son bord. Jean Larrieu constructeur de bateaux de Saint-Jean-d'Août, Bernard Lataste et Louis Juzan tonnelier, arrivés sur les lieux, trouvèrent le bateau noyé, en raison d'une grande voie d'eau. La cargaison fut transférée sur une autre gabare de même contenance (3 E 13 (33) 13).

Le 15 brumaire an VIII, Baptiste Labarte, charpentier de Lier, s'engage à construire un bateau, la moitié pour son compte, l'autre moitié pour Bernard Bordes, marchand de Tartas. Le contrat stipule que le bateau sera de bois de chêne, bon et non gelé, et qu'il contiendra trente kas (soit 240 sacs), pour la somme de 900 livres .

D'un contrat de vente de la moitié de deux bateaux et d'un allège, établi par Jeanne Lasserre, veuve de Jean Dumartin de Mont-de-Marsan, le 30 août 1809, en faveur de Pierre Lacroix, négociant montois, on peut déduire la valeur de ces deux bateaux et de cet allège, à 6 200 francs (3 E 13 (65) 178).

Au cours des divers procès engagés par les négociants montois, mettant en cause la légitimité du péage fluvial de Campet, entre 1706 et 1739, et son montant établi en proportion de la quantité de sacs de sel transportée, il fut convenu de distinguer trois catégories de bateaux : les grands bateaux ou galupes (galups), pouvant transporter 17 à 18 kas de sel (soit 144 sacs), le bateau moyen , demi-galupe, galupot ou galupat et les petits bateaux ou allèges d'un port de 3 kas (24 sacs) (3 E 4 (19) 70 ; 3 E 3 (40) ; 3 E 4 (137) 68). Cette classification des embarcations passant devant le péage de Campet est affinée par François Brettes, bourgeois et négociant de Bayonne, nommé et choisi comme expert par François Tartas, bourgeois et marchand montois, syndic des autres marchands et négociants de la présente ville, pratiquant le commerce fluvial sur la rivière de la Douze, pour procéder à l'étalonnage des bateaux du port. On distingue toujours trois catégories de bateaux, les grands, les moyens et les petits, sans se mettre d'accord sur la contenance de chacun (3 E 4 (96) 113). Pierre et Alexandre du Lyon, père et fils, marquis de Campet, grand sénéchal du Marsan, du Tursan et du Gabardan, exigent le 30 avril 1739, l'application de l'arrêté du 27 juillet 1734, fixant le droit de péage : les petits bateaux d'une contenance inférieure à 18 pipes de sel devant acquitter 40 sols, les bateaux moyens (demi-galupe, galupot) d'une contenance de 18 à 20 pipes de sel, 3 l 10 s, et les grands bateaux (galupe ou gabare) contenant plus de 20 pipes de sel, 6 livres. Jean Brettes, bourgeois et négociant montois fait expertiser deux de ses bateaux, le 30 avril 1739, chargés de sel, « l'un des plus petits de la rivière et l'autre des moyens, qu'il a nommé galupat et demi-galupe, c'est-à-dire petit bateau et moyen bateau, prétendant que le galupat ne contenait pas dix-huit pipes, ni le demi-galupe au-dessus de vingt pipes » (3 E 4 (141)).

Le galupot ou demi-galupe, galupat

Le demi-galupe ou galupat mesurait 17 mètres de long sur 4 mètres de large, avec une charge maximum de 35 tonneaux en moyenne, ces dimensions pouvant varier entre le XVIIème et le XVIIIème siècle. Une description datée du 18 mars 1732, dans un extrait d'une délibération des édiles de la ville de Tartas, précise : « le galupat (*gallupat*) : conduit à gouvernail, il porte de douze à seize pipes de sel et ce galupat est d'une contenance bien plus grande que les galupats de dix-huit ou vingt ans, gouvernés avec un *pallot* ou aviron. Selon les déclarations faites par Germain Ducamp et Antoine Feugas, en date du 23 mars, ils déclarent à Louis de Maurian et Pierre de Lamue, jurats, que les galupats *(gallupats)* d'à présent, portent vingt-deux barriques de vin et douze à quatorze pipes de sel (la pipe de 410 litres). Ils sont gouvernés avec un *coudail*, à la différence des anciens galupats … de sorte qu'à présent, ils sont notablement augmentés … et ils ajoutent de plus qu'ils portent de vingt à vingt-cinq pipes de sel et environ trente à trente-deux barriques de vin …. ».

Dans un acte du 29 avril 1771, Jean Labaste cadet, maître-constructeur de bateaux, habitant Saint-Pierre-de-Lier et son frère Etienne, baillent à ferme pour une durée de quatre ans, à Pierre Lalanne, batelier montois, un bateau appelé galupat, du port de 18 kas de grain (1 ka = 8 sacs, soit 144 sacs de blé) ou de trente-quatre à trente-cinq barriques de vin, avec une voile proportionnée à la grandeur du bateau, trois rames, cordage et « *surgue* », moyennant la somme de 135 livres annuelles.

Les dimensions, la contenance et les prix des demi-galupes ou galupats varient au cours du XVIIème siècle et du XVIIIème siècle. Possesseur de deux galupats, Jacques Duvin, bourgeois et négociant montois, dans une « police de consorce » du 16 août 1686, valable jusqu'au 2 avril 1688, aurait vendu à Jean Lestage, marchand d'Audon, l'un des bateaux nommé « Pachaulong », avec ses apparaux, pour le prix de 66 livres. Le deuxième galupat demeure en consorce « pour le faire travailler, pour monter de cette ville et descendre à Bayonne et ailleurs où bon leur semble, et pour le fond de capital qu'il est nécessaire d'employer et marchandises qu'ils jugeront à propos, ledit Lestage s'oblige de sa part, la somme de 170 livres, pour tous les frais de ladite société et ce pour la charge du sel seulement, et lorsqu'ils voudront charger le bateau de froment, le sieur Duvin sera obligé de fournir pareille somme de 170 livres, et Lestage de faire à Bayonne la vente des grains et marchandises au prix qu'il le pourra, et le sieur Duvin sera obligé de vendre le sel à Mont-de-Marsan, et autre marchandise que le bateau y portera, aussi au prix qu'il le pourra, et il promet la charge pour le bateau la plus avantageuse qu'il trouvera, et le produit des marchandises sera partagé par moitié » (3 E 4 (69) 128).

Très souvent, un marchand et un maître-batelier s'associent pour l'acquisition d'un galupat, permettant la pratique du commerce fluvial entre Mont-de-Marsan et Bayonne. Nicolas Degos, marchand-batelier de Saint-Jean-de-Lier, possesseur d'un galupat ou demi-galupe estimé 400 livres, en vend la moitié au bourgeois et marchand montois Jean Lagoanère de Laboge, le 21 août 1688, pour continuer « le négoce en société » sur la Douze (3 E 4 (69) 295). Ce type de contrat de consorce ou société est très usité au XVIIième siècle : François Lubet, bourgeois et marchand montois, vend le 21 août 1689, à son confrère Joseph Lacroix, en société, la moitié d'un bateau (certainement un galupat ou demi-galupe), estimé 300 livres (3 E 4 (42) 309). Pour liquider une consorce de bateau, qui le liait à Jean Lagoanère de Laboge, Pierre Duvin, marchand-batelier de Saint-Jean-de-Lier, lui verse 187 livres, valeur de la moitié du bateau concerné (encore un galupat, estimé 374 livres) (3 E 4 (76) 325).

C'est en société ou consorce que Jean Duvin, bourgeois et marchand montois, et Jean Lestage, marchand d'Audon (Tartas), avaient acquis, le 20 juillet 1686, un bateau neuf (une demi-galupe), estimé 350 livres. La part de Lestage fut vendue 120 livres à son associé le 27 août 1699 (3 E 4 (77)).

Bernard Branzeau, bourgeois et marchand montois, conclut le 21 septembre 1702, un « acte de prix » de 500 livres, avec Jean Larrieu dit Pontonx, maître-charpentier de Saint-Jean-de-Lier, pour « construire un bateau à neuf, de la portée de dix à onze pipes d'eau-de-vie, et de la longueur et largeur du bateau que le sieur Brettes de Bayonne a fait faire construire, de bon bois de chêne, avec les clapidos et ferrures dicellui, ledit bateau mis dans l'eau à la fête de la Saint Jean-Baptiste prochain et plus tôt s'il le peut » (3 E 4 (79)).

Toujours dans une fourchette entre 350 et 500 livres, tel est le prix d'une demi-galupe ou galupat, si l'on en croit le contrat de vente signé par Fortis Péres, bourgeois et marchand montois, et Joseph Sombrun, marchand-batelier de Tartas, d'un montant de 450 livres, pour une demi-galupe (3 E 4 (84-1) 54).

François Douat, bourgeois et marchand du port, vendait, le 19 avril 1714, ce genre de galupat, à Pierre Pilhac, marchand de Bayonne, d'un port de 14 à 15 kas (1 ka = 8 sacs de blé soit 112 à 120 sacs) (3 E 13 (4-2)).

Vu le montant des enchères de la vente de deux bateaux ayant appartenu aux enfants de Jean Darrose de Mont-de-Marsan, le 7 frimaire an XI (29 novembre 1802), et attribués à Jean Desclaux de Saint-Perdon, pour la somme de 800 francs, ce ne pouvait être que des demi-galupes ou galupats (3 E 3 (75) 127).

Trois montois, Pierre Lacroix aîné marchand, Jean Dumartin cadet tonnelier et Jean Lahille batelier, fondent le 16 floréal an XIII (6 mai 1805), « une société dans laquelle chacun d'eux entrera pour un tiers, et ce pour tous les bénéfices résultant des transports de marchandises qui seront faits à Bayonne ou ailleurs », au moyen de deux bateaux actuellement sur la rivière, avec aussi une petite barque servant d'allège, appartenant à Dumartin et Lahille, et « un bateau neuf actuellement sur la chantier à Lier », propriété de Lacroix (3 E 3 (82)).

De cet exposé de quelques contrats notariés, on peut déduire que la galupe ou gabare ou gros bateau, pouvait transporter plus de 20 pipes de sel ou 18 kas de sel (soit 144 sacs), 100 à 110 barriques d'eau-de-vie, 71 balles de laine d'Espagne ; la demi-galupe ou galupat avait un port de 18 à 20 pipes, ou 18 kas de grain (144 sacs) ; un petit galupot, le 16 mai 1658, avait un port de trois kas et coûtait 68 livres (3 E 4 (19) 70).

Chapitre 3.

Le commerce des laines, du chanvre, du lin, et des étoffes du XVIIe au XVIIIe siècle

Qu'en est-il de l'industrie de la laine, du chanvre, du lin, et des étoffes à Mont-de-Marsan, du XVIIème au XVIIIème siècle ? L'enquête de 1692 sur l'industrie lainière dans la généralité de Bordeaux, fait état de trois villes, Bordeaux, Mont-de-Marsan et Bazas, où l'on fabrique des couvertures, et qualifie de considérable l'industrie de Mont-de-Marsan. Pourtant, l'activité manufacturière n'attire pas les Montois, au cours de cette période, quelques cardeurs, maîtres-cardeurs, tisserands ou facturiers de laine exercent cette profession. L'état comparatif des métiers ou professions de la commune de Mont-de-Marsan, existant en 1789 et en l'an IX (1801), révèle le maigre attrait de ces activités. Seules les classes de population les plus humbles se vêtent d'étoffes grossières fabriquées sur place, les autres emploient des étoffes très variées d'importation, d'origine française ou étrangère.

Le docteur Antoine Dufau le déplore en 1788 : « Quoique les talents y soient estimés et répandus, qu'une heureuse aptitude brille parmi la jeunesse, l'industrie est cependant bornée à une froide imitation. On aperçoit très peu d'hommes supérieurs frayer de nouvelles routes à la fortune et aux découvertes utiles ».

Les laines, le chanvre et le lin

Alors que le port de Mont-de-Marsan voit passer des laines de qualité venues d'Espagne, pour être acheminées par charrois vers les manufactures du Languedoc, les Montois se contentent de fabriquer en de petits ateliers, pour l'usage des personnes mal aisées, de grosses couvertures de laine et des draps grossiers avec la laine des moutons landais. « On voit avec indifférence, dit A. Dufau, exporter dans les autres départements, la toison de nombreux moutons que les landes élèvent avec succés, et l'on ne songe pas à acheter les laines d'Espagne qui passent sous nos yeux et qu'on pourrait si utilement mélanger avec les nôtres, ou à celles du Gers, département que les rapports les plus intimes et les plus constants lient avec cette place ». Les facturiers de laine travaillent si peu, que « les trois quarts ne s'occupent qu'à faire du tissu pour les particuliers qui leur donnent la laine et le fil ; si le restant des lainiers travaillent pour leur compte, ils font une étoffe si grossière, que l'aune de Paris ne se vend que 21 sols ». Il est difficile de se procurer de la main d'œuvre pour la filature et le traitement des matières premières. En 1782, un inspecteur déclare qu'il est inutile d'établir un bureau à Mont-de-Marsan, et impossible d'assujettir les fabricants de laine au plombage de leur étoffe ; le bureau et le plombage coûtent trop cher pour un produit médiocre.

Le travail de la laine est l'activité dominante à Mont-de-Marsan, comme dans toute la sénéchaussée, surtout le cardage et le tissage. On lave et on dégraisse la laine le long du Midou et de la Douze (Midouze), il y a, en revanche, peu de teinturiers, les tissus sont plutôt envoyés à Bayonne, où ils sont teints.

Au cours du XVIIème et XVIIIème siècle, les négociants et marchands drapiers Bernard de Cist, Fortis Péres, Jean Duvin, Jean Banos, François Lubet, Fortis Laurans, importaient de Bayonne des laines d'Espagne, sur leurs galupes ou gabares. Bernard de Cist, bourgeois et marchand montois, pour le compte de Manuel Alexandre et Louis Mende de Dacousta, négociants de la ville de Bayonne, adresse le 12 février 1694, une réclamation à Fortis Péres, bourgeois et marchand, jurat de Mont-de-Marsan, et fermier des deux tiers de la scize appartenant à la communauté de la présente ville, à propos du règlement de ce péage sur un premier envoi de 57 balles de laine, suivi d'un second de 27 balles de laine le 15 janvier, puis 62 balles le 1ier février, 68 balles le 3 février, dont il paya les droits (3 E 4 (75) 60).

Fortis Péres, le 13 mars 1703, fait voiturer par le batelier Saubolle, pour le compte de Jean-Jacques Laborde, banquier de Bayonne, sur sa gabare, 20 balles de laine d'Espagne adressées à Jean Lagoanère de Laboge, négociant montois, moyennant frais et péages d'un montant de 59 l 17 s (3 E 4 (80)).

Sur commission de Joseph Verdier, bourgeois et marchand de Bayonne, Jean Duvin, négociant montois, fait voiturer le 17 avril 1704, 17 balles de laine, d'un poids de 374 kg, à destination de Bordeaux, depuis la ville de Bayonne, sur la rivière de la Douze, jusqu'au port du Brocq à Campet (3 E 4 (81) 96).

Jean Banos, fils aîné, bourgeois et marchand montois a fait charger le 8 mai 1714, sur son bateau, pour le compte de Cassin marchand de Bayonne, 38 balles de laine et 70 quintaux d'indigo, destinés à François Lubet, bourgeois et marchand du port de Mont-de-Marsan (3 E 13 (4)).

Le 16 septembre 1736, Bernard Lacroix, batelier, transporte sur sa galupe, pour le compte de Noël Coste, marchand de Bayonne, 15 balles de laine d'Espagne, destinées à Fortis Laurans qui « en trouve trois, sous les numéros 12, 14 et 11 de la marque DC, non conditionnées, extrêmement mouillées et en danger de se gâter et d'autant que cela ne peut venir et être fait que par la faute dudit Lacroix batelier » (3 E 4 (93) 200).

Pour le chargement de 71 balles de laine, la location de sa galupe, la scize et les divers péages qu'il a acquittés, Jean Lalanne dit La Bonté, batelier de Saint-Pierre-du-Mont, réclame à Fortis Laurans, bourgeois et négociant montois, 259 l 10 s 6 d ; ce dernier ne lui en concède que 198 l 1 s (3 E 4 (101) 130).

De Mont-de-Marsan, ces laines d'Espagne de qualité sont ensuite acheminées par charrois vers les manufactures du Languedoc. Les montois fabriquent en de petits ateliers, pour l'usage de la population modeste, de grosses couvertures de laine de pays que l'on retrouve dans les inventaires après décès et des draps grossiers, avec la laine des moutons landais, appelés droguets. Dans l'inventaire fait à la requête de Jeanne Duvin, épouse de Fortis Péres décédé, est mentionné « une petite liasse de divers comptes de laine d'Espagne, avec le sieur Bouy de Toulouse, concernant les années 1732, 1733, 1734 (3 E 13 (17-1)).

Pierre Lacroix, marchand-cardeur de laine, de Grenade, a vendu le 23 octobre 1696, à Jacques Douat, marchand montois, « une pièce de droguet (étoffe grossière de laine ou de serge, moitié fil, moitié laine, formant une sorte de drap mince et étroit), à raison de 18 sols la canne, soit 20 l 14 s (3 E 4 (76-2) 272). Le cardeur Etienne Banos cède, le 12 novembre 1788, à Baptiste Londre, cardeur de Mont-de-Marsan, 9 pièces de droguet, 4 pièces évaluées 32 livres l'unité, 5 évaluées 25 l 12 s l'unité, après les avoir entreposées chez Gilles Sabathé, portefaix de Saint-Pierre-du-Mont (3 E 13 (44) 22 et 77).

Les textiles, autres que la laine, sont surtout travaillés dans les alentours de Mont-de-Marsan ; le Subdélégué note à leur propos, en 1788 : « A l'égard des toileries, la majeure partie se consomme par le propriétaire ou le colon qui récoltent le lin et le chanvre ». Le chanvre et le lin, cultivés dans les métairies et mentionnés dans les contrats de faisande ou métayage, tout au long du XVIIème et du XVIIIème siècle, étaient employés dans la région du Marsan, filés par des maîtres-tisserands locaux à l'usage des populations modestes, utilisant des chemises de brin de chanvre, des draps ou linceuls d'étoupe, des serviettes et des nappes d'étoupe. Les draps, les serviettes, les nappes, les chemises de lin apparaissent plus souvent dans les inventaires après décès des commerçants, des négociants, des ecclésiastiques, des bourgeois ou des nobles.

Le chanvre transitant par le port de Mont-de-Marsan, en provenance de Barbaste et de Tonneins, alimentait les corderies de Bayonne. Le sieur Réau de Tonneins fournissait le sieur Lassusse en balles de chanvre ; le 26 novembre 1759, Barthélemy Laurans, bourgeois et négociant montois, fut amené à constater ce jour-là, que sur l'ensemble de la livraison, 9 balles de chanvre n° 5, 7, 18, 3, 12, 1, 15, 8 et 16, « se trouvent avariées par la pluie abondante qui est tombée dessus, partie par le défaut de l'entrepreneur qui les avait mal placées, sans qu'il y ait de la faute de la part du commissaire, ni des bouviers » (3 E 4 (111) 271). François Brettes, bourgeois et marchand montois, connaît le même désagrément de dégâts des eaux de pluies, sur 7 ballots de chanvre peigné, sur 10, envoyés par Passet, fils aîné, de Tonneins, par l'intermédiaire de Lalanne, affréteur du lieu de Houilles (3 E 4 (158) 8).

De nombreux contrats d'achat de ballots de chanvre, nous sont connus par les procès-verbaux de constat d'avarie. Fortis Marrast, bourgeois et négociant montois, venait de recevoir dans son magasin, quatre balles de chanvre, envoyées par Lalanne et Sensaric de Barbaste, en provenance de Tonneins, mais destinées à Bayonne ; constatant qu'elles avaient pris l'eau, il convoqua Barthélemy Laurans, bourgeois et négociant, jurat de la ville, et le cordier Couet, qui établirent le constat des dégâts, objectant qu'elles avaient dû tomber dans l'eau, lors du passage d'un gué (3 E 13 (35) 249). Les marchands associés François Cadilhon et Pujos reçurent, le 1ier décembre 1779, neuf balles de chanvre, déchargées par les bouviers dans leur magasin ; l'une d'elles étant très avariée, ils convoquèrent Pierre Lapause, contrôleur au bureau des fermes de Mont-de-Marsan, et Raymond Barbé négociant montois, pour l'examiner et en déduire sa chute dans l'eau, au cours du voyage (3 E 13 (35) 204).

Ces avaries de marchandises dans les transports, dues aux intempéries ou à la maladresse des bouviers, frappaient aussi les balles de lin : le 23 août 1781, les frères Laurans, bourgeois et négociants montois, avaient reçu, pour le compte de Miramont, négociant de Bayonne, 20 balles de lin, en provenance de Podensac, transportées par les bouviers de Luxey : Jean Gilles et Jeantet de la métairie de Calblan, Joseph Bordesoules, Jacques Lamarque, Jean Larqué de Bouheben ; « il y avait une mouillure considérable dans chacune des balles », due à la pluie (3 E 13 (37) 171).

Le commerce du chanvre devait être lucratif, au point de stimuler la concurrence entre les négociants. Témoin cette aventure qui advint à Fortis

Marrast : le 27 novembre 1781, il avait demandé à Hourtinot, affréteur de bouviers de Bostens, de lui adresser six attelages, pour charger dix « barricots » vides à destination de Capdeboscq (Parleboscq), et en retour, de ramener dix balles de chanvre. A cet effet, il règle 25 sols pour chaque barricot et 18 livres par balle acheminée. Les bouviers Pige, Pillon de Lucbardez, Larrousse, Gaston, Noguères, Lacomme de Bostens se chargent du transport, mais arrivés à Houillès, ils déchargent les barricots dans l'entrepôt de Lalanne et emportent des balles de chanvre destinées aux négociants associés Cadilhon et Pujos, au lieu de Fortis Marrast, le commanditaire (3 E 13 (37) 223).

Les tisserands de laine ou de lin vendaient leur production de drap souvent par troc contre la matière première. Le 2 février 1680, le négociant montois Jacques Douat avait vendu 8 quintaux de laine au sieur Casraignède, juge de Sabres, qui les a cédés à Joan de Sannage, tisserand, en échange de la fabrication de trois pièces de toile de lin fin et de quatre douzaines de serviettes qui sont encore entre les mains du tisserand et dont J. Douat demande la saisie en paiement de la laine (3 E 4 (61-2) 213).

L'habillement des gens du Marsan

Le dépouillement des contrats de mariage et des inventaires après décès établis par les notaires montois du XVIIème et du XVIIIème siècle, révèlent la composition détaillée de l'habillement des laboureurs, des artisans, des nobles et des bourgeois de la région du Marsan et des provinces voisines.

La composition du trousseau des « filles de labeur » (paysannes) est à peu près identique, au XVIème, XVIIème et XVIIIème siècle. Celui de Marie de Saubolle, future épouse de Jean de Poy de Tartas, établi le 16 janvier 1556, comporte « cosne, conschine et aprigue (couette), le tout garny de plume nabe, deux cheytes, l'une de lang latanat, l'autre d'arrigue, huit linceulx de lin ou d'estoppe, deux longures et quatre serviettes de lin, le tout logé en un coffre de pin ... une robe de bon drap de colleur avec manches grosses, un manteau aussi de bon drap de colleur, le tout faict à la coustume de Tartas, deux cothes, l'une de blanquet d'Aire (étoffe de laine blanche) et l'autre de blanquet gros ».

Quinze pactes du XVIème siècle mentionnent des étoffes d'arcole (étoffe de filasse moins grossière que l'étoupe), de bias (toile commune du pays), de bourrasse (bure, laine rousse, épaisse et grossière, servant à faire des couvertures), de coyture (étoffe tondue), et de taulhe (coupe de laine), des aprigues (couettes garnies de plumes), des chalous (châles), vêtements d'hiver ou d'été, de composition différente, suivant la saison), des matelassines (petits matelas de berceau), des palhares (matelas de paille), capsères (oreillers), et trabersères (traversins).

Au XVIIème siècle, les actes de mariage mentionnent parmi les linges et les vêtements, des gens de labeur, des couettes, des coussines garnies de bonne plume neuve, des couvertes de Toulouse doubles, des paillères d'arique ou aprigues, des linceuls de lin ou d'étoupe, des ciels de lit de lin blanc avec garnitures, des couvertures de lin, des nappes, des serviettes, des tabliers de lin, des robes de lin drap double de Paris, des cottes de drap d'Angleterre de diverses couleurs, des robes de cordeillat de Paris bleu (tissu en tortes fibreux, étoffe de laine grossière), des manteaux noirs de drap d'Angleterre.

Dans un contrat de mariage du 24 mars 1658, Jeanne de Condon, épouse un vigneron Jean Mangin, habitant au port de Mont-de-Marsan et lui transmet en dot, « un lit de pin et un coussin traversin garni suffisamment de plume, 6 linceuls de lin d'atramat (nom d'une toile caractérisée par sa trame), 4 linceuls d'étoupe, une nappe de lin, 12 serviettes : six de lin et six d'étoupe, 2 robes de courdeilhat (cordeillat) bleu, garnies de manches » (3 E 4 (19) 34).L'épouse de Joseph de Talles, marchand montois, natif de Castelnau d'Auzan, lors de son mariage le 27 novembre 1684, est pourvue dans sa dot, « d'un habit pour le jour, de 10 nappes, 4 linceuls de lin, deux nappes de lin, deux douzaines de serviettes aussi de lin » (3 E 4 (66) 280).

La robe de noce est parfois de simple perex noir (étoffe grossière), mais avec manches grosses et doublée de sarge (serge) ; les cottes sont généralement de blanquet ou de drap d'Angleterre. Lors de son mariage, le 6 septembre 1669, à Tartas, Etienne de Harran, vigneron, reçoit en dot pour Jeanne de Villeneuve son épouse, « jeune fille et personne de labeur », outre un trousseau complet en literie et linge de maison, une chemise de cordeilhat et trois cotillons, « dont l'un sera de rase et de telle couleur que ledit Harran voudra ».

Au XVIIème et au XVIIIème siècle, l'habillement des épouses des artisans et des marchands montois devient plus riche, utilisant des draps d'origine plus variée. Les inventaires après décès dénombrent pour leurs époux, une garde-robe plus diversifiée. Par son mariage le 22 avril 1684, François Lubet, marchand habitant au port, reçoit en dot pour son épouse Marie Duborgue, fille de Joseph Duborgue, marchand, 1 200 livres et l'ameublement : « un lit garni d'un matelas et d'une courtepointe, une couette et un traversin, une couverture de laine blanche avec un tour de lit et un tapis de cadis vert garni de frange, 12 linceuls, 14 nappes, 4 douzaines de serviettes, le tout en lin, 4 « longeyres » aussi de lin, 3 robes d'étamine, 3 jupes : l'une de cadis, l'autre de buratin bleu (popeline dont la chaîne est de soie et la trame de laine), la troisième de camelot (grosse étoffe faite originellement de poil de chameau, puis de poil de chèvre, seul ou mêlé de laine, ou encore de laine quelque fois tissée sur une chaîne de soie), 9 chemises : deux de toile de Paris, et les autres de lin , 6 collets, 4 « gourgeons » de dentelle, 6 coiffes de jour, 6 coiffes de nuit, 6 tabliers de toile (3 E 4 (65) 109).

Jean Darrieux batelier, fils de Bernard Darrieux et de Marie Dupeyron, est doté le 14 juillet 1722, par son épouse, d'un lit composé d'une couette, d'un coussin traversin, d'un matelas, d'une courtepointe, d'une couverture de laine du pays, d'un lit garni de rideaux de cadis auxquels s'ajoutent 14 linceuls : 10 de lin et 4 d'étoupe, 3 douzaines de serviettes de lin : deux douzaines de lin fin et l'autre un peu grossier, 3 nappes : deux de lin et une d'étoupe, le tout neuf ; 10 autres chemises de lin : 2 usées et 6 de Cambrai neuves, 12 cornettes de toile de coton : 2 usées, 9 de toile du pays neuves, 2 coiffes appelées « baboulets » de toile de coton neuves, 7 bonnets de futaine garnis de dentelle neufs, 1 tablier d'étamine neuf, 1 autre tablier de toile de coton demi usé et un autre tablier de droguet neuf, 2 autres tabliers de toile de coton neufs, une cotte de cotonnette neuve, un habit d'étamine (étoffe en tissu peu serré) de Paris, avec sa cotte, le tout neuf, 2 cottes : l'une de cadis neuve et l'autre de cordeillat demi-usée, 2 paires de souliers : 1 paire neuve et l'autre demi-usée, 4 paires de bas de laine : une paire neuve et les trois autres demi-usées, 2 cottes : une de bazin (ou basin, étoffe croisée dont la trame est de coton et la chaîne de fil ou de coton) et l'autre de lin demi-usée, trois paires de brassières : une d'étamine, une de cadis (étoffe de laine fabriquée dans la ville de Nay) et l'autre de bazin demi-usée (3 E 13 (7) 42).

Marie Dauga, épouse d'Antoine Dutil, batelier de la paroisse de Saubusse (Dax), recevait en dot, le 18 avril 1723 : un lit de pin, un coussin suffisamment rempli de plumes, une couette de laine, un tour de lit de bergame, trois paires de linceuls, trois de lin et trois d'étamine, une douzaine de serviettes moitié de lin, moitié d'étoupe, deux nappes de lin, six chemises de lin, six cornettes de toile, quatre bonnets de futaine garnis de dentelle, quatre vestes : deux d'étamine, deux de bazin, avec une jupe de bazin, une cotte d'étamine et une autre de ratine, deux tabliers d'étamine, un tablier de droguet et cinq paires de bas de laine (3 E 13 (8) 18).

Dans la dot constituée par Alexandre Juzan , marchand montois, pour le mariage de sa fille Thérèse avec Pierre Puyo, propriétaire foncier de Saint-Loubouer, le 30 mars 1770, figurait 1 200 livres, un lit composé d'une couette de coutil garnie de plumes, de même que le coussin, un matelas de toile à carreaux piquée en laine, une courtepointe, un ciel et chevet et festons d'indienne piquée en coton, des rideaux de cotonnette à flammes, cinq paires de linceuls de lin, cinq douzaines de serviettes et cinq nappes de lin, un tapis de laine, un habit complet de fleuret (fil fait de la matière la plus grossière de la soie), un capuçon de valencienne, une jupe de calamande (calmande, étoffe de laine solide) (3 E 4 (178) 59).

L'inventaire effectué le 16 septembre 1778, chez Marie Sorbets veuve Laffargue, reste modeste, si nous le comparons au suivant effectué chez un homme de qualité. Marie Sorbets détenait : « deux petits morceaux de toile d'étoupe évalués 1 l 4 s, un douzaine de serviettes de lin avec une nappe (13 l), une douzaine de serviettes de lin avec nappe (11 l 12s), une douzaine de serviettes de lin avec nappe (11 l), une douzaine de torchons (6 l), une douzaine de serviettes de lin avec nappe (10 l), une douzaine de serviettes avec la nappe (8 l 10 s), une nappe de lin (2 l 7 s), trois paires de pantoufles d'étoffe de soie (4 l), neuf bonnets piqués (10 l), une robe et une jupe de taffetas d'Espagne noir (24 l), une calote de camelot (10 l 5 s), trois coiffes de gaze noire (7 l), un rideau de cadis vert (1 l 11 s), une jupe de taffetas jaune doublée (9 l) (3 E 4 (101) 158).

Tout ceci est bien modeste à côté de l'inventaire réalisé les 9, 10 et 12 novembre 1782, des effets de messire de Muller, chevalier de Saint-Louis, ancien major d'un régiment de Hussards, délaissés dans sa maison d'Uchacq. Une chambre tapissée de toile peinte en vert, à grands personnages, contenait un lit couvert d'indienne, avec trois matelas, un oreiller, un traversin garni, une paire de linceuls de lin, avec un oreiller de coutil garni en coton, une couverture de laine d'Espagne, un couvre-pied de satin à fleurs piqué, une courtepointe d'indienne brune, les rideaux de camelot rouge, une autre couverture de laine d'Espagne, deux couvre-pieds d'indienne piquée. Une deuxième petite chambre était meublée d'un petit lit composé de trois matelas, d'une couette avec un traversin, le ciel et les rideaux de cotonnette à flammes, et tapissée d'une cotonnette à flammes. Une troisième chambre tapissée de toile peinte à grands personnages, contenait deux lits jumeaux recouverts d'indienne, de rideaux de camelot rouge, d'une courtepointe d'indienne, d'un couvre-pied en soie et de deux oreillers, l'un en coton, l'autre en indienne. Dans la quatrième chambre contigüe se trouvait un tapis d'indienne, une petite nappe de lin, un habit de camelot bleu, un autre de couleur rouge, une chemise de drap bleu, trois culottes de prunelle noire (étoffe épaisse, serrée, dont la chaine est en belle laine fortement tordue, la trame en soie du Languedoc), deux gilets et deux caleçons de laine, six paires de bas de soie blancs, deux paires de bas de peau, deux culottes de lustrine et de drap noir, deux habits noirs : l'un en drap noir, l'autre en serge noire. La grande armoire de la salle d'entrée contenait : 21 paires de draps de lin fin, 9 paires de lin commun, 200 serviettes de lin, 17 nappes de lin, 16 nappes d'étoupe, 111 torchons de cuisine d'étoupe. Le cabinet d'étude recélait : une robe de chambre avec sa veste de péruvienne (étoffe tissée avec des fils de deux couleurs, de telle sorte que les deux faces présentent un effet inverse, mais sans envers), un habit et une culotte de velours noir, une veste de satin broché d'or, un habit vert et une culotte de lustrine, un autre habit vert et une culotte de drap prince-monsieur avec la veste de satin broché d'or, un autre habit, veste et culotte de musulmane en soie (étoffe la plus riche possible, aussi chère que le damas, constituée par des rayures en gros de Tours, sur armure satin, à bandes taffetas et raies, sergé et cannelé), un autre habit, veste et deux culottes de taffetas noir doré, un habit de coton à mille raies, couleur lilas, une veste de soie brochée, une veste d'un glacé brodée d'or (emploi d'une armure satin et d'un matériau soyeux ou d'un calandrage ou d'un apprêt), un habit bleu de roi, une veste de satin cramoisi brodée de soie, un habit d'ordonnance bleu de roi sans veste, culotte, ni épaulettes, le tout encore chez le tailleur, deux gilets de flanelle, 28 chemises de toile de Hollande, 17 caleçons de coton, 4 caleçons de toile, 6 serviettes de toilette, une veste et un gilet de bazin, 20 mouchoirs de poche blancs et rouges, deux paires de bas de soie noire, une paire de bas de soie grise, cinq paires de bas de soie blanche (3 E 4 (185) 151).

L'inventaire des effets délaissés à sa mort par Martin Dolly, curé de Beaussiet, n'a pas la richesse du précédent, mais donne une idée précise des étoffes utilisées par un prêtre de village, le 1ier juillet 1787. Son trousseau se composait de 9 douzaines de serviettes de lin avec nappes, 13 douzaines de serviettes d'étoupe, 9 nappes d'étoupe, 4 paires de draps de lin, 10 paires de draps d'étoupe, 3 rideaux de toile de lin et d'étoupe, 14 livres de fil d'étoupe en pelotons, 5 onces de fil de lin, 2 aunes de toile de Paris, une toile de Cambrai, 3,75 livres de fil de lin en écheveaux, 3 chemises de lin, 34 chemises de lin, 5 paires de bas de coton et de fil, 9 paires de bas de laine, 2 écheveaux de laine blanche, une veste noire, une soutane, un habit noir, un habit de serge, une paire de culottes, une redingote de drap noir, un capuçon (3 E 4 (140) 150).

Au cours des années précédant la révolution de 1789, les chemises d'homme peuvent être de brin de chanvre, de demi-drap ; les jupes de femme d'étamine, de cadis de Montauban, de laine de Ségovie, les redingotes d'un sergent royal de Mazamet bleu (molleton cardillat) (3 E 4 (187) 64), (189) 18).

De 1789 à 1799, les étoffes de lin, d'étoupe, de cadis, de cotonnette ou de drap de valencienne sont toujours en usage, mais les inventaires révèlent une plus grande variété d'étoffes employées dans l'habillement des épouses des nobles ou des commerçants montois.

L'inventaire du 27 mai 1799, des meubles et effets délaissés par Alexandrine Marie Charlotte épouse de Laurent Marc Antoine du Lyon de Campet, est constitué de 28 mouchoirs de toile de lin, 3 douzaines de mouchoirs de batiste fine, 4 douzaines de belles chemises, 31 chemises de toile de lin garnies de mousseline, 6 jupes garnies de mousseline à deux rangs, 4 jupes de bazin garnies de mousseline à un rang, 4 jupons de bazin sans garniture, 2 jupons de coton non garnis, 2 culottes de bazin, 2 camisoles de couche de « piqueure » (piquées), garnies en mousseline, 6 déshabillés et une robe de bazin rayé garnie en mousseline, 2 pierrots de percale (toile très fine de coton ras très serré ; au XVIIème siècle, on en trouve dans des récits de voyage aux Indes, sous la forme de « percallin » ; au XVIIIème siècle, la percale est une toile du Carnatic, non loin de Madras ; sa fabrication s'est rapidement répandue en Angleterre, en Suisse et en Belgique ; en France, la meilleure percale est fabriquée en Alsace, ainsi qu'en Picardie (Saint-Quentin). Le pierrot est un corsage de femme dont le dos est terminé par deux très petits pans relevés), une chemise de linon à petit point, une chemise de mousseline brodée, une chemise de percale, 10 camisoles de guinée (toile de coton blanche fabriquée au XVIIIème siècle, au Bengale ; c'est aussi une toile écrue ou teinte en bleu indigo, fabriquée aux Indes orientales, notamment à Pondichéry), 16 corsets, 12 paires de bas de soie blancs, 18 paires de bas de coton anglais, 9 fichus de tarlatane (espèce de mousseline de coton, à l'origine importée des Indes, employée pour les robes de bal, les coiffes, les manchettes, les fichus de tête), 5 fichus de linon (étoffe très fine de lin) brodés, 3 fichus de linon, 3 fichus de mousseline, 2 fichus de batiste garnis de mousseline brodée, 3 fichus de mousseline, 3 châles de linon brodé, l'un en coton rouge, un mantelet de linon, un mantelet de gaze noire anglaise garni en dentelle, 2 couvre-pieds garnis de mousseline, l'un en « piqueure » de Marseille et l'autre en bazin anglais, une robe et un jupon de musulmane blanche, brodés, garnis en pleine couleur de rose (l'étoffe musulmane est l'invention du Nîmois Paulet, pour Louis fabricant à Lyon ; il s'agit de l'étoffe la plus riche possible, aussi chère que le damas, constituée par des rayures en gros de Tours, sur armature satin, à bandes taffetas et raies sergé, cannelé) ; une robe et un jupon de pékin blanc brodés en soie et or (le pékin est une étoffe de soie peinte, présentant des raies alternativement mates et brillantes, ou de couleurs et matières différentes), une robe et un jupon de moire verte, une robe et un jupon de cannelé lilas, une robe et un jupon de cannelé cerise à point noir et blanc, une robe de gros de Tours vert et violet, une robe de gaze blanche, un pierrot de petit taffetas, un pierrot et un jupon de nankin rayé (toile ou serge de coton, ordinairement jaune chamois ou brun jaunâtre, dont le ton, provenant du coton chinois insuffisamment nettoyé, est imité en teinture par le nankin), 2 jupons de taffetas blanc, une jupe de taffetas rose, une robe et un jupon de taffetas noir, un jupon de soie, une robe de satin noir, une robe de percale noir et blanc, un habit et une jupe de cheval de drap de Silésie, une pelisse de satin garnie de martre (3 E 4 (196) 202).

Il ressort de cet inventaire, l'apparition de nouvelles étoffes travaillées par les tailleurs montois ou aquitains : percale, guinée, tarlatane, pékin, nankin, ignorées du XVIIème siècle, mais présentes en cette fin du XVIIIème siècle. Introduites par la Compagnie des Indes orientales et débarquées à Bayonne, à destination du port de Mont-de-Marsan, ces étoffes bénéficiaient d'exemption de droit de péage et de scize, en vertu des lettres patentes du roi, du 10 mars 1696 et de juin 1727. Barthélemy Laurans, commerçant avec cette Compagnie, en échange des ballots d'étoffe, renvoyait des barriques d'eau-de-vie à destination de Bayonne et de la flotte de cette Compagnie. Le 27 mars 1757, il dût faire valoir cette exemption de droits, auprès du maire et des jurats de Mont-de-Marsan, lors de l'embarquement sur ses galupes, de trente futailles d'eau-de-vie pour le compte de la Compagnie des Indes orientales, à destination de Bayonne (3 E 4 (147) 33).

Lors de son mariage, le 2 mars 1798 (12 ventôse an VI), Jean Garrelon, marchand montois et maître de bateaux, perçoit de son épouse Anne Lasserre, une dot de 600 livres, outre « les meubles et nipes » dont le détail suit : un lit, un traversin de coutil (toile de chanvre, de lin ou de coton d'un tissage croisé, fortement serré), garni de plume fine, un matelas de laine recouvert d'une cotonnette à flammes, un carré ou coussin de coutil garni de plume, une couverture de molleton (tissu de laine, parfois de coton, doux, chaud, moelleux, dont le plus apprécié est fabriqué en Languedoc), la courtepointe, le chevet de ciel garnis d'une indienne de perse à fond jaune, les rideaux de cotonnette à flammes sur fond bleu, six paires de draps de toile de lin, deux paires de draps d'arcoule, une douzaine de serviettes de lin à bord bleu, une autre douzaine à bord rose, avec leurs nappes assorties, quatre douzaines de serviettes de lin avec leurs nappes, une autre douzaine de serviettes d'arcoule avec sa nappe, une douzaine de torchons, 18 chemises garnies, un capuçon de valencienne, deux déshabillés d'indienne perse, un déshabillé de cotonnette à mille raies, un déshabillé d'indienne, un autre blanc rayé, une jupe de cotonnette (cotonne, étoffe de coton, unie, rayée ou à carreaux) brochée sur fond blanc, une autre jupe de cotonnette brochée sur fond blanc, une jupe de cotonnette brochée sur fond bleu, un déshabillé de bazin uni, deux jupons de futaine (étoffe croisée et pelucheuse de fil et de coton), quatre jupons dont deux d'indienne et deux de cotonnette, deux jupons de laine, un tablier de coton et soie, une brassière de même, deux brassières et deux tabliers d'indienne, un tablier de mousseline (toile toute de coton), deux tabliers de cotonnette, deux tabliers de cotonnette bleue, une brassière de fleuret, trois brassières d'indienne, six mouchoirs de lin , six mouchoirs de Béarn, quatre mouchoirs de coton, deux mouchoirs de filoselle (grosse toile de soie irrégulière faite avec les déchets du coton), un mouchoir de soie, quatre mouchoirs de mousseline, douze paires de bas de laine, huit coiffures garnies de dentelle, huit surtouts garnis de linon (toile en lin ou en coton, légère et fine) (3 E 3 (68) 177, (69) 16, 106).

Les uniformes des officiers des armées

On peut esquisser l'uniforme d'Arnault de Chauton, capitaine au Hainaut Régiment, pendant les guerres de la Ligue d'Augsbourg et de la succession d'Espagne et de son frère cadet Pierre, capitaine adjudant-major au même régiment. Sous Louis XIV, la tenue des soldats était encore indéfinie et beaucoup de gentilshommes s'habillaient à leur façon. Même après 1703, alors que l'uniforme de la troupe était réglé d'après un système général, pour tous les régiments. Colineau de Fransat, gascon de Nérac, eut grand peine à en imposer le port aux officiers jusqu'aux ordonnances du duc de Choisel, de 1762 et 1766. C'est d'après les mémoires du tailleur Deyris de Tartas, que l'on peut reconstituer partiellement l'uniforme du Hainaut Régiment, en 1706 et 1709.

La culotte et l'habit sont de drap de satin blanc, mais on ignore la couleur de la veste, des parements et des doublures de soie ; les boutons sont habillés de poil de chèvre, les bas « à quatre laynes » coûtent 4 l 5 s la paire. Le chapeau est soit un vigogne emplumé, à larges bords, à la mousquetaire, soit déjà le tricorne de feutre galonné d'or, orné à gauche d'une large cocarde chiffonnée, aux couleurs du colonel. L'épée est belle : « le pommeau et la garde sont, au dire de Charles de Chauton, d'argent ajouré en croisillon et finement ornés de roses en relief ; un filigrane de même métal s'enroule sur la fusée. La lame triangulaire est étroite et longue, bien trempée ; le sous-fourreau de serpent noir brillant porte un anneau de bélière et un bouton d'argent. L'arme pend à un ceinturon de maroquin d'Espagne ». Quand Arnault prend le deuil de son père, il met un crêpe à son habit, un large ruban noir à son épée.

La tenue du jeune frère André, cornette au Lautrec-Dragons, est mieux connue. Il se coiffe du casque à forme haute, couvert de peau de panthère, sommé d'un cimier doré à tête de gorgone, lui-même surmonté, non d'une crinière, mais d'une chenille havane ondulée, sur laquelle s'érige un plumet blanc, déployé en éventail. Sous le casque, la perruque poudrée forme, au-dessus et en arrière des oreilles, deux rouleaux superposés et sur la nuque, elle se relève en bourse ou cadogan. La veste est de ras de Chartres écarlate, la culotte doublée de bazin et l'habit sont de drap d'Elbeuf fin, blanc gris. Les revers de cet habit, les parements des manches, les doublures de sarge (tissu de laine proche de la sayette), de même couleur. La veste s'orne de six douzaines de boutons d'argent gros et petits, l'habit de six douzaines de boutons d'or, les revers sont décorés de chaque côté de cinq larges galons d'or superposés horizontalement. Enfin, les épaulettes sont d'or tressé. André porte des bas de laine blanche et pour les parades, des bas de Paris très fins ; sa chemise à col apparent est de lin ou de lucarnan, son jabot de batiste et mousseline.

Les étoffes répertoriées dans les magasins des marchands-drapiers montois au XVIIème et au XVIIIème siècle

Le dépouillement de deux inventaires après décès, de marchands-drapiers montois du XVIIième et du XVIIIème siècle, permet de mettre en évidence le genre et la provenance des étoffes commercialisées dans la région du Marsan, ainsi que l'évolution des goûts de la clientèle pour de nouvelles qualités d'étoffes variant d'un siècle à l'autre.

Revêche : Ce nom peut venir du latin « reversus », il apparaît dès le XIIIème siècle, sous la forme « revesche ». Toile d'origine anglaise, en laine grossière, peu serrée, dont le long poil est parfois frisé d'un côté. Au XVIIIème siècle, fabriquée en blanc, elle est teinte en pièce, en jaune rayé, bleu ou vert. On la trouve dans le Wartemberg, à Beauvais et à Amiens. L'inventaire du magasin du marchand-drapier montois François de Cist, effectué le 20 septembre 1670, mentionne une dizaine d'aunes (1 aune = 1,118 mètre) de revêche feu, une dizaine d'aunes de revêche blanche, 17 aunes de revêche grise, 16 aunes de revêche rouge, 6 aunes de revêche grise et rouge.

Cadis : Son nom viendrait de Cadix, sa ville d'exportation. Serge en laine bon marché, souvent blanche ou noire, dont l'étroitesse (0,48, 0,53 et 0,60 m) est tolérée par le règlement de 1669. L'interdiction de teindre les cadis au moyen du brésil (bois rouge, au lieu de garance, plus solide) est levée en 1692. La qualité fine, dite cadis ras, légère et sans beaucoup de poil, est souvent utilisée par les religieux ; la qualité forte, sert pour la fabrication de culottes. Fabriqué en Gévaudan, dans les Cévennes, en Auvergne, au Puy ville voisine du Languedoc qui l'exporte par Lyon, l'un des grands centres de son négoce, ainsi que dans les villes de Montauban, de Castres, d'Albi, de Saint-Flour et de Tarascon. Le magasin de François de Cist contenait 20 aunes de cadis ratiné gris, 14 aunes de cadis ratiné écarlate, 10 aunes de cadis ratiné noir, 17 aunes de cadis ratiné blanc, 20 aunes de cadis ratiné musc, 32 aunes de cadis ratiné gris, 20 aunes de cadis ratiné noir, 32 aunes de cadis ratiné rouge.

Cadis de Montauban : 17 cannes de cadis de Montauban couleur feuille morte, 19 cannes de cadis de Montauban bleu, 13 cannes de cadis de Montauban vert, 14 cannes de cadis de Montauban rouge, 13 cannes de cadis de Montauban jaune, 17 cannes de cadis de Montauban gris, 13 cannes de cadis de Montauban noir, 7 cannes de cadis de Montauban gris, 8 cannes de cadis de Montauban bleu, 9 cannes de cadis de Montauban mauve.

Cadis de Gévaudan : 16 aunes de cadis de Gévaudan bleu, 8 aunes de cadis de Gévaudan d'autres couleurs.

Baracan (barracan) : Nom plutôt nordique d'une étoffe dont la laine est teintée en fils, avant peignage. La chaîne est plus épaisse que la trame. On trouve des baracans fins, demi-fins, entre-fins et communs. François de Cist avait 20 aunes de baracan gris à 34 s l'aune, 18 aunes de baracan gris à 32 s l'aune, 15 aunes de baracan gris à 32 s l'aune, 37 aunes de baracan de France, 12 aunes de baracan incarnat, 12 aunes de baracan noir, 1 aune de baracan noir à 32 s, 3 aunes de baracan noir à 23 s l'aune, 3 aunes de baracan bleu, 12 aunes de baracan noir à 25 s l'aune.

Camelot : Du mot arabe « hamlat », pluriel de « hamla », désignant une étoffe à longs poils, comme une peluche. Le camelot est fabriqué à Famagouste, à Alep ou au Kurdistan. C'est une serge en poil de chameau ou en chèvre d'Arménie et, à partir du XIIIème siècle, mêlée de soie. Il est blanc en Chine et en Asie Orientale. Le mot français et provençal « camelot » apparaît au XIIIème siècle ; l'étoffe est un produit d'importation qui se transforme aux siècles suivants, lorsqu'elle est fabriquée en Europe. Le camelot européen devient une étoffe d'armure toile aux multiples variétés locales, tant de laine ou mélange. Au XVIIIème siècle, on l'appelle aussi « camelote », c'est une toile en laine ou en poil de chèvre, teinte en fil, pour habits, paramentique et ameublement. On en fabrique d'innombrables espèces à Amiens, à Arras, en Auvergne, à Roubaix ; le camelot est une étoffe lourde, non croisée, pour costumes ecclésiastiques. Notre marchand drapier montois possédait 13 aunes de camelot couleur feu, 14 aunes de camelot jaune, 12 aunes de camelot rouge, 14 aunes de camelot citron, 6 aunes de camelot blanc, 16 aunes de camelot vert, 20 aunes de camelot violet, 20 aunes de camelot noir, 4 aunes de camelot gaufré, 4 aunes de camelot gaufré bleu, 7 aunes de camelot gaufré amarante, 8 aunes de camelot gaufré amarante à 40 s l'aune, 20 aunes de camelot gaufré blanc, 20 aunes de camelot gaufré rouge, 60 aunes de camelot gaufré bleu à 28 s l'aune, 9 aunes de camelot gaufré bleu à 44 s l'aune, 6 aunes de camelot blanc, 4 aunes de camelot musc, 15 aunes de camelot gaufré en restes.

Taffetas : Ce nom d'origine orientale viendrait d'un mot persan « tafta » tissé, déformé par les Italiens en « taffetas ». C'est l'un des plus célèbres tissus mentionnés à la fin du Moyen-Age sur les marchés de Tauris et de Samarkand. Il succède au cendal, au XIVème siècle ; il est alors fabriqué à Bologne et à Florence, puis à Lyon, à Tours, à Avignon, à Paris et à Montpellier, il ne cesse d'être à la mode et de servir pour les vêtements et l'ameublement de luxe. Il devient le nom générique de l'armure toile, lorsque l'étoffe est en soie. La lisière du taffetas doit comporter une chaînette de diverses couleurs. François de Cist conservait 8 aunes de taffetas à 3 l 10 s l'aune ; 8 aunes de taffetas couleur cerise, 34 aunes de taffetas de couleur.

Taffetas chiné : Lancée par un fabricant lyonnais, cette étoffe à trame blanche nécessite un tissage provisoire pour imprimer la chaîne qui peut aussi être en fils chinés. Ce magasin contenait 14 aunes de taffetas chiné à 50 sols l'aune, 18 aunes de taffetas chiné rayé, 20 aunes de taffetas chiné à 49 sols l'aune, 2 aunes de taffetas chiné noir, 9 aunes de taffetas chiné à 4 l l'aune, 3 aunes de taffetas chiné rouge à 3 l l'aune, 1 aune de satin vert.

Ras (rase, rasette, raz, raze) : Le terme latin populaire « rasare » a donné au XIIème siècle « res », puis « rez », mais pour certain, le mot viendrait du nom d'Arras ou d'un mot espagnol désignant une étoffe d'armure sergée, croisée, dont le poil ne paraît pas. Il existe des ras de laine, qui peuvent être drapés, foulés ou feutrés, des ras de soie souvent désignés d'après leur provenance , et aussi des ras grossiers, fabriqués surtout à Tourcoing. François de Cist en proposait diverses variétés : 3,5 aunes de ras de Chartres, 13 aunes de ras d'Aignan, 18 aunes de ras d'Aignan gris, 10 cannes de ras d'Aignan gris à 3 l 3 s la canne, 2 cannes de ras d'Aignan bleu, 19 cannes de ras d'Aignan gris à 3 l 7 s la canne, 21 cannes de ras de Montesquieu noir, 6 cannes de ras de Montesquieu gris à 48 sols la canne, 3 cannes de ras de Montesquieu gris à 52 sols la canne, 30 aunes de ras de Montesquieu noir, 8 cannes de ras de Montesquieu blanc, 17 cannes de ras amarante, 13 aunes de rase de Chalons noire, 2 aunes de ras de Nîmes, 8 aunes de ras de Chalons à 4 l l'aune.

Valenciennes : Etoffe imitant mécaniquement la dentelle de cette ville, comportant une maille large et des dessins très clairs. Au Moyen-Age, cette cité réalise une énorme production drapière, atteignant au XIIIème siècle, 1 800 métiers. La sayetterie (tissus de laine plus légers) lui succède au XVIème siècle, puis la fabrication de serges, mais la dégradation suit celle des Flandres. Valenciennes reste un centre toilier d'une très grande renommée. Le magasin de François de Cist proposait 12 aunes de valenciennes grise à 4 l 10 s l'aune, 3 pièces de valenciennes noire, 5 aunes de valenciennes verte.

Drap de Berry : 5 aunes de drap de Berry gris, 6 aunes de drap de Berry noir

Drap de Seau (Sceau) : Gros drap tissé en Dauphiné au XVIIIème siècle. L'expression peut se comprendre comme l'abréviation de « drap du sceau de ... », suivi du nom du bureau responsable de l'appellation. Il en existait plusieurs qualités : 5 aunes de drap de seau gris à 9 l l'aune, 50,5 aunes de drap de seau gris à 8 l 10 s l'aune, 2 aunes de drap de seau noir à 10 l 10 s l'aune, 1 aune de drap de seau noir à 9 l 10 s, 2 aunes de drap de seau noir à 9 l 10 s l'aune, 7 aunes de drap de seau noir à 8 l 5 s l'aune.

Drap du Languedoc : « Blanc, gris, pers, vert, violet, écarlate, iragne, noir ». Le livre de comptes de l'argentier de Charles VI comporte une longue liste de draps désignés par leur couleur. Au XVIIème siècle, notre marchand montois possède : 3 aunes de drap de Languedoc vert, 3 aunes de drap de Languedoc noir, 2,5 aunes de drap de Languedoc noir à 5 livres l'aune, 16 aunes de drap de Languedoc noir à 5 l l'aune, 16 aunes de drap de Languedoc gris à 5 livres l'aune, 2 aunes de drap de Languedoc gris à 5 l l'aune, 6 aunes de drap de Languedoc gris à 5 l l'aune, 3 aunes de drap de Languedoc noir à 5 l l'aune, 8 aunes de drap de Languedoc noir à 5 l l'aune.

Drap de Paris : 9 aunes de toile de Paris à 37 s l'aune, 2 aunes de toile de Paris à 36 s l'aune, 3 aunes de toile de Paris à 34 s l'aune, 1 aune de toile de Paris à 31 s, 7 aunes de toile de Picardie à 40 s l'aune.

Etamine (Estamine). Du latin « stamen » (fil). La « staminea » est la chemise de laine des moines au Moyen-Age. Au XIIème siècle, on trouve « estamine ». Tissu très populaire et très simple, d'armure toile, mentionné dès le XVIème siècle. L'étoffe fait l'objet de nombreuses réglementations ; elle figure en bonne place dans le règlement général de 1669, qui en fixe les dimensions (0,59 x 12,98 à 14,16). L'étoffe présente de multiples trous dus au déplacement des fils de trame. Il est défendu de teindre directement l'étamine blanche en noir sans passer par le bleu, laissé visible sous forme de rose au bout de chaque pièce (1669). Il existe une règlementation propre aux étamines du Poitou (1698). Aux XVIIème et XVIIIème siècles, l'étamine connaît de multiples variantes d'épaisseur, de matériau et aussi d'usage, vêtements civils et religieux, ameublement et utilisations artisanales diverses, notamment filtre ou passoire. Sa fabrication est très répandue, chaque centre ayant une spécialité : toute de soie à Lyon et Avignon, en laine pour voiles de religieuses et robes noires à Reims ; étamine camelotée pour ecclésiastiques, au Mans, à Lude, à Nogent-le-Rotrou ; étamine glacée, chaîne en soie organsinée, trame en laine de bouchon teinte avant filage ; étamine jaspée ou crépon d'Angleterre ; en laine et soie à Alençon, à Angers, à Amiens et à Bazincourt …. François de Cist détenait 2 aunes d'étamine noire à 27 s l'aune, 7 aunes d'étamine rayée à 20 s l'aune, 32 aunes d'étamine non rayée grise à 21 s l'aune, 20 aunes d'autres étamines, 4,5 aunes d'étamine en restes, 17 aunes d'étamine de Lude (Le Lud dans la Sarthe ou Ludes dans la Marne, où l'on fabriquait droguet, laine, étamine camelotée, drap de quatre-quarts), 8 aunes de crépon blanc à 20 s l'aune, 13 aunes de crépeline (taffetas léger, chaîne de soie ou de grège, trame de coton, souvent imprimé) à 47 s l'aune, une pièce d'étamine de Reims.

Mousseline : Forte toile de coton, connue dès l'Antiquité, qui tirerait son nom italien « mosolino » de la ville de Mossoul en Irak. A Venise, au XVIIème siècle, on dit « mussolina ». Tissage très fin, travaillé dans l'humidité. L'importation est interdite par Colbert, pour en favoriser la fabrication en France jusqu'à la levée partielle de la prohibition en faveur de la Compagnie des Indes orientales. La mousseline est fabriquée dès le milieu du XVIIIème siècle à Zurich et à Saint-Gall, à Tarare. Le magasin de notre négociant drapier montois en contenait de diverses valeurs : 13 aunes de mousseline à 45 s l'aune, 1,75 aune de mousseline à 45 s, 1,75 aune à 40 s, 13,5 aunes de mousseline à 37 s l'aune, 1,5 aune de mousseline à 32 s, 8,5 aunes de mousseline à 24 s l'aune.

Batiste (baptiste) : Toile de lin très fine et blanche qui, selon la légende, porterait le nom de son inventeur, ouvrier de Cambrai au XVIIème siècle, appelé Jean-Baptiste, ou de Batiste Chambray, industriel du XVIIIème siècle. En fait le terme semble dérivé du radical flamand « batiche », qui signifie battre, d'abord employé comme adjectif, puis à partir du XVIème siècle, comme nom désignant une toile fine de lin, de chanvre et même de soie. Au XVIIème siècle, c'est un article de luxe. Anne d'Autriche, épouse de Louis XIII, recherchait les plus fines batistes pour ses chemises et ses draps. Au XVIIIème siècle, la production se répand dans le Cambrésis, en Artois et en Picardie. On distingue la batiste claire d'Artois, Picardie et Cambrésis, la batiste moyenne, la batiste écrue dite toile d'ortie, la batiste hollandée, très serrée, très unie comme la toile de Hollande. On l'utilise pour les surplis et les rochers ecclésiastiques, les rabats, les cravates et les manchettes. François de Cist pouvait proposer dans son magasin, 9 aunes de batiste à 6l 10 s l'aune, 2 aunes de batiste à 5 l l'aune, cinq-huitième d'aune de batiste à 4 l 10 s l'aune.

Sarge de Londres : Tissu de laine, sans doute proche de la sayette, avec laquelle au Moyen-Age, on couvre les lits. On trouve dans ce magasin, 4 aunes de sarge de Londres grise à 3 l 15 s l'aune, 3 aunes de sarge de Londres blanche à 4 l 10 s l'aune, 13 aunes de sarge de Londres blanche à 4 l l'aune, 15 aunes de sarge noir à 4l 19 s l'aune, 22 aunes de sarge de Rome à 48 s l'aune, 2,5 aunes de sarge de Londres écarlate à 5 l l'aune, 2 aunes de sarge de Rome grise à 48 s l'aune.

Droguet : Nom du XVIème siècle, qui dérive du mot « drogue » désignant une étoffe de peu de valeur, mince, étroite, souvent mal connu. Au XVIIème siècle, drap de laine mince, parfois façonné, chaîne de fil, trame en laine, souvent employé comme garniture de lit. Au XVIIIème siècle, on tisse de nombreuses variantes, parfois en soie ou en coton, décorées de petits dessins. On peut distinguer, entre autres, le droguet appelé lustrine, le droguet appelé « sur le fil », en laine grossière, le droguet d'or et d'argent à chaîne mi- fil d'or et d'argent, partie en soie, trame tout poil de chèvre, abandonné au début du XVIIIème siècle, sans doute à cause de la difficulté du travail ; le droguet façonné, chaîne de fil, trame de laine, en basse lisse. François de Cist, marchand drapier montois, stockait 34 aunes de droguet à la lisse à 3 l 8 s l'aune, 28 aunes de droguet de Lude à 34 s l'aune, 28 aunes de droguet foulé à 28 s l'aune, 3 aunes de droguet de Paris à 35 s l'aune, 10 aunes de droguet rayé gris et blanc à 22 s l'aune.

Burat : Etoffe de laine plus forte que l'étamine à voile. Notre marchand drapier en détient 91 aunes de couleur à 22 s l'aune, 14 cannes de couleur grise à 45 s la canne, 3 aunes de couleur noire à 25 s l'aune, 13 aunes de couleur grise à 32 s l'aune.

Buratine (buratin) : Sorte de popeline qui aurait été importée de Perse, à chaîne en soie et trame en grosse laine, fortement calandrée. François de Cist possédait 3,5 aunes de buratin mauve à 40 s l'aune, 2,5 aunes de buratin incarnat à 25 s l'aune, 12 aunes de buratin incarnat à 3l 5 s l'aune, une aune de buratin jaune à 5 l 5 s, 20,5 aunes de buratin de soie blanche à 35 s l'aune, 25 aunes de buratin gris à 30 s l'aune, 5,5 aunes de buratin gris à 30 s l'aune.

Bure. Cette étoffe, dont le nom tardif (XVème siècle) a beaucoup servi comme métaphore de la pauvreté, est opposée à la soie. C'est l'étoffe la plus simple qui soit, d'armure toile, de laine naturelle et grossière, utilisée par esprit de pauvreté, par certains ordres mendiants dont les Cordeliers de Mont-de-Marsan. Elle est fabriquée un peu partout en France. Notre marchand-drapier possédait 20 cannes de bure grise à 44 s la canne.

Cordillat (cordeillat) : Grosse étoffe citée par Olivier de Serres, fabriquée dans le Languedoc, à Albi, à Castres et aussi à Chabeuil, à Crest, en Provence et en Dauphiné. Un peu comparable à la bure au XVIIème siècle, elle devient, au XVIIIème siècle, une étoffe plus lisse, bien qu'en Velay et en Rouergue, elle soit proche de la revêche. Bon marché, elle est appréciée par les paysans. L'inventaire du magasin de François de Cist répertorie 15 cannes de cordillat blanc, 9 cannes de cordillat d'autres couleurs.

Cordelière : Serge rase fabriquée en Champagne au XVIIIème siècle, composée à moitié en laine française, à moitié en laine espagnole. Quinze aunes de cordelière (cordellière) se trouvaient dans ce magasin.

Ligature : Sorte de brocatelle (étoffe de grosse soie ou de coton avec chaîne en soie et trame en fil, toute de soie, toute de laine ou toute de coton), bon marché, à petits carreaux ou à grandes fleurs, fabriquée en Flandre et en

Normandie, à Lille, à Rouen, dès la fin du XVIème siècle, utilisée en ameublement. Il y avait 12,5 aunes de ligature à 30 s l'aune, 3 aunes de ligature de Rouen.

Prisonnière : Etoffe de soie du XVIIème et XVIIIème siècle, très mince, qui imite la gaze. Le magasin en détenait 2,75 aunes à 45 s l'aune, avec 5 aunes de gaze noire et une aune de camelot de soie.

Ce magasin était bien achalandé en diverses variétés de bonnets, de rubans, de boutons, de chapeaux, de toiles cirées, de passementeries (3 E 3 (1-2)).

Au XVIIIème siècle, le marché des étoffes se diversifie ; l'inventaire du magasin du marchand-drapier Arnaud Sentets, réalisé le 13 octobre 1726, révèle de nouvelles variétés d'étoffes émanant de divers pays, dont beaucoup ne sont pas inventoriées dans le précédent inventaire. Joseph Broqua, bourgeois et marchand montois, chargé de cet inventaire après décès, note la présence de diverses catégories de drap

Drap de Carcassonne : Le drap est un mot générique désignant tout un ensemble de tissus divers, un peu comme le mot étoffe. La qualité de la laine est déterminante pour le produit fini. Les laines d'Espagne provenant de Bayonne et transitant par Mont-de-Marsan, sont façonnées dans toute l'industrie textile du Languedoc. La chaîne est composée de fils à forte tension. La trame de floches. Sa torsion est contraire à celle des fils des chaînes, condition qui détermine le bon déroulement du foulage. Le magasin contenait 73 pièces de drap de Carcassonne, très réputée à la fin du XVIIème siècle pour le drap, l'équivalent méridional des nordiques Sedan et Elboeuf. Au début du XVIIIème siècle, on y compte près de 400 tisserands et presque autant dans les campagnes environnantes, qui travaillent les laines d'Espagne. Il y a aussi 18 aunes de drap de Montaigne, de toutes les couleurs et 5 aunes de drap de linon.

Cadis de Montauban : Arnaud Sentets avait un stock de 139 aunes de cadis de Montauban, de toutes les couleurs à 3 l 6 s l'aune, 103 aunes de cadis ratiné rouge et bleu, 4,5 aunes de cadis ratiné noir, 93 aunes de cadis blanc, 384 aunes de cadis de plusieurs couleurs, 51 cannes de cadis rouge, 38,5 aunes de cadis fin rayé, 6 aunes de cadis commun rouge et 45 aunes de cadis de soie large.

Droguet : Cinq aunes de droguet de Carcassonne, 10 cannes de droguet de Nay, (drap homogène dans lequel la chaîne et la trame sont rigoureusement de même qualité. Nay travaille la laine de pays avec activité, l'ensemble des fabriques de montagne, aux environs de Pau, regroupe au XVIIIème siècle, plus de 250 métiers), 24 cannes de droguet en cinq rouleaux, 6 aunes de droguet de Bordeaux.

Pinchina ; Mot d'origine provençale, « penchinar », qui signifie « peigner ». Toile de laine d'Espagne ou de pays, tissée dans la région de Toulon, de couleur naturelle, de consommation courante. On connaît des pinchinas hors de Provence, en particulier en Berry, à Châlons-sur-Marne et en Poitou. On appelle abusivement pinchina, de simples droguets de laine de 0,50, 0,75 et 0,80 m. Si ce genre d'étoffe n'apparaît pas au XVIIème siècle, dans le précédent inventaire, notre marchand-drapier possédait 63,5 aunes de pinchina d'Amboise croisé à 2 4 s l'aune, 4,5 aunes de pinchina sur fil, 7 aunes de pinchina d' Amboise long à 3 l 10 s l'aune.

Ras, ras, rasette : 42 aunes de ras de Maroc, serge de laine fabriquée au XVIIIème siècle en Champagne, mi-laine française, mi-laine espagnole. Voilà une nouvelle étoffe, soit 14 aunes en coupons de ras de Maroc à 45 s l'aune, 11,5 aunes de ras de Maroc uni, 13 aunes de rase gris de fer à 3 l 6 s l'aune, 91 aunes de rase autre, 94 aunes de rase cannelle, 65 aunes de rasette de plusieurs couleurs à 20 s l'aune.

Camelot ; 4 aunes de camelot mi-soie à 4 l 10 s l'aune, 18 aunes de camelot tout-laine à 52 s l'aune, 5,5 aunes de camelot de Lille, 7,5 aunes de camelot bleu et rouge, 89 aunes de camelot d'Angleterre à 17 s l'aune, 51 aunes de camelot d'Angleterre uni, 79 aunes de camelot uni ordinaire à 19 s l'aune.

Baracan : L'inventaire recense 20 aunes de baracan de plusieurs couleurs, 2 aunes de baracan en deux coupons, 8,5 aunes de baracan bleu, 4 aunes de baracan en coupons, 20 pièces de baracan à 6 livres, 13 aunes de baracan large feu à 38 s l'aune, 60 aunes de baracan étroit à 16 s l'aune.

Flanelle : Etoffe de laine inventée en Angleterre au milieu du XVIIème siècle, sous le règne de Charles II, où elle devint très populaire. Elle n'est commercialisée en France qu'au XVIIIème siècle. Vers 1750, elle est fabriquée en Normandie, en Champagne et en Languedoc. C'est une étoffe légère d'armure toile, utilisée pour l'habillement (0,90 ou 0,80 m). Ce magasin était pourvu de 15 aunes de flanelle blanche à 50 s l'aune, 23 aunes de flanelle rayée couleur citron, bleu et blanc.

Bayette (baguette, revêche des Flandres). En Angleterre, au XVIème siècle, on la fabrique à Colchester, sous le nom de bayes. Au XVIIIème siècle, la Flandre et plusieurs villes la tissent en noir pour l'exporter en Espagne, où on l'appelle « baetas » (1,77 m), au Portugal et en Italie. En France, on la trouve à Albi, à Beauvais, à Castres, à Lille, à Montpellier, en Auvergne, à Nîmes. Sorte de flanelle grossière et lâche, proche de la revêche des Flandres ou d'Angleterre, « rasée d'un côté et fort cotonnée de l'autre ». C'est une étoffe ignorée de François de Cist au XVIIème siècle ; ce magasin détient 3 aunes de bayette large et 13 aunes de molleton.

Cadis d'Aram. Cette toile ou taffetas importée des Indes au XVIIIème siècle, est une sorte d'armoisin des Indes rayé ou à carreaux, ignorée et pour cause, des marchands-drapiers du XVIIème siècle, une nouveauté introduite par la Compagnie des Indes orientales, via Bayonne, à Mont-de-Marsan. Le magasin d'Arnaud Sentets contenait 85,5 aunes de cadis d'Aram cannelle et marbré à 54 s l'aune, 12 aunes de cadis d'Aram vert, 20 aunes de cadis d'Aram bleu, 33 aunes de cadis d'Aram ordinaire à 3 l 11 s l'aune.

Cordillat : 320 cannes de cordillat de plusieurs couleurs à 59 s la canne, 4,5 cannes de cordillat à 50 s la canne, 148 cannes de cordillat de plusieurs couleurs à 59 s la canne.

Fleuret : 79,5 cannes de fleuret doré.

Berluche (breluche) : Nom régional employé en Poitou, à Rouen et à Caen, pour une sorte de droguet proche de celui de Berneuil-sur-Perche. Trame en laine, chaîne en fil. Encore une étoffe qui ne figure pas dans l'inventaire du magasin de François de Cist au XVIIième siècle. Arnaud Sentets en détient 176 aunes à 25 s l'aune.

Sargue : Etoffe de laine étroite et bon marché présente dans l'inventaire de 1726 : 116 aunes de sargue croisée à 24 s l'aune, 99,5 aunes de sargue croisée à 24 s l'aune et 5 aunes en trois restes à 20 s l'aune, 94,5 aunes de sargue unie commune, plus une pièce de sargue refoulée commune pour doublure.

Figure 7: Place du Commerce (Photo Bernède)

Figure 8: Place du Commerce au XIXème siècle (Photo Bernède)

Sergette : Serge léger de laine mince étroit, 0,50 m, classé dans la même catégorie que les serges de Crèvecoeur et de Chartres, les cadis atteignaient à peine 0,59 m et tout serge inférieur à 0,60 m de large, était refusé. On peut citer la sergette de Beauvais, blanche et grise, la sergette du Poitou, proche du droguet (0, 60 m), et le cadi du Midi, appelé « soubeiranes » (0,50 m). Arnaud Sentets, en 1726, commercialisait une pièce de sergette noire fine à 37 livres, 112 aunes de sergette fine de plusieurs couleurs et 3 aunes de restes, 113 aunes de sergette demi-fine de plusieurs couleurs.

Burat : 53,5 aunes de burat commun rayé, 39 aunes de burat noir ordinaire et de plusieurs couleurs à 30 s l'aune.

Etamine. Les négociants chargés de l'inventaire enregistrent : 27 aunes d'étamine en soie belle à 3 l l'aune, 35 aunes d'étamine commune à 35 s l'aune, 56,5 aunes d'étamine bouchon de plusieurs couleurs à 54 s l'aune, 4,5 aunes d'étamine en deux coupons à 50 s l'aune, 58 aunes d'étamine longue de plusieurs couleurs à 35 s l'aune, trois pièces d'étamine de 13 aunes chacune à 17 livres pièce, 175,5 aunes d'étamine de Saintes, 29 aunes d'étamine de restes à 24 s l'aune.

Mignonette : Etoffe en laine tissée en Languedoc et à Nîmes, nouvelle venue dans le commerce des étoffes au XVIIIème siècle. Le magasin du marchand-drapier Arnaud Sentets contenait 122 aunes de mignonette double à 25 s l'aune, 133,5 aunes de mignonette de plusieurs couleurs.

Férantine : Etoffe en laine fabriquée dans le Limousin, parfois mêlée de soie ou bien en fleuret et coton, c'est une nouvelle venue dans le commerce drapier montois du XVIIIème siècle. La boutique de notre marchand détenait 12 aunes de férantine en deux coupons à 40 s l'aune.

Calmande. Connue et réglementée depuis longtemps, très populaire, solide, cette étoffe de laine se prête à une infinité d'usages. On la trouve en blanc, unie, à côtes, à fleurs, à bandes, teinte en pièce ou rayée. Très en vogue au XVIIIème siècle, en France et en Espagne, cette étoffe modeste est très répandue dans le vêtement et dans l'ameublement. Elle est fabriquée en Flandre, ainsi que dans les villes d'Amiens, de Lille, en laine ordinaire, de Roubaix, en très belle laine, lustrée d'un côté, de Tourcoing, de Tournay et de Launay. Sergée de chaîne, avec flottés de chaîne, sillon visible à l'endroit, lustrée à l'endroit seulement, comme le satin. Notre marchand-drapier suivait donc la mode en détenant 53,5 aunes de calmande d'Angleterre à 42 s l'aune, 52,5 aunes de calmande d'Amiens à 33 s l'aune et 3 aunes en deux restes à 30 s l'aune, avec 17 aunes de cotonnade large à 3 l 8 s l'aune, 2,5 aunes de cotonnade large à 48 s l'aune et 50 aunes de cotonnade rayée à 29 s l'aune.

Bazin (basin). Fil et coton demeurent les matériaux constants de cette étoffe, créée à Lyon en 1580, qui porterait le nom de son inventeur ou le tirerait d'un mot de l'ancien français, « bombasin », emprunté à l'italien. Sa texture a évolué au XVIIème siècle, c'est un tissu de coton ou entre peu de fil. Très populaire au XVIIIème siècle, avec chaîne de fil et trame de coton, il apparaît dans de nombreux vêtements et les rideaux. La trame plus grosse que la chaîne, donne un effet de côtes. Motifs et dimensions sont caractéristiques des centres de fabrication tels Rouen, Troyes, le Beaujolais, Montauban, Montpellier. L'inventaire de 1726, répertorie 9,5 aunes de bazin rayé fin à 55 s l'aune, 7 aunes de bazin de Montpellier à 25 s l'aune, 6 aunes de bazin large en quatre coupons à 40 s l'aune, 10 aunes de bazin étroit à 15 s l'aune.

Royale : Armure dérivée du gros de Tours dont les côtes ne sont pas alignées, mais contre semples, c'est-à-dire décalées ou en quinconce. Très forte densité de chaîne. Nom d'une toile de Laval, blanche à Beauvais, supérieure à la toile dite demi-hollande. On relate la présence de 10 aunes de royale à 50 s l'aune dans cette boutique.

Toile de Paris, Rouen, Saint-Jean-La-Bussière. Cette dernière cité du Beaujolais tisse des toiles pour l'impression et pour le linge de table (0,73, 0,88 et 1,03 m). On a recensé dans cette boutique, 1,5 pièce de toile de Paris teinte à 18 livres pièce, 43 aunes de toile de Rouen large de plusieurs couleurs à 20 s l'aune, 2 aunes de reste à 15 s l'aune, 10,5 aunes de toile de Paris à 40 s l'aune, 3,5 aunes à 50,5 s l'aune, 1 aune à 3 l 10 s, 19 aunes de toile de Cambrai à 32 s l'aune, 40 aunes de toile de Rouen à 31 s l'aune, 6,5 aunes à 28 s l'aune, une pièce de toile de Saint-Jean-La-Bussière à 26 livres pièce et 10 aunes à 24 s l'aune, 25,5 aunes de toile à 30 s l'aune, 3 aunes à 30 s l'aune, 4,5 aunes de restes de toile à 28 s l'aune, 14 aunes de toile étroite à 15 s l'aune, 29,5 de toile de chasse à 29 s l'aune, 28,5 aunes de toile à 14 s l'aune, 10 aunes de toile rousse à 20 s l'aune, 20 aunes de toile à 18 s l'aune, 25 aunes de toile grise à 20 s l'aune, 10 aunes de toile à 16 s l'aune, 10 aunes de toile à 15 s l'aune, 36 aunes de toile grosse à 12 s l'aune, 6 aunes de toile grise en quatre restes à 14 s l'aune, 8,5 aunes de toile cirée à 28 s l'aune.

Mousseline : 5 aunes de mousseline fine à 55 s l'aune, 6 aunes de mousseline à 54 s l'aune, 35 aunes à 40 s l'aune.

Bas de Paris, de Toulouse, d'Oloron, de Ségovie, de Saint-Maixent, de Lille. L'inventaire de la boutique d'Arnaud Sentets, marchand–drapier montois, enregistre une grande variété de bas d'origine les plus diverses : 8 paires de bas de filoselle pour femme à 50 s la paire, 4 paires de bas pour femme, 3 paires de bas fins à 4 l la paire, 4 paires de bas de Paris pour homme à 7 l la paire, 5 paires de bas d'Oloron pour femme à 5 l la paire, 5 paires de bas moins fins à 3 l 10 s la paire, 3 paires de bas d'Oloron fins à 5 l la paire, 9 paires de bas à trois aiguilles à 4 l la paire, 30 paires de bas pour homme à trois fils à 55 s la paire, 11 paires de bas pour femme à deux fils à 30 s la paire, 4 paires de bas de Toulouse pour homme à 55 s la paire, 3 paires de bas de Ségovie pour homme à 5 l la paire, 3 paires de bas à quatre livres, 13 paires de bas de Saintes pour homme à 3 l 5 s la paire, 23 paires de bas de Saint-Maixent pour homme à 55 s la paire, 10 paires de bas à 30 s la paire, 20 paires de bas de Lille pour femme à 22 s la paire, 13 paires de bas à basques pour homme à 40 s la paire.

A cela s'ajoute une grande variété de bonnets, de rubans et de passementerie.

De la comparaison de ces deux inventaires, on peut en déduire qu'au XVIIIième siècle, la revêche, le taffetas, la batiste, la valencienne, la ligature et la prisonnière, ne sont plus des étoffes prisées par les marchands-drapiers montois et leurs clients.

Le commerce des étoffes entre le Languedoc et Bayonne

Le travail de la laine, du lin, du chanvre est l'activité dominante à Mont-de-Marsan, comme dans toute la sénéchaussée, surtout le cardage et le tissage dont nous mentionnerons les acteurs. Ces étoffes de chanvre, de lin, d'étoupe et de laine grossière, citées dans tous les trousseaux de mariage et les inventaires après décès des gens du commun, ne paraissent pas dans les inventaires des marchands-drapiers montois, qui font venir leurs étoffes de Bordeaux, de Lyon, de Paris, par l'intermédiaire d'un parent (Bernard de Cist mettait à contribution son frère Pierre de Cist, marchand-drapier installé à Lyon puis à Paris), de marchands colporteurs transportant ces étoffes dans toute la sénéchaussée du Marsan, ou d'affréteurs du Rouergue et du Languedoc.

Bernard Laboge, marchand montois et commissionnaire des marchands bayonnais Damainé, Sallenave, Lafrété, Gaspardy et Diascotine, faisait régulièrement transporter sur la Douze (Midouze), par galupe, des quantités importantes de droguets du Languedoc à destination de l'Espagne. Le 9 février 1709, il s'adressait à Micoulau de Salles dit Chauguet, maître-batelier et négociant de la paroisse d'Audon, propriétaire de deux bateaux, un grand et un petit, de bien vouloir voiturer sur la ville de Bayonne, 20 balles et caisses de « draperies droguets ». Dans les lettres de voiture, Laboge exigeait que le transport se fît sur le grand bateau. Le transporteur n'en tint pas compte et chargea ces draperies sur le petit bateau, avec plusieurs barriques de vin, au-delà de la portée de ce dernier. Suite au heurt d'un autre bateau sur la rivière, toute la marchandise tomba à l'eau, entraînant sa perte (3 E 3 (41-1)). La boutique du marchand-drapier Bernard Laboge, située dans la rue du Bourg vieux de Mont-de-Marsan, contenait des draps, des serges, des cadis, des étoffes de soie de grande qualité, pour une valeur de 8 209 livres (3 E 4 (83) 111).

Les marchands fabricants de tissus de la généralité de Montauban acheminaient vers Mont-de-Marsan, les étoffes tissées en Rouergue, à destination de l'Espagne, dispensées de droit de scize, lors de leur passage dans ce port. Mathias Laurans, bourgeois et marchand montois, assurait le 29 août 1733, leur transport fluvial pour Bayonne ; elles étaient taxées « lorsqu'elles sont déclarées pour Bayonne et l'Espagne, au moyen de dix sols par quintal, qu'on est obligé de payer au bureau d'eau de la ville ». C'était des étoffes de laine : cadis, serge, buratine, droguet et pessot (étoffe ordinaire du Languedoc) (3 E 4 (90) 233). Son fils Fortis Laurans, commissionnaire du sieur Benoît de Bayonne, lui adressait des draperies venant de Tours et de Laval. Le 16 mai 1756, il recevait du sieur Lyon de Barbaste (Lot-et-Garonne), un certain nombre de balles d'étoffes, conformément aux trois lettres de voiture du 28 avril dernier. Le transport fut effectué par quatre bouviers nommés Degarote, Lamajestère, Bisat et Lamenine, de la paroisse d'Arce (?). De nombreuses balles d'étoffes se sont trouvées avariées, étant mouillées. Fortis Laurans fit faire un constat par Joseph Broca et Pierre Douat, bourgeois et négociants en draps et soieries de Mont-de-Marsan, « qui trouvèrent une balle plombée marquée B 5 n°4, de toile de Laval, à l'adresse du sieur Benoît de Bayonne, dans laquelle les sieurs Broqua et Douat auraient passé la main, ainsi que dans une autre également plombée, marquée R F n°46 », contenant des bayettes de Castres, adressées au sieur Pierre Faurie jeune de Bayonne. Une autre balle plombée marquée M S et I F n°5, contenait une pièce de gros de Tours bleu (c'est le plus connu des cannelés et il sert de référence aux autres ; au XVIIIème siècle, uni, broché en soie ou en dorure, façonné, il est utilisé dans l'ameublement ; c'est une armure taffetas ou cannelée à deux coups, c'est-à-dire que le fil de trame passe deux fois sous un même fil de chaîne) ; deux caisses d'étoffes étaient destinées aux sieurs Montégut et Santourillon, marchands-drapiers de Bayonne (3 E 4 (108) 91). Jacques et Pierre Douat frères associés, bourgeois et marchands montois, se pourvoyaient en étoffes auprès du marchand-drapier Gounon jeune de Toulouse. Le 12 février 1757, ils lui envoyaient un mémoire contenant la commande de « quatorze pièces refoulées de cadis ratiné, savoir quatre pièces noir, quatre pièces reblanchies, deux pièces rouge, quatre pièces bleu de roi, une pièce de fleuret doré rouge pressée et une pièce bleu de roi frisée et par convention expresse, il fut convenu que ladite marchandise serait de qualité requise ». Cette commande fut expédiée le 26 février à l'adresse du sieur Gers négociant à Damazan et parvint à Mont-de-Marsan le 26 mars. La marchandise fut déballée, « au lieu de la trouver de la qualité requise, au contraire, ils ont trouvé les cadis ratinés étroits de trois à quatre travers de doigt ». De plus ces étoffes n'avaient pas la couleur requise et étaient de qualité inférieure. Une réclamation fut envoyée à Toulouse, le 12 avril 1757, avec demande de reprise de la marchandise, dans les plus brefs délais (3 E 13 (17-2) 31).

Le commerce fluvial des étoffes entre le Languedoc et l'Espagne, via Bayonne, nous est révélé par les constats d'avaries causées lors de mauvaises conditions de transport. Le 14 novembre 1759, Fortis Laurans adresse une réclamation au sieur Lyon de Barbaste, au sujet de 65 ballots d'étoffe dont certains ont subi des dégats des eaux de pluie : « Soixante-cinq ballots avec les marques suivantes, premièrement quatre balles n° 1, 2, 3, 4, marquées B HT, plus quatre autres balles n° 24, 25, 26, 27 marquées J F, plus trois autres balles n° 16, 17, 18, marquées J F, plus une balle n° 119 et marquée B D, plus autre balle n° 10, marquée P V, plus trois balles n° 37, 38, 39, marquées SDC, plus une balle n° 1, marquée S D, plus trois balles n° 2, 30, 31, marquées R, plus quatre balles n° 116, 117, 118, 119, marquées B D, plus deux balles n° 58, 59, marquées F M, plus deux autres balles n°113, 114, marquées P F J, plus une balle n°235, marquée L F, plus trois balles n° 19, 20, 24, marquées M L, plus une balle n° 31, marquée J C, plus deux balles n° 31, 32, marquées J H, plus deux balles n° 1, 2, marquées J V E, plus cinq balles n° 25, 26, 27, 28, 29,, marquées L C, plus trois balles n° 42, 43, 44, marquées J F M, plus trois balles n° 1, 2, 3, marquées E L, plus une balle n° 11, marquée C, plus deux balles n° 7, 8, marquées F A, deux autres balles n° 1, 2, marquées F I, plus une balle n° 10, marquée D, autre balle n°11, marquée M T, plus trois balles n° 3, 4, 5, marquées F, plus une balle n° 6, marquée C S et finalement une balle n° 9, marquée H ». Huit de ces balles « se trouvent avariées par la pluie qui est tombée dessus en grande abondance, sans qu'il ait eu de la faute de la part du commanditaire des bouviers ». La balle B R n° 30 contenait 30 pièces d'étoffe ; la balle I D n° 26, 6 pièces d'étoffe ; la balle L C n° 26, 22 pièces d'étoffe ; la balle B H T n° 3, 20 pièces d'étoffe ; la balle C n°4, 13 pièces d'étoffe ; la balle F M n° 59, 16 pièces d'étoffe ; la balle S D C n° 37, 13 pièces d'étoffe ; la balle J C n° 31, 6 pièces d'étoffe. On ne peut que regretter de n'être pas informé sur la nature de ces étoffes (3 E 4 (111) 262).

Des marchands venus de Lorraine, vendaient leurs étoffes à Mont-de-Marsan et à Pau. Le 27 juin 1777, François Humbert, marchand de « toile de bazin du pays de Lorraine », descend à l'auberge du sieur Pujolle, porte d'Aire, pour vendre ses étoffes aux marchands-drapiers montois, avant de se rendre à

Pau. Sa présence dans cette ville nous est connue, par la plainte qu'il dépose le 27 juin 1777, pour diffamation contre la personne qui l'accuse « d'avoir donné trois ou quatre pièces de bazin, par galanterie, à une fille, en récompense des faveurs qu'elle lui aurait accordées » (3 E 4 (180) 139).

De tous ces actes, il appert une absence totale du commerce des toiles de chanvre, de lin, d'étoupe, d'indienne que l'on retrouve dans les constitutions de dots des contrats de mariage des gens de labeur ou l'inventaire après décès des biens délaissés par les artisans. Produits des ateliers de cardage et de tissage de Mont-de-Marsan et de sa sénéchaussée, ces étoffes devaient être directement commercialisées par les maîtres-tisserands du lieu ou des marchands-drapiers de moindre renommée.

Cardeurs de laine, de coton, de chanvre, d'étoupe, tisserands, maîtres-tisserands, tailleurs d'habits

Les états comparatifs des arts et métiers effectués entre 1789 et 1801, dans le canton de Mont-de-Marsan, révèlent le nombre des artisans attachés à la fabrication des étoffes usitées localement (6 M 642). A Mont-de-Marsan, sont recensés en 1789, six maîtres-cardeurs de laine, 7 en 1801 ; 2 compagnons en 1789 et 3 en 1801 ; 4 apprentis en 1789 et 6 en 1801 ; 6 maîtres-tisserands en 1789 et 6 en 1801 ; un teinturier en laine en 1739 et 1801 ; 10 tailleurs d'habits en 1789 et 16 en 1801.

Dans la commune de Bougue sont répertoriés en 1789, trois maîtres-cardeurs de laine, 2 en 1801 ; 4 compagnons en 1789 et 2 en 1801 ; 2 apprentis en 1789 et 1 en 1801 ; 2 maîtres-tisserands en 1789 et 2 en 1801.

Commune de Mazerolles : 1 maître-cardeur de lin en 1789, et 1 en 1801.

Commune de Nonères : 1 maître-cardeur de laine en 1801 ; 2 maîtres-tisserands en 1789, et 2 en 1801 ; 1 maître-tailleur en 1789 et 1 en 1801.

Commune de Saint-Avit : 1 maître-tisserand en 1801 et 1 maître-tailleur pour hommes.

Commune de Saint-Jean-d'Août : 1 préparateur de chanvre, 1 maître-tisserand en 1789 et 1 en 1801.

Commune de Saint-Martin-d'Oney : 3 maîtres-tisserands en 1789, le même nombre en 1801 ; 2 tailleurs d'habits pour homme en 1789 et 1801.

Cardeurs, maîtres-cardeurs, marchands-cardeurs, facturiers de laine

Les actes notariés des années 1746 à 1801, permettent de mettre des noms et de saisir la vie professionnelle de ces artisans de la laine, cardeurs, maîtres-cardeurs facturiers de laine, fabricants de ces étoffes de droguet de laine, de lin, de chanvre, d'étoupe utilisées dans la vie quotidienne des habitants du Marsan.

En 1746, le marchand-cardeur Jean Costedouat, réside à Saint-Jean-d'Août, et fait « acte d'opposition » contre Pierre Lansolette, maître-tisserand habitant Mont-de-Marsan, qui a en main une pièce de droguet de 20 à 22 aunes appartenant à Jean Souffran, cardeur de laine et à son épouse (3 E 13 (14-1)). Un autre marchand-cardeur montois, Barthélemy Lagardère, fait le 17 août 1746, un prêt de 258 livres, à François Larrat, laboureur de la paroisse de Parentis (Uchacq) (3 E 13 (14-1)). Le garçon-cardeur Jean Puyo de Saint-Pierre-du-Mont, se marie le 5 juin 1746, avec une montoise, Jeanne Darthous (3 E 13 (14-1). De ce même village de Saint-Pierre-du-Mont, Pierre Cegedal marchand-cardeur, donne quittance, le 3 avril 1746, à Jean Salles cardeur montois, du versement de la moitié de la dote de son épouse, d'un montant de 200 livres (3 E 13 (14-1)).

Jérôme Lagardère, maître-cardeur, propriétaire d'une métairie à Cère, la donne le 2 janvier 1746, en métayage (faizande) à Pierre et Jean de Saint-Guirons, frères (3 E 13 (14-2)).

Le maître-cardeur montois Jean Saint-Martin, prend en apprentissage pour quatre ans, le 30 avril 1748, Dominique Vincens, de la ville de Grenade, « pour lui montrer et enseigner le métier de cardeur » (3 E 13 (14-2)). Jean Clèdes, cardeur de Saint-Pierre-du-Mont, bénéficie le 12 mars 1748, du testament de Jeanne Tastet son épouse (3 E 13 (14-2))

Cardeur montois, Pierre Lacroix se marie le 3 janvier 1749, avec Catherine Tastet, veuve de Jean Garlin de Saint-Pierre-du-Mont, qui connaît un deuxième veuvage la même année et fait « acte d'opposition » contre Marie Harambat, veuve de Carrier, cardeur de Mont-de-Marsan, au sujet de trois pièces de droguet que feu Lacroix lui avait remises (3 E 13 (15-1)).

Jean et Pierre Manciet, cardeurs de laine, habitant l'un à Renung, l'autre à Saint-Pierre-du-Mont, vendent le 30 novembre 1749, à Jacques Bié, bourgeois et marchand montois, deux chambres avec le corridor de la « maison nave », située à Saint-Pierre, au prix de 70 livres (3 E 13 (15-1)). Un autre membre de cette famille, garçon-cardeur, se marie à Saint-Jean-d'Août, le 6 janvier 1750, avec Anne Loumaigne, veuve de Bertrand Saint-Esprit (3 E 13 (15-2)). Cette même année, Joan Destangue et Jean Destangue, père et fils, sont cardeurs à Saint-Pierre-du-Mont, Jean Castandet à Mont-de-Marsan (3 E 13 (15-2)). Jean Destangue épousera Marie Cheval et sera maître-facturier de laine le 20 août 1777 (3 E 4 (165-1) 134).

En janvier 1751, Raymond Sage et Jean Itié sont garçons-cardeurs à Mont-de-Marsan, ce dernier y épouse le 27 janvier, Marie Belloc, dotée de 20 livres (3 E 13 (15-2)).

Un autre garçon-cardeur, Jacques Serres, fils de Jacques Serres cardeur, épouse le 10 février 1752, Anne Barroumères, dotée de 100 livres et des meubles et effets traditionnels (3 E 13 (16)). Ils reçoivent quittance le 21 novembre, de Bernard Daresteilles, cardeur montois, pour le versement de 262 livres (3 E 13 (16)).Le maître-cardeur Pierre Manciet de Saint-Pierre-du-Mont, prenait souvent des apprentis : le 16 juillet 1752, il fait un contrat d'apprentissage au montois Jean Tauzin, pour une durée de deux ans, et promet de lui donner deux gilets de droguet, l'un avec manches, l'autre sans manches, contre la somme de 12 livres (3 E 13 (16)) ; le 6 février 1753, il prend en apprentissage pour quatre ans, Bernard Destenave de Saint-Pierre-du-Mont, qui recevra à la fin de son temps, une culotte de droguet (3 E 13 (16)). Ce même maître-cardeur demande le 23 mars 1753, au charpentier Jean Mourtera, de lui « construire deux chambres en bois de pin », moyennant 225 livres et « un surtout de drap d'Aure » (3 E 13 (16)).

Le cardeur de laine Jean Magen possède une maison à Mont-de-Marsan. Marié à Françoise Lasserre, dont il aura trois garçons : Bernard, Thomas et Antoine, il teste le 7 mai 1762 et laisse à chacun d'eux, 600 livres et un métier à tisser (3 E 13 (20-1)). L'inventaire de ses biens, effectué le 14 mai, permet de mieux saisir les conditions matérielles de vie, de son ménage, dans cette habitation de quatre pièces. Dans la chambre du bas se trouvait : « un petit buffet à deux petites portes et fermé à clef, de bois de chêne, contenant douze bouteilles de blanc vides ; plus un autre cabinet de bois de pin à deux petites portes et un tiroir au milieu, aussi ferré et fermé à clef, contenant une douzaine et demie de chemises de lin, dont huit d'homme de feu Magen et les autres de feu sa mère, un cazaquan et une jupe de coton, une capulle de valenciennes ; un autre cabinet de bois de noyer, à deux petites portes et un tiroir au milieu, ferré et fermé à clef, contenant deux chemises d'homme très usées ; un autre cabinet de bois de chêne à deux petites portes et un tiroir au milieu, aussi ferré et fermé à clef, avec six douzaines de serviettes de lin, 22 serviettes d'étoupe, 4 paires de linceuls de lin, 2 autres paires d'étoupe, un pendant de feu, une plaque de fonte, une paire de landiers, une barre de fer, une paires de pincettes ». Dans une autre petite chambre, « un lit composé d'une piéce de traversière garnie de plumes, une couverte et une paillasse et un bois de lit de cerisier, sans rideau, un vaisselier avec huit assiettes d'étain, un plat d'étain, six assiettes de faïence, une douzaine d'assiettes de terre avec deux plats, deux poêles, un poêlon, une broche, une grille ». Sur le haut de ladite maison, sur le devant, « un lit composé d'un bois de lit de chêne, une paillasse, une couverte de laine, un cabinet contenant un contrat d'achat de la maison, consenti par Jean Sorbets, marchand, en faveur de Bernard Magen, le 20 octobre 1699, six chaises, quatre autres chaises ». Dans une autre petite chambre, « sur le derrière du haut de ladite maison, deux chaudières, l'une grande, l'autre petite, un demi-charret de bois, soit en tout une valeur de 450 livres » (3 E 13 (20-1) 80).

Le cardeur Jean Gourgues de Nonères, loue le 31 juillet 1770, trois chambres de la maison d'Antoine Désenfants, appelée la maison Cazenave, dans la même paroisse, pour un loyer annuel de 24 livres (3 E 4 (158) 150). Propriétaire de la maison et du jardin appelés du Gaillot, à Nonères, il la loue le 29 mai 1778, à Jean Saint-Grieu, boulanger, pour cinq ans, moyennant 52 livres par an (3 E 4 (165-2) 107). Dans ce même village, Jean Dupoy est cardeur de laine, le 2 juin 1772 ; il épouse le 6 juin 1780, Jeanne Tastet, veuve de Bernard Broqua, « benoît » de Saint-Pierre-du-Mont (3 E 4 (166) 87). Devenu maître-cardeur, il achète à Jean-Jacques Daon, baron de Hontanx, une partie de jardin, estimée 480 livres (3 E 4 (168-1) 82). Le garçon-cardeur montois Joseph Lemoine, époux de Jeanne Desez et père de deux enfants, fait son testament le 2 octobre 1772 (3 E 4 (160) 181). Le 24 janvier 1774, Jean Destangue, dit Senguin, est maître-cardeur à Mont-de-Marsan.

En 1779, Jean Tastet dit Dubion, est cardeur de laine à Nonères ; le 27 avril 1780, il réside à Saint-Médard-de-Beaussé, où il épouse Jeanne-Marie Lestournet, de Mont-de-Marsan, dotée de 300 livres (3 E 4 (166) 64).

Le cardeur montois Antoine Londre, fils d'Etienne Londre et de Marie Pedelupe, épouse le 26 janvier 1779, Marie Bédenat de Saint-Jean-d'Août, dotée de 500 livres (3 E 4 (166)). Son frère cadet, maître-cardeur montois, prend en apprentissage le 19 décembre 1779, Jean Larguier (3 E 4 (166) 156). Un autre montois, André Bézos, garçon-cardeur, fait un testament le 6 septembre 1780 (3 E 4 (166) 120).

Certains cardeurs parvenaient à économiser suffisamment pour investir dans des biens immobiliers : Jean Roque, maître-cardeur, résidant place Saint-Roch, à Mont-de-Marsan, achète le 11 février 1789, à Pierre Dehez, cardeur de Villeneuve-de-Marsan, natif de Saint-Pierre-du-Mont, une pièce de terre évaluée 100 livres (3 E 4 (167-1) 19). Le 15 mars 1782, Pierre d'Arnauday, cardeur montois, marié à Laurence Vielle, dont il eut deux enfants, Jeanne et Paul Arnauday domestique, gravement malade, rédige son testament (3 E 3 (49) 38).

Un sondage effectué dans les minutes notariales de Vives, notaire royal en 1780, révèle six cardeurs ou maîtres-cardeurs à Mont-de-Marsan : Jean Brettes, Nicolas Labrouche, (marié à Madeleine Labat, sans enfant, qui lègue par testament, le 17 août 1780, 600 livres et « le petit bien de Perrot », situé en la paroisse de Saint-Jean-d'Août, à sa mère Tauzin), Pierre et Jean Labarrère son fils, qui reçut lors de son mariage, 2 400 livres de constitution dotale, Jean Dupoy et Pierre Dauga (3 E 4 (185)). A Nonères, on compte cette même année, un cardeur, Jean Bordes. Saint-Pierre-du-Mont est mieux pourvue : cinq cardeurs, dont Jean Dupoy, Jean Tauzin, Dominique Tauzin, Pierre Manciet, Pierre Tauzin. Un cardeur de laine, Jean Tastet, réside à Saint-Médard-de-Beaussé.

En 1783, on enregistre trois cardeurs de laine à Saint-Pierre-du-Mont, Jean-Paul Tauzin, Pierre Tauzin qui teste le 1ier mars 1783, et Jean Fillastre dont le testament est daté du 14 février 1783 (3 E 4 (186)). Toujours trois cardeurs de laine dans ce village, en 1784 : Jean Tauzin qui y épouse le 9 mai 1784, Catherine Roque, Arnaud Dunouau et Jean Tauzin, père du précédent (3 E 4 (187)).

En 1785, les maîtres-cardeurs et cardeurs de laine ou facturiers de Saint-Pierre-du-Mont, sont cinq : Jean Tauzin cardeur, Jean Lezin, Jean Tauzin facturiers en laine, Joseph Tauzin facturier en laine qui épouse le 20 juin 1785, Jeanne Bedat, du même village, et Dominique Tauzin, époux le 4 septembre de Jeanne Mouchès, à Mont-de-Marsan. À Nonères, la même année, il y a quatre cardeurs de laine : Jean Gourgues, Jean Saint-Esprit, Dominique Cajolle, Jean Dupoy facturier de laine (3 E 4 (188)).

En 1786, Bernard Bernin obtient un brevet d'apprentissage de Joseph Tauzin, maître-cardeur à Saint-Pierre-du-Mont (3 E 4 (189)).

Au cours de l'année 1787, Jean Tastet, facturier de laine à Saint-Médard-de-Beaussé, donne un brevet d'apprentissage, le 20 mai, à Antoine Grave (3 E 4

(190) 100). Jean Dupouy, maître-cardeur de laine à Saint-Pierre-du-Mont, a accordé le même brevet à Louis Bergès, le 30 janvier (3 E 4 (190) 26).

Le 7 novembre 1788, Nicolas Labrouche, marchand-cardeur de Mont-de-Marsan, fait son testament, conjointement avec son épouse Madeleine Labat (3 E 4 (191) 181). A Saint-Jean-d'Août, Simon Brettes, cardeur de laine, épouse le 3 septembre Jeanne Lassaignet (3 E 4 (191) 149).

En 1789, Jean Tauzin, cardeur de laine de Saint-Pierre-du-Mont, fait donation à son fils Joseph Tauzin, cardeur de laine, de « deux chambres de maison qui lui restent dans sa maison ancienne, avec le galetas au-dessus des deux chambres » (3 E 4 (192-1) 50).

A Mont-de-Marsan, le 12 février 1790, Jean Brettes, facturier de laine, reçoit en donation de sa cousine Madeleine Brettes, une maison et son jardin (3 E 4 (192-1) 20). Dans la même ville, Pierre Destangue, facturier de laine, traite le 4 mai 1790, des affaires avec Pierre Faget dit Candelle, maître-tailleur d'habits montois (3 E 4 (192-2) 61).

Jean Dupoy, cardeur de laine et benoît de la paroisse de Saint-Pierre-du-Mont, a acheté en 1791, à Jeanne Lalanne et Jean Dupoy son frère, tisserand de Saint-Pierre-du-Mont, la moitié d'une pièce de terre, estimée 180 livres (3 E 4 (193-1) 112). Quant à Nicolas Labrouche et Madeleine Labat, tous deux marchands-cardeurs, ils échangent cette année-là, une terre labourable contre une maison (3 E 4 (193-1) 114). Jean Tauzin, de Saint-Pierre-du-Mont, exerce toujours son métier de cardeur, le 22 novembre 1791.

En 1792, Jean Bordes, cardeur de laine de Nonères, « marchand couturier en laine », baille à titre de fermage, à Jean Debern, colon à Barques, la brasserie appelée au Petit Banquet, sise dans la paroisse de Lucbardez, le 31 juillet (3 E 4 (193-2) 95). Jean Saint-Marcq, cardeur de laine, habitant de Saint-Pierre-du-Mont, quartier de Bertoumieux, fait son testament le 11 août 1793 (3 E 4 (194) 181). Cette année-là, Michel Mirambet, peigneur de lin, à Saint-Jean-d'Août, épouse le 20 novembre Cécile Laguian de Saint-Médard-de-Beaussé, dotée de « trois couettes et un traversin de toile de maison, garnis de plumes, de rideaux de toile d'étoupe à raies bleues, d'une couverture de laine du pays, d'une matelassière simple, d'un luisant peint, de trois paires de linceuls d'étoupe, d'une douzaine de serviettes aussi d'étoupe, d'une armoire en pin à deux portes et un tiroir au milieu, d'une jupe de cotonnette à fond blanc, d'une autre veste d'étamine, d'une autre d'indienne, d'une autre de bazin uni, d'une jupe d'espagnolette, d'une autre de cotonnette bleue, le tout neuf d'une valeur de 80 livres » (3 E 4 (194) 252).

Le 29 avril 1795, Jean Brettes, facturier en laine de Mont-de-Marsan, prête 3 000 livres à Simon Catuhe, cultivateur de la commune de La Rivière.. Un autre facturier en laine, exerçait ce métier, le 5 mars 1797, à Saint-Médard-de-Beaussé (3 E 4 (197)).

En 1801, Bernard Cazenave, cardeur de laine, dans la commune de Nonères, reçoit une procuration de Pierre Brettes, tisserand de Pissos, pour percevoir 150 francs, sur l'héritage de sa mère (3 E 4 (199) 123). Antoine Peyret est à la même époque, cardeur de laine à Saint-Pierre-du-Mont, où il teste le 25 thermidor an IX, en faveur de son épouse Jeanne Dubroca, son héritière générale, car il n'a pas d'enfant (3 E 4 (199) 189).

Ce sondage donne l'impression d'un plus grand nombre d'artisan de la laine que ne le laisse présumer les états comparatifs des arts et métiers effectués en 1789 et 1801.

Les tisserands et maîtres tisserands du Marsan

Au cours de ce sondage portant sur les années 1746 à 1801, nous rencontrons la même distorsion concernant le nombre des tisserands implantés à Mont-de-Marsan et sa banlieue, comparé à l'enquête de 1789 et 1801 où ils paraissent très rares.

Parmi les tisserands montois, Arnaud Lafourcade, signe une quittance de règlement d'une somme de 48 livres, versée le 13 août 1748 (3 E 13 (14-2)). Arnaud Durey, maître-tisserand, et son épouse Jeanne Capdeville, perçoivent le 25 juillet1749, deux versements de 84 et 12 livres, de Bernard Dabadie, marchand de Grenade (3 E 13 (15-1)). Dans son testament du 8 mai 1790, Jean Labat, maître-tisserand montois, reconnaît être marié à Claire Lalanne, dont il a eu trois filles, Jeanne, autre Jeanne, et Anne. Toutes les trois sont mariées : Jeanne l'aînée, avec Costedouat, maître-cardeur, la seconde Jeanne, avec le tisserand Saint-Orens et la troisième Anne, avec le cordonnier Saint-Orens (3 E 13 (13-2)).

Le tisserand montois Bertrand Dabadie, s'accorde le 18 février 1751, avec Jean Lalanne forgeron de Nonères, Jacques Lalanne, soldat au régiment de Chartres, pour « l'achat d'une chambre, d'une petite chambre et de trois chambres, dans la maison appelée de Jeanne Laburche », estimées 240 livres (3 E 13 (15-2)).

Jean Labarrère, tisserand montois, se marie le 27 novembre 1753, avec Catherine Pinchauret de Benquet, dotée de 24 livres, plus les meubles et effets coutumiers (3 E 13 (16)).

Dans son testament du 10 mars 1762, Dominique Berger tisserand de la paroisse de Bougue, marié à Marie Béarnès, donne 75 livres à son épouse et chacun de ses autres biens meubles et immeubles, à son héritière, sa fille Marie (3 E 13 (20-1) 79).

Le 19 septembre 1768, Bertrand de Saint-Orens et Dominique Lamothe sont tisserands à Saint-Médard-de-Beaussé (3 E 4 (156) 184). A Saint-Pierre-du-Mont, Arnaud Sarrouille exerce le métier de tisserand, le 19 octobre 1768. Jean-Pierre Tauzin est tisserand à Bascons, le 19 août 1768.

Résidant à Mont-de-Marsan, dans le quartier de Bournau (le Bourg neuf), Raymond Palu tisserand, reçoit de son frère Arnaud Palu, aussi tisserand à Saint-Médard-de-Beaussé, cession et transport, le 12 février 1769, « de tous les droits sur les meubles et immeubles qui lui sont advenus de Bernard Palu et Jeanne Cassaigne, leur père et mère, moyennant le prix de 200 livres » (3 E 4 (157-1) 44). Robert Thieux, tisserand de Saint-Jean-d'Août, et sa femme Marie Lalanne, font leur testament, le 1ier décembre 1769. Jean Brettes est tisserand à Nonères, le 21 août de la même année, il épouse, le 16 mai 1776, Jeanne Broquin, habitante de Mont-de-Marsan, dotée de 300 livres, plus les meubles, dont un lit composé d'une couette, un matelas, un coussin traversin, une courtepointe de cotonnette à flammes, les rideaux de cadis vert, quatre paires de draps d'étoupe, une paire de draps de lin, quatre douzaines de serviettes de lin, le tout évalué 80 livres (3 E 4 (162) 104).

En 1770, Pierre Cazade, époux de Marie Dabadie, sans enfant, tisserand de Mont-de-Marsan, teste le 27 juillet, et donne à son épouse, la jouissance de tous ses biens, sa vie durant, en toute propriété les droits de la métairie de Larrangat, dans la paroisse de Bretagne. Elle ne pourra rien prétendre, ni demander sur les autres biens du testateur, ni sur la maison, ni sur la métairie dite du « Bret dou pannart », dans la paroisse de Mazerolles. Il lègue les droits sur sa boutique, située Porte d'Aire (3 E 4 (158) 146).Toujours de ce monde le 20 avril 1773, il signe un contrat de métayage avec Jean Labarrère, laboureur de Mazerolles, pour la brasserie « Dous Pennes », d'un revenu annuel de 40 livres, sise à Mazerolles (3 E 4 (161) 64).

Un autre tisserand de Nonères, Jean Saint-Cricq, achète le 12 novembre 1775, à Bernard Cazenave, maître-cardeur du même village, « deux chambres de sa maison et un galetas sur le haut desdites deux chambres, appelées de Targuet, à Nonères », pour le prix de 150 livres (3 E 4 (163) 201). Le 16 août 1775, Jean Brettes et Jean Saint-Cricq, tous deux tisserands à Nonères, vendent à Jean Lompagieu dit Lapèle, maître-éperonnier, une pièce de terre labourable évaluée 135 livres (3 E 4 (163) 152). Ce même Jean Saint-Cricq allait épouser, le 19 mars 1776, Marie Mauléon, habitante de Montgaillard, dotée de 30 livres (3 E 4 (164) 49).

Arnaud Palu est tisserand à Saint-Médard-de-Beaussé, le 30 janvier 1778, il prend à ferme, le 7 septembre 1779, de François de Péres, conseiller au Parlement, pour une durée de neuf ans, la brasserie de Corneillan, moyennant la somme de 75 livres (3 E 4 (166) 114). Le facturier de laine Jean Labarrère, fils de Pierre Labarrère, aussi facturier de laine et de Jeanne Ducasse, issue d'une famille montoise, épouse le 22 novembre 1779, Françoise Clavé, fille de Jean Clavé aubergiste et de Jeanne de Gourgues, dotée de 2 400 livres (3 E 4 (166) 151).

Un autre facturier de laine montois, Pierre Destangue, s'unit le 6 janvier 1780, à Marguerite Dupin de Saint-Martin-d'Oney, dotée de 4 400 livres (3 E 4 (166) 7).

A Benquet, le tisserand Bernard Dutouya, acquiert le 8 février 1781, de François Duvignau, journalier de Saint-Pierre-du-Mont, « la moitié de la brasserie de Bilon », sise à Benquet, au prix de 300 livres (3 E 4 (167) 16). Le 24 août de la même année, Marie Cheval, veuve de Jean Destangue, maître facturier de laine, Pierre Destangue aussi maître-facturier de laine et Pierre-Louis Destangue, mère et fils, s'accordent sur un partage de biens (3 E 4 (167-1) 100). Le maître-facturier Pierre Destangue prenait en métayage, le 4 juin 1783, de Bernard Sazy, garçon-cordonnier, pour neuf ans, la métairie appelée de Cerignon, située à Saint-Pierre-du-Mont, contre un demi-ka de seigle annuel (3 E 4 (167-2) 62).

Le tisserand Bernard Dutouya achète, le 28 avril 1783, à Catherine Lapeyre, veuve Lefranc, de Mont-de-Marsan, « un journal de lande appelée la lande de Lagravote, à Benquet », pour un montant de 66 livres (3 E 4 (167-2) 38).

Bertrand Lamarque est tisserand, le 2 août 1785, à Saint-Médard-de-Beaussé. Du même village, Pierre Darrieux, tisserand, se marie le 20 juin 1786, avec Marie Garbay, « fille domestique » montoise, dotée de 30 livres (3 E 4 (168-1)

39). Alexandre Juzan tisserand et Jeanne Dabadie sa femme, de la paroisse de Saint-Pierre-du-Mont, avaient pris, le 19 janvier 1786, en « bail à rente foncière », de l'hôpital de Mont-de-Marsan, , « un lopin de terre dans le champ appartenant audit hôpital », situé dans la même paroisse, de la contenance de 60 toises, contre une rente annuelle de 6 livres 6 deniers (3 E 4 (168-1) 2).

Enfin, un simple sondage effectué dans les minutes notariales du notaire royal Vignes, entre 1780 et 1801, révèle le nombre de tisserands exerçant dans la commune de Mont-de-Marsan et sa banlieue : 7 pour Mont-de-Marsan (Jean Cassaigne, Barthélemy Manciet, Pierre Destangue, Jean Lamon, Jean Dabadie, Pierre Descorps, Jean Brettes) ; 3 pour Saint-Pierre-du-Mont (Jean Manciet, Jean Juzan, Barthélemy Lacave) ; 4 pour Benquet (Jean Loubère, Thomas Darribau, Bertrand Dutouya, François Darigrangue) ; 5 pour Saint-Médard-de-Beaussé (Jean Dupoy, Pierre Lagne, Joseph Grosselle, Jean Descorps, Jean Tastet) ; 1 pour Bascons (Jean Tauzin) ; 5 pour Nonères (Jean Brettes, Joseph Saint-Cricq, Jean Saint-Cricq, Jean Dabadie, Jean Dupoy). Nous voilà bien au-dessus des chiffres proposés par l'état comparatif des arts, métiers et professions exécuté en 1789 et 1801 (3 E 4 (187 à 200)).

L'inventaire après décès, des effets délaissés par Jean Dané, tisserand à Geloux, daté du 27 germinal an IX (17 avril 1801), nous offre une description de la boutique d'un tisserand : « Dans la boutique dudit Dané, qui professait quand vivait, le métier de tisserand, dans laquelle boutique a été trouvé et par nous inventorié, deux métiers ou ateliers de tisserand en bois, avec tous les outils nécessaires pour chaque atelier, plus quatorze peignes, deux autres peignes pour tenir les toiles, quatre chemises, un drap de lit d'étoupe et un bougeoir en bois », deux pelotes de fil de laine, un paquet de ficelle en rame, pesant 23,5 livres, 2 pelotons de fil de laine, 2 écheveaux de fil d'étoupe (3 E 4 (200) 123).

Les tailleurs, maîtres-tailleurs d'habits

Le travail des étoffes fabriquées dans la région du Marsan, ou importées du Languedoc, du Rouergue ou des Indes, par la Compagnie des Indes orientales, nécessitent des tailleurs et maîtres-tailleurs d'habits, que nous rencontrons, entre 1746 et 1801, dans les minutes notariales, des notaires royaux Salles et Vignes. Jean Labaille, époux de Jeanne Lannelongue, maître-tailleur d'habits, teste le 19 août 1746. (3 E 13 (14-1)). Pierre Brana, garçon-tailleur, de la paroisse de Saint-Pierre-du-Mont, avait donné en métayage, le 13 juillet précédent, à Jean Dabadie journalier du même village, une métairie qu'il y possède (3 E 13 (14-1)). Jean Darribau, maître-tailleur d'habits, reconnaissait, le

19 mai, avoir reçu de Pierre Carlin, marchand montois, le somme de 315 l 7 d, fruits de son travail (3 E 13 (14-1)).

Le 29 mars 1768, Jean et Jean Lauron, père et fils, sont tailleurs d'habits à Saint-Pierre-du-Mont. Bertrand Labarthe, maître-tailleur d'habits montois, donne le 5 juin 1768, « un brevet d'apprentissage » à Joseph Palu, fils cadet de Pierre Palu, tailleur d'habits de Buannes, pour une durée de quatre années, « pour lui enseigner le métier de tailleur » (3 E 4 '156) 112).

Autre tailleur d'habits montois, Jean Loubery, marié à Marie Tauziède, sans enfant, teste en faveur de cette dernière le 6 juillet 1769 (3 E 4 (157-2) 156). Le 14 novembre, Jean Loulon exerce ce métier à Bougue.

En 1770, le 12 juin, François Saint-Martin tailleur d'habits, achète « la tierce partie de la pièce de terre de la Gourgasse », située à Saint-Médard-de-Beaussé, au prix de 50 livres (3 E 4 (158) 102). Anne Lamarque, veuve de Bernard Lassaigne, tailleur d'habits de Nonères, traitait des affaires, le 1 août, avec son beau-frère Jean Lassaigne, tailleur à Uchacq.

Le 11 octobre 1770, Pierre Lacoste est tailleur à Saint-Pierre-du-Mont ; Joseph Clavé exerce ce métier, le 24 octobre à Nonères et Bertrand Labarthe, maître-tailleur d'habits et son épouse Rose Chavaignac investissent les bénéfices de leur activité, dans l'achat à Jean-Pierre Burriot, seigneur de Hournieux, de deux-tiers de journal de terre labourable (3 E 4 (159) 259).

En 1774, Jean Loulom est tailleur à Bougue, Antoine Banos l'est en 1775, à Saint-Pierre-du-Mont. Pierre Lacoste est toujours tailleur d'habits dans la même paroisse, le 20 août 1776. Bernard Dumora est garçon-tailleur à Saint-Martin-d'Oney, le 11 décembre de la même année.

Le maître-tailleur d'habits pour femmes, Louis Longa, établi à Mont-de-Marsan, investit 762 livres, en 1777, dans l'achat « des deux-tiers parties de la métairie « Dous petits vignoux », et des deux-tiers de la pièce de terre labourable appelée de « Babos » et de celle de « Garos », à Saint-Médard-de-Beaussé (3 E 4 (165-1) 50, 51).

Bien que garçon-tailleur, Joseph Gauzis donne congé, le 20 juin 1780, à Joseph Dauga, colon de sa métairie de « Lespitau », à Benquet (3 E 4 (166) 84). Le 6 mars 1785, devenu maître-tailleur à Mont-de-Marsan, il donne en métayage à Jean Tachon, laboureur de Saint-Pierre-du-Mont, une brasserie (3 E

4 (168-1) 14). Le 27 mai, il épouse Marie Lubet, native de Saint-Pierre-du-Mont, dotée de 300 livres et 500 livres d'étoffe d'indienne, de draps de lin, etc…(3 E 4 (168-1) 32). De nouveau, le 14 juin, il donne congé à Jean Clavé, laboureur et métayer, d'une de ses propriétés (3 E 4 (168-1) 38).

Le 27 mai 1781, Barthélemy Labayle est tailleur à Bascons. Pierre Lacoste, tailleur d'habits de Saint-Pierre-du-Mont, verse le 30 octobre 1781, à sa sœur Anne Lacoste, « la tierce partie des biens et effets » de sa mère Claire Lafargue, veuve de Bernard Lacoste leur père, évaluée 150 livres (3 E 4 (167-2) 87).

Le 15 octobre 1783, Nicolas Labeyrie exerce le métier de maître-tailleur d'habits à Mont-de-Marsan. Pierre Lalanne, tailleur d'habits montois, reconnaît le 11 octobre 1786, devoir 500 livres de prêt, à Jacques Serres, bourgeois et négociant montois (3 E 4 (168-1) 62).

Renouvelons notre sondage dans les minutes de Vignes, notaire royal, entre 1780 et 1801, pour connaître le nombre de maîtres-tailleurs d'habits exerçant dans la ville de Mont-de-Marsan et sa banlieue : 10 à Mont-de-Marsan (François Saint-Martin, Pierre Pielet, Dominique Duprat, Pierre Faget, François Clavé, Jean Duclavé, Jean Darribau, Pierre Lalanne qui achète le 26 février 1797, à Joseph Convert, « les deux tierces parties de toute icelle métairie appelée au Pouy de Capbat, située dans la commune de Campet, quartier de Sainte-Croix-de-Rague », au prix de 1 000 livres (3 E 4 (197) 58), Jean Sarrade, fils de Michel Sarrade et Suzanne Dudon, qui épouse le 1ier floréal an VIII, Jeanne Lacaze, dotée de 200 francs (3 E 4 (199) 75), Jean Juzan, époux de Marie Cazaux de Campagne (3 E 13 (16)) ; 2 à Saint-Perdon (Etienne Mouchés, Dominique Mouchés ; 1 à Nonères (Dominique Duprat) et 1 à Bascons (Jean Tauzin père).

Conclusion

Le commerce fluvial des étoffes, au XVIIème et au XVIIIème siècle est orienté sur deux axes convergents, vers le port de Mont-de-Marsan. Un premier axe menait les affréteurs du Rouergue, du Languedoc, par la route du Houga, apportant les droguets, les serges, les buratines, les pessots de Rouergue, les cadis de Montauban, de Mazamet, d'Aram, de Saint-Gaudens, de Nîmes, jusqu'au port de Mont-de-Marsan. Un deuxième axe partait de Bayonne et remontait vers le port montois, où les galupes et les gabares déchargeaient les laines d'Espagne destinées aux fabriques du Languedoc et les étoffes précieuses de percale, de guinée, de tarlatane, de pékin ou de nankin livrées au port de Bayonne par La Compagnie des Indes orientales, en échange de barriques d'eau-de-vie, fournies par les négociants montois. Ces étoffes précieuses n'apparaissent dans les magasins des marchands-drapiers et les inventaires des nobles et bourgeois, qu'au dernier tiers du XVIIIème siècle. Les razes, les razettes, les sargues, les cordeillats, les fleurets, les toiles de Paris, les mousselines, les étamines de Saintes, suivaient la route de la Grande Lande, entre Bordeaux et Mont-de-Marsan. Quant aux étoffes utilisées par le commun des habitants, à base de lin, de chanvre, d'étoupe, fabriquées par les tisserands montois, elles ne faisaient pas l'objet d'exportation, mais étaient vendues localement, aux gens de labeur.

Chapitre 4.

Une famille montoise de bourgeois et marchands : les Douat

De 1650 à la fin du XVIIIème siècle, Mont-de-Marsan vit une époque de croissance. Nous manquons de données précises, pour l'ensemble de la période, mais on peut tenir le fait assuré, en ce qui concerne la seconde moitié du XVIIIème siècle. Mont-de-Marsan et les trente-deux paroisses de sa banlieue, comptaient en 1764, 1925 feux, dont 900 feux pour Mont-de-Marsan même, ce qui permet d'évaluer la population entre 3500 et 4000 habitants. Cette progression démographique est due, en partie, à l'installation de grandes familles de commerçants, dotées de nombreuses progénitures (entre 8 et 12 enfants par foyer), et au fait que de plus en plus d'artisans, cardeurs ou tisserands, de bateliers bâtissaient des maisons dans les faubourgs (quartier de Rigole). C'est la route de l'Armagnac, celle des eaux-de-vie, des céréales passant par Nogaro, leur lieu d'origine, que les familles Douat vont suivre. Les barriques de vin sont déchargées et entassées dans leurs magasins, sur la rive gauche de la Midouze. Leurs galupes ou gabares, les conduisent à Bayonne et en retour, remontent le sel, si recherché, par leur province d'origine. Ces marchands, devenus montois, sont, comme leurs collègues des autres villes du bassin de l'Adour, les correspondants des négociants de Bayonne, pour le compte desquels ils drainent les richesses des pays gascons.

Jean Douat (m. 1654) et le commerce fluvial des eaux-de-vie et du sel avec Bayonne

Originaire de Nogaro ou de Casteljaloux en Armagnac (3 E 4 (12) 166), Jean Douat s'installe à Mont-de-Marsan, un peu avant 1649, date des premières minutes notariales le concernant, et dans lesquelles il est qualifié de marchand habitant au port. Marié à Jeanne Dufau, cinq garçons naquirent de cette union : Jean Douat, né le 24 mai 1647, futur officier du régiment de Montluc, mort le 21 juin 1707 ; Jean Douat, né le 28 juillet 1644, frère jumeau d'un autre Jean Douat ; François Douat, bourgeois et marchand, jurat, époux de Marie Sourbets, mort avant 1703, et Martin Douat, bourgeois et marchand, époux de Catherine Ducournau, le 16 janvier 1671 et décédé le 23 septembre 1711.

Nous ne connaissons que cinq années de l'activité commerciale de Jean Douat (1649-1654) ; après son décès, son négoce sera poursuivi quelques années par sa veuve Jeanne Dufau. Son commerce fluvial entre L'Armagnac, Mont-de-Marsan et Bayonne, porte sur les céréales, les vins et les eaux-de-vie, le sel. Le 4 mai 1649, en association avec Martin Camerade (ou Camarade), maître-corroyeur, il signe un contrat de troc avec Jean Destouesse, marchand de la paroisse de Gousse en Auribat, portant sur 54 charrettes de froment, dont 27 à 32 livres « le charret », à retirer au port dans le grenier de Camerade, contre 100 pipes de sel et 50 pipes de sel blanc du Nord, à 12 livres la pipe ; Destouesse devait payer un complément de 678 livres (3 E 4 (14) 15). Ce même marchand de Gousse avait acquis, le 5 mai, avec son confrère Jean de Batbedat, de Jean Douat, du vin d'une valeur de 118 l 10 s (3 E 4 (14) 16). Jean-François Dartigues, marchand de la paroisse de Frescou (Le Frèche), concluait le 7 juillet, un marché portant sur deux « charrets » et une mesure de graine de lin et trois mesures de froment (3 E 4 (14) 27). Le 30 septembre, Jean Destouesse lui fournissait 100 pipes de sel blanc du Nord, à 13 livres la pipe, « payées par le sieur Douat, au bord de la rivière » (3 E 4 (14) 40). Jean-François Dartigues s'oblige, le 12 octobre, à lui régler 70 livres, pour livraison de marchandises (3 E 4 (14) 43). Le 19 octobre, Arnaud Lamaignière, « faisant pour le sieur Lacroix, bourgeois et marchand de Bayonne », vend à Jean Douat, 50 pipes de sel d'Espagne, bon et marchand, à 16 livres la pipe (3 E 4 (14)).

Céréales et sel font l'objet des échanges réalisés en 1650. Un marchand de Pontonx, Gilles de Ba, lui achète 31 charrettes de froment, pour un prix global de 600 livres (3 E 4 (14) 3). Joan Lassus, bourgeois et marchand, en Armagnac, s'oblige le 15 février, à lui verser 180 l 17 s, « pour raison de marchandises » (3 E 4 (14) 9). Le 9 mars, Jean Douat et Jean Destouesse, marchand de Gousse en Auribat, troquent 10 charrettes de froment à 66 livres l'unité, contre du sel de Nord, bon et marchand, à raison de 11 livres la pipe, « vendues au bord de la rivière Douze, au port » (3 E 4 (14) 14). Marchand de Lugo (Lugaut), au siège de Tartas, Gabriel Labatut livre à Jean Douat, le 17 mai, 40 pipes 6 mesures de sel, « lequel sel, il aurait promis de le livrer à toute heure, au grenier du sieur Candau, marchand montois », ce qui laisse entendre que notre négociant ne possédait pas encore de grenier, ni de bateau (3 E 4 (14) 20). Le 6 septembre, Jacques Dupin, marchand de Saint-Jean-de-Lier, lui fait vente de 16 pipes 12 mesures de sel, à raison de 12 livres la pipe, « prises au bord de la rivière », contre 4 « charrets » de froment, d'une valeur de 64 livres le ka (3 E 4 (14) 43). Un autre marchand de Saint-Jean-de-Lier, Jean de Hon dit Raboj, sera chargé le 11 octobre, de voiturer pour le compte du sieur Saint-Genès, de Lamensans, 14 kas et demi de graine de lin, « pour les délivrer au sieur Couret, marchand de Saint-Jean-de-Lier (3 E 4 (14) 53).

Sel de Nord et vin blanc font l'objet des contrats signés en 1651, par Jean Douat, qualifié de marchand. Le 6 février, Arnaud Lannegrand, marchand d'Audon (Tartas), lui fait vente, « au bord de la rivière du port », de 100 pipes de sel du Nord, à 13 livres la pipe (3 E 4 (15) 13). Le 29 mars, ils troqueront de nouveau, 100 pipes de sel du Nord, à 10 livres la pipe, « prises au bord de la rivière du port », contre 31 barriques de vin blanc, à 30 livres la barrique (3 E 4 (15) 21). Gros pourvoyeur de vin blanc, Jean Douat en vend à Arnaud Lamaignière, bourgeois et marchand de Bayonne, le 11 avril, 60 barriques, à raison de 28 livres la barrique (3 E 4 (15) 26). Ce même négociant bayonnais lui en prendra de nouveau, le 3 mai, 46 barriques, au même prix (3 E 4 (15) 32). Le 22 août, Jean Dupoy et Daniel de Peyre, marchand de Gousse, lui vendent 50 pipes de « sel du Nord blancq », à 14 livres la pipe, « au bord de la rivière Douze ». Ces ventes confirment qu'à ses débuts, Jean Douat ne possédait pas de grenier, de chai, ni de galupe ou gabare, pour le transport de ces marchandises ; le 11 janvier, pour livrer à Bayonne, 30 barriques de vin, il dut faire appel aux services de Jean Lapeyre, marchand de Gousse (3 E 4 (15) 4).

L'année 1652 conforte le commerce du sel de Jean Douat. Dans un contrat du 29 janvier, il propose à Jean Lasserre et Elie Dose, bourgeois et marchands d'Eauze en Armagnac, qui lui ont acheté 30 pipes de sel du Nord, à 27 livres la pipe, de les « prendre des mains de Pierre Lannegrand, au port, au préjudice de feu Lannegrand » (3 E 4 (15) 65). Pour « raison de prêt de sel », Jean Lacabe dit Petit Jean, habitant du lieu de Montégut (Saint-Sever), s'engage le 27 mai, à lui verser 168 l 17 s 4 d (3 E 4 (15) 16).

Décédé au début de l'année 1654, Jean Douat lègue son commerce à sa veuve, Jeanne Dufau. Le 27 mai, elle signe une obligation de 197 livres, avec Thibaud Debedat, marchand en Armagnac, « pour délivrance de sel » (3 E 4 (16) 143). Pour les mêmes raisons, Jean de Capdepin reconnaît, le 18 septembre, lui devoir 138 livres (3 E 4 (16) 224).

Cette gérance, en 1655, porte sur des contrats déjà signés par son époux. Le 7 janvier, Jean de Batbedat s'engage à lui livrer 17 barriques de vin, « au bord de la rivière du port » (3 E 4 (17) 8). Pour vente et délivrance de sel, faites par feu Jean Douat, Bernard et Pierre Meilhan, père et fils, lui versent 400 livres (3 E 4 (17) 28). Jean de Batbedat, marchand de Gousse en Auribat, devra lui verser le 13 avril, 424 l 3 s , pour la livraison de 21 barriques de vin blanc, côté à 26 livres la barrique (3 E 4 (17) 72). « Pour raison de prêt, vente et délivrance de sel », Laurent de Gourgues, marchand voiturier de sel, de la paroisse de Maurrin, s'engage à lui régler 167 livres (3 E 4 (17) 87). Un autre Jean de Batbedat dit Pajot, habitant de la paroisse de Saint-Jean-de-Lier, acquiert 6 barriques de vin, « bon et marchand », le 14 septembre, pour le prix de 62 l 10 s (3 E 4 (17) 181).

Le 13 novembre, Bernard Lacabe, marchand du Bourdalat en Armagnac, s'engage à payer 80 livres pour la livraison de 4 charrettes de froment, « obtenu auprès de la Cour du Labourd, à Bayonne » (3 E 4 (17) 226).

Quelques bénéfices durent être réalisés, au cours de sa gérance : elle fera l'acquisition , le 20 octobre 1656, d'une « pièce de terre complantée de vigne, de la contenance d'un journal (0,8470 ha), appelée à Lusprat, dans la paroisse de Saint-Pierre-du-Mont ,vendue par Jean Garrelon, chirurgien, au prix de 350 livres (3 E 4 (18) 180).

François Douat (mort avant 1703), avocat à la Cour, bourgeois et marchand, jurat de la ville de Mont-de-Marsan

Lors du partage des biens de leur père Jean Douat, François et Martin Douat sont déjà des bourgeois et marchands. Jean Douat, le troisième fils, ne semble pas avoir fait une longue carrière dans le métier, seules quelques rares minutes notariales le concernent, entre 1670 et 1705. Un acte du 30 mai 1670, précise qu'il a obtenu du partage des biens de son père avec ses frères François et Martin, « un certain grenier appelé à Barthe », situé au port : nous ignorons à quel moment leur père à fait cette acquisition (3 E 4 (52) 140). Une lettre de change à prendre sur Delage, bourgeois et marchand de Bordeaux, datée du 6 juillet 1701, le qualifie de « jeune, aussi bourgeois et marchand » (3 E 4 (78) 132). Le 13 février 1702, il verse à Madeleine Lubet, veuve de Jacques Duvin, maître-perruquier, 23 l 4 s (3 E 4 (79) 32), et le 30 décembre 1705, Jean de Mauraux, laboureur de Saint-Médard-de-Beaussé, lui vend « la maison du Baille », sise au bourg de Mont-de-Marsan, moyennant la somme de 1 600 livres (3 E 4 (82) 257). Rien de comparable avec les carrières commerciales de ses deux frères François Douat et Martin Douat.

François Douat, bourgeois et marchand, jurat de la ville de Mont-de-Marsan, épousa Marie Sourbets, fille de Jean Sourbets, bourgeois et maître-apothicaire. De cette union naquirent sept enfants : François ; Martin né le 14 novembre 1672 ; Jeanne-Marie, épouse de Félix Serres, le 28 janvier 1698 ; Thérèse épouse de Jean Serres le 25 novembre 1710 ; Paul, prêtre et docteur en théologie ; Catherine, épouse de François Sarraute, bourgeois et marchand, le 14 avril 1701.

Avant de s'engager dans le négoce, de 1661 à 1672, François Douat semble avoir eu une formation d'avocat. C'est à ce titre, qu'il signe le 15 décembre 1661, une déclaration en faveur de Jeanne de Prugue, épouse de Joseph de Romat (3 E 4 (22) 174). Le 10 octobre 1664, il fait un prêt de 300 livres à Louis de Burriot (3 E 4 (25) 234).

De 1673 à 1702, François Douat s'adonne au commerce des céréales et au prêt d'argent. Le 22 août 1673, Jeanne de Courmeilhan, épouse de feu Jean de Gourgues, bourgeois et marchand montois, lui donne quittance du seigle qu'elle avait mis dans le grenier Douat et que ce dernier avait vendu (3 E 3 (8)). Le 23 décembre, il reçoit 315 livres, « pour reste de la somme de 615 livres, pour le partage fait », des biens hérités par son épouse Marie de Sourbets, sœur de Jean Sourbets, bourgeois et maître-apothicaire ((3 E 3 (8)).

C'est le 11 novembre 1674, qu'apparaît le premier contrat d'achat de céréales, dans une obligation où François Douat reconnaît devoir livrer à François Dayre, cinq charrettes de seigle, une charrette et cinq mesures de millet, une barrique de vin de la valeur de 15 livres et 23 livres en argent , pour une valeur de 209 livres (3 E 4 (56) 236).

Etienne Dané, laboureur de la paroisse de Geloux, s'engage le 18 août 1676, à lui rembourses un prêt de 227 livres (3 E 4 (58) 217). Pour livraison de trois charrettes de seigle, Arnaud Lasserre, marchand, s'engage le 4 mars 1678, à régler 800 livres (3 E 3 (10)). Au nom et comme mari de Marie Sourbets, François de Lassalle, écuyer, seigneur de Canenx et Castelmerle, reconnaît, le 18 juin, devoir 300 livres (3 E 4 (35) 76).

Le meilleur moyen de se procurer les céréales nécessaires à l'alimentation de son commerce, était d'affermer les fruits décimaux de certaines paroisses, ce qu'il avait fait le 6 juin 1679, où il demande à l'évêque d'Aire de diminuer le prix de la ferme des fruits décimaux des paroisses de Saint-Perdon et Saint-Orens, « qui ont été gâtés et emportés par la grêle du 2 juin 1679 » (3 E 4 (61-1) 130).

Est-ce par besoin pécuniaire ? Le 14 janvier 1680, il vend une chambre dans une maison qu'il possède au bourg de Mont-de-Marsan, à Jean Laporte, vigneron, au prix de 60 livres (3 E 4 (36) 14).

Pierre Lacabe, tailleur d'habits de Montagut (Saint-Sever), lui règle, le 2 janvier 1681, 168 l 17 s 4 d de dette due à son père Jean Douat (3 E 4 (62) 2). Le 13 février 1682, Joseph Landrieu, syndic de la Communauté de Mont-de-Marsan, lui attribue 600 livres, dues encore à son père (3 E 4 (37) 111). Messire de Castera, seigneur de Labarrère, s'engage le 29 mai 1683, à lui rembourser un « prêt d'argent de 200 louis, aimablement prêtés » (3 E 3 (15-1)).

Le 29 juin 1684, il renouvelle pour quatre ans, le contrat de ferme des fruits décimaux des paroisses de Saint-Perdon et Saint-Orens, associé à Jean

Lafontan, marchand, habitant au port, moyennant « un charret de seigle, deux charrets de millade pour la première année et deux charrets de seigle et deux charrets de millade, pour chacune des trois années suivantes (3 E 4 (38) 143).

Jean Dubernard, marchand de Gasbiey (Pontonx), confesse le 28 juin 1685, devoir lui donner 200 livres, « somme que ledit François Douat a aimablement prêtée » (3 E 4 (39) 92).

Ce marchand du port, avait hérité à la mort de son frère Jean Douat, d'un grenier qu'il partageait avec son autre frère Martin Douat : le 22 février 1686, Léonard Nanot, marchand du port, décide de louer « toute icelle maison appelée le grenier du Hans ou Barthe », pendant cinq ans, moyennant 51 livres par an. Cette location signifie-t-elle un arrêt du négoce des céréales, pour François Douat, ou bien possédait-il un autre grenier au port ? Pourtant, le 18 juin, Jean Dufau, bourgeois montois, reconnaît devoir à notre marchand, 114 livres « pour raison de prix et valeur de deux cas (kas ou charrets) de millade » (3 E 4 (39) 94).

Le 12 mars 1687, Bertrand Lamarque lui achète une pièce de terre, 90 livres (3 E 4 (40) 47). Avec son associé Jean Lafontan, François Douat renouvelle le 28 juin 1688, pour quatre ans, le contrat de ferme des fruits décimaux des paroisses de Saint-Perdon et Saint-Orens, contre « trois charrets de grain, à savoir, un de seigle, un de millet, un de panic, la première année, et pour les autres trois années, deux charrets de seigle et deux charrets de millage » (3 E 4 (41) 125). Le 8 novembre, c'est Bernard Loubère, « marchand habitant du port de la présente ville », qui signe un contrat de bail à rente, de 60 livres par an, pour le grenier et le jardin du Hans (3 E 4 (41) 202). N'ayant plus ce grenier, François Douat poursuit malgré tout, le commerce des céréales le 18 avril 1690, par un prêt de « deux charrets de bled-seigle, bon et marchand », à Jean de Lacomme, tailleur d'habits, de la paroisse de Martiens et à Bernard Darmagnac, de la paroisse de Sainte-Croix-de-Rague (3 E 4 (71) 121).

De 1693 à 1700, ce ne sont plus que des opérations financières. François Douat, bourgeois et marchand, affaibli par l'âge et la maladie, abandonnera le commerce du sel et louera le 8 septembre 1696, son grenier à sel, pour un an, au batelier Jean Broquère, moyennant 30 livres (3 E 4 (76-2) 227). Le 28 avril 1693, Marie de Serres, veuve de Bernard Campet de Mont-de-Marsan, confesse lui devoir 300 livres et deux barriques de vin « bon et marchand » (3 E 4 (45) 219). Son frère Martin Douat, lui fait, le 14 octobre, une rétrocession de 200 livres, « à prendre sur les héritiers de Jean-Marie Destangue, final paiement de la somme de 640 livres de capital, à lui cédé par Izabeau-Thérèse de Capian » (3 E

4 (74) 211). Le 27 octobre, le maire, les jurats et le syndic de Mont-de-Marsan, lui versent 500 livres, « dues à Madeleine de Cazaux, mère de Marie Sourbets son épouse, pour « la ferme du droit de majade » (3 E 4 (74) 221). Son commerce ne devait plus nécessiter d'important moyen de stockage, cela lui permet de louer le grenier de Bas, à François Saint-Arroman, maître-cardeur, ainsi qu'une chambre dans la maison et un chai, le tout situé au port de la ville, contre un loyer de 20 livres par an (3 E 4 (47) 150). Noble Pierre de Junca, seigneur de Pelerougat, promet le 3 mars 1698, de lui verser 207 livres, « reste de plus grande somme, pour promesse datée de 1694 » (3 E 4 (77-2) 53). Enfin, le 20 juillet 1700, Jean Durou, homme d'armes, habitant de la paroisse de Saint-Cricq, juridiction de Villeneuve-de-Marsan, lui fait cession de 114 livres, à prendre sur le sieur de Lassalle, de Labastide, « au nom et comme tuteur des enfants de feu Henri de Bergoignan, conseiller du roi et maire perpétuel de Villeneuve-de-Marsan » (3 E 3 (23) 45).

François Douat décède avant 1703, seul son fils François, sera qualifié de marchand. Son épouse, Marie Sourbets, dans son testament du 11 mai 1703, agit « en veuve de François Douat, vivant bourgeois et marchand de la présente ville ». De son union naquirent deux garçons et quatre filles : Paul Douat prêtre ; François Douat marchand ; Jeanne-Marie, épouse de Félix Serres le 28 janvier 1698 ; Thérèse épouse de Jean Serres le 25 novembre 1710 ; Marie et Catherine, épouse de François Sarraute, bourgeois et marchand, le 14 avril 1701. A chacune de ses filles, elle lègue 1 000 livres (3 E 4 (52) 24).

Martin Douat, marchand et jurat de la ville de Mont-de-Marsan (mort le 23 septembre 1712)

Martin Douat, fils de Jean Douat et de Jeanne Dufau, exerce déjà le métier de marchand, lors de son mariage, le 16 février 1671, avec Catherine Ducournau, fille de feu Jean Ducournau, de son vivant marchand et d'Anne Dabadie, remariée à Pierre Dolly, marchand montois, dotée de 300 livres (3 E 4 (53) 36). De cette union naquirent cinq garçons et deux filles : Barthélemy Douat, né le 5 février 1685, curé de Campet, puis de Canenx et Réaut, le 17 septembre 1714 ; François Douat, né le 10 juin 1686, futur bourgeois et marchand, que nous retrouverons par la suite ; Dominique Douat, né le 14 mars 1688 ; Elizabeth-Thérèse Douat, née le 29 octobre 1689 ; François Douat, futur époux, le 7 octobre 1714, de Catherine Benard, fille de Paul Benard, notaire royal, marchand à Casteljaloux ; un autre François et Marguerite Douat, née le 2 janvier 1692. Le négoce de Martin Douat portait sur les céréales, les eaux-de-vie, le poisson et autres marchandises prises dans sa boutique.

Un commerce de marchandises diverses, mais pas de relations commerciales fluviales avec Bayonne (1674 à 1695)

Contre le paiement de la moitié du prix de l'afferme du foulon Dagos, Martin Douat passe, le 25 avril 1674, un contrat avec Pierre Gros, portant sur « la moitié de tous les poissons que le sieur Gros tirera pendant trois ans », de cet étang, appartenant au seigneur baron Dagos (3 E 4 (56) 173).

« Pour raison de marchandises prises dans sa boutique », Jacques de Laminsans, baron Dagos, reconnaît le 15 avril 1678, devoir 120 livres (3 E 4 (60) 91) et lui fait cession de cette somme à prendre sur le compte de Garbage, procureur juridictionnel de Puyo (3 E 4 (35) 37).

Martin Douat, qualifié de bourgeois et marchand, exige le 12 février 1679, de Jean Labarchède, bourgeois de Roquefort, le règlement d'une dette de 600 livres, contractée par son fils (3 E 4 (61-2) 29).

Toujours pour « raison de marchandises prises dans la boutique », Etienne Destangue, sieur de Cazaux, habitant de la paroisse de Martiens, reconnaît devoir 193 l 18 s, le 10 février 1680 (3 E 4 (61-2) 33).

Pour rembourser un prêt de 105 livres, Pierre Dabadie, bourgeois de Grenade, lui fait un contrat de cession de la même somme, le 30 avril 1681, sur les sieurs Gabriel Dupicq et de Mesmes (3 E 4 (119-1)). Les bénéfices retirés de ses relations commerciales sont investis, le 13 septembre 1686, dans l'acquisition d'une maison, vendue par Pierre-Joseph de Vios, avocat au Parlement, habitant de Tartas, « avec son sol, son fondement et bâtiment dicelle appelée antérieurement, la maison de Landina, sise dans la rue du Château vieux », à Mont-de-Marsan, estimée 1 000 livres (3 E 4 (119-1)).

Pour obtenir le règlement de sa part de poisson, concernant l'afferme de l'étang du foulon Dagos, il dut adresser une sommation, le 7 février 1684, à son propriéraire (3 E 4 (120)).

En 1686, Jean de Lannescanx, sieur de Saint-Cricq, habitant dans la paroisse du même nom, s'engage à lui régler 5 livres, « pour vente de marchandises et délivrance que le sieur Douat lui à faite, pour son entretien » (3 E 4 (121)). Le 15 juillet, Marguerite Dupouy, veuve et Arnaud de Racles, mère et fils, laboureurs de la paroisse de Saint-Pierre, prennent en fermage la métairie de la Coquillade, située à Saint-Pierre-du-Mont, pour une durée de six ans, contre le quart de tous les grains et fruits (3 E 4 (39) 100).

Pour alimenter son commerce des céréales, en sus des produits retirés de ses métairies, il s'associe, le 16 juillet 1688, avec Jean Parage et Marie Parage veuve de Jacques Castaignos, pour prendre l'affermage des fruits décimaux de Saint-Médard-de-Beaussé, selon le contrat du 28 mai 1687, portant sur une durée de quatre ans, et pour lequel, il s'engage à payer « la tierce du prix de la ferme » (3 E 4 (41) 140). Le 22 septembre, il paie 17 charrets de grains, moitié seigle, moitié millet, « du prix de ferme des paroisses de Bougue et Saint-Cricq », pour chacune des quatre années, à Pierre Lubet, procureur constitué de Jacques Casteras, économe du roi (3 E 4 (41) 182).

Société commerciale avec Anne Dolly (1694-1711)

Son désintérêt pour les greniers ne signifie pas qu'il est non-engagé dans le commerce du vin et des eaux-de-vie. Son association avec Anne Dolly, devait lui permettre de bénéficier des structures de stockage de cette grande famille de commerçants montois.

De 1690 à 1696, il vend plusieurs propriétés foncières de son patrimoine. Le 25 mai 1696, Dominique Camerade, marchand montois, lui achète, au prix de 155 livres, une pièce de terre labourable appelée de Barthe, sise au port, dont il avait héritée à la suite du partage des biens de Jean Douat, prêtre, chanoine de l'église cathédrale de Condom, son frère puiné, décédé le 19 février 1686, avec François Douat, son frère aîné (3 E 4 (71) 157).

Un acte de déclaration du 13 mai 1692, nous informe qu'il a la charge de gérer « la commission des offices des courtiers et commerçants en vin, eau-de-vie et liqueurs, de percevoir les droits suivant le tarif qui lui avait été mis en main, de rendre compte des deniers qu'il pourra avoir reçus en conséquence de ladite commission, dont il s'oblige de tenir un fidèle registre, à peine d'y être contraint comme pour les propres affaires de sa majesté » (3 E 4 (73-1) 258).

Marie Saget, veuve de Bernard Cadillon, est contrainte, le 5 mai 1693, de lui acquitter 19 livres, reste d'une dette de 31 l 15 s (3 E 4 (45) 150). Lui-même donne quittance d'un versement de 106 l 13 s 4 d, à Jeanne Labeyrie, solde d'un paiement de 213 l 13 s 8 d (3 E 4 (45) 362).

Le 23 novembre 1696, il vend à Bernard Branzeau, bourgeois et marchand montois, une pièce de vigne et une terre labourable de la contenance d'un journal (0,8470 ha), sises dans le quartier de Brusquet, estimées 300 livres (3 E 4 (76-2) 295).

Anne Dolly, veuve de Pierre-Paul Ducournau, bourgeois et marchand montois et Martin Douat avaient convenu, le 24 octobre 1694, de façon tacite, de constituer une société commerciale unissant leurs deux négoces. Ils décidèrent par la suite d'officialiser cette association commerciale, par un contrat public, lui donnant « la plus grande validité ». Un exemplaire fut signé à Bordeaux, le 4 octobre 1694, lors de la grande foire d'octobre, et officialisé par un acte de société établi le 11 mai 1697, à Mont-de-Marsan. Anne Dolly s'associait premièrement, à moitié perte et profit, dans le commerce des marchandises (non précisées), pour une durée de quatre ans, tacitement renouvelable, jusqu'à la mort de l'un des deux sociétaires ; deuxièmement, le fonds de commerce de la société était composé de toutes les marchandises contenues dans la maison et la boutique d'Anne Dolly à Mont-de-Marsan, de l'ensemble desdites activités contenues dans les livres de feu son mari, le sieur Ducournau ; troisièmement, il fut établi une reconnaissance de tous les effets et de toutes les marchandises qui composaient ce fonds de commerce : toutes les marchandises étaient marquées d'un numéro, pour être identifiables à la fin du contrat. Tous les effets restants seraient partagés par moitié, par constitution de lots égaux. Le recouvrement des dettes se fera à frais communs. Anne Dolly apporte un cheval dans la société, mais conserve la possibilité de vendre ses propres denrées, blés et autres marchandises, ou même d'en acheter, de ses propres deniers, sans en référer à l'autre membre de la société. Les marchandises achetées, lors de la foire d'octobre à Bordeaux, seront acquises pour moitié par les deux membres de la société. Aucun prêt d'argent de plus de trente livres ne pourra être consenti sans l'aval des deux sociétaires. Le capital de la société est constitué de 11 876 l 10 s, en marchandises et de 4 686 l 17 s de dettes (3 E 4 (77-1) 90).

Martin Douat, bourgeois et marchand, jurat de la ville de Mont-de-Marsan, appartient à cette classe montante de bourgeois, dont l'ascension sociale repose sur les revenus tirés du commerce, des offices ou des recettes fiscales. Non noble à l'origine, il dut acheter quelque fief ou autre pièce de terre noble lui permettant de prétendre aux armoiries suivantes : « Gueules à trois pals d'argent, chargés chacun de trois quintefeuilles de sable » (Armorial général de 1696, Généralité de Guyenne, Mont-de-Marsan, p. 516).

Le 4 avril 1698, Martin Douat et Anne Dolly partagent les 5 941 l 8 s 6 d des bénéfices de leur société commerciale. Cette dernière épouse le 10 avril, Martin Douat, bourgeois et marchand, fils de François Douat, notaire royal et procureur du roi, et de Marguerite de Cist, en présence de son associé François Douat, bourgeois, marchand et jurat de la ville de Mont-de-Marsan (3 E 4 (77-2) 71, 76).

Pour « prêt et délivrance de marchandises », noble Louis Dabadie de Saint-Germain, s'oblige, le 24 février 1699, à rembourser 293 l 14 s, à Martin Douat (3 E 4 (49) 32). Pour raison de prêt d'argent d'un montant de 370 livres, Guilhaume Gaule, maire de la paroisse de Saint-Go, confesse devoir les rembourser le 29 avril (3 E 4 (49) 75).

Antoine Lamaignière, « marchand habitant de la juridiction de Buset, au diocèse d'Albret, comme procureur de François-Marie de Lille, chanoine de Saint-Jean-de-La-Castèle, ordre des Prémontrés », attribue le 26 mars 1700, un contrat de ferme « des fruits et revenus des jardins du bénéfice de Notre Dame de Pietat », à notre marchand, pour une durée de deux ans, moyennant 130 livres par an (3 E 4 (48) 43). Le 1ier août, Arnaud de Laranère, laboureur de Saint-Pierre-du-Mont, prend à « faizande », de Martin Douat, bourgeois et jurat, « les terres, vignes et dépendances de la Grange de Pietat et la ferme du moulin de ladite Grange », pour deux ans, contre la moitié de tous les grains, fruits et vin (3 E 4 (48) 125).

Parfois, notre bourgeois empruntait de l'argent : le 24 novembre 1701, il confesse devoir donner 95 livres à Jacques Lefrancq, aussi bourgeois et marchand, pour « prêt d'argent » (3 E 4 (78) 291). Possesseur de propriétés foncières et de métairies, dont nous ignorons à quelle époque elles sont entrées en sa possession, Martin Douat accorde, le 29 novembre 1701, le métayage de la métairie du Cassala, à Saint-Pierre-du-Mont, pour trois ans, à Jean Dufau, laboureur de ce village, contre « la quatrième partie des gros bleds, lin, chanvre et légumage » (3 E 4 (48) 114).

Prêts d'argent et gérance de ses propriétés foncières marquent l'année 1702, nous révélant l'appropriation par Martin Douat, de deux autres métairies. Le 2 février et le 25 mai, Jeanne-Marie Bartheau confesse lui devoir 119 l 2 s et 142 l (3 E 4 (48) 11, 42). Le 28 juillet, Jean Dufau, Jean de Macque et un autre Jean Dufau, laboureurs de Saint-Perdon, prennent à « faisande », sa métairie de Boussé, pour cinq ans (3 E 4 (48) 62). Pierre Pages, laboureur montois, prend en métayage, le 27 août, sa métairie de Hourquet, à Saint-Médard-de-Beaussé, pour deux ans ; Martin Douat lui fournira, « la moitié de la semence et la moitié du labourage » (3 E 4 (48) 71). Le 3 octobre, il a aimablement fait l'avance de 151 livres à Romaine Darmé du Penaut, habitante de Mont-de-Marsan (3 E 4 (48) 76).

Son intérêt pour les exploitations agricoles, source de revenus céréaliers, pouvant alimenter son commerce, se manifeste aussi en 1703. Un contrat de « faisande » avec Joseph, Bernard, Jean et autre Jean de Bordes, laboureurs de

Saint-Perdon, révèle la détention de la métairie de Boussala : le bailleur se réserve « la quatrième partie des gros bleds, lin, chanvre et légumage et la quinte de la millade » (3 E 4 (50) 22). Le 4 octobre, Arnaud Lasserre, prêtre montois, lui vend la totalité du « lieu et domaine appelé à Hourquet, consistant en une maison bâtie de murailles, couverte de tuiles, un jardin, une terre labourable de la contenance de trois journaux (2,5 ha), évalué 500 livres (3 E 4 (80) 261). Joseph et Bernard de Bordes, ses métayers de Saint-Perdon, reconnaissent, le 16 décembre, détenir en « gazaille », 49 têtes de brebis, d'un capital de 35 s l'une, deux ruches de « mouches à miel », estimées 4 l 15 s chacune (3 E 4 (50) 64).

Des transactions commerciales et un évènement familial sont mentionnés dans les actes notariés de l'année 1704. Le 1ier mars, Jeanne Labeyrie, veuve de Jean-Marie Destangue de Campagne, confesse lui devoir 267 l 18 s, « pour raison de marchandises prises dans la boutique » (3 E 4 (81) 41). Le 27 septembre, Martin Douat fait cession de 380 livres, en faveur de Jacques Lefrancq, bourgeois et marchand montois (3 E 4 (81) 231). Son fils François Douat, bourgeois et marchand, son futur successeur dans le négoce des céréales, épouse le 14 octobre, Jeanne Benquet, fille de Jean Benquet, marchand montois et de Marie de Tachon, dotée de 1 000 livres (3 E 4 (81) 242).

Noble Jean-Louis de Lassalle, écuyer, pour « prêt d'argent et de marchandises qu'il a livrées dans sa boutique », s'acquitte, le 8 avril 1705, de 500 livres (3 E 4 (82= 72).

Le 15 novembre 1706, Martin Douat prend en apprentissage Pierre Dubernet, fils de Jean-Paul Dubernet, bourgeois de la paroisse de Saint-Aubin, pour une durée de trois ans, « pour lui apprendre la profession de marchand »

De 1707 à 1712, date de sa mort, nous ne possédons de documentation que pour l'année 1712. Dans un acte de sommation, du 15 avril 1712, il exige de son beau-frère, Antoine Ducournau, bourgeois et marchand montois, suite à une transaction du 8 octobre 1706, la jouissance de plusieurs métairies dans les paroisses de Bordères et Grenade (3 E 13 (4-2)). Le 22 avril, Catherine Lafargue lui règle une dette de 250 livres, suite à des achats de marchandises, par une cession à prendre sur le compte de Jacques Dosques, sieur de Blanquefort (3 E 13 (4-2)). Jean Barrère, laboureur d'Artassenx, confesse devoir lui rembourser un prêt de 60 livres, en date du 26 mai (3 E 13 (4-2)). Le 2 juin, Bernard Capdeville, laboureur de Saint-Pierre-du-Mont, prend à « faisande », sa métairie des Couteneaux, pour une durée de cinq ans, moyennant « la quatrième partie de tous les gros grains, lin et chanvre » (3 E 13 (4-2).

Martin Douat est décédé entre juin et septembre 1712 ; le 29 septembre, Catherine Ducournau, « veuve de feu Martin Douat », exige de Guilhaume de Poyferré, curé de Mont-de-Marsan, le paiement de 29 livres, « restant de plus grande somme », pour achat de marchandises (3 E 13 (4-2)).

François Douat (1686-1744), bourgeois, marchand de céréales et d'eau-de-vie

François Douat, fils de Martin Douat et de Catherine Ducournau, né le 10 juin 1686, épousait en premières noces, le 14 octobre 1704, Jeanne Benquet, dont il eut une fille, Jeanne-Marie, née le 17 août 1705, avant son décès le 17 août 1706. En secondes noces, il épouse le 11 février 1708, Madeleine Camerade (ou Camarade) (3 E 4 (81) 242). De cette deuxième union, naquirent sept garçons et cinq filles : Marie Douat née le 24 novembre 1708 ; François Douat né le 6 novembre 1709 ; Barthélemy Douat né le 20 mars 1711 ; François Douat né le 4 juillet 1712 ; Jeanne Douat née le 8 juillet 1713 ; Marguerite Douat née le 5 août 1714 ; Antoine Douat né le 21 mai 1717 ; Catherine Douat née le 5 septembre 1718, épouse de Pierre Dubalen, secrétaire royal à Saint-Sever ; Jacques Douat né le 8 novembre 1719 ; et Pierre Douat né le 3 novembre 1720, époux de Rose Domengé de Poydenot, native de Bayonne, le 17 juin 1746, bourgeois et marchand, dont nous suivrons les carrières professionnelles ; Marguerite Douat, épouse de Pierre-Luc Lefrancq le 21 février 1750.

Initiation au commerce des eaux-de-vie et des céréales (1705-1720).

François Douat fit son apprentissage dans le commerce des eaux-de-vie et des céréales, auprès de son père, avant de prendre sa succession, lors de son décès en 1712. Le 7 mai 1705, Louis Brante, marchand de Labastide-d'Armagnac, lui demande de saisir dans le chai Douat, deux pièces d'eau-de-vie appartenant à Antoine Jaurès, bourgeois de la paroisse de Saumon, dont il est créancier (3 E 4 (82) 99). Guilhem Salibère, laboureur de Saint-Avit, métayer de la métairie du Parc, lui achète le 17 juillet 1706, « un charret de bled-seigle » (3 E 4 (82) 122). Le 30 septembre, Jean Mauranx, laboureur de Saint-Médard-de-Beaussé, lui loue la maison appelée du Baille, rue du Bourg, à Mont-de-Marsan, pour une durée de trois ans, 60 livres par an (3 E 4 (82) 172). En août 1711, François Douat, bourgeois et marchand et Jean Bonnet fils aîné, bourgeois et marchand montois, s'entendent sur le règlement au 5 septembre, de « vingt charrets de seigle, bon et marchand, à 55 livres le charret » (3 E 4 (83) 121). Le 13 septembre, ce même Jean Bonnet, ayant acheté en mai « vingt charrets de mesture » (mélange millet-panic), à 73 livres le charret, et vingt charrets de gros millet, à 72 livres le charret, reproche à notre négociant, de ne pas les lui avoir livrés, pour les acheminer en direction de Bayonne, sur le bateau de Lalanne, batelier, devant partir le 4 septembre (3 E 4 (83) 124). Les vingt « charrets de mesture » et les vingt « charrets de millet », seront livrés au sieur Bonnet, qui devra s'acquitter, le 23 novembre, de 675 l 3 s 7 d (3 E 13 (4-1) 49). En juillet de la même année, François Douat lui avait acheté vingt charrets de seigle, à raison de 55 livres le charret (3 E 13 (4-1) 49), dont il lui a acquitté 550 livres, pour la valeur de la moitié de la livraison (3 E 13(4-1) 51).

Des difficultés de livraison de marchandises et d'insolvabilité de certains clients, marquent l'année 1712. Le 29 janvier, Jean Bonnet, fils aîné, marchand au port, ne peut s'acquitter du droit de mayade (ou majade), pour insolvabilité (3 E 13 (4-2)). Jeantic Latour, hôte du lieu de Labangache, est sommé, le 18 mars de régler « six charrets de froment, bon et marchand », au prix de 108 livres le charret (3 E 13 (4-2)). C'est le même genre de réclamation que François Douat adresse à Martin de Garein, marchand du lieu, pour non-paiement de livraison de marchandises (3 E 13 (4-2)). Le 30 décembre, sa mère Catherine Ducournau, veuve de Martin Douat son père, lui fait cession de 103 livres de capital « à prendre sur les héritiers de Marie Cabaré, veuve d'Etienne Balade, notaire royal » (3 E 4 (84-1) 148).

Ses créanciers ne sont pas toujours fidèles à leurs engagements, au cours de l'année 1714 ; responsable de sa famille, après le décès de son père, il marie son frère François et sa soeur Thérèse. Dans un acte de sommation du 16 mai, il propose de prendre 220 livres sur Jean Bonnet, bourgeois et marchand, son créancier, à Luquet Rey (Luc Rey), marchand montois (3 E 4 (84-1) 33). Le 12 avril, il marie sa sœur Thérèse Douat, née le 29 octobre 1689, à Jean Serres, marchand de Geloux, dotée de 263 livres (3 E 4 (84-1) 52). Son frère François Douat épousera le 7 octobre, Catherine Benard, fille de Paul Benard, notaire royal, dotée de 700 livres et 200 livres d'ameublement (trois lits, un chalit de bois de noyer de deux couettes, un neuve et l'autre demi-usée, un coussin traversière, garni de plume, un matelas, une courtepointe, une couverture de laine, une housse blanche avec sa garniture de cadis vert neuve, un autre chalit garni de trois couettes, deux coussins garnis de plume et un matelas, garni de rideaux de ligature en bergame (tapisserie grossière tissée à Bergame en Italie, importée au XVIème siècle), deux tapis : un de cadis et l'autre de cordillat (grosse étoffe fabriquée dans le Languedoc, à Albi, à Castres et aussi à Chabeuil, à Crest en Provence et en Dauphiné), un grand miroir en dorure, un rideau de toile pour la fenêtre, deux tables en bois de noyer, une neuve, l'autre usée, une barre, une paire de landiers, deux pendants de feu, une paire de pincettes, deux broches de fer, quatre cabinets : un de bois de noyer, à deux portes et un tiroir, deux de pin neufs et un usé, vingt-et-une chaises, un fauteuil de paille…) (3 E 4 (84-1) 119). Le 2 août, il avait adressé un acte de sommation à Pierre Tilhac, marchand de Bayonne, qui s'était engagé le 19 avril, à lui acheter un bateau, du port de quatorze à quinze cas, estimé 100 livres, mais demeuré impayé (3 E 13 (4-2)). Le 21 août, il versait 160 livres à son gendre, Jean Serres, marchand de Geloux, d'acompte sur la dot de sa sœur (3 E 13 (4-2))).

Le commerce des céréales semble prospérer, en cette année 1715. Le 25 avril, Anne Dolly reconnaît la vente de trois charrets de seigle, faite par François Douat, « bourgeois et marchand, habitant au port » (3 E 13 (4-2)), qui le 20 juillet achète à Jean Lasserre, bourgeois et marchand, l'emplacement « où il y avait autrefois un grenier appelé le grenier de Lasserre, lequel grenier est tombé en ruine », au prix de 78 livres (3 E 13 (4-2)). Jean Farbos dit Gribère, laboureur de la paroisse de Saint-Pierre-du-Mont, métayer de la métairie de Gribère, confesse le 31 décembre ; lui devoir 115 livres, « pour raison de prêt de grain, seigle et millade » (3 E 13 (4-2)). Le 16 octobre 1716, Catherine Ducournau sa mère, doit lui régler 184 livres, « pour argent prêté et marchandises qu'elle a prises, pour l'entretien de sa famille, dans la boutique de François Douat » (3 E 4 (84-1) 5). Jacques Dubés, marchand montois, lui afferme la 19 mai 1717, la métairie des Gouyatots, à Bougue, moyennant 99 livres (3 E 13 (5)). Le 17 avril précédent, Joseph Lacroix marchand, lui devait 62 l 16 s d'achat de marchandises (3 E 13 (5)).

Au cours de l'année 1718, il investit ses bénéfices en biens-fonds, subit la mort de sa mère et organise le partage des biens maternels avec ses frères et sœurs, dont deux, Dominique Douat et Marguerite Douat, étaient déjà décédés. Le 17 février, Jean et Jacques Lalanne frères, maîtres-forgerons de Saint-Jean-d'Août, lui vendent une pièce de terre labourable située dans ce village, d'une contenance d'un journal (0, 8470 ha), estimée 80 livres (3 E 13 (5)). Sa mère Catherine Ducournau décédait début avril, l'acte de partage de ses biens, daté du 21 avril, concerne Barthélemy Douat prêtre bachelier en théologie, curé de Canenx, François Douat marchand de Casteljaloux, François Douat curé de Saint-Georges dans le diocèse de Limoges, François Douat notre bourgeois et marchand montois, Thérèse Douat, et porte sur une maison estimée 900 livres, et la métairie de Casse-de-Leyre, à Saint-Pierre-du-Mont, d'une valeur de 1 500 livres, dont il fallait défalquer 284 livres dues à notre marchand (3 E 4 (84-2) 17).

Pour augmenter ses capacités de stockage, François Douat avait acheté en 1720, à Jean Ducournau avocat au Parlement, « un chai ou grenier, situé dans la place du port de cette ville, pour la somme de 1 200 livres ». Cette vente fit l'objet, le 18 juillet, d'un acte de retrait et de revente de Joseph Duvin, marchand et négociant montois, et de Claire Lefrancq, veuve de Barthélemy Ducournau (3 E 13 (6-1) et 3 E 3 (28)).

Affermage de scize, de métairies et acquisitions de propriétés foncières (1721-1742)

L'affermage de la scize ou de métairies procurait le stock de céréale nécessaire à la bonne marche du commerce de François Douat. Le 21 juin 1721, le maire de Mont-de-Marsan Jean-Marie de Prugue et les jurats Bernard Laboge, Bernard Burriot, Jean Lefrancq lui accordent l'affermage des deux-tiers de la scize de la ville, en association avec François Camerade son beau-frère, pour une durée de six ans, moyennant 3 600 livres par an. Guilhaume Mauco, notaire, lui confiait à titre de ferme, pour trois ans et trois récoltes, quatre métairies : Barrère, Peniques, Spagnola et Gouardère, à Saint-Medard-de-Beaussé, pour un fermage de 90 livres par an (3 E 4 (132) 5).

Sur le terrain de l'ancien grenier Lasserre, tombé en ruine, il décide de faire construire une résidence au port, là où se règle les contrats commerciaux, et demande à Pierre de Clédes, tuilier, de lui fournir « la chaux et les barons nécessaires à la bâtisse de la maison qu'il fait bâtir au port de cette ville, à savoir, la chaux à raison de 5 l 10 s la pipe, rendue devant la porte, et les barons à raison de 8 l 10 s le millier » (3 E 13 (6-2)).

Le 16 juillet 1722, Jean Salles dit Piche, batelier habitant au port, lui règle 60 l 12 s, pour achat de marchandises, le 23 février précédent (3 E 13 (6-2)). Pour récupérer de l'argent prêté au sieur Lalanne, François Douat fait opposition, le 22 décembre 1723, contre Sylvestre Lasserre, charpentier montois (3 E 13 (7-2)). Son frère François Douat, prêtre prébendier de la prébende de Saint-Georges, au diocèse de Limoges, se voit attribué le 13 novembre 1724, un titre clérical et une rente annuelle à vie, de 150 livres (3 E 4 (85-1) 82).

Pierre Lacroix, batelier de Mont-de-Marsan, lui sollicite un prêt de 130 livres, le 4 février 1725, et le 2 avril, Jean Lalanne, laboureur de Saint-Jean-d'Août, prend à « faisande » et culture, la métairie de Berberette (Ververette), d'un revenu annuel de 40 livres, « d'une contenance de vignes et de terres labourables », pour une durée de neuf ans ; François Douat fournira un sac de millet, un sac de seigle d'une valeur de 7 livres et recevra la moitié du vin, des grains, des sarments et du « légumage » (3 E 4 (133) 29).

Ses relations commerciales avec Jean Dulamon, bourgeois montois, engendraient le 19 janvier 1726, une créance de 939 livres (3 E 3 (32) 14). Mais ses bénéfices sont réinvestis, le 25 août 1730, dans l'achat à Joseph Carrère, seigneur de Loubère, ancien officier du régiment de Piémont, des métairies de Bégue et Marpoy, sises à Saint-Martin-d'Oney, et estimées 2 200 livres (3 E 4 (135-2) 87).

Pour un prêt de 1 200 livres, consenti par Pierre du Lyon, baron de Campet, François Douat et Raymond Tapiau, bourgeois de la paroisse de Priam, juridiction de Renung, s'engagent le 6 octobre 1730, à verser une rente annuelle de 60 livres (3 E 4 (87) 156-157).

Son commerce céréalier s'étend dans la région d'Aire-sur-Adour et Roquefort en 1731 : le 5 avril, Jean Lacouture, habitant de Serrelous (Aire), déclare lui devoir 535 livres, pour livraison de marchandises ; Pierre Sarraute de Lencouacq et Nicolas Sarraute de Roquefort, père et fils, ont reçu de notre marchand, le 10 avril, 2 2861 15 s , pour paiement de marchandises. Le 1ier mai, Dominique Larrieu, meunier de Campet, verse 500 livres, à François Douat, montant de l'affermage du moulin (3 E 4 (136) 71). Nicolas Sarraute avec qui notre négociant fait affaire, reçoit le 3 juillet 216 l 7 s 11 d (3 E 4 (136) 110). Le 22 novembre 1731, Pierre du Lyon, baron de Campet, reconnaît avoir attribué à François Douat, bourgeois et marchand, « tous droits de lots et rentes, droits de prélation, présentation et autres droits et devoirs seigneuriaux accoutumés », concernant la métairie de Grégues à Saint-Martin-d'Oney, et d'autres métairies situées dans ce même village (3 E 4 (88) 262).

Saisissant toutes les occasions d'augmenter son patrimoine immobilier, François Douat achète le 16 avril 1733, à Marie de Caffaget, seigneur de Hournieux, habitant de Mont-de-Marsan, la pièce de terre labourable et la pignada y attenant, appelées au « Claux de Fatigue » et une pièce de lande nommée « la Lande », situées à Saint-Médard-de-Beaussé, et estimées 350 livres (3 E 4 (138) 59).

Le 4 mai 1734, Bernard Charru, tailleur d'habits montois, prend en gazaille, 15 ruches d'une valeur de trois livres pièce, à moitié perte et profit. Le lendemain, 5 mai, ce tailleur échange avec François Douat, une pièce de terre-lande appelée à « la Pandelle », de la contenance de deux journaux, contre une autre pièce de terre-lande, appelée « aux Quates », de la même contenance (3 E 4 (91) 92). Pierre Cazade cordonnier, lui donne quittance, le 4 décembre, d'un versement de 60 livres (3 E 4 (139) 147).

Le 21 juillet 1736, Etienne Darribère laboureur de Saint-Martin-d'Oney, prend en métayage pour trois ans, sa métairie de Bégue, située dans la même paroisse, contre le quart des gros grains, lin, chanvre et légumage, le cinquième de la millade et pourvue d'une gazaille de 60 têtes de brebis, évaluées 30 sols la tête et de 10 ruches de mouches à miel, à moitié perte et profit (3 E 4 (93) 148).

Nommé trésorier de l'hôpital de Mont-de-Marsan, il délivre de nombreuses quittances, à partir du 1 septembre 1737 (3 E 4 (140) 109). « Pour raison de livraison de marchandises », Bernard Charru, tailleur d'habits de Saint-Martin-d'Oney, confesse le 28 avril, lui devoir 268 livres (3 E 4 (94) 68).

Pour rentrer dans ses fonds, il dut effectuer des saisies sur ses créanciers : le 19 juin 1738, dans une sommation, il demande à Arnaud-Paul Labeyrie, conseiller du roi, commissaire général, d'effectuer une saisie au préjudice de Jean Sabathé, marchand de la paroisse d'Arthez, pour une dette de 200 livres de capital, plus les intérêts (3 E 4 (11-1) 44). Par contre, le 19 décembre, c'est lui qui doit verser 300 livres de capital empruntées, plus 30 livres d'intérêts, à Mathieu Biensans, seigneur de Boulouret, de Villeneuve-de-Marsan (3 E 4 (95) 241).

De 1739 à 1742, François Douat gère ses propriétés foncières et règle ses comptes. Arnaud Barin, laboureur de Saint-Martin d'Oney, renouvelle le 7 juillet 1739, son contrat de métayage, pour l'exploitation de la métairie de Marpoy, comprenant aussi 25 têtes de brebis et 6 ruches ; à cette occasion, François Douat lui avance 18 mesures de seigle, 9 mesures de millet, 9 mesures de panic, évaluées 60 livres ; le revenu annuel de cette propriété étant de 50 livres (3 E 4 (96) 124). Le même jour, Etienne Darribère, laboureur de Saint-Martin-d'Oney, effectue la même démarche, pour la métairie de Bégue, pour une durée de neuf ans, avec en gazaille 44 brebis d'une valeur de 30 sols pièce, 10 ruches de 3 livres l'unité, une paire de bœufs estimée 135 livres et un revenu annuel de 60 livres (3 E 4 (96) 125). Or le 10 juillet 1740, Bernard et Jean Darribère, laboureurs du même village, renouvellent leur contrat de colonage (faisande), pour une durée de sept ans, portant cette fois sur les métairies appelées du Vigne et de Marpoy, dotées de 10 ruches de 3 livres pièce et de 40 brebis de 80 livres (3 E 4 (97) 132).

Un nouvel échange de terre est effectué le 30 mai 1741, entre François Douat et Bernard Charru (3 E 4 (98) 100). Deux cessions de sommes importantes sont exécutées le 5 janvier 1742 ; l'une de 3 400 livres par Jean Versoris, bourgeois et marchand montois, en faveur de François Douat, bourgeois et marchand et Madeleine Camerade (Camarade) son épouse (3 E 4 (142) 2) ; l'autre, faite par Charles Garrelon, « au nom et comme procureur constitué d'Anne Dosque », en faveur de François Douat, d'un montant de 1 700 livres (3 E 4 (142) 3).

Gravement malade et alité, François Douat fait son testament le 10 juillet 1742, il reconnaît avoir eu huit enfants vivants de son union avec Madeleine

Camerade : Marguerite Douat sa fille aînée, mariée à Pierre-Luc Balade de Duhort, marchand-drapier qui reçut, en sus de sa dot déjà acquittée, 500 livres ; Thérèse et Catherine Douat, ses filles puinées, auront un legs de 1 500 livres chacune et « la moitié d'un ameublement comprenant un lit complet, avec son tour de cadis vert » et des vêtements lors de leur mariage à leur majorité ; Jean, François et Jacques Douat recevront chacun 1 000 livres, à leur majorité ; Madeleine Douat son épouse conserve la jouissance de tous ses biens meubles et immeubles. En association, ils poursuivront l'activité commerciale de leur père et assureront la pérennité de sa maison de commerce (3 E 4 (99) 169). Leur mère Madeleine Camerade/Douat, atteinte de la même maladie, rédige ce même jour, son propre testament (3 E 4 (99) 168).

Jacques et Pierre Douat, bourgeois et marchands-drapiers (1746 à 1793)

Des deux frères associés Jacques et Pierre Douat, seul ce dernier nous est mieux connu. Il semble que son frère, né en 1719 et décédé le 8 février 1787, ne se soit pas marié et n'ait pas fait une longue carrière dans le commerce. Pierre Douat, né le 3 novembre1720, épouse en premières noces Rose Domengé de Poydenot, fille de Dominique Poydenot, bourgeois et négociant de Bayonne, le 17 juin 1746, dotée de 6 000 livres (3 E 13 (17-1)). Elle mourut en couche le 2 mai 1748, âgée de 32 ans. En secondes noces, il s'unit le 21 février 1750 à Marie Lefrancq, fille de Pierre Lefrancq et de Marie de Cist, bourgeois et négociants montois, dotée de 4 500 livres (3 E 4 (104-2) 20). De cette union naîtront neuf enfants : Marie née le 14 décembre 1750 ; Marguerite née le 14 novembre 1751 ; Thérèse née le 10 août 1753 ; François né le 26 août 1754 ; Jeanne-Marie née le 2 octobre 1755 ; Pierre né le 7 novembre 1756 ; Madeleine née le 7 janvier 1758 ; Marie née le 19 février 1760 et Jeanne née le 6 mai 1761. Pierre Douat et Jacques Douat son frère, bourgeois et marchands-drapiers, s'adonnent dès 1750, au commerce de diverses marchandises, rarement précisées dans les actes notariés.

Deux frères associés de 1751 à 1787, dans le commerce des draps

Suite à un différend commercial, Jacques et Pierre Douat, frères et marchands, donnent le 23 février 1751, une procuration à Jean Saint-Loubert-Bié, bourgeois et procureur d'Estang, contre le sieur Duprat, bourgeois de cette ville (3 E 4 (105-1) 28). Leurs parents étant décédés, Jacques et Pierre Douat marient leur sœur Catherine Douat née le 5 septembre 1718, à Pierre Dubalen, notaire royal et procureur du sénéchal de Saint-Sever, pourvue d'une dot de 3 500 livres, le 26 avril 1753 (3 E 13 (167)). Le 1ier mai, Bertrand Dumeu dit Mellat, laboureur de la paroisse de Brocaire, s'engage à leur donner 49 l 12 s 6 d, « pour marchandises vendues et livrées » (3 E 13 (16)). Le 11 juillet, Jean

Lafon matelot et Jean Lafon laboureur, frères de Saint-Médard-de-Beaussé, leur donnent quittance d'un versement de 36 l 4 s 2 d (3 E 13 (16)). Beau-frère de Pierre Douat, Pierre Lefrancq, en application des directives du testament de son père, verse à sa sœur Marie épouse de notre négociant, 4 000 livres, le 11 janvier 1754 (3 E 4 (107-1) 8).

Assistée de Jacques, Pierre et François ses frères, Thérèse Douat épouse le 4 avril 1755, Jean Serres, bourgeois et marchand, avec une dot de 3 500 livres (3 E 4 (107-2) 22). Gravement malade au moment de ses couches, elle teste le 14 janvier 1756, et « lègue à l'enfant qui naîtra de leur couche, 500 livres » (3 E 4 (108) 15). Manifestement ils ne portaient pas grand intérêt à la conservation des propriétés foncières, ne pratiquant pas, semble-t-il, le commerce des céréales. En conséquence, Félix Vios, maître-chirurgien de Saint-Martin-d'Oney, leur achète au prix de 2 000 livres, le 28 août 1757, les deux métairies de Bégue et de Marpoy, sises dans cette paroisse (3 E 4 (109) 174). Déjà, le 10 juillet, ils avaient résilié le bail à ferme de la brasserie appelée à Margon, accordé à Jean Dumes, tailleur d'habits de Saint-Mariens, le 2 novembre 1755, pour une durée de 5 ans (3 E 13 (17-1) 1 et (17-2) 68).

Nos marchands-drapiers commandaient certaines qualités de draps à des négociants de Toulouse, qui centralisaient les fabrications des divers tissus provenant du Rouergue, du Languedoc et autres régions. Le 12 février 1757, ils avaient envoyé au sieur Gounon jeune, négociant de la ville de Toulouse, « un mémoire contenant demande de quatorze pièces refoulées de cadis ratiné (cadis ras), savoir quatre pièces noires, quatre pièces reblanchies, deux pièces rouge et quatre pièces bleu de roi, une pièce de fleuret doré rouge et une pièce bleu de roi frisée, et par convention expresse, il fut convenu que ladite marchandise serait de qualité requise". La marchandise arriva le 26 mars. Au déballage, nos négociants constatèrent que les tissus n'avaient pas la taille attendue, « ils étaient étroits de trois à quatre travers de doigt » et « n'avaient pas la couleur qu'ils devaient avoir ». Le 12 avril, un ordre de retrait et de reprise de ces draps fut adressé au sieur Gounon (3 E 13 (17-2) 31). Le nom de cadis viendrait de Cadix, sa ville d'exportation. Serge en laine, bon marché, souvent blanche ou noire, dont l'étroitesse (0,48 ; 0,55 et 0,60 m) est tolérée par le règlement de 1669. Nos négociants ont-ils constaté que leurs pièces de cadis étaient encore plus étroites ? Les cadis pouvaient être teints au moyen du brésil (bois rouge, au lieu de garance, plus solide), après la levée de l'interdiction en 1692. La qualité fine, dite cadis ras, notre cadis ratiné, légère et sans beaucoup de poil, est souvent utilisée par les religieux ; la qualité forte sert pour la fabrication de culottes. Fabriqué en Gévaudan, dans les Cévennes, en Auvergne , au Puy, ville voisine du Languedoc, l'un des grands centres de son négoce est Toulouse, ainsi que les villes de Montauban, de Castres, d'Albi, d'Arles, de Saint-Flour et de Tarascon.

Jean Charru, tailleur d'habits de Saint-Martin-d'Oney, règle un achat de drap et de marchandises de 240 livres, par une cession datée du 2 octobre 1759, « contre Vital Dagoin « hotte » de la même paroisse (3 E 13 (18) 139). Gensous, avocat au Parlement, résidant à Tartas, trouve un accord avec eux, le 17 février 1760, pour régler 450 livres d'achat de marchandises (3 E 13 (19-1) 24). « Pour prêt de diverses marchandises », Arnaud Béguerie, laboureur de Saint-Martin-d'Oney, demeurant en la métairie de Petit Nabout, confesse le 22 décembre 1761, devoir 25 l 19 s (3 E 13 (19-2) 205).

Pierre Serres meunier et Madeleine Barrère de ce même village, reconnaissent, le 11 janvier 1762, avoir pris dans la boutique, pour 280 livres de marchandises (3 E 13 (20-1) 9). « Pour des marchandises prises chez eux », François Castandet dit Adam, vigneron de Bascons, confesse devoir 127 l 14 s (3 E 13 (20-2) 198). Dominique Brettes, de La Rivière, doit le 11 septembre 1764, 111 l 5 s, « pour des marchandises à lui livrées » (3 E 13 (21-1) 214). Le 26 août 1768, Jacques et Pierre Douat versent 750 livres à Pierre Garrelon, fils, négociant de Grenade, « comme mari et curateur réel de Marie Sentets son épouse, héritière de Marguerite Lefrancq » (3 E 13 (24-2) 262). Pour « supplément de légitimité », Pierre Lefrancq, bourgeois et marchand, verse le 6 mai 1769, à sa fille Marie Lefrancq et son gendre Pierre Douat, 3 000 livres (3 E 13 (25-1) 85).

Ses relations commerciales s'étendent jusqu'à Saint-Gaudens, le 13 janvier 1763, jour au cours duquel il consent une procuration de Joseph Cauber, bourgeois et négociant de Saint-Gaudens, « tant pour lui que pour Gaudens Pegeot, bourgeois et négociant de cette ville », pour retirer de Jean Lefranc neveu, bourgeois de Benquet, la somme de 100 livres (3 E 13 (25-1) 13). La maison de leur mère avait été louée par Louis Mauléon, marchand montois, mais désirant l'habiter eux-mêmes, Jacques et Pierre Douat donnent congé à son locataire, dont le bail s'achève le 31 octobre, et lui demande, le 7 octobre 1770, de « vider les lieux et leur remettre les clefs », et de réparer les dégradations commises dans cette maison appelée de Camerade, située au port de Mont-de-Marsan (3 E 13 (26-2) 288).

Un trou d'une dizaine d'années dans notre documentation, nous ramène au 29 décembre 1778 : Michel Claverie, laboureur de la métairie de Braulat à Hontanx, confesse ce jour-là, devoir régler 123 l 17 s 3 d, « pour des marchandises livrées » (3 E 13 (34) 217).

Le 15 novembre 1782, les divers immeubles de leurs propriétés nécessitent des réparations. Ils adressent une demande à l'administration, les autorisant à faire couper « six arbres chênes noirs et cent arbres chênes blancs, dans la métairie de Gouyatine, située dans la paroisse de Saint-Médard-de-Beaussé, âgés de plus de cent ans, qui sont sur leur retour et distant de la rivière navigable de la douze, de plus de 20 lieues et de 30 lieues de la mer, lesquels arbres dépérissent et sont en partie pourris », donc impropres à la charpenterie de marine (3 E 13 (38) 211).

Mariages de deux sœurs et un nouvel associé commercial, Joseph Laborde, leur beau-frère (1784-1793)

Marie Douat, née le 19 février 1760, fille de Pierre Douat, bourgeois et marchand et de Marie Lefrancq, épouse le 17 février 1784, Joseph Laborde, bourgeois et marchand de Cazaubon (Gers), fils de Joseph Laborde et de Marie Dupuy, en présence de Jacques Douat, son oncle, bourgeois et marchand associé avec son père, de Jeanne Douat sa sœur, avec une dot de 10 000 livres. Le sieur Joseph Laborde, futur époux, promet « de se retirer dans la maison dudit sieur Douat et de travailler avec eux dans le commerce qu'ils font et de porter la somme de 20 000 livres » (3 E 13 (40) 43). Le 14 juillet 1784, Jeanne Douat, née le 6 mai 1761, épouse Simon Delisse, docteur en médecine, originaire d'Aire-sur-Adour, fils de Jean-François Delisse, maître en chirurgie et de Françoise Dugarry, dotée de 20 000 livres (3 E 13 (40) 158). Jacques Douat son oncle lui a fait donation de 10 000 livres (3 E 13 (40) 176).

La maison de commerce fonctionne à cette date, avec trois associés, Jacques et Pierre Douat, Joseph Laborde, tous trois qualifiés de bourgeois et marchands. Le 10 décembre 1785, Bernard du Tastet, conseiller du roi, lieutenant particulier au sénéchal de Marsan, déclare leur devoir 1 800 livres, « provenant de marchandises livrées avant ces présentes » (3 E 13 (41) 224).

Jacques Douat, en qualité d'exécuteur testamentaire de Madeleine Dufau, attribue le 1ier février 1786, à Etienne Jumel, marchand montois et Marie Lagarenne son épouse, « trois couverts d'argent, trois pièces de lin de valeur, évaluées 140 livres et en outre la somme de 2 534 livres, en argent » (3 E 13 (42-1) 42). Ce fut son dernier acte notarié connu, avant son décès le 8 février 1787, à l'âge de 68 ans. Dernier acte commun à Pierre Douat et Joseph Laborde associés, une obligation datée du 29 janvier 1793, atteste que Simon Fautous, du Grand Poussade et Jeanne Persillon, mariés, laboureurs de Garein, leur doivent 257 l 14 s, « pour des marchandises livrées » (3 E 13 (49) 20).

Pierre Douat décède le 15 février 1809, à l'âge de 87 ans.

Une dynastie de négociants, les Douat

Suivre les carrières commerciales des descendants de la branche des Douat, issue de Jean Douat (m. 1654) et de Jeanne Dufau, donne une idée de la variété des denrées faisant l'objet d'échanges commerciaux entre Mont-de-Marsan et Bayonne : vin, eau-de-vie, céréales, laine, draps. Si nous avions étendu notre étude à la branche de François Douat, notaire royal, frère de Jean Douat, nous aurions rencontré un François Douat, marchand installé à Bordeaux, un Jacques Douat marchand montois, suffisamment aisé dans son commerce pour pouvoir acheter une terre noble lui permettant de se doter des armoiries suivantes : « d'argent à une chèvre de bouc de sable, acostée en pointe de deux mouches de même » (Armorial général de 1696, Généralité de Guyenne, Mont-de-Marsan).

Avant de devenir bourgeois et marchand, Jacques Douat, fils de Jean Douat et de Jeanne de Latoulade, épousa le 22 juillet 1669, Catherine Laguière, d'origine montoise, dotée de 100 livres. Il est alors un modeste maître-cardeur. Il eut trois enfants : Jeanne-Marie mariée à François Montus, maître-doreur, Jean et Jeanneton mariée à Pierre Dutour, maître-fondeur, le 23 octobre 1701, dotée de 600 livres (3 E 4 (78) 246).

Le 15 juin 1676, il signe un contrat d'apprentissage avec Jean de Serres de Puyo, pour une durée de trois ans, moyennant 78 livres, en tant que maître-cardeur de laine (3 E 4 (58) 158). Le 2 février 1680, Castaignède, juge de Sabres, doit huit quintaux de laine payés par Jacques Douat, mais non livrés ; ce dernier ordonne la saisie de trois pièces de toile de lin et quatre douzaines de serviettes, exécutées par Jean Sannage, tisserand montois, pour le compte de Castaignède, en paiement de la laine (3 E 4 (61-2) 213). Dans cet acte, il est qualifié de marchand. Le 5 octobre 1683, c'est en bourgeois et marchand qu'il reproche à Pierre Clavé (Pierron), métayer de sa métairie de Layné, d'avoir pris « la résolution de quitter la faisande de la métairie », de laisser et dégrader les biens, d'avoir « coupé des arbres au pied, sans l'autorisation du dirigeant et pris la résolution de quitter la faisande, laissant le millet sur pied » (3 E 3 (15-1) et 3 E 4 (119-2)).

Le 4 mars 1684, Catherine Laguière, son épouse, « en l'absence de son mari, parti pour la foire de Bordeaux », et tombé malade à son retour, adresse une remontrance à Jean Sourbets, maître-cardeur, habitant au port, pour mauvais entretien d'un cheval (3 E 4 (65) 59). Jacques Douat reprend un nouvel apprenti, Berthomieu de Brisquet, natif de Bougue, le 28 mai, pour un an, « pour lui apprendre le métier de cardeur » (3 E 4 (65) 149). Le 29 décembre, c'est Jean de Pouyarlieu, « jeune garçon de l'âge de 17 à 18 ans, qui demande à apprendre le métier de cardeur (3 E 3 (15-1)). Cette même année 1684, il demande à Arnaud Lanion, charpentier montois, de lui établir « un marché de prix » pour « toutes les réparations nécessaires à la conservation de la maison de Layné », le devis s'élèvera à 39 livres (3 E 3 (15-1)). Lors d'une séance arbitrale, le 28 juin 1684, Garrelon notaire royal, ayant fait l'état des lieux de la métairie de Layné (ou Lainé), le 5 octobre 1683, ordonne la saisie de la récolte en faveur de notre marchand (3 E 4 (120)). Son commerce se diversifie, il fait affaire, le 7 août 1684, avec Jean Lagiscarde, marchand de Labastide d'Armagnac, pour des achats d'eau-de-vie (3 E 4 (121)).

Le 23 décembre 1687, Bartheau du Salla, de Villeneuve-de-Marsan, lui verse 165 livres (3 E 4 (122)). Arnaud Loubère, laboureur de la paroisse de Bretagne, lui achète, le 20 juin 1688, une petite maison évaluée 60 livres (3 E 3 (16-1)). En application d'un contrat du 23 décembre 1688, Jean Bartheau, seigneur du Salla, lui remet le 19 janvier 1689, 171 l 5 s (3 E 4 (42) 9). Le 9 octobre 1689, il est chargé de prélever « les taxes sur les ouvrages et les étoffes qui se fabriquent, sur les ouvriers qui travaillent aux étoffes grossières de laine », à Mont-de-Marsan, « comme droguet et autres plus grossières fabriquées dans la ville de Grenade » (3 E 4 (122)).

Pour acquérir une petite vigne, Jacques Douat verse le 9 octobre 1695, à Sanson Fitou, maître-forgeron de la ville de Roquefort, la somme de 93 livres (3 E 4 (46) 179). Son commerce s'étend aux céréales : le 9 septembre 1691, Arnaud Lubet, marchand de Saint-Pierre-du-Mont, lui achète trois charrets de seigle (3 E 4 (72) 101). Créancier de Cazaux, marchand de Tartas, de la somme de 52 livres, ce dernier lui fournit un billet à ordre, le 11 novembre 1694, à prendre sur le sieur Pouillac, marchand de Manciet (3 E 4 (75) 315).

Ses bénéfices commerciaux sont investis, le 9 septembre 1696, dans l'achat à Jean et Jean Desclaux, tailleurs d'habits, de la métairie de Million, aussi dénommée à Piet, dans la paroisse de Campagne, au prix de 300 livres, qu'il versera le 2 janvier 1697 (3 E 4 (76-2) 229 et 3 E 4 (77-1) 27). Le 30 janvier de cette même année, il avait versé 765 livres à Jean Dandré, « employé dans les fermes de sa Majesté », peut-être sur l'affermage des taxes frappant la fabrication des tissus ? (3 E 4 (76-2) 35). Bernard Coudroy, marchand montois, s'était engagé le 13 avril, à lui rembourser une dette de 40 livres (3 E 4 (76-2) 108).

Le 11 janvier 1697, il loue à Jacques Lestrugon, maître-coutelier montois, « la chambre de bas et la boutique de toute icelle maison que le sieur Douat possède dans la rue du port », pendant deux ans, 18 livres par an (3 E 4 (77-1)

15). De nouveau, le 6 septembre, Bernard Coudroy, maître-cardeur, lui demande un prêt de 28 l 3 s (3 E 4 (47) 101).

Toujours dans un esprit de diversification de son commerce, il achète le 28 janvier 1699, 32 quintaux d'huile d'olive, bonne et marchande, à raison de 37 l 5 s le quintal, à Pierre Delpech, bourgeois et marchand de Bordeaux (3 E 4 (49) 15). Un marchand de Saint-Sever, Pierre Ducournau, lui verse 200 livres, le 1ier mars, en déduction d'une dette de 440 livres (3 E 4 (49) 41). Arnaud Longa, dit Chalosse, laboureur de Saint-Pierre-du-Mont, prend à « faisande », le 14 juillet 1699, la métairie de Layné, sise à Saint-Médard-de-Beaussé, pour une durée de deux ans, et s'engage à lui livrer chez lui, « la quatrième partie de tous les grains et fruits, la moitié du foin », il reçoit de Douat une paire de bœufs, mais devra chaque année, huit mesures de seigle et huit mesures de millet (3 E 4 (49) 114). Dans un contrat du 4 décembre, Jacques Douat et son fils Jean Douat, s'accordent avec Jean Benquet, sur le versement de 2 000 livres (3 E 4 (49) 186).

Pour travailler la métairie de Layné, Vidau de Saint-Avit se voit attribué une paire de bœufs, le 20 novembre 1701 (3 E 4 (78) 284). Pierre Dutour, maître-fondeur, époux de Jeanne Douat, donne quittance, le 24 novembre, du versement de 600 livres de la dot de son épouse, à son beau-père (3 E 4 (78) 240).

Le 28 février 1702, Laurent Clavé, laboureur de Saint-Médard-de-Beaussé, tient à « faisande », de Jacques Douat, bourgeois et marchand, « la brasserie et petite métairie de Layné », pour une durée de cinq ans ; il devra acquitter « la moitié de tous les grains, lin, chanvre et légumage, la moitié du vin », mais le propriétaire « sera tenu de payer la taille de la vigne et le labourage de la terre cultivée » (3 E 4 (79) 54). Le 8 avril, notre négociant somme Jean Lacroix, marchand de Grenade, de respecter la convention du 13 septembre 1701, en acquittant les 30 livres, prix de la marchandise livrée (3 E 4 (79) 180).

Les derniers actes notariés concernant Jacques Douat, bourgeois et marchand, datent l'un du 16 mars 1704, et concerne la location d'une maison joignant la maison de Douat, dans la rue du Port, à Jean-Marie Cazade, marchand, pour une durée de trois ans, montant du loyer annuel 36 livres (3 E 4 (50) 30) ; l'autre, du 9 juillet, est la ratification d'un contrat avec François Darbogères, vigneron de Saint-Médard-de-Beaussé (3 E 4 (50) 68).

Dans leur testament mutuel, du 11 novembre 1710, Jacques Douat et Catherine Laguière, reconnaissent n'avoir plus que deux enfants vivants : Jean et Jeanne-Marie Douat, le fils doit se contenter des 1 000 livres qu'il a déjà reçues et sa sœur recevra 1 200 livres et un ameublement semblable à celui qu'ils avaient donné à leur fille aînée Marie. Jacques Douat décède vers 1719.

Conclusion

Toute famille de grands commerçants attachés au commerce fluvial se devait d'avoir des membres installés en Armagnac, à Bordeaux, à Bayonne et aux Antilles. Laurent Douat pratiquera le négoce du sucre, du café et des épices au Cap Français, à Saint-Domingue : le 28 novembre 1781, Joseph Bié, négociant montois, lui adresse une procuration, « pour application de deux condamnations de la Cour consulaire de Bordeaux, du 28 juillet 1779, contre Pierre Courrejolles négociant, « alors de Bordeaux, aujourd'hui retiré au Cap Français », créancier de la somme de 4 166 l 18 s (3 E 13 (37) 219).

Chapitre 5.

Une dynastie de grands négociants sur la Douze : les Brettes (Brethes)

La fin du XVIIème siècle et le XVIIIème siècle sont pour Mont-de-Marsan, une époque de croissance. Nous manquons de données précises pour l'ensemble de cette période, mais on peut tenir le fait pour assurer, en ce qui concerne la seconde moitié du XVIIIème siècle. L'abbé d'Espilly recensait en 1764, dans Mont-de-Marsan et les trente-deux paroisses de sa banlieue, 1 925 feux. L'état des feux de la sénéchaussée du Marsan comptait en 1789, 2 520 feux, soit une augmentation de 30 %, en un quart de siècle ! Pour Mont-de-Marsan même, il y avait 900 feux, soit une population de 3 500 à 4 000 habitants. On pourrait ajouter les 217 feux de Saint-Pierre-du-Mont, dont le destin est lié à celui de Mont-de-Marsan, qui est issue d'elle, et ceux des paroisses rurales les plus riches : Saint-Jean-d'Août, Nonères, Benquet, Saint-Médard-de-Beaussé. L'ensemble gravitant directement autour du confluent du Midou et de la Douze, donnerait un total de 1 300 à 1 400 feux, soit une population de 5 à 6 000 âmes (L et M. Papy).

La population de Mont-de-Marsan a lentement augmenté, la ville exerçait un certain attrait sur les campagnes voisines. L'excédent des naissances sur les décès y fut aussi pour quelque chose. Cette croissance démographique, conséquence du déclin de la mortalité et de l'allongement de la durée de vie, masque les effets de la baisse de la fécondité, par un début de contrôle des naissances. Ce n'est pas la pratique de nos négociants : Jean Brettes et Marie Salles ont neuf enfants, Bernard Brettes et Jeanne-Marie Lannebras ont engendré dix enfants, Jean Brettes et Etiennette Dantés auront 6 enfants. La même remarque vaut pour les branches latérales de cette prospère famille, au XVIIème et au XVIIIème siècle. La croissance des années qui ont précédé la Révolution ne peut être niée. Elle correspond à une prospérité économique, autant celle de la ville, que celle des campagnes environnantes, dont nos négociants sont les acteurs. L'agriculture progresse et peut faire face à l'accroissement démographique ; la paix intérieure venue, les marchandises circulent mieux, ce qui permet d'attenuer les effets de mauvaises récoltes. Mont-de-Marsan développait sa fonction d'entrepôt, le quartier du port regroupait les greniers, magasins, maisons à sel et chais de nombreux négociants, tournés vers la Douze et la ville de Bayonne. La dynastie des Brettes y fut pour beaucoup, dès le milieu du XVIIème siècle.

Jean Brettes marchand, habitant au port (m. le 23 septembre 1676)

Nous ignorons l'origine de Jean Brettes et de son frère Etienne Brettes, marchand, mort avant 1649, époux de Suzanne Lamaison qui lui donna un fils, François entré en apprentissage chez François Saint-Marcq, maître-cardeur de laine à Mont-de-Marsan, le 4 juin 1649, pour l'espace de trois ans, et deux filles, Jeanne épouse de Pierre Lannebras, avant 1646 et Marie, épouse de François Saint-Marcq, maître-cardeur de laine, en mars 1648, en premières noces et de Jean Dulamon, maître-chirurgien, en deuxièmes noces. Jean Brettes est fils de Pierre Brettes et de Catherine Lauxandit, épousée le 17 octobre 1610, il s'adonne au commerce des céréales, du sel, épouse Marie Salles, le 16 janvier 1633, qui teste le 9 mars 1670 et meurt en 1676 (3 E 4 (34) 148). De cette union naquirent neuf enfants : Bernard Brettes, Jeanne-Marie Brettes, Catherine Brettes épouse le 23 février 1658 de Joseph Lafargue, maître-corroyeur, elle teste le 9 décembre 1680 (3 E 4 (36) 204), Blaise Brettes, Marie Brettes épouse de Timothée Grouleau, le 31 décembre 1660, Madeleine Brettes, Mathieu Brettes, Suzanne Brettes et Bertrand Brettes, maître-cardeur de laine en 1682.

Vu la rareté des minutes notariales antèrieures à l'année 1665, le premier acte concernant l'activité commerciale de Jean Brettes, nous informe qu'il est intéressé par l'affermage des droits de péage de Campet, prélevés sur les galupes ou gabares, transportant du sel de Bayonne, en remontant vers le port de Mont-de-Marsan. Le 7 décembre 1665, Pierre Dols (Dolce), bourgeois et marchand montois, « agissant tant pour lui que pour Barthélemy Lefrancq et François Dayre, marchands, ses consorts, fermiers de la seigneurie et du péage de Campet, comme s'il parlait à Jean de Brettes, marchand au port », lui demande, dans un acte, de « lui bailler et vendre 15 conquets de sel, du péage de Campet, qu'il prit de chacun, le 27 juillet dernier, du droit de péage dudit Campet, d'un grand bateau et demi et deux galupots de sel, passant ledit jour pour le sieur Saubarrères, plus sept petits bateaux, par le nommé Chalosse » (3 E 4 (26) 233).

A cette époque, il était déjà bien établi dans sa maison de commerce, et suffisamment connu pour prétendre à l'affermage des fruits décimaux de nombreuses paroisses, l'une de ses sources d'avitaillement de son commerce fluvial. Le 25 septembre 1670, le commandeur Bertrand de Moreton Chabrillant, chevalier de l'ordre de Saint-Jean-de-Jérusalem, des commanderies de Caubin et Morlas, renouvelle le contrat du 12 mai 1669, retenu par Laurans, notaire royal, attribuant à Jean Brettes et son gendre Joseph Lafargue, « la ferme de tous les fruits , dîmes, que le seigneur commandeur a droit de prendre sur les paroisses de Nonères, Saint-Médard-de-Beaussé, Benquet et Parentis(Uchacq) » (3 E 4 (31-1) 164). Pour un prêt d'argent de 430 livres, Jean-Marie Racle, prêtre habitant Mont-de-Marsan, s'engageait à rembourser cette somme à Jean Brettes, marchand habitant au port, le 9 avril de la même année (3 E 4 (31-1) 57).

Dans son testament du 9 mars 1670, son épouse Marie Salles déclare avoir eu de son mariage avec Jean Brettes, son mari, neuf enfants : Bernard, Jean-Marie, Catherine, Blaise, Marie, Madeleine, Mathieu, Suzanne et Bertrand. Seuls le premier et le dernier feront carrière dans le commerce. La testatrice déclare qu'en dehors de Suzanne, les dots des autres filles ont été acquittées, et que son héritier, son mari Jean Brettes, s'engage à pourvoir de la sienne, la cadette Suzanne (3 E 4 (31-1) 38).

Pour s'acquitter du remboursement d'une dette, Jean-Marie de Racle, prêtre montois, fait cession, le 23 décembre 1671, de 360 livres, « à prendre sur Pierre de Saint-Aubin dit de Peyre, maître-tonnelier du lieu de Laterrade, dans la juridiction du Houga (3 E 4 (53) 281).

Le 28 juillet 1673, il donne quittance à Joseph Dulamon, bourgeois et maître-apothicaire montois, dépositaire de Pierre Duvin l'aîné, bourgeois et marchand, d'un règlement de 25 livres (3 E 4 (32) 95). Arnaud Colonne, maître-cardeur de laine, signe un acte de consignation de 53 livres, avec notre marchand, habitant au port, le 28 décembre (3 E 4 (32) 163).

Jean Brettes, en fin de vie, associe à son commerce, son fils aîné Bernard, au cours des deux dernières années de son existence, de 1674 à 1676. Ainsi, le 14 mars 1674, Jean Brettes, marchand, signe une obligation de 87 livres, contre Martin de Laouiba, marchand de la paroisse de Labrit, « qui a confessé devoir donner à Bernard Brettes son fils », cette somme, pour livraison de mesures de froment (3 E 4 (33) 22).

Pierre Lannebras, frère de Jeanne-Marie Lannebras, épouse de Bernard Brettes, avait versé à Jean Brettes père, les 500 livres de dot de sa fille, la veille des noces. Le 13 janvier 1675, ce dernier décide de transmettre à son fils, « le grenier appelé de Catuhe, avec un petit jardin y joignant et descente qui va vers la rivière de la Douze, soit le tout au port de cette ville, et acquis par ledit Jean Brettes, de noble Pierre-Paul de Prugues, sieur de Cailhau, le 1ier février 1669, ..., confrontant de soleil levant à ladite descente de maison de sieur François Dayre, de midi à rue publique dudit port, de couchant à maison des héritiers de feu Jean de Cist, maître-cardeur de laine, et de nord, à la rivière de la Douze ».

Ce grenier avec son mobilier était estimé 1 000 livres (3 E 4 (33) 9). Le 19 décembre, Jean Brettes, marchand habitant au port, fait un échange de dettes avec Etienne Bernède, bourgeois montois : « il cède le somme de 230 livres d'un côté et 97 livres d'autre côté, du prix et valeur de quatre charrets de millet et cinq conquêts de froment, le millet à 30 livres le charret, et le froment à 40 sols la mesure, recevant 327 livres, à prendre et retirer aux héritiers de feu noble Alexandre du Lyon, seigneur de Campet » (3 E 4 (33) 202).

Dans son testament du 23 septembre 1676, jour de sa mort, Jean Brettes marchand, demande à être inhumé « dans le cloître des religieux de Saint François ; de son union avec Marie Salles, il reconnaît avoir deux garçons : Bernard et Bertrand, et cinq filles : Jeanne-Marie, Catherine, Marie, Madeleine et Suzanne ; sont donc décédés, depuis la mort de son épouse, deux garçons : Blaise et Mathieu (3 E 4 (34) 146).

Dans l'inventaire des biens de feu Jean Brettes, effectué le 24 septembre 1676, Bernard Brettes signale que son père lui avait déjà donné, « les maisons où il est décédé, avec la pièce de terre labourable et jardin à un tenant, situés audit port de la présente ville, plus une vigne sise en la paroisse de Saint-Pierre, chargée de quatre livres de rente, ladite vigne appelée Laspeyrères ». Parmi les objets délaissés, se trouvent : « deux grosses chaudières, deux chapeaux et deux serpents de cuivre à faire l'eau-de-vie », attestation de son intérêt pour le commerce fluvial des eaux-de-vie, en sus des céréales. Cette assertion est confirmée par l'inventaire de ses papiers de commerce, qui bien que très succincts, permettent de connaître les relations commerciales qu'il avait avec les commerçants et artisans montois : Tauzia pour huit bois de barrique le 10 octobre 1669, Dulamon et Allein négociants montois le 22 décembre 1660, Lacroix négociant le 1ier mai 1660, Jean Candau commerçant montois, Bernard Tartas, Bonnet négociant montois, Jean Garrelon marchand et maître-de-bateaux, François de Cist marchand-drapier montois, Pierre Lacrouts dit Plumasson, Jean-Marie Racle commerçant montois et Pierre Saint-Aubain qui lui a vendu des merrains le 23 janvier 1666 ; les nobles de la région : Pierre-Paul de Prugue sieur de Cailhau en 1667, le sieur de Junca, le sieur de Maureilhan pour l'achat de chênes le 23 mai 1668, noble Saint-Martin de Biscarrosse le 17 mai 1667, le baron de Campet pour de nombreux contrats de fermage le 4 décembre 1669, le 9 novembre 1664 ; les religieux : l'abbaye de Saint-Benoit à Saint-Sever, ; les commerçants de Bayonne : Jean de Lanne, Jean Barrère, Jean Royas le 17 décembre 1669,. De 1663 à 1674, Jean Brettes associe à son commerce son gendre Joseph Lafargue, avant que son fils Bernard ne reprenne la maison de commerce.

Bertrand Brettes marchand de 1681 à 1694, mort le 27 mars 1694

Bernard Brettes serait né en 1634, il épouse vers 1666, Jeanne-Marie Lannebras. De cette union naquirent dix enfants : Jean Brettes né le 14 février 1668, dont nous reparlerons, Anne, François, François, Jean-François, Marguerite, Marie, Marie, Catherine, Jeanne. Du fait de la perte des minutes notariales du notaire royal Gauzère, le premier acte le concernant, date du 30 mars 1682, et témoigne de sa bonne implantation commerciale : il est qualifié de « marchand habitant au port », dans cet affermage des fruits décimaux des paroisses de la Madeleine, Saint-Pierre-du-Mont et Saint-Genès-des-Vallées, résultant d'un acte du 20 juillet 1681 (3 E 4 (63) 42). Il sollicite des religieux de l'abbaye de Saint-Benoit à Saint-Sever, un dégrèvement de son fermage, suite aux dommages causés par les fortes gelées du mois de mars 1682. D'autres contrats de fermage nous montrent son intérêt pour les céréales, alimentant l'une des branches de son activité commerciale. Le 18 juin 1682, les deux frères Bernard et Bertrand Brettes, maître-cardeur, règlent les problèmes d'hérédité de leur père Jean Brettes et reçoivent quittance d'un versement de 105l 3 s à Raymond Darthez, cessionnaire de Groleau (3 E 4 (37) 91, 92). Le 21 novembre, Bernard Brettes est aussi fermier de « l'Escolanie », à Saint-Pierre-du Mont, que lui a attribué Claude Foussier (3 E 4 (37) 167).

Ce contrat de ferme de « l'Escolanie » de Saint-Pierre-du-Mont devait être renouvelé annuellement, le 7 mai 1683, il verse à Claude Foussier « escolain » de Saint-Pierre, « le tiers des fruits de son contrat de ferme, passé avec feu Raymond de Basquiat, vivant « escolain » de ladite « Escolanie » (3 E 4 (37) 56), et signe le 12 juin, un nouveau contrat de ferme de « l'Escolanie » de Saint-Pierre-du-Mont, englobant « les fruits et décimaux dépendant de la présente Escolanie, moyennant huit charrets de seigle, deux charrets de millet, un charret vingt-et-une mesures de panic et quatre mesures de froment, bon et marchand » (3 E 4 (37) 94).

Bernard Brettes et son associé Pierre Lubet, renouvellent, le 22 juin 1684, le contrat de ferme des fruits et revenus de cette « Escolanie », cette fois pour huit ans, « moyennant six charrets de seigle, deux charrets de millet, un charret vingt-trois mesures de panic et quatre mesures de froment, chaque année (3 E 4 (38) 136).

Toutes sortes de fermages intéressaient notre marchand, même l'afferme du droit appelé « le pague sau », appartenant au baron de Campet, « sur la rivière de la Douze et sur les bateaux qui portent du sel, en la présente ville de Mont-de-Marsan ». On le lui avait attribué par contrat, le 5 mars 1683, et il le renouvelle le 29 juin 1690, pour une durée de quatre ans, à raison de 1 300 livres par an (3 E 4 (66) 149). La vente du sel est une autre branche de son commerce fluvial, avec les céréales : le 8 avril 1686, Jean Cazade dit de Laborde dou Hau, marchand de la paroisse de Maurrin (Saint-Sever), confesse devoir lui verser 183 livres pour « vente de sel » (3 E 4 (67) 85).

Le 8 juillet 1686, Pierre du Lyon, baron de Campet et Geloux, reconduit le contrat du « pague sau » de Campet, avec Bernard Brettes, marchand habitant au port, en exemptant les bateaux chargés de grain destiné à la subsistance des troupes qui combattent en Espagne (3 E 4 (67) 172). Un acompte de 300 livres du « pague sau » de l'année 1686, est acquitté le 27 août 1686 (3 E 4 (67)).

Jean Loubère, marchand montois habitant au port, s'associe le 26 juin 1688, avec Bernard Brettes, dans la signature d'un contrat d'affermage « des fruits décimaux de Bascons », pour une durée de quatre années ; le montant annuel du fermage étant de 300 livres (3 E 4 (41) 124).

De 1691 à 1694, toute la palette du commerce fluvial portant sur les céréales, le sel, les eaux-de-vie, est présente. Le 20 juin 1691, l'évêque d'Aire-sur-Adour, propriétaire de la prébende du Brisquet, fondée dans l'église de Sainte Marie-Madeleine de Mont-de-Marsan, accorde son fermage à Bernard Brettes, Blaise Dufau, marchand montois et Raymond Marrocq, laboureur de la paroisse de Campagne, pour une durée de quatre ans, moyennant « treize charrets de seigle, vingt-deux charrets de millade (moitié millet, moitié panic), et 66 l 13 s 4 d » (3 E 4 (43) 117). Notre marchand du port reçoit quittance, le 11 septembre 1691, de messire Jean-Martin Lassalle, conseiller du roi au Parlement de Bordeaux, baron de Roquefort, seigneur de Canenx, du versement de 650 livres, « final paiement de la somme de 710 livres du prix d'acquisition d'un grenier, sur le port de cette ville, faite par feu Jean de Brettes, père de Bernard, dudit feu noble Pierre-Paul de Prugue, du 20 décembre 1658, retenu par Gauzère », notaire royal montois (E 4 (43) 185). Le 17 et le 18 septembre, les frères Foussier, détenteurs de « la ferme des fruits et revenus de l'escolanie », accordée à Bernard Brettes, délivrent 108 mesures de seigle et 5 conquets de froment, au sieur Jean Péres, habitant du port montois (3 E 4 (43) 188, 190). Le sieur Laborde, notaire royal, achète à Bernard Brettes, « deux pièces d'eau-de-vie roussies et des meilleures, dont il lui a fait vente en octobre sur le port », et qu'il règle le 10 décembre 1692, à 42 livres les 32 verges (3 E 4 (44) 324).

Louis Courrent, marchand de Bordeaux, avait acquis le 30 janvier 1693, 568 verges d'eau-de-vie, qui sont entreposées dans le grenier dudit Bernard Brettes (3 E 4 (45) 58). Dans un dernier acte du 12 décembre 1693, notre négociant déclare à un habitant du port, « qu'il n'a jamais été hoste cabaretier, ni aubergiste », mais « qu'il a uniquement vendu quelques barriques de vin, de celui de son cru » (3 E 4 (74) 267).

C'est Jeanne-Marie Lannebras, veuve de feu Bernard Brettes, qui signe le 2 mai 1694, une obligation contre Raymond Castandet, vigneron de la paroisse de Bordères, qui confesse devoir 93,5 livres, « pour prêt et délivrance de grain » (3 E 4 (46) 76). C'est elle, encore, le 3 juillet, qui achète à Marie de Faget, veuve de François de Cist, « toute icelle pièce de terre labourable, paroisse de Saint-Pierre-du-Mont, de la contenance de six journaux (5 ha), estimée 280 livres (3 E 4 (75) 272). Jean Barrère dit Béguerie, marchand-voiturier de sel, de la paroisse de Maurrin, en Saint-Sever, confesse le 1ier août, devoir lui donner 40 livres « pour raison de prêt d'argent et de sel » (3 E 4 (46) 62).

Bernard Brettes est décédé le 27 mars 1694, jour où il a rédigé son testament, « avec substitution », retenu par le notaire royal Laurans, qui réalise ce même jour, l'inventaire des effets délaissés, dont une somme de 1 120 livres, et des papiers commerciaux, que nous n'avons pas pu consulter, toutes les minutes notariales Laurans étant perdues (2 C art 758 (268, 269)). Son épouse Jeanne-Marie Lannebras gèrera la maison de commerce, de 1694 à 1696, avant l'installation de Jean Brettes à Mont-de-Marsan et de son frère François Brettes à Bayonne. Le 8 février 1696, Bernard de Cist, bourgeois et marchand montois, lui demande la saisie « des pièces d'eau-de-vie, des barriques de vin et autres effets », appartenant à Jeanne Perrin, veuve et Noël Bonnard et Dominique Bonnard son fils, qu'elle détient dans son grenier, pour se rembourser une créance de 177 l 15 s (3 E 4 (76-2) 45). Elle rédige un premier testament le 28 août 1696, dans lequel elle reconnaît avoir eu avec Bernard Brettes, son mari, dix enfants : Jean, François, autre François, et Jean-François pour les garçons, Marie, autre Marie, Catherine, Jeanne, Anne et Marguerite pour les filles. Marie l'aînée des filles, mariée au sieur Blaise Dulau, bourgeois et marchand, devra se contenter de sa dot, sans autre contribution ; l'autre Marie, épouse du sieur Deydie de Puyo, a reçu 100 livres ; Catherine Brettes reçoit un legs de 300 livres, avec le prix de son ameublement, lors de son mariage ; Jeanne perçoit un legs de 100 livres, plus l'ameublement prévu dans son futur contrat de mariage, payables à ses vingt-cinq ans ; Anne et Marguerite Brettes, ses dernières filles, recevront la même chose au même âge ; à chacun des enfants mâles, elle lègue 200 livres, à acquitter lors de leur vingt-cinquième année (3 E 4 (76-2) 218). Elle rédigera un deuxième testament, le 24 février 1714 (3 E 4 (84-1) 31).

Jean Brettes, bourgeois et marchand, propriétaire de bateaux (1667-1762)

Jean Brettes, né le 14 février 1667, déjà bien au fait de toutes les ficelles de son métier de marchand, sous la férule de son père et de sa mère, est marié vers 1713, à Etiennette Dantés, et qualifié très tôt de bourgeois et marchand. Son épouse lui donne six enfants : François l'aîné, né le 11 avril 1714, futur bourgeois et marchand de Bayonne ; François cadet, né le 6 mars 1716, futur bourgeois et marchand montois, qui reprendra à la mort de son père, la maison de commerce de Mont-de-Marsan ; Jeanne-Marie, née le 6 mars 1715, future épouse d'Arnaud Sentets, issu d'une grande famille de marchand montois, Marie Brettes, née le 20 avril 1718, Jeanne Brettes, née le 9 janvier 1722.

Notre bourgeois et marchand se manifeste le 25 juillet 1710, dans un acte d'opposition adressé à Jean Allein, bourgeois et marchand montois, au sujet « de certaine somme qu'il doit prendre du nommé Ducasse, maître-maçon » (3 E 4 (83) 78).

Le commerce fluvial de Jean Brettes (1712-1723)

Jean Brettes, en vue d'accroître le commerce fluvial des céréales, du vin, des eaux-de-vie, de la laine d'Espagne, louera et acquerra des greniers au port de Mont-de-Marsan, et se pourvoira de galupes ou gabares. Le 27 juin 1712, Jean de Muret et Nicolas Lesburguères, marchands-bateliers de la paroisse de Saint-Jean-de-Lier, lui vendent un bateau « galupas, tout entier et fait à neuf qu'ils ont sur le chantier en la paroisse de Lier et ce pour et moyennant la somme de 800 livres ». Cet argent sera versé pour le compte de Jean Muret à François Brettes son frère, bourgeois et marchand de Bayonne, créancier de « marchandises livrées audit Muret » (3 E 4 (83) 85).

Dans son second testament du 24 février 1714, Jeanne-Marie Lannebras, veuve de Bernard Brettes, déclare toujours dix enfants : Marie l'aînée des filles est veuve de Blaise Dulau, sa sœur Marie est aussi veuve du sieur Deydie, la troisième Marie Brettes épousera le 21 septembre 1716, Pierre Ducournau, maître-menuisier ; François Brettes de Bayonne avait reçu dans son contrat de mariage, 1 500 livres ; François Brettes cadet recevra « l'ancien appartement de maison , haut et bas, qui est au port de la présente ville, … , lequel appartement confronte du levant à chemin public, de midi et couchant à un autre appartement ancien, et de nord audit appartement, à rue publique, avec la moitié de la maison neuve qui est sur le derrière » ; François Brettes son troisième fils, est prêtre du clergé d'Aire-sur-Adour (3 E 4 (84-2) 103), il lui sera légué 50 livres ; le dernier fils Jean-François reçoit en droits paternels et maternels 1 200 livres (3 E 4 (84-1) 31).

« Pour raison de prêt de sel, grain et argent », prêtés et délivrés, Blaise Claverie du Blasion, marchand de la paroisse de Lannemaignan (Cazaubon) en Armagnac, et métayer de la métairie de Doumata, en la paroisse Saint-Etienne, s'engage à rembourser 300 l 15 s , le 3 avril 1714 (3 E 4 (84-1) 45). Le 17 juillet 1714, Jean Darrimajour de Bascons prend en gazaille de Jean Brettes, deux vaches estimées 45 livres chacune (3 E 4 (84-1) 89).

Quelques rares actes notariés, des années 1716-1719, nous sont parvenus : le 16 juin 1716, Jean Brettes afferme à Bernard Dabadie, moyennant 35 livres, la métairie de Pasquine (3 E 3 (26-1)) ; le 29 septembre, il somme François Lubet Barbon, marchand de Saint-Pierre, « qui lui a demandé de garder dans son grenier un certain nombre de grain », dont il a retiré une partie, de bien vouloir enlever ce qui en reste (3 E 13 (6-1)) ; en novembre 1719, le sieur Boyrie dit Menauton, « marchand du lieu de Lathousin (?) en Armagnac », vend un certain nombre de pièces d'eau-de-vie, d'une valeur de 5 536 livres, il est sommé, le 10 juillet 1720, d'en effectuer la livraison (3 E 13 (6-1)).

Le 29 mai 1720, notre bourgeois et marchand, somme le sieur Rechède, ancien capitaine, habitant de la ville de Vic en Armagnac (Vic-Fezensac), qui lui a vendu en novembre 1719, 40 pipes d'eau-de-vie, d'une valeur de 8 351 livres, de les conduire dans son chai ; il lui délivre, le 4 juin, un billet de paiement de 8 351 l 19 s 6 d (3 E 13 (6-1)). Sa sœur Marie Brettes, ayant épousé Pierre Ducournau, maître-menuisier, le 21 septembre 1716, contrat retenu par Descorps, notaire royal, il règle les 480 livres dues dans ce contrat, le 21 octobre 1720 (3 E 13 (6-1)).

Son intérêt pour le commerce des eaux-de-vie se confirme en juillet 1721 : il prêté 19 pièces d'eaux-de-vie d'Armagnac à Bergouin, marchand de Dax, dont il avait besoin pour « rendre la cargaison d'un vaisseau, fournies lesquelles eaux-de-vie vergeant 1618 verges, furent envoyées à Bayonne » ; Jean Brettes rappelle, le 17 août 1723, à ce négociant qu'il s'était engagé « de remettre nécessairement dans le chai du sieur Brettes, un même nombre, qualité et quantité », et le somme de le faire (3 E 4 (132) 103).

Le jurat, trésorier et receveur du pays de Marsan (1724-1737)

Jean Brettes, bourgeois et marchand, perçoit le 22 juin 1724, les 1 200 livres dont lui avait fait cession sa mère Jeanne-Marie Lannebras (2 C art 785 (20)). Le 26 août, il est nommé jurat de la ville de Mont-de-Marsan (2 C art 785 (32)).

Tout en exerçant cette charge, il poursuit ses activités. Le 3 avril 1727, Jean-Marie Groulier, bourgeois et marchand, se voit attribué, dans un échange, « toute icelle place couverte de tuiles et murailles, qui est au derrière de la maison du sieur Groulier » (3 E 4 (134) 32). Notre bourgeois et marchand est aussi « eschangeur » (?) et à ce titre, verse à Etienne Darmaignac, receveur de la ville et banlieue de Mont-de-Marsan, le 15 avril, 3 000 livres sur les 4 868 livres dues à la communauté (3 E 4 (134) 36). Il acquittera les 1 668 livres restantes, le 24 mai, à Bernard Burriot, seigneur de Mouret et maire, et à Jean Lefrancq, bourgeois et premier jurat de cette ville (3 E 4 (86-2) 52). Le 15 août, Jean Brettes, Gabriel Duvin, Jean Lefrancq, François Camerade, François Tartas, Barthélemy Baylin, Jean Bonnet, Jean Lasserre, François Sarraute, Jean Lapeyre, Guilhaume Lombreignes, Dominique Dubroca, bourgeois et marchands de grains montois, s'élèvent contre la décision des fermiers actuels des deux tiers de la scize (cize), appartenant à la communauté, qui, au lieu de percevoir « 20 deniers des droits qui doivent être pris sur chaque charret de grain sortant de la présente ville, pour la Chalosse, , ils s'en font payer 4 sols 8 deniers » ; ils nomment Jean Lapeyre comme syndic, chargé de porter plainte auprès de la magistrature et de l'Intendant, « afin qu'il lui plaise, écouter et faire droit sur leur juste plainte » (3 E 4 (134) 77). Suite à l'échange de « la place couverte de tuiles », le 3 avril dernier, Jean-Marie Groulier décide de vendre le 5 avril 1728, à Jean Brettes, bourgeois et marchand habitant au port, « le lopin de pignadar que ledit Brettes avait baillé en échange audit Groulier », pour la somme de 170 livres (3 E 4 (135-1)).

Les céréales et les eaux-de-vie ne sont pas les seuls produits du fonds de commerce de Jean Brettes, très actif aussi dans le négoce des laines d'Espagne qu'il fait venir de Bayonne, à destination des manufactures du Languedoc. Le 22 décembre 1731, dans un acte de sommation adressé à Jean Laperche, marchand habitant au port de Tonnenx, il rappelle qu'il avait fait voiturer par Labat de Beaussé, jusqu'au lieu de Cap de Bos, 78 balles de laine peignée d'Espagne, « où ledit Laperche les a faites charger jusqu'au port de Pascau, et de là, les a faites embarquer sur la Garonne, pour Toulouse ». Cependant le comparant vient de recevoir la signification d'un acte qui lui a été faite en date du 14 décembre, le prévenant « que lesdites laines ont été submergées dans la Garonne, et dans le bateau du nommé Dumons ». Il demande réparation des dommages (3 E 4 (136) 286).

Comme tous les négociants pratiquant le commerce fluvial avec Bayonne, il rejette les prétentions d'Alexandre du Lyon, marquis de Campet, sur la perception d'un péage inique sur les bateaux croisant devant le château de Campet. Le 8 avril 1732, ce dernier lui reproche d'avoir fait passer le 5 et le 6 avril, une galupe et une demi-galupe, conduite par Degos, « sans que le pilote ou conducteur tint compte d'acquitter les droits du péage » (3 E 4 (137) 48). Dans un acte de protestation du 22 avril, Jean Brettes reproche à Jean Lubet, marchand-voiturier de Saint-Avit, d'avoir livré avec beaucoup de retard, 47 balles de laine fine d'Espagne, « prises de cette ville de Mont-de-Marsan, rendues au Cap de Bos, juridiction de Damazan, sans nul retardement », mais qui subirent « un grand retardement, pour les propriétaires de bateaux qui sont dans le port de Pascau » (3 E 4 (137) 53).

De sa fonction de trésorier et receveur du pays de Marsan, qu'il exerçait avec son frère François Brettes, négociant de Bayonne, nous ignorerions tout, sans la préservation par l'abbé Foix, de treize lettres concernant « l'imposition que la communauté de Cazères-sur-l'Adour est tenue de payer au roi, pour la subsistance et le don gratuit ». Lagarde, jurat de Cazères-sur-l'Adour, lui verse 384 livres, le 14 novembre 1732 et 166 livres pour cette même année. Pour l'année 1733, il acquitte 276 l 17 s 4 d ; en 1734, 376 l 17 s 8 d. François Brettes « négociant de la ville de Bayonne et trésorier du pays de Marsan, Tursan et Gabardan, pour faire la recette de la subsistance et donation due au roi pour la présente année 1736 », enjoint aux jurats et collecteurs de Cazères-sur-l'Adour, de faire « le régalement de la somme de 8 000 livres », pour la subsistance, sur laquelle il compte la somme de 566 l 5 s, qui sera imposée, « en la manière accoutumée, le plus justement et également que faire ce pourra, sur tous les contribuables de votre communauté ... à verser au bureau de recette de Mont-de-Marsan : le premier terme, le 15 janvier ; le second , le 15 février ; le troisième, le 15 mars ». De plus, Lagarde jurat de Cazères-sur-l'Adour, imposera aussi « en la manière accoutumée, la somme de 306 l 11 s pour la donation due au roi, pour la présente année, au 15 octobre prochain ». François Brettes, trésorier et receveur des Bastides du Marsan, lui donne quittance le 10 janvier 1737, d'un versement de 200 livres, et le 13 novembre, d'un versement de 600 livres. Pour l'exercice 1737, le jurat de Cazères-sur-l'Adour, verse le 7 octobre 876 l 17 s 8 d (2 F art. 1225).

Nous ignorons si, selon la tradition des autres négociants montois, Jean Brettes investit ses bénéfices dans l'acquisition de propriétés foncières. Une donation de François Brettes, son frère, prêtre et curé de Narrosse, puis de Saint-Martin-d'Oney, datée du 4 avril 1733, lui attribue, « toute icelle métairie appelée à Bougue, située dans la paroisse de Maurrin, estimée 3 000 livres » (3 E 4 (137) 141 et 3 E 4 (134) 38).

Pour recouvrer une créance de Jean-Louis Bidalos, marchand de Mauléon, notre négociant fait acte d'opposition, le 26 septembre 1735, contre Danos, marchand de Mauléon, habitant cette paroisse, qui détient 500 livres dues à ce même marchand (3 E 4 (139) 114). Il avait entrepris déjà, le 17 juillet, la même démarche auprès de Bié, bourgeois et marchand montois, pour saisir « les sommes et effets détenus par Bié et appartenant au notaire Ferre Lanasille du lieu de Lanuse, dont il était créancier de sommes considérables » (3 E 4 (139) 72).

Pour l'essentiel, les Bié, les Brettes, et bien d'autres, constituent une bourgeoisie proche de la noblesse. Certainsde ses membres possèdent à la campagne, une résidence d'été ou maison de maître, de la même façon qu'en sens inverse, les nobles, maîtres des campagnes, s'installent dans la ville chef-lieu de la sénéchaussée. Au XVIIIème siècle, comme auparavant, l'accession à la noblesse reste toujours pour les riches négociants montois, l'objectif recherché ; c'est une des raisons de l'acquisition de seigneuries rurales, comme la seigneurie de Hournieux que, six ans avant la Révolution, le « bourgeois et négociant » Fortis Marrast, déjà maître de nombreuses métairies, acquiert, ce qui lui permet de rendre hommage au roi.

Tous, nobles, bourgeois et marchands ont une préférence pour les placements fonciers. Ils sont, dans un périmètre bien déterminé, autour de la ville de Mont-de-Marsan, propriétaires de vignes et de métairies sur les territoires des paroisses de Bougue, Saint-Médard, Mazerolles, Nonnère, Saint-Justin, Saint-Avit, Saint-Pierre-du-Mont. Fortis Bié sera seigneur de Lartigue en 1786, Joseph Bié, le négociant le plus fortuné de la famille, mais aussi le plus procédurier de l'ensemble des grands négociants du XVIIIème siècle.

Leur seul moyen de recouvrer des créances, était, comme le fait Jean Brettes, de saisir les avoirs et les biens de leurs débiteurs, détenus dans les magasins et greniers de leurs confrères.

Figure 9: Chargement de bois (Photothèque Borda)

Figure 10: Gabare au bord de l'Adour (Photothèque Borda)

Son commerce des céréales et des laines d'Espagne nécessite des lieux de stockage. Dès le 22 juin 1736, un accord avec Barthélemy Labarrère, batelier de Bascons, portant sur la construction « d'un mur limitrophe, du midi, au grenier appartenant à monsieur le président Lassalle », indique l'intérêt que Jean Brettes prêtait à ce grenier, qu'il va acheter le 21 juin 1737, après le décès de son propriétaire, à dame Demons, veuve de Jean-Martin Lassalle, baron de Roquefort. « Ce grenier et place contiguë, communément appelé ... (?), sis au port de cette ville, et confrontant de levant et nord à jardin du sieur Brettes, du midi à rue publique et du couchant vers le port avoisinant », fut estimé 900 livres (3 E 4 (140) 74).

Comme procureur et fermier du monastère de Notre Dame, ordre de Saint Benoît à Bordeaux, ces Bénédictines lui avait donné « pouvoir, le 8 janvier 1737, pour signer le contrat portant devis des réparations qui sont à faire, dans l'église de Roquefort, par Lapierre, maître-maçon de Mont-de-Marsan, moyennant la somme de 800 livres, pour la totalité des réparations » (3 E 4 (140) 3). Sa participation à la nomination de François Tartas, comme syndic des marchands, le 7 octobre, avec Mathias Laurans, Gabriel Duvin, Joseph et Barthélemy Baylin, Jeanne Duvin veuve de Fortis Péres, tous bourgeois, marchands et négociants montois sur la rivière de la Douze, se fait après la parution de l'arrêt du Conseil d'Etat du 4 décembre 1736, concernant les contestations du péage fluvial de Campet, prélevé par les marquis Pierre et Alexandre du Lyon, et devait entraîner de nombreux désagréments (3 E 4 (94) 212).

Contestations des péages sur la Douze (Midouze), et collaborations commerciales entre Jean Brettes et son fils aîné François Brettes (1738-1762)

Tous les marchands et négociants pratiquant le commerce fluvial, étaient hésitants sur la conduite à adopter dans la contestation qui les opposait aux marquis du Lyon de Campet depuis 1732. Jean Brettes lui-même, hésitait à poursuivre l'affrontement. Croyant que les autres marchands et négociants montois, « étaient au point de s'arranger sur les conditions qu'ils ont avec messires Pierre et Alexandre du Lyon, marquis de Campet », il avait quitté le syndicat. Mais François Tartas le convainquit que « lesdits seigneurs du Lyon voulaient faire valoir des prétentions excédant leurs véritables droits, et que les autres négociants n'étaient plus dans le désir de s'arranger avec eux, par le préjudice qu'ils en auraient reçu ». Voilà pourquoi, le 3 mai 1734, Jean Brettes révoque son acte de démission et déclare à François Tartas, « qu'il adhère de nouveau et entend, que de besoin, servir au syndicat » (3 E 3 (43)).

Des liens commerciaux se nouent avec d'autres marchands montois : Jeanne-Marie Brettes, sa fille, née le 6 mars 1715, épouse le 15 juin 1739, Arnaud Sentets, bourgeois et marchand, fils d'Annet Sentets, aussi bourgeois et de feue Marie de Cist ; parmi ses témoins, se trouvent François Brettes son frère, son oncle François Brettes, prêtre et curé de la paroisse de Saint-Martin-d'Oney, François Brettes, bourgeois et négociant de Bayonne son oncle, Anne et Marguerite Brettes ses tantes, Joseph Brettes son cousin ; sa dot est de 12 000 livres, « plus un habit de dame assorti, un habit de taffetas assorti, une coiffure de dentelle et autres fringues ordinaires », d'une valeur de 600 livres (3 E 4 (141) 57).

De ses activités commerciales, au cours de l'année 1740, on a retenu une sommation datée du 4 juillet, adressée à Barthélemy Labarrère batelier et à son épouse Catherine Duvignau, habitants au port ; une cession faite le 29 septembre, pour Jean Bonnet, bourgeois et marchand montois, d'une somme de 240 livres, à prendre et se faire payer de Jean Barrère, maître-cordonnier (3 E 4 (142) 55 et (97) 192), mais surtout, l'achat par Jean Brettes, le 17 décembre, à Mathias de Nozailles, écuyer de Batz, habitant de Mont-de-Marsan, « du moulin à foulon, appelé de Batz, maison avec jardin, terre labourable, broustic, pignadar, barthes, tout ce qui dépend du moulin à foulon, situé en la paroisse de Saint-Pierre-du-Mont, pour le prix et somme de 6 700 livres » (3 E 4 (142) 113).

Ses investissements se poursuivent le 20 mars 1741, par l'achat à Annet Saint-Marcq, bourgeois de la paroisse de Saint-Pierre-du-Mont, de la « métairie et brasserie appelée à Rechède, située en la paroisse de Saint-Pierre, maison, sol, place et fondement », au prix de 7 000 livres (3 E 4 (142) 21). Son fils aîné, François Brettes, négociant à Bayonne, signe le 18 avril, un accord de liquidation avec Jean Versoris, bourgeois montois, « pour le paiement de 2 828 livres de créances impayées ». Faute de paiement, François Brettes aurait fait saisir tous les biens délaissés par feu Jean-Marie Versoris, sur la tête de Jean Lacroix, biens situés dans les paroisses de Renung et de Brocas ; il les achète et « de son bon gré et volonté, fait cession et transport en faveur de Jean Versoris et acceptant, de la somme de 2 828 livres » (3 E 3 (44)). Il marie son fils Jean-Louis Brettes, régent des petites écoles, à Jeanne-Marie Sarraute, issue d'une famille de négociants montois, le 10 août (3 E 4 (98) 183).

Les années 1742-1743 sont marquées par des aléas concernant le commerce des eaux-de-vie et l'acquisition de nouvelles propriétés foncières. Le 16 février 1742, Jean Brettes, bourgeois et négociant au port, adresse une plainte à Jean Dumagen, marchand de Saint-Germé en Armagnac, « qui fit entendre que les frais de voiture et péage par pipe d'eau-de-vie de 100 verges, s'élèveront à la somme de 31 à 32 livres, pour une vente de 3 pipes et 64 barriques, desquelles il a fait envoi de 3 pipes et 40 barriques qui ont été déchargées dans le chai » de Jean Brettes. Ce dernier lui reproche le fait qu'il aurait constaté, « que certaines barriques contenaient moins de 42 verges » (3 E 4 (142) 13). Grâce à un retrait féodal, portant revente pour notre négociant, contre Jean Tauziède, du 14 septembre 1743, Jean-Marc Boby, homme d'armes, habitant de la paroisse de Maurrin, a reçu le 15 octobre, 1 000 livres, « pour le contrat de revente de la métairie de Laborde », sise dans ce village (3 E 11 (46-2) et 3 E 4 (100) 202). Deux autres versements lui seront faits, l'un le 23 février 1744, de 727 livres et le second, le 3 mars, de 2 000 livres (3 E 4 (143-2) 17 et 24).

Fils aîné de Jean Brettes, François Brettes, négociant de Mont-de-Marsan et de Bayonne, né le 19 avril 1714, épouse le 2 février 1744 à Bayonne, Catherine Poydenot, fille aînée de Jacques Poydenot, bourgeois et marchand, ancien consul de la Cour consulaire de Bayonne et de Marie Sarrauton son épouse. Le mari est assisté de son oncle paternel François Brettes, bourgeois et négociant de Bayonne, de Joseph Dantés, ancien échevin de la ville, oncle maternel, de Jean et Joseph Brettes bourgeois de la ville, ses cousins germains, de sieur Dominique Behic d'Apitois, bourgeois de la ville, de Chaveneau officier de la marine, de François et Jean Lannebras ses cousins, de Dubarbier baron de Lisse, commissaire ordonnateur des troupes, de l'avocat au Parlement Cise et du notaire Lombreignes. La mariée avait pour témoins, Bernard Romatet, chanoine de la cathédrale de Bayonne, Joseph Poydenot, bourgeois et capitaine de navire, son oncle paternel, ses frères Poydenot, noble Arnaud Galtier médecin, François de Lacourtandière, commissaire de la Marine, Arnaud Frères directeur de la Monnaie, Dominique Bourdette, trésorier de la Marine, Dominique Danglade capitaine de navire, parmi tant d'autres qu'il serait trop long d'énumérer. La dot de la mariée est de 20 000 livres, et « en outre, les habits nuptiaux, linges et nippes évalués à la somme de 3 000 livres ». Jean Brettes donne à son fils François, 40 000 livres « pour lui tenir lieu des droits paternels, maternels. Le sieur et demoiselle futurs époux vont demeurer à vivre en compagnie du sieur Brettes père, en la ville de Mont-de-Marsan. Il est convenu et arrêté que les sieurs Brettes, père et fils, sont et demeurent dès à présent associés à moitié perte ou profit, dans tout leur commerce » (Archives privées Baylac)

Le 26 août 1744, Jean Brettes, bourgeois et négociant habitant au port, achète à Jeanne Duvin, veuve de Fortis Péres, « un journal vingt-quatre lattes, de lande, tauzin appelé aux « Claux dou Jouandot », situé en la paroisse de Maurrin, et estimé 294 livres, qu'il rétrocède, dans un acte de retrait daté du 2 septembre (3 E 4 (143-2) 63), pour le racheter le 4 juin 1745 (3 E 4 (193-2) 46). Les laines d'Espagne, qu'il faisait venir de Bayonne, étaient destinées à la

Compagnie de la Manufacture royale d'Aubenas en Ardèche. Le 8 octobre 1745, les sieurs Moncamp et Dominique Dupiata, commissionnaires des négociants et affréteurs de bouviers de la ville de Mont-de-Marsan, furent chargés de transporter à Aubenas, pour le compte de Jean Brettes, 33 balles de laine d'Espagne. Au péage de Lubbon, Pierre Lalanne, bourgeois et marchand, fermier du péage du Gabardan, habitant de Dax, Pierre Vignolles son commis audit péage, résidant à Lubbon, et Pierre Marquet, laboureur du même lieu, arrêtèrent le convoi. Vignolles dit aux bouviers, « que faute de paiement des droits de péage dus par le sieur Moncamp et Dominique Dupiata, il entendait saisir et arrêter les balles de laine et les bouviers … .Ledit Vignolles, chargé sans doute par ledit sieur Lalanne, de faire violence à la liberté du commerce, aurait refusé les péages et d'autorité déchargé l'une des balles en chemin, dont il est prétendu qu'il dressa verbal, le 12 du présent mois, et qu'on assure ne contenir la marque, qualité, quantité, ni même le poids ». La balle réquisitionnée sera vendue sur le marché de Gabarret (3 E 4 (143-2) 96).

Fortis Laurans et Jean Brettes, tous deux bourgeois et négociants, possédaient deux magasins et greniers séparés par un mur, situés au port de Mont-de-Marsan, qui s'étendaient par la rue du port, jusqu'à la rivière. Le sieur Laurans se plaignit, le 28 octobre 1747, « d'avaries sur le toit par des fenêtres et ouvertures du grenier Brettes, sur le grenier Laurans » (3 E 4 (102) 142).

Entre 1749 et 1755, de rares actes notariés nous signalent quelques éléments de l'activité commerciale de Jean Brettes. Le 24 décembre 1749, Jean Bonnet, bourgeois et marchand de céréales, fait un emprunt de 200 livres (3 E 4 (145) 134), dont le remboursement est contesté, le 14 octobre 1750, par Antoine Bonnet son fils, avocat au Parlement (3 E 4 (104-2) 185). Il donne quittance, le 29 janvier 1751, à Jacques Darraba dit Naniac, marchand de la paroisse d'Arthez (Aire), d'un versement de 700 livres, en application d'un contrat du 19 mai 1747 (3 E 4 (146) 5), et fait sommation à Sempé, marchand de Maubourguet (Armagnac), d'honorer le vente de 800 verges d'eau-de-vie, bonne et marchande, « que le sieur Sempé s'oblige de faire remettre dans le chai du sieur Brettes, du 20 au 25 de ce mois d'août 1752, à 40 sols les 32 verges », payées 1 200 livres par Brettes et qui ne sont pas livrées le 26 août 1752 (3 E 13 (16)).

En juillet 1756, Jean Brettes, créancier d'une somme de 4 198 l 7 s 10 d d'Etienne Degos marchand de la paroisse de Saint-Jean-de-Lier, signe une série d'actes pour rentrer dans ses fonds : le 21 juillet, il demande la saisie des biens de Degos, détenus par Louis Dulau, bayle de Pontonx et François Dabiron, maître-forgeron de Saint-Jean-de-Lier ; le 27 juillet, il saisit le produit de la vente faite par Degos à « Jeanne Lafitte, veuve de Jean Labadie, praticien et à présent, épouse de Jean marchand de Saint-Jean-de-Lier » ; le 28 juillet, il demande le versement du montant de la vente « d'une maison et des terres », faite par Etienne Degos, en faveur de François Deydie, bourgeois montois (3 E 4 (147-2) 68, 69, 77, 78).

Après six années d'absence d'actes notariés, peut être due à l'interruption de ses activités commerciales, Jean Brettes rédige son testament le 24 août 1762, dans lequel il réserve 600 livres pour dire des messes pour le repos de son âme, et donne 500 livres pour les pauvres de la paroisse. De son mariage avec Etiennette Dantès, ne restent vivants, sur les cinq enfants, que Marie, François aîné et François cadet. Marie Brettes, épouse de Sentets, déjà dotée de 12 000 livres, reçoit un legs de 9 000 livres. Du mariage de son fils François aîné, avec la demoiselle Poydenot, il reconnaît avoir reçu une dot de 20 000 livres et donne 40 000 livres et une part dans son commerce, plus une donation de 5 000 livres, le legs de la maison où il réside, avec son mobilier, et celle qui sert d'écurie, « le jardin hautain et enclos, le tout attenant et les magasins tels qu'il les possède, à l'exception cependant du petit magasin » qu'il a fait bâtir à côté de l'autre magasin qu'il a acquis de madame Lassalle et « donné en contemplation de mariage », à son fils cadet François : à cela se rajoute un legs de 8 000 livres. Il déclare « créer, nommer et instituer François Brettes son cadet, pour son héritier général et universel, « en tous ses biens meubles et immeubles, noms et actions, sans en rien excepter » (3 E 4 (149-2) 184). L'ouverture de ce testament aura lieu le 20 septembre 1762, jour de sa mort.

François Brettes aîné, bourgeois et marchand de Mont-de-Marsan (1714-1783)

Né le 11 août 1714, initié au commerce fluvial par son père, il poursuit son apprentissage à Bayonne, chez son oncle paternel François Brettes, très au fait de commerce fluvial, nommé le 18 juin 1734, pour expertiser les bateaux remontant la Midouze et passant devant le péage de Campet (3 E 4 (96) 113), où il fit connaissance de sa future épouse.

Le 2 février 1746, assisté de François Brettes, bourgeois et négociant montois, son oncle paternel, de Joseph Dantès, ancien échevin de la ville, son oncle maternel, de Jean et Joseph Brettes, bourgois montois, ses cousins germains, de Dominique Befic d'Apitois, bourgeois montois, de Chaveneau officier de la Marine, de François et Jean Lannebras ses cousins, de Dubarbier, baron de Lisse, « commissaire ordonnateur des troupes », et de Cise avocat au Parlement, et bien d'autres, il épouse Catherine Poydenot, fille aînée de Jacques Poydenot, bourgeois et négociant, ancien consul de la Cour consulaire de Bayonne, et de Marie Sarranton son épouse. La dot s'élève à 20 000 livres. Le sieur Jean Brettes père, « a donné et constitué audit sieur François Brettes son fils acceptant, la somme de 40 000 livres, et pour lui tenir lieu des droits paternels et maternels ». Jean Brettes et son fils François aîné, « sont et demeurent dès à présent associés, à moitié perte ou profit, dans tout leur commerce » (Archives privées Baylac et 3 E 4 (150) 206)).

Cette association est manifeste en 1749 : le 1[ier] février, François Brettes, fils aîné, bourgeois et marchand, « afferme le moulin de Batz, à Jeanne Darribau, veuve de Jean Capbern, meunier et Jean Capbern, fils aîné, aussi meunier, de la paroisse de Saint-Pierre-du-Mont, pour une durée de cinq ans, « moyennant le nombre de cinq charrets de seigle, un charret de froment, un charret de millet, un charret de panic, un cochon gras et une paire de chapons et les poulets accoutumés » (3 E 4 (145) 9) ; le 26 juin, François Brettes, fils aîné, bourgeois et négociant habitant au port, achète à noble Mathias de Nozeilles, écuyer, seigneur de Batz, « deux petites métairies appelées, l'une du Maigre, l'autre de Bigneux », situées dans la paroisse de Saint-Pierre-du-Mont et estimées 1 800 livres (3 E 3 (38) 45).

Pendant un an, du 5 juin 1750 au 5 juin 1751, François Brettes s'adresse à Pierre Descaunats, maître-charpentier, de la ville de Saint-Justin, pour effectuer des réparations au moulin de Batz, « démolir les trois trompes du moulin … , les retirer, les rebâtir ou en substituer d'autres et les mettre dans un état de solidité et de perfection, afin que les pierres meules ou tournantes soient propres à un mouvement suffisant, pour tourner et moudre avec force et vitesse, demeurant encore, ledit Descaunats, tenu de travailler lui-même les trompes de bois et les rouets, de faire tailler et mettre en œuvre toutes les pierres et matériaux nécessaires à la construction dudit moulin », pour un coût de 501 livres ; un acompte de 449 livres a été versé le 8 avril (3 E 4 (146) 78 et 38). Le 20 septembre 1753, il renouvelle, le bail à titre de ferme, de ce moulin de Batz, à Jean Capbern meunier de Saint-Pierre, « moulins à trois meules, avec le jardin de 24 réges de terre », pour une durée de cinq ans, selon les mêmes conditions que précédemment (3 E 4 (146) 76).

Le 3 novembre 1758, Jean Lacroix marchand montois, habitant au port, s'oblige à lui rembourser 1 036 livres, « pour pareille somme à lui prêtée » (3 E 4 (148-1) 117).

Si son frère cadet François Brettes s'adonne au commerce des céréales et des eaux-de-vie avec l'Armagnac, lui semble jouer le rôle de banquier. Le 12 mars 1761, François Brettes aîné fait un prêt de 600 livres, à Bernard Landrieu, ancien procureur du roi (3 E 4 (149-1) 27)., et lui achète, le 24 février, « la métairie appelée de Maigre, autrement de Manot », estimée 6 400 livres (3 E 4 (149-1) 17) ; suite à l'achat du moulin de Batz, le 17 décembre 1740, François Brettes aîné verse 1 l 10 s à Anne Dayre-de Nozeilles, en reconnaissance de fief et devoirs seigneuriaux, pour « le moulin de foulon appelé de Batz, maison, parc, jardin, terres labourables, broustes, pignadar, barthes, petits bois et hautes futaies » (3 E 4 (113) 137).

S'adonnant au commerce du tabac, il reçoit de Jacques Bié, marchand montois, en qualité de fermier des deux-tiers de la cize, une sommation datée du 2 juillet 1761, l'enjoignant de payer les droits sur 393 boucauts de tabac (barils de bois blanc très légers) (3 E 13 (19-2) 81). Il lui rétorque, le 9 juillet, que ces 393 boucauts de tabac appartiennent à la Compagnie des fermes royales, « qui sont dans divers magasins de cette ville, pour être voiturés continuellement et sans délai, à la manufacture royale de Tonneins ; ledit tabac doit passer librement et dans tout le royaume, sans payer aucune espèce de droit » (3 E 13 (19-2) 81, 85).

En 1762, date de la mort de son père, François Brettes aîné gère les affaires de famille : le 12 juillet, Mathieu Laurans et François Descorps de Bascons prennent en bail à ferme, la métairie de Longue, située à Maurrin, « pour le temps et espace de sept ans, avec 40 brebis, d'une valeur par tête, de 40 sols, et un prêt de 179 l 10 s (3 E 4 (149-2) 147) ; le 2 octobre, il échange avec Jean Lauray, maître-gantier montois, « un lopin de terre, barthes, appelé de Manot », contre « une pièce de terre, barthes, appelée de Lauray » ; le 9 octobre, il règle à Marie Deyrie, l'ancienne servante de son père, 162 l 10 s de pension viagère faite par son père, dans son testament (3 E 4 (149-2) 188) ; Le 8 novembre, sa sœur Jeanne-Marie Brettes, veuve d'Arnaud Sentets, bourgeois et marchand, lui donne quittance du versement du legs de 9 000 livres, d'une écuelle d'argent avec son couvert, léguée par son père, dans ce même testament du 29 septembre (3 E 4 (149-2) 68).

François Brettes aîné, bourgeois et négociant, investisseur (1763-1774)

Les deux frères, François Brettes aîné et François Brettes cadet, étaient-ils associés dans la maison commerciale Brettes ? Cette question n'est pas anodine, au vu des actes notariés qui manifestent les activités commerciales de François Brettes cadet, dans le négoce des céréales, des eaux-de-vie, du chanvre et le rôle d'investisseur des bénéfices, dans l'acquisition de propriétés agricoles de François Brettes aîné. Le 5 mars 1763, François Brettes aîné, toujours qualifié de négociant, baille à titre de ferme, à Jean Puyou fils marchand, le moulin de Batz, moulant à trois meules, pour une durée de cinq ans, moyennant chaque année, « un charret de froment, cinq charrets de seigle, un charret de millet et un charret de panic »(3 E 4 (149-2)).

Après l'acquisition du moulin de Batz, de la métairie de Maigne-Manot, pour laquelle il verse 1 400 livres, le 2 mars 1764, à Bernard Landrieu, ancien procureur du roi (3 E 13 (21-1) 44), et acquittera 1 100 livres, le 27 février 1765, puis 900 livres, le 9 avril 1766 (3 E 13 (22) 73) ; il achète, le 7 décembre, à Marie Douat, veuve de Lombreignes greffier et à son fils Barthélemy Lombreignes, curé d'Escalans, la petite brasserie appelée de Mastric, située à Saint-Pierre-du-Mont, consistant en « maison murée couverte de tuiles à canal, eyre et eyrial, parc, terres labourables, jardin, vignes, tauzin, pignadar, basse et haute futaie », évaluée 1 260 livres (3 E 13 (21-1) 276).

C'est lui qui gère les propriétés foncières, nécessaires à l'alimentation de son commerce céréalier, peut-on supposer ? Le 16 juillet 1766, Jean et Arnaud Fourcade, frères associés, prennent en métayage, pour une durée de sept ans, « la métairie du Maigne, autrement dite Petit Batz et la métairie de Mastric, avec les terres du Batan », situées en la paroisse de Saint-Pierre-du-Mont, d'un revenu annuel de 90 livres (3 E 13 (22) 175). Le 22 septembre, il donne son accord à Jean Cadillon, surnommé Barbe d'or, portefaix montois, pour la construction « d'un appentis sur sa maison, sur le derrière du jardin du sieur Brettes » (3 E 13 (22) 230). Il donne congé le 7 novembre, à son métayer Jean Fourcade, à Mastric, « faute pour lui d'avoir travaillé le bien, ayant laissé dépérir la vigne, ayant manqué d'y mettre du fumier et de relever les fossés, ni même fermer les terres labourables » (3 E 13 (22) 264). Le même genre de sommation est adressé ce même jour, à Arnaud Dufau métayer sur la métairie du Petit Batz, « pour dégradations parvenues sur ladite métairie » (3 E 13 (22) 265).

Le 10 mars 1767, François Brettes aîné échange avec Arnaud Lubet, marchand de Saint-Pierre-du-Mont, « 14 lattes de pignadar de la métairie de Maigne », contre « 21 lattes et 21 escats de pignadar, en lande, dépendant de la métairie de Larousse » ;(3 E 13 (23-1) 71). Après le renvoi des anciens métayers, pour mauvaise gestion des terres, notre bourgeois et négociant signe un contrat de « faisande », avec Jacques et Jean Gourgue, père et fils, de la paroisse de Saint-Pierre-du-Mont, qui acceptent de cultiver « la métairie de Maigne, autrement Petit Batz et la métairie de Mastric, avec la terre du Batan », situées dans ce même lieu, pour une durée de cinq ans, au revenu annuel de 90 livres (3 E 13 (25-1) 88). Le 18 février, François Brettes aîné, « négociant au Mont-de-Marsan », avait reçu une quittance de dépôt de Pierre-Paul Dugarri, chirurgien à Buanes et de Jeanne Labarthe veuve, sa mère, pour la remise d'une somme de 1 500 livres, « consistant en 28 louis d'or de 48 livres chacun et 6 de 25 livres et 1 de 12 livres », confiées pour l'entretien de Jeanne Labarthe (3 E 4 (176) 40).

Procuration est donnée le 17 juillet 1773, à Maturin Constant, procureur au Parlement de Bordeaux, pour présenter une requête aux officiers de la juridiction des Eaux et Forêts, « pour obtenir la permission de faire couper cent pieds de chêne, dont le sieur Brettes a besoin, pour faire raccommoder les maisons et autres édifices de son bien », dans ses métairies de Saint-Pierre-du-Mont (3 E 4 (176) 125).

François Brettes aîné relevé dans son commerce par son fils Jean-Jacques Brettes (1775-1783)

De son mariage à Bayonne, le 2 février 1744, avec Catherine Poydenot, sont nés cinq enfants : Marie-Thérèse Brettes née le 29 mars 1745, épouse de Jean-François de Cist, subdélégué de l'Intendant d'Auch en 1765 ; Jean-Jacques Brettes né le 19 juin 1746 ; Marthe Brettes née le 29 janvier 1751, décédée le 11 mars 1812 ; Anne-Catherine Brettes née le 30 avril 1752 ; Jean-François Brettes né le 18 février 1754.

Entre 1775 et 1783, date de sa mort, François Brettes n'apparaît plus dans les actes notariés. Son testament rédigé le 29 mars 1783, n'est disponible que dans les archives familiales de la famille Baylac. De son mariage avec feue Catherine Poydenot, il reste quatre enfants : Marie-Thérèse, Jean-Jacques, Marthe et Anne-Catherine. Marie-Thérèse Brettes, lors de son mariage avec Jean-François de Cist, fut dotée de 7 000 livres, plus un legs de 5 000 livres du chef de sa mère, elle se voit attribuer 6 000 livres, dans le testament de son père, « pour lui tenir lieu de légitime paternelle ». Marthe-Françoise Brettes hérite de 7 000 livres, »pour sa légitime paternelle, plus 1 000 livres données par sa grand-mère Poydenot. Anne-Catherine Brettes reçoit 7 000 livres, « pour sa légitime paternelle ». Comme elles ne sont pas mariées lors de son décès, il leur lègue des meubles et des effets contenus dans diverses pièces de sa maison. Son fils Jean-Jacques Brettes est institué son « héritier général et universel ». L'original de ce testament aurait été déposé chez Vives, notaire royal de Mont-de-Marsan.

Nous développerons la carrière commerciale de Jean-Jacques Brettes, après avoir abordé celle de son oncle François Brettes cadet.

François Brettes cadet, bourgeois et négociant, avocat, conseiller du roi, greffier en chef du sénéchal du Marsan (1716-1784)

Né le 6 mars 1716, François Brettes épouse le 28 février 1753, Françoise Bié, issue d'une grande famille de négociants montois. Sa carrière de marchand semble très courte, l'avocat, conseiller du roi et greffier en chef l'emportera. Il semblait pourtant s'intéresser au commerce des eaux-de-vie et des céréales, domaine que son frère aîné avait du lui abandonner. Le 4 novembre 1758, Jean Dumagen marchand de Saint-Germé en Armagnac, lui aurait offert 17 pipots d'eau-de-vie, bonne et marchande, pour la somme de 3 600 livres, « du vergeage de 50 verges chaque pipot », à déposer dans le grenier de Brettes, or ces 17 pipots se trouvaient dans le magasin du marchand montois Guilhaume Cazade ; lors de leur livraison, il s'avérait qu'ils étaient défectueux. L'acte ne dit pas à qui en revenait la fraude ? (3 E 4 (148-1) 136). Il eut d'ailleurs un autre problème avec les sieurs Dumagen, père et fils, lors de la vente de 50 kas de froment, « beau et marchand, passé au moulin au frais », que ces fournisseurs devaient lui livrer en ville pour le 15 du mois de septembre 1759, or le 16 septembre, « lesdits Dumagen n'ont fait remettre que le nombre de 39 kas 3 mesures, en sorte qu'ils sont en reste de 10 charrets 22 mesures de froment, desquels le comparant est extrêmement pressé, du fait des frais de retardement de son bateau » (3 E 4 (148-2) 110).

François Brettes cadet, avait acquis de François Péres, avocat au Parlement et seigneur d'Artassenx, « tout icellui grenier communément appelé le grenier de Péres, situé au port de la présente ville, confrontant du levant à ruelle publique, du midi et couchant à maison et grenier du sieur Brettes aîné, frère dudit sieur Brettes, et du nord à grenier du sieur Fortis Laurans ». Deux propositions de revente, « par droit de retrait lignager », l'une de Fortis Laurans, conseiller du roi, l'autre d'Antoine Dulau, bourgeois et marchand montois, lui sont présentées, le 5 et le 6 août 1763, sans qu'il y donne suite (3 E 3 (20-2) 155 et 3 E 4 (157) 158). Sa nouvelle orientation professionnelle semble se décider le 27 août, jour où Pierre Lombreignes lui vend 1 800 livres l'office de greffier en chef du sénéchal de Mont-de-Marsan (3 E 4 (151) 174). Le 28 octobre, il exécute une clause du testament de Jean Brettes son père, en versant à Marie Deydie, 200 livres, une barrique de vin d'échalas, quatre sacs de froment et trois paires d'oisons gras (3 E 4 (151) 228), dont il reçoit quittance le 20 octobre 1764 (3 E 4 (152) 231).

C'est en tant que greffier en chef du sénéchal, que François Brettes signe le 12 octobre 1765 et le 15 novembre 1766, l'attribution à Marie Deydie, de sa pension de 200 livres et autres aliments de bouche (3 E 4 (153) 220, (154-2) 252 et (155-2) 251), mais il n'a pas totalement décroché du négoce fluvial, si l'on en croit un contrat verbal d'avarie survenue le 8 mai 1770, à 7 balles de chanvre peigné, dans lequel François Brettes est aussi qualifié de négociant (3 E 4 (158) 83). Dix ballots de chanvre avaient été envoyés par Passet fils aîné, de Tonneins, par l'intermédiaire de l'affréteur de bouviers Lalanne, du lieu de Houeilles, à destination de Bayonne. Les bouviers Jean Mouchés dit Gouaillardit et Jean Beteuil du lieu de Bourdieu, paroisse de Lussan (Gers), en ont effectué le transport. Lors du déchargement, il fut constaté que sept ballots étaient mouillés.

Au cours des quatorze dernières années de sa vie, le commerce ne devait plus guère l'intéresser ; il vend le 8 juin 1783, le grenier de Péres, situé au port, « avec les entrées, issues et servitudes accoutumées, comme aussi toute icelle pièce de terre labourable et hautin, jardin muré et maison, le tout à un tenant, appelé aux Glapes et au Tuco, située en la paroisse de Saint-Pierre-du-Mont, à Benoit Darrieux, marchand montois, contre une somme de 4 500 livres (3 E 4 (186) 90).

Jean-Jacques Brettes, bourgeois et négociant (1746-1811)

Fils de François Brettes et de Catherine Poydanot, né le 19 juin 1746, Jean-Jacques Brettes allait reprendre la maison de commerce Brettes. Ce négociant et jurat de Mont-de-Marsan, avait épousé en 1771, Rose Miramon (Miremon) à Bayonne. De cette union naquirent huit enfants : Jeanne Brettes née le 24 août 1787, future épouse, le 17 avril 1807, de Barthélemy Romestin, négociant de Toulouse ; Jean –Baptiste Brettes né le 14 juin 1789, décédé le 5 juillet ; Thérèse Brettes née le 27 octobre 1790 ; Jean Brettes, Thérèse Brettes née le 16 août 1793 ; Jacques Brettes né le 22 pluviôse an 4 (12 février 1796) ; Jeanne Brettes et Jean-Edward Brettes né le 18 mars 1782.

Pour alimenter leur commerce des eaux-de-vie, Joseph Bié, Laurans aîné et ses frères, Jean-Jacques Brettes, François Cadillon et Pujos, s'adressaient au négociant de Manciet Cyprien Barrère, qui, lors d'une faillite, laissa des créances importantes. Le 30 août 1775, il reconnaît devoir 40 229 l 12 s, « à savoir au sieur Bié : 8 232 l 7 s 5 d, audit Laurans : 10 529 l 12 s , à notre Jean-Jacques Brettes : 19 950 l 5 s 11 d, et aux sieurs Cadillon et Pujos : 1 517 l 6 s 9 d », sommes qu'il a reçues des ci-devant, garanties par les titres de propriété de ses biens (3 E 13 (31) 199). En remboursement d'une partie de ce prêt, Jean-Jacques Brettes, bourgeois et négociant, fera « l'acquisition des biens de Barbé, situés dans la juridiction de Manciet, estimés 5 234 livres », propriété de feu Cyprien Barrère (3 E 13 (34) 170). Le 11 décembre 1780, il donne procuration à Barthélemy Jassan, négociant de Poudensac, pour régler des litiges commerciaux (3 E 13 (36) 211).

Devant la nécessité d'augmenter ses capacités de stockage des marchandises, il signe le 20 juin 1783, un acte de retrait et de revente avec Benoit Durrieux, marchand montois, qui avait acquis de François Brettes cadet, son oncle, greffier en chef du sénéchal, « le magasin appelé de Brettes, situé au port, attenant la maison de messire Brettes aîné et ensemble aurait aussi acquis dudit

Brettes, une pièce de terre labourable, jardin et maison appelée aux Glapes et même une autre pièce de terre et prairie appelées à la Peyrères, le tout situé en la paroisse de Saint-Pierre-du-Mont, à l'exception du magasin qui est situé dans cette ville ». Ce contrat de revente porte sur une valeur de 4 500 livres (3 E 13 (39) 126). Un de ses fournisseurs Jouandères dit Moncade, de Castetpugon (64), ayant été mis en prison, il avait donné procuration le 17 avril, pour traîter les affaires pendantes (3 E 13 (39) 83).

Receveur des finances des pays de Marsan, Tursan et Gabardan, il donne quittance le 9 novembre 1785, « aux administrateurs des états de la ville et banlieue de Mont-de-Marsan, et à messieurs les syndics généraux des états des bastides du Marsan, Tursan et Gabardan, du remboursement du prix de l'office, évalué le 24 décembre 1772, à 10 000 livres » (3 E 13 (41) 210).

Créancier de feu Bernard Dumagen père, son fournisseur d'eau-de-vie et de céréales, Jean-Jacques Brettes recevait le 2 janvier 1786, 540 l 7 s 6 d de Pierre Lanusse négociant à Saint-Germé en Bas-Armagnac, « acquéreur de certains biens de la demoiselle Dumagen aînée » (3 E 4 (189) 2). Peu intéressé par la propriété foncière en ville, il vend le 24 avril, « cinq cannes huit pouces de jardin en largeur, sur huit de profondeur, à prendre ledit terrain à la suite de celui qui vient d'être acquis par le sieur Pierre Garrelon, syndic de la marine », au tarif de 320 livres (3 E 4 (189) 89). Le même jour Pierre Garrelon lui avait acheté, « 6,5 cannes et 8 pouces de jardin en largeur, sur 8 cannes de profondeur, soit 52 cannes, en bordure de l'écurie Brettes, à raison de 8 livres la canne », soit 416 livres (3 E 4 (189) 88). Le 27 mai, il cédait une autre partie de son jardin à François Sabathé portefaix, soit « 1,5 canne de terrain en longueur, sur 8 cannes de profondeur, pour la somme de 96 livres, à raison de 8 livres la canne » (3 E 4 (189) 110). Les sieurs Mauléon et Bacquarisse, négociants, fournissaient le 24 juillet, une déclaration d'avarie à notre négociant, destinée au sieur Blain, négociant de Monguilhem (région de Nogaro dans le Gers), « qui aurait emmagasiné pour son compte et risque, neuf futailles d'eau-de-vie, parmi lesquelles il y en a une de défectueuse, marquée par la marque à feu Bouglon et Tarrède, laquelle futaille a été totalement perdue, par le défaut de six cercles qui ont cassé » (3 E 13 (42-1) 175).

De 1788 à 1791, il poursuit ses ventes de terrains en ville, pour acquérir des terres agricoles à Bascons, d'un meilleur rapport. Le 16 avril 1788, François Sabathé portefaix, lui achète « trois cannes et demie de longueur de fonds de jardin, sur trois cannes de largeur, faisant ensemble le nombre de dix cannes et demie carrées, accroissement à celui qui a été précédemment vendu par le sieur Brettes », moyennant 84 livres (3 E 3 (54-2) 15). Le même jour, il cédait à Pierre Garrelon, syndic de la marine du port de cette ville, « trois cannes et demie de fonds en jardin, de longueur et sur cinq cannes et demie de largeur, formant en tout le nombre de dix-sept cannes et demie carrées, en nature de jardin », estimées 140 livres (3 E 3 (54-2) 17). Pierre Sabathé portefaix lui achetait le 8 mai, « un lopin de fonds en nature de jardin, de la contenance de onze cannes et demie de longueur sur dix cannes de largeur, formant ensemble le nombre et qualité de 115 cannes carrées, 920 livres, à raison de 8 livres la canne carrée » (3 E 3 (59-2) 49). L'ensemble de ces ventes lui permit d'acquérir de François Barrère, « foncier à Bascons », le 12 août, « treize lattes de fonds en vigne piquepoult et quatorze lattes de fonds en touya, en un tenant, formant une partie de la métairie de Latrote », situées à Bascons, estimées 643 l 9 s 2 d (3 E 3 (59-2)31). Jean Barrère, marchand de la paroisse de Bascons, peut-être un parent du précédent, reconnaît le 14 octobre, lui devoir 2 244 l 17 s 7 d (3 E 3 (59-2) 39).

Le 2 janvier 1789, Jean-Jacques Brettes, négociant, s'oblige à verser 6 000 livres à Jean-Jacques Desbordes, capitaine de navire, habitant Tartas (3 E 3 (59-2) 2). Il reçoit une procuration, le 17 décembre, de dame Marie-Thérèse Brettes, épouse de de Cist, avocat, de demoiselle Marthe-Françoise et Anne-Catherine Brettes, ses sœurs, pour percevoir l'héritage de Marie-Catherine de Poydenot leur mère et de feu François Brettes leur père (3 E 3 (59-2) 101).

Jacques Conègre, dit Brunet, négociant de la paroisse d'Espagnet (Espas, district de Nogaro ?), district de Nogaro, reconnaît le 14 août 1791, lui devoir 337 l 10 s, « pour vente de marchandises à lui faite » (3 E 4 (193-1) 126). Profitant d'une « saisie au corps et incarcération » de Jean Barrère, habitant de Bascons, Jean-Jacques Brettes, négociant montois, achète le 24 août, à son épouse Marie Duggary, « une pièce de terre labourable, châtaigniers, touya, tauzia, en un tenant, appelée à la Barthe, de la contenance d'un journal huit lattes sept escats, ... plus une autre pièce de bois de haute futaie, de la contenance de onze lattes, ... plus une pièce de lande tauzia appelée au Careau, de la contenance de treize lattes vingt escats, ... plus enfin, cinq lattes quatre escats de touya et tauzin appelées à La Coste, ... au total deux journaux douze lattes treize escats (2 ha), pour le prix et somme de 1 490 livres (3 E 3 (60-2) 124).

En 1792, Jean-Jacques Brettes, négociant et jurat de Mont-de-Marsan, est capitaine des Grenadiers de la Garde Nationale. Le 4 avril, il attribue à Bernard Cazenave, pour une durée de sept ans, le bail à ferme du moulin de Batz, situé à Saint-Pierre-du-Mont, « lequel moulin consiste à trois meules montées, et tous les apparaux et ustensiles nécessaires, moyennant le prix et somme de 800 livres, et un jambon chaque année, payable en deux parts égales : quatre-cents livres à la Saint-Martin et les autres quatre-cents livres, le jour de Madeleine » (

E 3 (61) 57). Le 9 février 1786, Léon de Polignac, marchand, avait tiré sur le citoyen Saboué, négociant montois, une lettre de change de 750 livres, en faveur de Jean-Jacques Brettes, payable au mois de novembre ; par défaut de paiement, le 13 décembre 1786, Jean-Jacques Brettes se retourne contre Polignac, le 11 décembre 1792 (105 L art. 1 (5)).

De commerce, il n'est guère plus question, en dehors d'un contentieux datant de novembre 1791, opposant Delpech, marchand d'eau-de-vie et Jean-Jacques Brettes, au sujet de trois futailles d'eau-de-vie, d'une valeur de 600 livres : Brettes a payé, lors de la livraison, la somme de 600 livres, et le 23 décembre celle de 469 livres ; Delpech atteste le 13 janvier 1793, qu'il n'avait payé par erreur, les trois pièces d'eau-de-vie, « qu'à raison de 240 livres les 32 verges, tandis que le prix courant, sur la place de Mont-de-Marsan,était de 308 livres les 32 verges. Brettes fut relaxé par le tribunal de commerce, ce jour-là et paya 240 livres les 32 verges (105 L art.1 (35)). Un autre contentieux fut traité le 3 janvier, par le tribunal de commerce, il opposait notre négociant au citoyen Convert fils aîné de Mont-de-Marsan, pour une créance de 324 livres, « pour vin à lui vendu et livré à diverses époques » (105 L art. 1 (18)).

Il n'est question par la suite, que de gérance de biens fonciers, et de règlement de problèmes d'héritage. Jean-Jacques Brettes est chargé, le 10 janvier 1793, par ses sœurs Thérèse, épouse de Jean-François de Cist et Anne Brettes, comme cohéritières de Marie-Louise Ducasse, veuve de Pierre Lavernhes, décédée en la ville de Tours, de vendre le domaine de La Jonquière et de partager « les sommes provenant de la vente des biens du Grand et du Petit Jonquière, faite en faveur de la citoyenne Marie-Geneviève Guyot (3 E 3 (61) 3 et 3 E 4 (194) 75).

Le 18 nivose an III (8 décembre 1793), Jeanne Lafitte, épouse de Bertrand Duhon, meunier de Saint-Avit, pour régler le prix du fermage « d'une année échue, du moulin appelé de Batz, situé à Saint-Pierre-du-Mont, a versé 400 livres et remis un ka et sept mesures de froment, d'une valeur de 434 livres, soit 34 livres de trop, que Jean-Jacques Brettes lui rembourse (3 E 13 (50) 80). Comme curateur de Justine Salle, mineure et Angélique Salle, Jean Jumel fils avait reçu 6 000 livres, « de droits paternels et maternels », qu'il prête, le 3 messidor an V (21 juin 1797), à Jean-Jacques Brettes négociant, « pour la durée de trois ans, échéance chaque six mois, avec les intérêts » (3 E 13 (53) 89). Le 19 fructidor, Clément Laburthe, négociant montois et notre marchand, donnent procuration à Jean Tauziède, propriétaire et cultivateur de Maurrin, quartier des Juandots, « pour percevoir les fruits récoltés la présente année, sur les fonds par eux acquis de François Barrère aîné, dans les contrats du 16 avril 1788 et du 19 août 1790 » (3 E 13 (53) 176).

La mort de Jean-Jacques Brettes, le 1ier décembre 1811, scelle la fin de la maison commerciale Brettes ; de ses huit enfants, il n'en reste que trois : Jacques, Edouard et Jeanne Brettes, épouse de Barthélemy Romestin, négociant de Toulouse. Tous les biens meubles de sa succession seront vendus entre le 30 mars et le 25 avril 1812, au prix de 10 446,90 francs (3 E 13 (67) 91). Le magasin mis en vente aux enchères le 19 octobre et le 1ier décembre 1812, ne sera adjugé que le 3 janvier 1813. Jean-Jacques Brettes l'avait reçu de son père François Brettes ; il était dans la famille depuis trente ans. Composé au rez-de-chaussée d'un emplacement magasin et à l'étage, dans toute son étendue, d'un grenier, il était « contigu du levant à un jardin appartenant à Jean-Jacques Brettes, côté midi, ce magasin est contigu dans une partie de son étendue, à une cour appartenant auxdits héritiers …, il fait face au couchant à la rue Patriote (rue Batelière), où il a son entrée, par un grand portail, du côté du midi, à cour d'écurie et grenier à foin …, du côté du levant à jardin et du nord à cour et magasin du sieur Garrelon cadet ». Estimé 3 400 francs, il est adjugé à Lasserre aîné, propriétaire et batelier montois (3 E 13 (67) 279).

Chapitre 6.

Les marchands drapiers de Cist et Jean Candau, au XVIIème siècle

Les de Cist et Candau, bourgeois et marchands montois, représentent deux styles très différents de marchands-drapiers s'adonnant au commerce fluvial sur la Douze (Midouze). Les de Cist constitueront une dynastie de bourgeois et marchands, tout au long des XVIIème et XVIIIème siècles ; Jean Candau créera un prospère commerce des draps, des eaux-de-vie et des céréales, sans repreneur ; son fils faisant carrière dans la magistrature. Contrairement aux grandes familles de négociants montois, les de Cist investissent très tardivement leurs bénéfices dans l'acquisition de propriétés foncières ; ce que fait Jean Candau au cours de sa vie professionnelle.

François de Cist, marchand, maître-tailleur d'habits (mort en août 1670)

Installé au tout début du XVIIième siècle, à Mont-de-Marsan, François de Cist père de François de Cist et d'Etienne de Cist, nous est totalement inconnu. Aucune information sur son origine, son épouse et ses autres enfants ne nous est parvenue. Fondateur d'une maison de commerce des draps, il la transmet à ses fils François et Etienne de Cist, bourgeois et marchands, qui demeurent un temps associés, avant de gérer chacun leurs propres affaires.

Etienne de Cist semble être l'aîné. Ce bourgeois et marchand montois épouse Marie Tastet, dont il aura cinq enfants : Jeanne-Marie de Cist, baptisée à Mont-de-Marsan le 22 octobre 1643 ; Madeleine de Cist, baptisée le 5 janvier 1645 ; Thérèse de Cist, baptisée le 4 novembre 1646 ; Agnet ou Annet-Joseph de Cist, baptisé le 6 avril 1648 et François de Cist né à Mont-de-Marsan le 4 novembre 1649. Mort très jeune en 1651, ses enfants sont tous mineurs, il confie, dans son testament du 13 janvier 1651, la gérance de ses biens à son épouse et lui demande de prendre soin de sa progéniture, stipulant qu'il sera attribué à chacune de ses filles, lors de leur mariage, 600 livres de « portion héréditaire », en sus des meubles et des habits nuptiaux ; ses deux fils demeurent ses héritiers (3 E 4 (15) 7).

Bourgeois et marchand-drapier, François de Cist pratiquera aussi le commerce des céréales en provenance de nombreux contrats d'affermage des droits et des redevances de diverses paroisses de villages de la région du Marsan, du Gabardan, qu'il entreposera dans trois greniers : un en ville, un au port et le grenier de Joandilha.

Il épouse en premières noces Anne Joye, le 25 août 1638, dont il a cinq enfants : François de Cist, futur curé de Mazerolles (mort en mai 1685),Bernard de Cist et Pierre de Cist né le 4 avril 1653, ses successeurs dans le métier, Barthélemy de Cist baptisé le 25 mars 1643, déjà décédé lors de la rédaction du testament de son père, et Marie de Cist née le 21 septembre 1647, épouse de Barthélemy Dabadie, juge royal de Grenade, le 20 février 1669, veuve en 1689.

Sa première épouse Anne Joye, étant décédée en 1654, il épouse en deuxièmes noces, Isabeau Burriot en 1662, dotée des deux-tiers de la métairie de La Pitta, à Saint-Pierre-du-Mont, dont il a un fils, François de Cist né le 25 novembre 1665.

Dans les années 1656, 1657, 1658, en association avec Jean Candau, il afferme les droits de péage, de scise et de majade dus à la communauté de la ville de Mont-de-Marsan (mayade : droit de bon vin, appelé in majode ou mayade, qui précise que le seigneur et ses officiers qui ne sont pas habitants de la ville, pouvaient faire entrer du vin étranger dans celle-ci, pour leurs provisions et que le seigneur pourra aussi en faire entrer pour tenir sa mayade. Celle-ci commençait le troisième dimanche de Pâques et s'achevait dans la nuit du samedi précédant la Pentecôte. Toute personne, trouvée à vendre du vin pendant cette période, risquait la confiscation de la marchandise et du produit de sa vente, ainsi qu'une amende de 6 sols) (3 E 3 (1-1))

Le 17 mai 1662, en association avec Richard Lafargue, bourgeois montois, Bernard Filhoucat et Jean Candau, bourgeois et marchands, François de Cist afferme les droits et redevances de la vicomté de Marsan, Gabardan et de la baronnie de Captieux, appartenant au comte d'Armagnac, vicomte de Marsan, auprès de son fermier Bernard Ducournau, marchand montois (3 E 3 (1-1)).

Pour l'affermage de la baronnie de Captieux, François de Cist et Jean Candau donnaient quittance, le 28 mai 1670, du règlement de 1 095 l 14 s, par Pierre Barbe, bourgeois et marchand de Bazas (3 E 3 (1-2) et (2)). Le 26 mai 1670, quelques mois avant sa mort, Pierre Dunoau de Mazerolles, confesse devoir lui donner 31 l 14 s 10 d, « pour raison de la vente de 24 mesures et 5 pugnières de panic » (3 E 3 (1-2)). Malade, François de Cist rédige son testament le 6 août 1670, ouvert le 14 août, dans lequel il attribue 2 000 livres avec les intérêts à Bernard de Cist (3 E 3 (1-2)), et divers droits patrimoniaux à ses autres enfants. Il est donc décédé entre le 6 et le 14 août 1670.

Son commerce de marchand drapier propose à sa clientèle de nobles, de membres du clergé, de religieux, de bourgeois, de marchands et d'artisans, une gamme très riche et très variée de tissus d'origine les plus diverses, du Rouergue ou du Languedoc, d'Angleterre ou des Indes, comme nous l'avons signalée, dans le chapitre consacré au commerce des étoffes, des draps et cadis du Languedoc.

L'analyse de ses effets de commerce, délaissés à sa mort, permet de reconstituer une partie de sa clientèle. Parmi la noblesse du Marsan, monsieur de Bordenave, sieur de Noncareille, pour marchandises prises dans sa boutique, lui devait 1 332 l 17 s 8 d ; le lieutenant criminel, 161 l 14 s ; Pierre du Lyon, baron de Campet, 69 l 6 s ; le sieur de Mesmes de Passiance 189 l 7 s 6 d ; mademoiselle de Junca 41 l, monsieur de Junca 208 l 14 s 2 d ; le sieur de Prugue Cailhau 61 l 2 s 6 d et une autre note de 303 l 2 s 6 d ; monsieur de Ravignan 524 l 13 s 8 d. Les membres du clergé séculier et régulier appréciaient la qualité de ses étoffes : monsieur de Castéra, curé de Meilhan, devait 34 l 17 s 2 d ; monsieur le curé de Beaussiet, 3 l 15 s 6 d ; les pères Barnabites 174 l ; le curé de Canenx 13 l ; Jean Clavé prêtre de Canenx 9 l 2 s ; le curé de Mazerolles 63 l 10 s ; l'abbé de Prugue145 l 10 s 5 d ; le curé de Lamolère 53 l 6 s 17 d ; le curé de Saint-Gors 8 l ; le curé de Hontanx 13 l 4 s 10 d. Les religieuses de Sainte-Ursule fréquentaient assidûment son magasin : les dames religieuses de Sainte Ursule devaient 623 l et 76 l 2 s de marchandises ; madame la supèrieure 66 l 15 s 6 d ; madame de Beauregard, religieuse, 39 l 8 s et 8 l 10 s ; madame de Lachapelle, religieuse, 45 l ; madame de Burriot, religieuse, 7 l 15 s ; madame Ducournau, religieuse, 32 s ; madame de Castéra, religieuse, 57 s ; madame de Lobit, religieuse, 1 l 16 s ; madame de Borit, religieuse, 10 s ; madame de Palue, religieuse, 21 s ; madame de Floche, religieuse, 6 s ; Marie de Filhoucat, religieuse, 3 l 15 s ; madame de Poy, religieuse, 3 l 4 s ; madame de Brocas, 5 l 10 s ; le père gardien des Cordeliers, 10 l. Les artisans et marchands, maîtres-tailleurs se fournissaient dans sa boutique : Richard de Baffoigne l'aîné, maître-tailleur lui devait 1 223 l 2 s ; Versoris de Dax, 5 l ; Jean Ducournau dit Jean Negue, 7 l 7 s ; Persillon de Maillères, 24 s ; Antoine de Ségue de Saint-Avit, Jean Lubet d'Uchacq, Vitalis benoît de Mazerolles, 16 s ; Bernard Clavé de Brune, 3 l 11 s ; Etienne clerc de Mazerolles, 4 l 1 s ; Dabadie chirurgien de Grenade, 18 s ; Vertin, 2 l 3 s 10 d ; Farbos de Maillères, 4 l 17 s 6 d ; Andrieu Dufau, tailleur de Canenx, 3 l 10 s ; Jean Dulin de Canenx, 3 l 1 s ; mademoiselle de Nozeilles, 2 l 5 s 8 d ; Bernède bourgeois et marchand, 2 l 8 s ; Hallin, 5 l 10 s ; Jean Serre de Canenx, 10 s ; Saint-Aubin, 11 s ; une forgeronne du port, 10 s ; Joseph tailleur, 24 s ; Jean Clavé tailleur d'Uchacq, 11 s ; Tachon tailleur de Grenade, 15 s ; Jean Chocoy, 26 s ; monsieur de Lafourcade de Bayonne, 11 l 17 s ; le Musest batelier, 17 l 10 s 6 d ; monsieur de Brassenx, 208 l ; Cazade de Bougue, 31 s ; Duvin chirurgien, 18 l 9 s ; Lionnet marchand, 6 l 5 s ; Estevin Banos de Saint-Perdon, 2 l 9 s ; mademoiselle Dufourcq 16 s ; monsieur de Brassenx, 261 l ; Micanèse, 623 l 6 s 8 d ; monsieur de Lafrauste, 316 l 13 s 3 d ; le métayer de Menjolin, 109 l3 s 4 d ; Pierre Ducournau bourgeois de Grenade, 225 l 3 s, la maison de Brassenx, 380 l 12 s 8 d ; Gatinne, 31 l 14 s ; Despalais, 221 l 17 s 6 d ; mademoiselle Ducournau, 400 l ; monsieur de Lamarque, 68 l 7 s ; Cazade marchand, 12 l ; Lafitte de Mazerolles, 23 l ; Jean Tastet, 30 l 6 s ; le sieur de Burriot, 56 l 7 s ; Arnaud Tachon , 5 l ; le sieur de Lafrauste, 605 l ; Martin hôte, 5 l ; Farbos10 l 9 s 10 d ; Damantton, 70 l 17 s ; Jean Labarrère « dous pins », 4 l 15 s ; Mordichet de Mazerolles, 5 l 4 s 6 d ; demoiselle de Gourgues, 28 l; Bernard Dentaux, 11 l; monsieur de Cassaigne, 44 l 14 s ; monsieur d'Estangue, 21 l ; Palouilhe de Maillères, 6 l 13 s 6 d ; Lassalle Cazaux, 154 l et 41 l 15 s 1 d ; monsieur de Vochette de Bayonne, 24 l ; monsieur de Garoin de Saint-Jean-de-Luz, 34 l 3 s 5 d ; monsieur Clérez de Saint-Jean-de-Luz, 10 l 3 s 10 d, Pierre Palue valet de monsieur de Prugue, 7 l ; Daron de Grenade, 44 l 8 s ; Vacque de Saint-Justin, 7 l 3 s 11 d ; le métayer de hourte, 9 l 9 s ; Costedouat maçon, 44 l 13 s ; Jacques Baumond meunier, 1 l 16 s ; monsieur Dunogué avocat, 5 l 13 s ; un valet de monsieur de Lachapelle, 8 l 5 s ; monsieur Ducournau médecin, 55 l ; la veuve de Nauton, 106 l 19 s 10 d ; la communauté de la présente ville, 172 l et 529 l ; mademoiselle de Brettes, 8 l 13 s 8 d ; Coerbe tailleur, 9 l 8 s ; Jean Clavé potier de Parentis, 5 l.

A sa mort, François de Cist détenait 10 159 l 5 s 7 d de marchandises dans sa boutique, 24 813 l 15 s 10 d d'obligations et 6 450 l de dettes sur les contrats d'achat d'étoffes (3 E 3 (1-2)). Des contrats d'achat d'étoffes et de marchandises répertoriés dans sa succession, permettent de connaître quelques-uns de ses fournisseurs. Le marchand Chalosse lui a envoyé pour 86 l 6 s de marchandises ; Vallen marchand, 65 l 10 s 3 d ; Bourguedieu de Saint-Sever, 8 l 2 s 7 d ; Barbères marchand montois, 12 l ; Jean Duvin négociant montois, 9 l ; Pacot lui a fait un envoi de 9 l, le 8 juin 1670 et un deuxième, le 6 septembre 1670, de 22 l 16 s ; Allein marchand montois, 36 l 2 s 6 d. Ses relations commerciales les plus importantes provenaient de Montauban et Bordeaux. De Montauban, étaient acheminés vers Mont-de-Marsan, les draps du Languedoc, du Rouergue, les cadis de Montauban, les cadis du Gévaudan. Soulignac marchand de Montauban lui avait fourni 68 l 8 s d'étoffe ; Vialatte marchand de Montauban, 54 l 18 s 6 d et 271 l 10 s. De Bordeaux provenaient les étoffes valenciennes, la sarge, l'étamine, le cordeilhat, le camelot, le buratin et les étoffes anglaises. Verrier marchand-drapier de Bordeaux lui en avait adressées pour 91 l ; Venoit avait fait un envoi de 125 l 5 s, un deuxième de 13 l 15 d, et un troisième de 137 l 10 s ; Roche, 61 l 9 s 9 d ; Jeamain, 78 l ; Laucand lui avait adressé une facture de 106 l 12 s et une deuxième de 42 l (3 E 3 (1-2)).

Barthélemy Dabadie, juge royal de Grenade et curateur de Pierre de Cist, effectuera le 22 décembre 1670, le partage des biens meubles, immeubles et des marchandises ayant appartenu à leur père François de Cist (3 E 3 (1-2)).

Bernard de Cist, bourgeois et marchand, mort le 19 janvier 1723

Deux frères, Bernard de Cist et Pierre de Cist, reprennent le commerce de marchand-drapier, en association, de 1670 à 1672. Pierre quittera Mont-de-Marsan en 1673, pour s'installer à Lyon, avant de gagner définitivement Paris en 1683 (3 E 4 (64) 260).

Jean-Marie de Cist, homme d'armes, confesse devoir verser à nos deux jeunes bourgeois et marchands, le 4 décembre 1670, 88 l 10 s 3 d « pour des marchandises prises dans la boutique » (3 E 3 (1-2)). Jacques Daviance, capitaine, habitant de Bougue, leur est redevable, le 13 décembre, d'une somme de 84 l (3 E 3 (1-2)). « Pour raison de prêt de marchandises et d'argent », Pierre de Vives, de la paroisse de Lamolère, confesse le 21 décembre, devoir 50 l 14 s (3 E 3 (1-2)). Le 23 décembre, François de Cist, curé de Mazerolles, Bernard et Pierre de Cist, ses frères, règlent définitivement leurs comptes de succession (3 E 3 (1-2)). Marie des Vignes de Farbos reconnaît le 31 décembre, devoir payer à Bernard de Cist, bourgeois et marchand, et à ses frères héritiers du sieur François de Cist, 21 l 10 s 4 d, « pour raison de prise et délivrance de marchandise que le sieur de Cist lui a faites dans sa boutique » (3 E 3 (1-2)). « Pour raison d'un compte courant dans le livre de raison du sieur de Cist, pour délivrance de marchandises », Jean Candau, bourgeois et marchand, devra donner 50 livres (3 E 3 (1-2)).

Le 1ier avril 1671, Pierre Dunoau, marchand de Villeneuve-de-Marsan, s'engage à rembourser à Bernard de Cist, un prêt de 93 livres (3 E 3 (2)). Bernard de Cist, Jean Candau, Richard Laffargue, Bernard Filhucat, marchands, fermiers des droits de mesure des charges, de la mayade, du droit de péage et de la tierce partie de la scize, depuis les contrats du 11 janvier et du 30 avril 1663, versent à la communauté de Mont-de-Marsan, le 8 mai 1671, 2 000 livres (3 E 3 (2)). Pierre Barbe, marchand de Bazas, règle le 21 juillet, une dette de 1 095 livres, dont il était redevable au père de Bernard de Cist (3 E 3 (2)). Jeanne de Castandet s'engage à lui verser 93 l de marchandises prises dans la boutique le 1ier août (3 E 3 (2)).

Le 2 mars 1672, Richard Baffoigne, bourgeois et maître-tailleur d'habits montois, s'oblige à régler 1 998 livres d'achat de tissus et étoffes diverses (3 E 3 (3)). Jean Ducournau, sieur de Brassenx, paie le 9 avril ; une dette de 500 livres dues à son père François de Cist (3 E 3 (3)). Blaise de Lafargue fait cession, le 3 mai, à Bernard de Cist, de 35 livres à prendre « sur les fruits des bénéfices de Saint-Gos, tant scize que mayade » (3 E 3 (3)). Johan du Dadou, maître-tonnelier, confesse devoir 37 l, le 3 août, « pour vente et délivrance de marchandises » (3 E 3 (3)). Le 16 octobre, François de Lassalle, seigneur de Canenx et Castet-Merle, conseiller du roi et lieutenant criminel au siège de Mont-de-Marsan, accepte la cession de 800 livres dues par Joseph de Mesmes, écuyer et sieur de Passiance (3 E 3 (3)).

Au nom de Pierre de Cist, son frère marchand, habitant à présent dans la ville de Lyon, Bernard de Cist signe avec Mathieu Sorignac marchand de la ville d'Aire-sur-l'Adour, le 23 février 1673, une obligation de 48 livres, « pour raison de vente et délivrance de certaines marchandises » (3 E 3 (4)). Un contrat du 3 mars engage Jean Candau et Bernard de Cist marchands, à percevoir de Jean Dufaget, notaire montois, de la paroisse de Saint-Jean, le somme de 112 l 10 s (3 E 3 (4)).

Bernard de Cist, bourgeois et marchand-drapier, adepte du commerce fluvial

Seul gérant de sa maison commerciale, depuis le départ de son frère à Lyon, Bernard de Cist va la développer et l'orienter vers le commerce fluvial des céréales, du vin et des eaux de vie, avec Bayonne. Il se dotera, à cet effet, d'un grenier au port de la ville de Mont-de-Marsan.

Le 8 février 1674, François de Mesmes écuyer, sieur de Lucbardez, capitaine d'une compagnie du régiment des fusiliers du roi, habitant de la présente ville, reconnaît devoir régler 210 l 17 s 3 d, « à cause et pour motif de marchandises que le sieur de Cist lui à fourguées pour s'habiller de neuf, pour partir avec sa compagnie servir le roi » (3 E 3 (5)). Dans un acte de consignation du 7 août, Bernard de Cist et ses frères François, et Pierre, paient à Isabeau de Burriot, leur belle-mère, 200 livres encaissées par Mathias Racle, bourgeois et marchand montois (3 E 3 (5)). Joseph Clavé, laboureur de la paroisse de Nonères, s'engage le 9 octobre, à régler 32 livres de marchandises prises dans la boutique (3 E 3 (5)).

Le 4 novembre 1675, Louis Ducournau médecin fait cession de 1 500 livres en faveur de Bernard de Cist, bourgeois et marchand, « somme à lui due par Jean de Lafargue, officier au régiment de Saint-Méme, pour argent prêté et marchandises » (3 E 3 (5)). Nous avions déjà signalé l'intérêt que portait notre négociant au commerce des bestiaux, il récidive le 11 novembre, en vendant à Jean du Lucat, laboureur de la paroisse de Geloux, une paire de bœufs, au prix de 80 livres (3 E 3 (5)).

Bertrand de Cist, bourgeois et marchand, comme héritier de François de Cist, s'est transporté, le 1ier août 1676, dans la maison de Joseph de Romat, avocat à la Cour, occupée par Pierre Dufourcq, seigneur baron d'Ognoas, pour percevoir une créance de 1 277 livres. En cas de non-paiement, il fait saisir, au préjudice du sieur Dufourcq, « toute icelle métairie appelée à Paupergue, autrement à Goaillardit, située en la paroisse Saint-Jean-d'Août, consistant en une maison bâtie de bois et torchis, couvertes de tuiles à canal, jardin, terres labourables et à labourer, prés, bois, tauzins, pignadar, landes » (3 E 3 (6-1)). Pour alimenter son commerce de bœufs, le 4 novembre, il achète à son cousin Fabian de Cist, curé de Sarbazan, « quatre paires de bœufs aratoires, à lui appartenant, 180 brebis, 260 chèvres, 20 ruches de mouches à miel, pour la somme de 914 l 11 s (3 E 3 (5)). Il récidive le 26 février 1677, en acquérant, toujours de son cousin Fabian de Cist, prêtre et curé de Sarbazan, 72 brebis, 65 chèvres, 12 ruches de mouches à miel, les brebis au prix de 40 sols la tête, les chèvres à 24 sols la tête (3 E 3 (6-1)). Le même jour, il confie en gazaille, à Bernard Miramon, Jean Dauba, Pierre Biben, Pierre Serre, laboureurs de la paroisse de Geloux, 72 brebis, 65 chèvres, 12 ruches, « lesdites brebis au capital de 40 sols pièce, les chèvres de 24 sols pièce, les ruches de 40 sols pièce » (3 E 3 (6-1)). Le commerçant montois Etienne Bernède, s'engage, le 27 juin, à lui payer 71 l 15 s 4 s de marchandises prises dans sa boutique (3 E 3 (6-1)). Bastide Poymoyo contrôleur de la foraine d'Arzaq, donnait quittance, le 23 août, du versement de cette taxe, frappant 12 ballots et un paquet de marchandises (3 E 3 (6-1)). Dans un contrat du 20 novembre, Izabeau de Burriot, deuxième épouse de François de Cist, suite à un accord passé avec ses beaux-fils, François de Cist, curé de Mazerolles, Bernard et Pierre, avait obtenu une pièce de terre et de vigne délaissée par le sieur François de Cist père, proche du bourg Nau de Mont-de-Marsan, estimée 225 livres ; Bernard de Cist lui propose de la lui racheter (3 E 3 (6-1)).

Depuis le 24 décembre 1673, Bernard de Cist louait au sieur de Lachapelle, avocat à la Cour, le grenier qu'il possédait au port de Mont-de-Marsan. La location portait, au départ sur une durée de dix-huit mois, « pour la réception des grains et du foin employés dans la présente ville, pour la nourriture et l'entretien des gens de guerre, qui étaient, ladite année, par la ville de Bayonne », lors de la guerre d'Espagne (3 E 3 (6-1)). Ce 15 février 1678, cette location perdurait pour un montant de 100 livres par an. Mathias Salignac, marchand de Bascons, reconnaît le 20 février, devoir lui régler 563 l 8 s 4 d, « pour vente et livraison de marchandises » (3 E 3 (6-1)). Bernard de Cist, bourgeois et marchand, le 24 juin 1678, avait fait la vente à Jeantic Peyrelongue, marchand de la paroisse de Losse, de céréales dont il s'était fourni auprès de Duvignau : 9 charrets de seigle, « à prendre, savoir 7 charrets, dans la paroisse de Sarbazan, dans la maison de monsieur le curé de ladite paroisse, et 2 charrets, dans la ville de Roquefort, du sieur de Bats, marchand de la ville, à raison de 31 livres le charret », soit une somme totale de 279 livres. Pour le payer, le sieur Peyrelongue avait promis au sieur de Cist, « de lui bailler de la cire, bonne et marchande, à raison de 16 s 6 d la livre », jusqu'à concurrence de la somme de 279 livres (3 E 3 (6-1)). Le 30 juin, Bernard de Lafitte dit Laroche, hôte, reconnaît lui devoir 50 livres, pour achat de marchandises (3 E 3 (6 -1)).

Bernard de Cist fournissait des eaux-de-vie à certains commerçants bayonnais. Pour l'un d'eux, il avait acquis du sieur Convin, 15 pipes d'eau-de-vie, à raison de 39 livres les 32 verges. N'ayant pas été livré en totalité, il fit acte d'opposition le 25 septembre, entre les mains de Laurent Grouleau, au préjudice dudit Convin. Seules 11 pipes lui avaient été transmises (3 E 3 (6-2)).

Le marchand de Grenade, Jean Bonnefemme commerçait avec lui. Le 5 septembre 1679, ayant laissé son fils Pierre Bonnefemme, en apprentissage chez Bernard de Cist, sans que celui-ci lui ait fait « accuser convention pour le prix, tant pour la nourriture, l'apprentissage, que pour son entretien , et fait la promesse et assurance que icelui Bonnefemme père, lui avait données pour son fils, tant pour sa fidélité que pour son séjour de neuf mois et demi dans sa maison », Jean Bonnefemme est averti que notre marchand-drapier est obligé de congédier son fils de sa maison, pour friponnerie, et lui demande le « paiement de ce qui est légitime de son fils » (3 E 3 (6-2)). Ce même jour, une autre marchand de Grenade, Jean Ducournau dit Cuzac, confesse devoir lui donner 91 l 2 s, pour la vente d'une barrique d'eau-de-vie (3 E 3 (6-2)). « Pour raison de vente de marchandises qu'il lui a délivrées dans sa boutique », Bernard de Cist avait exigé, le 5 avril, 109 l 4 s 7 d ; de Jean Gauché, marchand de Bougue (3 E 3 (6-2)). De même, Pierre Dufourcq, seigneur baron d'Ognoas, débiteur d'une somme de 1 127 livres, le 5 avril, en fit cession à Jean Condom et Bernard de Cist, à prendre sur une saisie de barriques de vin (3 E 3 (6-2)).

Le 27 février 1680, Barthélemy Gaillard dit Mongalon, de la paroisse de Nonères, confesse devoir donner 280 livres, à raison de marchandises prises dans la boutique (3 E 3 (6-2)). Jean Dubernard, prêtre, curé de Lucbardez et François Dubernard, procureur, habitant de Mont-de-Marsan, s'engagent le 14 juin, à lui verser 199 l 13 s, en règlement de marchandises et pour la livraison de deux cas de seigle, bon et marchand (3 E 3 (6-2)).

Famille et développement commercial des vins, eaux-de-vie, céréales et laines (1681-1704)

Né certainement dans les années 1640, Bernard de Cist décide d'épouser, le 14 décembre 1681, Jeanne de Bordos, veuve de Bernard Duron, maître-chirurgien montois, dotée de 300 livres, plus les meubles d'une valeur de 150 livres (3 E 4 (62) 256). De cette union naîtront Jean de Cist et Paul de Cist, des jumeaux, le 5 janvier 1683, Marie de Cist le 16 février 1686, une autre Marie de Cist le 28 avril 1687, Catherine de Cist le 25 septembre 1688, Bernard de Cist le 23 novembre 1690, Jean de Cist le 18 mai 1692, et Catherine de Cist le 4 août 1693.

De 1681 à 1704, l'éventail commercial se développe et s'amplifie, du commerce des eaux-de-vie et des céréales, au commerce des laines et des étoffes. Le 3 mai 1681, noble Alexandre de Carrère et noble Joseph de Bordenave s'engagent à rembourser à Bernard de Cist, bourgeois et marchand, un prêt de 119 livres (3 E 4 (62) 44). Fabian de Cist, curé de Sarbazan, et notre négociant achèvent le règlement de 914 l 12 s, convenu dans le contrat du 4 décembre 1676, concernant quatre paires de bœufs et 189 brebis (3 E 4 (62) 255).

Le 5 mai 1682, Jean de Garbay et Jean de Lacomme, laboureurs de la paroisse de Cère, confessent devoir payer 96 livres, « pour vente et délivrance de quatre charrets de bled-seigle » (3 E 4 (63) 70). Possédant une maison dans la grande rue de Mont-de-Marsan, limitrophe de la propriété des dames religieuses de Saint-Ursule, il leur reproche, le 23 octobre 1683, « d'avoir fait bâtir et appuyer leur bâtiment, sans aucun droit, sur la muraille de sa maison et de son grenier ; leurs charpentiers ont rompu beaucoup de tuiles sur le grenier et font mouiller et gâter quantité de grains dans ledit grenier », causant de grands préjudices et dégâts, dont il demande réparations (3 E 4 (64) 293). Il réitère sa demande de réparations et de dommages le 4 juillet 1684 (3 E 4 (65) 186). Le 19 novembre, Richard de Baffoigne, bourgeois et marchand montois, liquide une obligation en faveur de Bernard de Cist, de 1 998 l 12 s, dont 1 200 livres de capital et 80 livres d'intérêts (3 E 4 (64) 317). Dans un acte du 26 novembre, Bernard de Cist informe le sieur Badbedat, marchand d'Auribat, qu'il lui avait acheté en juillet dernier, 25 charrettes de paille de froment, à raison de 45 livres la charrette, mais qu'il ne s'en était trouvé que 23 charrettes (3 E 3 (14-2)).

Pour développer son commerce des eaux-de-vie, il décide d'acquérir, en cette année 1684, des chaudières et des alambics, de les louer à des vignerons et d'en commercialiser les « vins brûlés » ou eaux-de-vie vers Bayonne, à destination des marchands hollandais. Mathias Soulignac, marchand de la paroisse de Bascons, s'engage le 7 février 1684, à lui rembourser un prêt d'argent et de marchandises de 356 l 4 s 9 d (3 E 4 (65) 41). Le 14 février, Bernard de Cist traite avec Jean et David de Nolis et Jean Cadillon, marchands habitants de Grenade, « qui ont fait vente et transport à Bernard de Cist, bourgeois et marchand, savoir deux chaudières de cuivre, propres à faire de l'eau-de-vie, qui sont dans la maison de Sergue, en la paroisse de Montgaillard, pour le prix et somme de 300 livres » (3 E 4 (65) 47). Henri de Lobit, sieur de Bouret et Charles de Lobit, conseiller du roi, père et fils font, le 29 mars, un emprunt de 80 livres (3 E 4 (65) 80). Le 22 avril, Thérèse de Fronsan, veuve de Bernard de Lassalle, seigneur de Bordes, résidant à Mont-de-Marsan, confesse devoir 272 l 6 s 10 d, « pour raison de marchandises prises dans la boutique » (3 E 4 (65) 110).

Marchand-drapier, fournisseur des nobles et bourgeois locaux, Bernard de Cist s'intéressait aussi aux équipements militaires, en cette année 1686. Le 15 janvier, il fait un prêt de 300 livres, à Joseph de Cafaget, écuyer, seigneur de Hournieux, habitant de Mont-de-Marsan (3 E 4 (67) 18). Noble Joseph de Prugue, écuyer, fils d'Adam de Prugue, rembourse le 29 mars, une somme de 600 livres dues à François de Cist père, suite à une cession faite à Bernard de Cist, par son frère Pierre de Cist, bourgeois et marchand « demeurant de présent dans la ville de Paris » (3 E 4 (67) 55). Le maître-tailleur Jean-Marie Baffoigne, « pour des marchandises prises dans la boutique », règle le 1ier mai, une facture de 431 l de capital » (3 E 4 (67) 112). Bernard de Cist donne quittance aux dames religieuses de Saint-Ursule, d'un versement, le 10 juillet, de 621 livres (3 E 4 (67) 181). Le 7 août, Etienne d'Estangue, sieur de Cazaux, s'engage à rembourser un prêt de 215 l 14 s (3 E 4 (67) 203). Pour les mêmes raisons, François de Lubet, marchand habitant au port, confesse devoir 200 livres, le 9 octobre (3 E 4 (67) 250). En exécution d'un contrat du 2 octobre, Bernard de Cist fait acte d'opposition contre l'abbé et les religieux de l'abbaye de Saint-Jean-de-la-Castelle qui lui doivent, le 22 octobre, 300 livres de capital (3 E 4 (67) 264). Jean de Bordenave de Bargues écuyer, reconnaît devoir, le 4 décembre, 500 livres, « pour reste de 692 livres, provenant de marchandises et d'argent prêtés, un cheval, deux baudriers et autres choses, pour équiper et monter François de Bordenave son frère, capitaine du régiment des Piémontais » (3 E 4 (67) 302). Noble Timothée et Richard de Tastet capitaine au régiment des fusiliers du roi, remboursent le 16 décembre, 17 l 18 s 4 d, en déduction de la somme de 287 l 11 s 11 d (3 E 4 (67) 310).

L'année 1687, de nombreux militaires fréquentent le magasin de Bernard de Cist, pour des prêts d'argent, l'acquisition de marchandises liées à leurs fonctions. Le 6 janvier, Joseph Darmé, lieutenant général, confesse lui devoir

200 livres (3 E 4 (68) 39). Dans son testament du 8 mai 1685, François de Cist, curé de Mazerolles, demande à son frère Bernard de Cist, de donner à tous les curés de la paroisse, ses successeurs, 400 livres, sur les terres et maisons qu'il possédait (3 E 4 (68) 57). Le 2 avril, François de Mesmes, sieur de Lucbardez, capitaine au régiment des fusiliers du roi, règle une dette de 519 l 17 s 3 d, « pour raison d'argent et marchandises que le sieur de Cist lui a baillés, prêtés et délivrés » (3 E 4 (68) 91, 95). Il sollicitera un nouveau prêt de 115 livres, le 5 avril. Le 3 avril, Bernard de Lier sieur Dagos, de Tartas, pour payer ses dettes, lui avait fait cession de 500 livres, « à prendre sur l'hérédité de Etienne Bernède » (3 E 4 (68) 92). Bernard de Cist prêtait aussi de l'argent à ses collègues marchands : le 18 novembre, il fait un prêt de 300 livres à Maurice Labeyrie, marchand du Bourdalat de Montague (Saint-Sever) (3 E 4 (68) 303).

L'activité de banque, sous forme de prêts d'argent, domine l'année 1688. Le 20 février, Raymond, Jean et autre Jean Dubrun, frères, marchands de la paroisse de Lucbardez et de Beaussiet, lui empruntent 586 l 8 s 3 d (3 E 4 (69) 63). Etienne d'Estangue, sieur de Cazaux, habitant Campagne, reçoit le 26 février, un prêt de 337 l 9 s (3 E 4 (69) 73). Jean-Louis de Barthène, sieur du Ha, liquide le 2 juin, un compte de 71 l 13 s (3 E 4 (69) 191). Bernard de Cist accorde le 12 octobre, à Louis Cazade, curé de Bougue, et à la demoiselle Cazade sa belle-sœur, un prêt de 100 livres (3 E 4 (69) 356). Le 4 décembre, ce sont Paul Cazaux, bourgeois et François Cazaux, docteur en médecine, qui sollicitent un prêt de 200 livres (3 E 4 (69) 412).

Le commerce des draps, des eaux-de-vie et les activités de prêts d'argent ponctuent l'année 1689. Le 4 juin, Jean Laburthe, procureur du roi, de Grenade, sollicite un prêt de 400 livres (3 E 4 (70) 165). Pour la même raison, Etienne d'Estangue se dit redevable, le 14 juin, de 150 livres, « à cause et pour raison de pareille somme, que ledit sieur de Cist lui a prêtée » (3 E 4 (70) 183). Agissant pour le compte de son frère Pierre de Cist, bourgeois et marchand de Paris, Bernard de Cist fait acte d'opposition, le 22 juin, auprès de Jean-Pierre Versoris, pour recouvrer deux créances de noble Pierre de Lassalle, sieur de Cazaux, l'une de 195 l 15 s 1 d (contrat du 16 janvier 1671), l'autre de 104 l 5 s (contrat du 16 janvier 1686) (3 E 4 (70) 195). Le 29 juin, Bernard de Cist, bourgeois et marchand, loue à Joan Lagrange, maître-chirurgien, « toute icelle maison à lui appartenant, sise au bourg de la présente ville », pour une durée de cinq ans, 36 livres par an (3 E 4 (70) 198).Pour le compte de Bertrand Verdier, bourgeois et négociant de Bayonne, Bernard de Cist règle, le 9 septembre, à Joan Versoris, bourgeois et marchand montois, un montant de 953 l 15 s, en « pistoles d'or, pour 15 pipes d'eau-de-vie, vergeant 1 304 verges, savoir 10 pipes vergeant 861 verges marchandes, à raison de 24 livres les 32 verges, et 5 pipes restantes, vergeant 448 verges, faibles, maigres et roussies, aussi défectueuses, à raison de

22 livres les 32 verges, vendues le 13 août 1689 » (3 E 4 (70) 284). Débiteur de 300 livres (contrat du 15 janvier 1686), Joseph de Cafaget, écuyer, seigneur de Hourmieux, ne pouvant acquitter cette somme, attribue en paiement au sieur de Cist, « la jouissance des fruits de la métairie de La Hiroise », contrat notifié le 19 octobre, à Joseph de Barthe, métayer, « pour lui sommer de lui bailler les droits des fruits qui se recueilleront sur la métairie » (3 E 4 (70) 318). Comme procureur de sa sœur Marie de Cist, veuve de feu Dabadie, juge à Grenade, et en sa faveur, il fait le 15 novembre, une transaction de 712 livres, avec Samuel de Taret, seigneur de Loubens (3 E 4 (70) 340). De nouveaux problèmes de mitoyenneté avec les dames religieuses de Saint-Ursule, se posent le 3 décembre, « au sujet de la muraille de leur maison, qui est mitoyenne avec celle du sieur de Cist, et des dégâts causés par un assemblage d'eau qui tombe dans un canal » (3 E 4 (70) 354). Le 9 décembre, Maurice Labeyrie, marchand du Bourdalat de Montague, confesse lui devoir 318 livres de prêt (3 E 4 (70) 359). Paul Gourgues, bourgeois montois, s'engage le 14 décembre, à lui payer 21 l 3 s, « à cause et pour raison de marchandises que le sieur de Cist lui a vendues et délivrées dans sa boutique, le 15 décembre de l'année dernière » (3 E 4 (70) 361). Jean Cazade, bourgeois et marchand montois, lui fait cession le 24 décembre, de la somme de 323 l 11 s 5 d de capital, et 6 l 17 s 2 d d'intérêts, à prendre sur le compte de Jean d'Artix (Dartiqs), seigneur de Luzan, capitaine au régiment d'infanterie de la reine, résidant à Villeneuve-de-Marsan (3 E 4 (70) 370).

L'année 1690, n'est que prêt d'argent dans nos minutes notariales. Le 8 février, Barthélemy Baraillon, commissaire de la foraine de Montague (Saint-Sever), et Maurice Labeyrie, marchand du Bourdalat de Montague, perçoivent 360 livres de « prêt » (3 E 4 (71) 54). Pour les mêmes raisons, le 29 mars, noble Jean de Poyferré, lui emprunte 122 livres (3 E 4 (71) 91), et Jacques de Lataste dit de Menon, homme de labeur de la paroisse de Bascons, le 24 juillet, 90 livres (3 E 4 (71) 219). Le 5 décembre, Joan d'Arengosse, laboureur de la paroisse de Garein, lui achète 83 chèvres, « qu'il a dans la métairie de Bouicq, dans la paroisse de Geloux », au prix de 83 livres (3 E 4 (71) 365).

En 1691, il n'est question que de denrées agricoles et d'animaux aratoires. Le 2 octobre, Jean d'Arengosse, laboureur de Garein, confesse lui devoir 54 livres, « à cause et pour raison de la vente et délivrance d'une paire de bœufs » (3 E 4 (72) 333). Etienne d'Estangue, seigneur de Berthuy, apure le 17 octobre, une dette de 922 livres, « dont 106 livres pour la valeur d'une barrique de vin, et d'un charret de froment » (3 E 4 (72) 357).

Bernard de Cist s'intéresse au marché des céréales, n'ayant pas de métairie en propre, il en affermera au cours de l'année 1693. Le 3 juin 1692, Jean-Marie e de son épouse Jeanne de Bordos, habitant la paroisse de Puyo, omme de 350 livres, « reste de constitution dotale, et ce depuis le eur de Cist » (3 E 4 (73-1) 299). Augustin de Prugue, écuyer, 12 juin 1693, devoir un prêt de 233 livres, « que le sieur de Cist a à Paris, audit sieur de Prugue, pour faire la présentation au roi, nservation de l'office de lieutenant particulier, de son père Jean- Prugue » (3 E 4 (74) 93). Dans un acte du 14 juillet, il s'accorde avec e Lassalle, conseiller au Parlement de Bordeaux, « pour faire hausser urailles de sa garde robes et grenier » (3 E 4 (74) 123). Jean-Louis Racle lui ferme, le 16 septembre, « les métairies appelées au Loy et au Hillot, à Grenade, et la métairie de Lacouture, dans la paroisse de Nousse, juridiction de Montfort, pour un an, moyennant 200 livres (3 E 4 (74) 187).

Correspondant des manufacturiers du Languedoc, Bernard de Cist faisait venir de Bayonne, des balles de laine d'Espagne, transportées par des maîtres-de-bateaux, jusqu'au port de Mont-de-Marsan, où elles étaient entreposées, avant de les confier à des affréteurs de bouviers, chargés de les livrer aux industries lainières du Languedoc. Ne possédant pas de galupe ou de gabare pour les transporter, ni de grenier suffisant pour les stocker, il s'exposait à des complications de livraison de la marchandise. Le 12 février 1694, il avait acquis et payé pour le compte des sieurs Manuel, Alexandre, Louis Mendide Dacosta, négociants bayonnais, 257 balles de laine et 6 barriques de graisse de baleine, qu'il avait faites transporter sur les gabares de Fortis Péres : le 15 janvier, 27 balles de laine, le 1ier février, 162 balles et le 3 février 68 balles. Toutes ces balles de laines furent déposées dans les greniers de Péres, Lubet et Bernard Brettes, au port de Mont-de-Marsan. Lafontant bourgeois et jurat de la ville, perçoit les divers droits de péage et scize, mais l'affréteur de bouviers du sieur Lalanne de Barbaste, ne pût charger la totalité de la marchandise, du fait de la rétention d'un certain nombre de balles de laine, par Fortis Péres (3 E 4 (75) 60). Le 3 mai, Arnaud et autre Arnaud de Cassagne, associés, laboureurs de la paroisse de Montgaillard (Saint-Sever), reconnaissent devoir 161 livres à Bernard de Cist, pour la vente et la délivrance de vin et de grain, qu'ils déclarent « vouloir employer pour vivre eux et leur famille, et pour travailler leur bien, attendue la misère du temps » (3 E 4 (75) 182). Pour les mêmes raisons de vente et délivrance de grain et de vin, Jean et Jean-Louis Ducla, frères, marchands de la même paroisse, s'engagent le 5 mai, à lui payer 207 l 12 s (3 E 4 (75) 203).

Le commerce des grains, vins et eaux-de-vie, se poursuit au cours de l'année 1696. Dans un acte d'opposition du 8 février, adressé à Marie de Lannebras, veuve de Bernard Brettes, de Mont-de-Marsan, Bernard de Cist exige la saisie des pièces d'eau-de-vie, des barriques de vin et autres effets appartenant à Pierre Bonnard, débiteur de 177 l 15 s, reste d'une somme de 1 600 livres (3 E 4

(76-2) 45). Le 15 février, Augustin de Prugue confesse lui devoir 2
« pour le prix d'une barrique de vin et un prêt d'argent » (3 E 4 (
Joseph de Lobit, curé de Beaussiet et Henri de Lobit, avocat à
habitants de la présente ville, oncle et neveu, confessent devoir rembou
livres, « que le sieur de Cist leur a fournies, aujourd'hui, sur le sieur
Hubert, bourgeois de Paris » (3 E 4 (76-2) 280). Les marchands de Ben
Joseph, Arnaud et Jean Labaille, s'engagent le 15 novembre, à lui verser
livres, pour un prêt d'argent, le 23 décembre 1699 ; ils le rembourseront (3 E
(76-2) 289 et (77-2) 158).

De 1697 à 1704, Bernard de Cist accorde davantage de prêt d'argent ; son activité bancaire semble prendre le pas sur le commerce des draps, des céréales et des eaux-de-vie ; ayant hérité de métairies à Mazerolles, de son frère François, il a quelques problèmes avec ses métayers. . Le 1[ier] mars 1697, François de Mesmes, seigneur de Lucbardez, lui emprunte 300 livres (3 E 4 (77-1) 46). Jean, Simon et Bernard Duvignau, père et fils, laboureurs de Saint-Médard-de-Beaussé, sont sommés le 12 novembre, d'habiter la métairie de Joandille à Mazerolles, dont il leur a accordé la faisande (3 E 4 (77-1) 242).

Le 19 mai 1698, Jean Despinos, Joseph et Bernard, laboureurs de Mazerolles, tiennent à faisande de Bernard de Cist, la métairie appelée à Audace ou de Cist, située dans la même paroisse, pour une durée de neuf ans ; « ils seront tenus de porter annuellement audit de Cist, en la présente ville, le quart de tous les grains, lin ; chanvre et légumage, et de le venir reconnaître les fêtes accoutumées… » (3 E 4 (77-2) 103).

Le 17 novembre 1698, il donne quittance à Jean Lataste, laboureur de Bascons, du remboursement d'un prêt de 90 livres (3 E 4 (77-2) 133). Pour abandon de la métairie de Lucbardète, à Mazerolles, Jean Labarbe et Bernard Tartas, laboureurs des paroisses de Bostens et Mazerolles, sont poursuivis, le 12 janvier 1701, par le sieur de Cist, et devront lui acquitter 95 livres, « pour les grains et effets » qu'ils lui doivent (3 E 4 (78) 2). Le 6 août, Jean Dehès, laboureur de la paroisse de Campagne et métayer de la métairie du Petit Hournieu, emprunte 20,5 mesures de panic, « pour ensemencer les terres » (3 E 4 (78) 178). Le lendemain 7 août, Bernard Duron, laboureur de Campagne, et métayer du Grand Hournieu, pour les mêmes raisons, se trouve redevable de 29 mesures de bled-seigle, 37 mesures de millet et 31 mesures de panic, que de Cist lui a prêtées et délivrées (3 E 4 (78) 171). Pour recouvrer des créances, Bernard de Cist demande à Jacques Duvin, bourgeois et marchand montois, le 7 février 1702, de saisir « le montant de la vente d'eau-de-vie appartenant à la veuve de sieur Filhucat » (3 E 4 (79) 31). Le 17 février, toujours pour percevoir une créance de madame de Filhucat, de 370 l 6 s, il demande à Jacques Duvin, de saisir « les eaux-de-vie appartenant à la demoiselle, dans le chai de la veuve Lubet, au port » (3 E 4 (74) 32). « Pour reste de louage d'une paire de chaudières, des années 1697 et 1698 », Rémy Dabadie, marchand montois, s'oblige à payer 60 livres, au sieur de Cist (3 E 4 (79) 89). Noble Pierre de Lassalle, seigneur de Cazaux, fait cession , le 6 novembre, à Bernard de Cist, de 400 livres qu'il lui devait, à prendre sur le compte de Jean Benquet, laboureur de la paroisse de Saumejaz, juridiction de Casteljaloux (3 E 4 (79) 253). André de Laburthe, héritier de Jean de Laburthe, procureur du roi à Grenade, règle le 14 novembre, 2 020 livres de remboursement de créances (3 E 4 (79) 261).

Au cours de l'année 1704, Bernard de Cist défend les intérêts de son frère Pierre de Cist, bourgeois et marchand installé à Paris. Le 27 mars, il fait acte d'opposition contre messire Duvignau, débiteur de son frère Pierre, de « sommes considérables » (3 E 4 (81) 62). Le 28 mars, c'est contre dame Marie de Prugue, veuve de Pierre-Paul de Prugue, qu'il fait opposition, pour recouvrer des sommes importantes dues à son frère Pierre de Cist, bourgeois et marchand de Paris (3 E 4 (81) 63). Le 18 mai, il vend un lopin de terre, de pignadar, de la contenance d'un journal, appelé au « puy dou San », à Mazerolles, à Antoine Saint-Marc, laboureur de ce village, estimé 84 livres (3 E 4 (81) 126). Le 17 juillet, Jean Lagnian dit Gigot, laboureur de la paroisse d'Arricau, prend à faisance la métairie appelée à Castillon, située en la paroisse d'Artassenx, pour une durée de neuf ans, et s'engage à porter annuellement au sieur de Cist, le quart de tous les grains, lin, chanvre et légumage, la moitié du vin vieux d'échalat et des sarments (3 E 4 (81) 177). Thomas Destenave, marchand de la paroisse de Saint-Loubouer (Saint-Sever), prend en location, le 14 octobre, des « chaudières d'eau-de-vie », pour un loyer de 300 livres (3 E 4 (81) 243).

Bernard de Cist, bourgeois, banquier et jurat (1705-1724)

Cette dernière période de sa vie, 1705-1723, marque la fin de ses activités commerciales, pour Bernard de Cist, qui transmet sa maison de commerce à son fils aîné, Jean de Cist. Tout en poursuivant des activités de prêts bancaires, il s'intéresse à la gestion administrative de la ville de Mont-de-Marsan, en tant que jurat, et surveille ses propriétés foncières tardivement acquises.

Le 8 avril 1706, pour le compte du sieur Laborde, bourgeois et marchand de Bayonne, il donne quittance d'un versement de 433 livres, à Marie Naudin, veuve de Simon Paillauque, marchand affréteur de la paroisse de Lencouacq (3 E 4 (82) 64).Jean Dupin, laboureur de Mazerolles, prend à faisande, la métairie d'Audau à Mazerolles, pour une durée de neuf ans, le 20 mars 1708 (3 E 3 (24) 11).

L'année 1710, n'est qu'activité de prêts d'argent et d'acquisitions de propriétés foncières. Le 25 mars, Jean et François Dartiguelongue, frères, prennent en métayage, pour neuf ans, la métairie du Grand Hournieu, à Campagne (3 E 3 (24) 9). Bernard et Jean Duron, métayers du Grand Hournieu, remboursent le 30 mars, un prêt de 90 livres, mais demeurent débiteurs de 64,5 mesures de millet et 64,5 mesures de panic (3 E 3 (24) 10). Le 25 mai, Bernard de Cist, bourgeois, achète à Bernard et Jean Mauléon, frères, de la paroisse de Mazerolles, la métairie de Jean de Cist ou à Lesbada, estimée 715 livres (3 E 3 (24) 23). François Lubet, bourgeois et marchand du port montois, déclare, le 7 août, devoir 4 871 l 8 s 9 d, d'une promesse de septembre 1699, « argent emprunté pour payer la maison où le sieur Lubet fait sa résidence et entretenir son commerce » (3 E 3 (24) 47). Mathias Romat, conseiller du roi, emprunte à Bernard de Cist, bourgeois et jurat, 600 livres, le 17 octobre (3 E 4 (83) 102). L'acquisition de la métairie de Bertillac, vendue le 10 novembre, par Mathias de Pontac, ne semble pas une très bonne affaire, vu le prix de 1 000 livres, pour « une méchante maison, bâtie de bois et torchis, couverte de tuiles, toute délabrée, parcs, parquier en mauvais état, eyre, eyrial, jardin, près vignes, terres labourables presque en friche, lande, tauzia » (3 E 4 (83) 119). Le 16 novembre, Bernard de Cist, bourgeois et jurat, donne en gazaille, 24 brebis à Jean Candau et Jean Dubos, laboureurs de la paroisse de Saint-Pierre-du-Mont (3 E 4 (83) 125).

Les actes notariés n'ont conservé, pour les années 1712 et 1713, que des remboursements de prêts d'argent et des contrats de métayage ; pas d'effets de commerce. Le 24 février 1712, Ignace de Lassalle, seigneur de Bordes, reconnaît devoir donner 144 l 14 s 6 d, « procédant de la somme capitale de 372 l 6 s 10 d, conformément aux contrats du 22 avril 1684 et du 16 septembre 1704, retenus par Mauco (3 E 3 (25) 17). Jean Candau, avocat, s'oblige à lui rembourser un prêt de 255 l 10 s (3 E 3 (25) 61). Le 5 mai 1713, Antoine Dupeyron et Jean Ferrand, laboureurs de la paroisse du Vignau, reconnaissent lui devoir 47 l 3 s 6 d (3 E 3 (25) 25). Jean-Pierre de Bordenave, écuyer, seigneur de Barques, lui verse le 20 mai, 1 116 l 18 s, soit 697 l de capital et 417 l 8 s d'intérêts (3 E 4 (84-1) 74). Le 31 mai, il accorde un prêt de 300 livres à Louis de Cabannes, écuyer montois (3 E 4 (84-1) 81). Jean Dauba, laboureur de la paroisse de Campagne, prend, le 25 juillet, en faisande, la métairie de Tauziat, pour une durée de neuf ans (3 E 3 (25) 43). Le seigneur de Hournieu, Jean-Marie de Cafaget, liquide une créance de 371 livres, le 7 août (3 E 4 (84-1) 117). Le 13 du même mois, Jean de Cassonlis, laboureur de Campagne, prend à faisande, la métairie du Petit Hancis (3 E 3 (25) 46).

Opérations bancaires et achat d'une métairie, tels sont les actes marquant cette année 1714. François et Joseph Lubet, père et fils, lui font cession de

4 300 livres, le 27 janvier, « à prendre et se faire payer par Joseph Saint-Jean, homme d'armes de la paroisse de Bats (Saint-Sever), qui ne pouvant s'acquitter d'une pareille somme, vend à Bernard de Cist, le 29 mai, « la métairie de Brouste, consistant en maison, parc, parquier, eyre, eyrial, jardin, vignes, terres labourables, bois taillis, landes, touyas, pignadar », située dans la paroisse de Mazerolles, estimée 3 000 livres (3 E 3 (25)). Le 17 avril, Bernard Tauziède dit Lapouasse, habitant de Campagne, lui sollicite un prêt de 83 l 5 s (3 E 3 (25)). Un autre homme d'armes, Bernard de Pouères, habitant de Saint-Loubouer, seigneur d'Auzan, lui rembourse le 5 juin, un prêt de 700 livres (3 E 3 (25)). Détenteur de créances impayées de Jean Lubet, bourgeois montois, il fait opposition le 24 septembre, entre les mains de Jean Lesbazeilles, marchand, pour le remboursement de cette dette, sur l'hérédité de Madeleine Lefrancq (3 E 3 (25)). Le 6 novembre, Bernard de Sage, laboureur d'Artassenx, s'engage à lui rembourser un prêt de 100 livres (3 E 3 (25)).

Pour pouvoir acquérir une nouvelle métairie, Bernard de Cist, bourgeois et jurat de la ville, vend le 11 février 1715, la métairie de Tauziet, sise à Campagne, consistant « en maison couverte de tuiles à canal, parc, eyre et eyrial, jardin, terre labourable, bois, landes et tauzins, pignadar », estimée 2 000 livres, à Paul Sourbé, avocat à la Cour, et achète le 13 février, à Joseph Saint-Jean, homme d'armes, « la métairie de Lacoste, consistant en maison, parc, cabanes, eyre, eyrial, jardin, terres labourables, vignes, taillis, tauzias, pignadar », estimée 3 200 livres, située à Mazerolles, où il détient d'autres métairies (3 E 3 (26-1)). Le 26 avril, Jean Ducos, de Bascons, reconnaît un emprunt de 500 livres (3 E 3 (26-1)). Le lendemain, 27 avril, Jean de Beziat dit Piquay de Larouzé, laboureur de la paroisse d'Arricau (Saint-Sever), lui emprunte 300 livres (3 E 3 (26-1)).

Bernard de Cist banquier (1717-1723)

Au cours de ces dernières années de vie, Bernard de Cist ne semble plus pratiquer le commerce de marchand-drapier, il doit avoir transmis cet office à son fils Jean de Cist. Ces activités financières portent sur des prêts et des recouvrements de créances. Le 22 janvier 1717, Madeleine Lefrancq, veuve de Pierre Lubet, syndic de la Communauté, lui devait des sommes considérables, il fait opposition, auprès de Jean-Marie Versoris (3 E 3 (26-2)). François et Joseph Lubet, pour rembourser des créances, lui font cession, le 30 décembre, de 2 417 l 15 s, à prendre sur le compte de Arnaud Dupouy dit Dazère, laboureur de la paroisse de Bats, pour un montant de 851 livres et sur Christophe Dupoy, homme d'armes, habitant le même village, pour la somme de 500 livres (3 E 3 (26-2)).

Pour obtenir le remboursement d'une créance de 925 livres de capital, du par noble Jean-Marie de Cafaget, seigneur de Hournieux, Bernard de Cist fait opposition, le 11 mai 1718, entre les mains de Pierre Chevalier (3 E 3 (27-1)). Le 16 septembre, Jean Condon avocat et son épouse, Jeanne-Anne de Filhucat, s'engagent à lui rembourser 170 l 13 s (3 E 3 (27-1)). Jean Lesbazeilles marchand montois, reçoit quittance le 13 novembre, d'un versement de 300 livres de capital et 61 l 17 s 6 d d'intérêts (3 E 3 (27-1)).

Le 8 janvier 1719, Jean-Marie de Prugue, maire perpétuel de Mont-de-Marsan, reçoit quittance du versement de 722 l 10 s (3 E 4 (85-1) 3).

Le 14 février 1722, César-Phélix de Ferrare chevalier, seigneur vicomte d'Amboise, habitant de Saint-Justin en Marsan, déclare devoir donner 7 500 livres, à savoir 4 000 livres que le sieur de Cist lui a prêtées et 3 500 livres prêtées à messire Mathieu de Pontacq, comte de Belhade (3 E 3 (28) 34). Guilhaume Viarnis béarnais, vigneron de la paroisse de Larrivière (Saint-Sever), reçoit quittance, le 27 février, du paiement de 632 l 12 s 6 d (3 E 3 (28) 45). « Pour cause de prêt », Fabian de Cist de Baché, chevalier de Saint-Louis, comme mari de dame Marguerite de Prugue, déclare le 2 juillet, devoir rembourser 650 livres, par une rente annuelle de 13 livres (3 E 3 (28) 156). Le 10 juillet, Jean-Joseph de Carrère, seigneur de Loubères, lieutenant du régiment du Piémont, résidant à Mont-de-Marsan, lui emprunte 1 500 livres, « en un billet de banque de 1 000 livres et cinq autres billets de banque de 100 livres » (3 E 3 (28) 173). Bernard Dabadie, bourgeois de Bougue, fait un emprunt le 26 juillet, de 2 400 livres, « en plusieurs billets » (3 E 3 (28) 192). Le 9 août, Jean-Marie de Cafaget lui rembourse 783 l 18 s 5 d, sur des obligations datées de 1680, du 16 janvier 1703 et du 7 août 1703 (2 C art. 779, 20). Etienne d'Estangue, sieur de Marsac, demeurant à Campagne, s'engage le 13 août, à lui redevoir 3 000 livres (2 C art. 779, 21).

Le 11 décembre 1721, Jeanne de Lannebras, veuve de Jean Saint-Pé, marchand montois, a reconnu devoir rembourser un prêt de 200 livres, fait au sieur Saint-Pé, de son vivant (3 E 3 (29) 172).

Entre les années 1722 et 1723, Bernard de Cist perçut des remboursements de dettes, avant de s'éteindre le 19 janvier 1724.

Pierre de Cist, bourgeois et marchand à Mont-de-Marsan, Lyon et Paris (1670-1683)

Pierre de Cist, frère de Bernard de Cist, est né le 4 avril 1652, il épousa Anne Condon, dont il eut au moins un fils, Mathias de Cist, né le 1ier mai 1673. Après le décès de leur père, les deux frères gèrent la maison commerciale en association, pendant quelques années, avant le départ de Pierre de Cist pour Lyon, où il servit d'intermédiaire à son frère, pour l'acquisition des draps et étoffes produits dans la région lyonnaise ou y parvenant. Son séjour montois se résume à liquider la succession de son père François de Cist, et recouvrer les créances délaissées à sa mort. Ainsi, le 24 décembre 1670, François de Cist son frère aîné, curé de Mazerolles et lui-même, font cession de 623 livres, en faveur de Barthélemy Dabadie juge, à prendre sur le compte des dames religieuses du couvent de Sainte Ursule (3 E 3 (1-2)). Pour assainir un « compte de marchandises prises dans la boutique », Arnaud de Raison, marchand montois, s'engage le 30 décembre, à verser à Pierre de Cist le jeune, bourgeois et marchand, 70 l 17 s (3 E 3 (1-2). Monsieur de Lamarque, procureur au siège de Mont-de-Marsan, confesse le 31 décembre, devoir régler 68 l 7 s, « pour raison d'un compte courant de marchandises qu'il a prises dans leur boutique » (3 E 3 (1-2)). Nicolas Bordenave, homme d'armes, s'oblige le même jour, à verser 76 l 1 s 6 d (3 E 3 (1-2)).

Pierre de Cist, le jeune, bourgeois et marchand, consacre l'année 1671, à apurer les comptes courants des clients du magasin. Le 3 janvier, noble de Vallière, écuyer, sieur de Lacroust, habitant de Mont-de-Marsan, s'engage à lui régler 600 livres (3 E 3 (2)). Le même jour, Pierre-Paul de Prugue, écuyer, sieur de Cailhau, promet d'apurer les 364 l 5 s de son « compte courant » dans la boutique (3 E 3 (2)). Le 5 janvier, l'abbé Jean-Marie de Prugue confesse devoir donner 152 l 5 s 13 d, « pour reste d'un compte » enregistré dans le magasin (3 E 3 (2)). Jean Sourbé, bourgeois et maître-apothicaire, et François Costedouat, maître-maçon, promettent le 8 janvier, de régler 44 l 30 s, « pour raison de marchandises prises dans la boutique » (3 E 3 (2)). Noble Jean-Charles de Lassalle, sieur de Cazaux, promet le 16 janvier, de régler le solde de 195 l 15 s 1 d, de son « compte courant » (3 E 3 (2)). Même démarche, le 2 mars, pour noble Marc-Antoine Descours, seigneur Despalais, débiteur de Pierre de Cist, le jeune, bourgeois et marchand, d'un compte courant de 221 l 17 s 6 d (3 E 3 (2)). « Pour reste de compte courant de marchandises prises dans leur boutique », noble Joseph de Prugue s'engage, le 4 mars, à régler 187 l 7 s 6 d (3 E 3 (2)). Le 1ier avril, Bernard Duprat, laboureur de la paroisse de Canenx, reconnaît une dette de 40 livres, « pour raison de marchandises prises » (3 E 3 (2)). Paul Gouyon, bourgeois et marchand montois, le 3 avril, reçoit un prêt de quatre charrettes de seigle (3 E 3 (2)). Le syndic des Barnabites de Mont-de-

Marsan, s'engage le 6 avril, à régler à Pierre de Cist, 175 l « d'un compte courant de marchandises prises par la communauté, dans sa boutique » (3 e 3 (2)).

Si Pierre de Cist accorde une obligation à Pierre de Nuau, de Mont-de-Marsan, le 18 avril 1673, pour le règlement de 132 l 14 s, en fait, il est déjà installé à Lyon, et depuis le 23 février ; son frère Bernard de Cist, détient une procuration pour défendre ses intérêts à Mont-de-Marsan (3 E 3 (4)).

Combien d'années demeure-t-il à Lyon, nous l'ignorons ; son installation définitive, comme bourgeois et marchand de Paris, est attestée en 1683. Le 29 septembre de cette année-là, François de Cist, son frère aîné, curé de Mazerolles, son procureur constitué, oblige le sieur de Lacroust et Jean-Louis de Vallière, père et fils, habitant de la paroisse de Mauco, au siège de Tartas, de régler le somme de 204 l 13 s, due à Pierre de Cist, « bourgeois et marchand de Paris « (3 E 4 (64) 262).

S'il y eut quelques autres marchands, dans les descendants des oncles et des frères de François de Cist, particulièrement parmi les fils d'Etienne de Cist son frère mort avant 1649, la dynastie de Cist ne passa pas le cap du XVIIIème siècle, en tant que négociant à Mont-de-Marsan. Leur représentant le plus connu en cette fin du XVIIème siècle, demeure Bernard de Cist, bourgeois, marchand et jurat de la ville de Mont-de-Marsan, doté dans l'Armorial général de 1696, des armoiries suivantes : « De gueules à quatre aigles d'or posés 2.2 ». (Per Gd 8° 77-1)).

Jean Candau, associé de François de Cist au XVIIème siècle

Trois générations de Candau feront commerce à Mont-de-Marsan, au cours du XVIIème siècle, de céréales, de vin et de sel, avant la disparition de leur maison commerciale en 1712, faute de repreneur. Très bien implantée à Saint-Sever et Hagetmau, la famille délégua Jean Candau, bourgeois et marchand, pour s'installer au port de la ville, où il se remarie le 17 avril 1624, avec Jeanne Cazaux, dont il aura au moins un fils, Jean Candau qui s'adonnera au commerce fluvial avec Bayonne.

Jean Candau, bourgeois et marchand (mort vers 1660)

Ce Jean Candau, fils, qualifié dans les actes notariés de bourgeois et marchand, épouse le 4 septembre 1639, Marguerite Cazaux, qui lui donnera trois enfants : Jean Candau baptisé le 9 avril 1642 ; Bernard Candau baptisé le 6 mai 1643 et Paul Candau baptisé le 31 août 1644. Le premier acte le concernant, date du 26 décembre 1649, c'est l'achat d'une maison estimée 700 livres, à noble Jean-Charles de Lassalle, seigneur de Cazaux (3 E 13 (2-1)).

Le 3 mars 1650, Bernard et Joan de Cist, père et fils, marchands montois, lui achètent 29 têtes de brebis ou agneaux, pour une somme de 150 livres (3 E 13 (2-2)). « Pour raison de seigle et millet à lui prêtés », Pierre Tauziède dit Douboué (de Boué), laboureur de Maurrin, confesse devoir lui donner 42 l 10 s (3 E 4 (14) 36).

Lacroix, bourgeois et marchand de Bayonne, fait l'acquisition, par l'intermédiaire de Jean Dehon dit Caboy, marchand de Saint-Jean-de-Lier en Auribat, de 31 barriques de vin, le 8 mars 1651, délivrées par Jean Candau, qui le même jour, accorde un prêt de 60 livres à Pierre, Louis et Jean de Burriot, bourgeois montois (3 E 4 (15) 15, 16).

Le marchand François Dufourcq, de la paroisse d'Arsague (Dax), avait acquis, le 25 septembre 1652, de notre bourgeois et marchand, deux charrettes de millet et deux charrettes de « mesclagne » (millade), à 17,5 livres la charrette (3 E 4 (15) 48).

Le 14 décembre 1653, Bertrand Parage marchand et Jean de Vergès, maître-tonnelier, lui doivent 60 livres de marchandises (3 E 4 (15) 100). Le marchand-batelier Guilhaume Sanguinet, habitant du lieu du Poy, au siège de Tartas, s'engage, le 17 décembre, à lui verser 775 livres, « pour vente de 31 barriques de vin blanc, bon et marchand, à raison de 25 livres la barrique » (3 E 4 (15) 103).

Une quinzaine d'actes notariés de l'année 1654 confirment les relations du commerce fluvial de Jean Candau avec Bayonne, d'autant qu'il décide d'acquérir des galupes ou gabares, pour descendre des céréales, des vins, et remonter du sel et autres marchandises. Le 7 janvier, Etienne Carrère, habitant du port, reconnaît devoir lui régler 76 livres, pour « prêt d'argent et délivrance de sel » (3 E 4 (16) 3). Bernard Lafitte, laboureur de Maurrin, reconnaît, le 18 janvier, lui devoir 548 livres, pour « 11,5 mesures de seigle, bon et marchand, prêtées et délivrées » et un prêt d'argent (3 E 4 (16) 7). Un autre laboureur de Maurrin s'engage le 1ier février, à lui régler 238 livres de céréales (3 E 4 (16) 24). Le même jour, un troisième laboureur de Maurrin, reconnaît être en dette de 98 livres, pour le « prêt d'un charret mestoure, moitié millet, moitié panic » (3 E 4 (16) 25). Le 2 février, Bernard Dabadie dit Bernaton, laboureur de Bascons, devra s'acquitter de 7 l 4 s, pour le prêt de 12 mesures de seigle, bon et marchand (3 E 4 (16) 27). De ce même village, Massie Dupouy laboureur est endetté, le 5 février, de 306 livres, pour la livraison de « 12 mesures de millade, moitié millet, moitié panic » et d'autres obligations portant sur des prêts d'argent (3 E 4 (16) 28). Bertrand de Parage, laboureur de Bretagne, lui est redevable de 1 850 livres, le 8 février, « pour raison de grains et autres obligations » (3 E 4 (16) 35). De nombreuses affaires sont traitées avec des habitants de Maurrin : Jean et Bertrand Bouchan, frères laboureurs, confessent le 12 février, lui devoir « un ca de grains, tiers seigle, tiers millet, tiers panic, aimablement prêté » (3 E 4 (16) 40) ; Pierre, Jean et Arnaud Tauziède, marchand de Maurrin, ont acquis de lui, le 16 février, une pipe de sel, estimée 26 livres ; Jean et Arnaud Tauziède avaient acheté 6 autres pipes de sel, à raison de 26 livres la pipe, le même jour (3 E 4 (16) 48,49). « Pour vente et délivrance de sel », Pierre Maubit, forgeron montois, s'oblige, le 25 février, à lui payer 46 l 7 s 4 d (3 E 4 (16) 62). Vigneron de Grenade, Pierre Descalan est débiteur, le 4 mars, de 241 livres, « pour raison de grains et argent prêtés » (3 E 4 (16) 69). Toujours à Maurrin, Raymond Tauziède et Jean Rechède, laboureurs, reconnaissent le 18 mars, une dette de 149 l 12 s, « pour raison de grains et sel » (3 E 4 (16) 80). Jean Candau possédait au moins un gros bateau, pour pratiquer le commerce fluvial sur la Douze (Midouze), jusqu'au 28 avril, où il décide de le vendre 550 livres, à Pierre de Peyre, marchand de la paroisse de Gousse en Auribat (3 E 4 (16) 125).

Ce n'était pas le seul bateau qu'il devait posséder. Au cours de l'année 1655, son commerce du sel en provenance de Bayonne, est aussi florissant que celui des céréales et du vin. Il semble que le « brulage des vins », pour la fabrication des eaux-de-vie, ne soit pas encore mis en pratique, d'où l'absence de barrique d'eau-de-vie. Le 2 janvier, Jean Candau, bourgeois et marchand, signe une ratification avec Jean Duvin, maçon, dit Jeanton, habitant de Bascons, au sujet des prétentions que chacun d'entre eux avait sur les biens de Barthélemy de Labarrère dit de Bordenave (3 E 4 (17) 5). Pour la livraison « d'un charret et demi de grain, moitié seigle et moitié millade, Antoine et Barthélemy Dargelos, père et fils, tisserands et laboureurs de la paroisse de Grenade ; confessent devoir lui donner 90 livres (3 E 4 (17) 12). Le 4 mars, ce sont « deux charrets de millade, moitié millet, moitié panic, le tout bon et marchand, aimablement prêtés », que Bernard Lafitte dit D'Ognoas et Jean Boyrie devront régler (3 E 4 (17) 40). Bertrand Parage, vigneron de la paroisse de Bretagne, sollicite le 1ier mai, un prêt d'argent de 1 500 livres (3 E 4 (17) 80). Le voiturier de sel de la paroisse de Maurrin, Arnaud de Gourgue, se fournit dans son grenier, le 4 mai, de « quatre pipes de sel, le tout bon et marchand », d'une valeur de 108 livres (3 E 4 (17) 89). Pour « prêt de grain et d'argent », Pierre Descalan, habitant de Grenade, devra payer, le 6 mai, 520 livres (3 E 4 (17) 92). Le 8 mai, Jean Candau livre à Jeanne-Marie de Léglise, veuve de Jean-François Dosque, de la paroisse de Castandet, 36 mesures de millade, moitié millet, moitié panic (3 E 4 (17) 91). Marsian (Martial) Cazade et ses frères, de la paroisse de Maurrin, reconnaissent, le 13 mai, lui devoir 237 livres, pour « reste du contenu des obligations précédentes », concernant des livraisons de céréales (3 E 4 (17) 98). Le 21 juillet, Bernard de Gourgue et Ramonet Barrère, marchands-voituriers de sel, de la paroisse de Maurrin, s'engagent à lui verser 54 livres, « pour raison de prêt et délivrance de trois pipes de sel » (3 E 4 (17) 137). Peut-être pour livraison de barriques de vin, Jean Candau verse, le 23 août, à Olympe Fontan, veuve de Daniel Dufau, du Condomois, 282 livres (3 E 4 (17) 162). Pour « prêt et délivrance d'une barrique de vin, bon et marchand, », Jeanne Ducournau, veuve de Jean de Lubet, marchand montois, s'engage, le 6 septembre, à lui régler 45 livres (3 E 4 (17) 173).

Si l'on se réfère aux contrats de faisande ou métayage, que Jean Candau renouvelle en 1656, sur ses métairies, l'une des sources de son commerce des céréales, ne peut être que ses propres récoltes. Quand les a-t-il acquises ? En a-t-il héritées de son père ? Nous l'ignorons. Beaucoup de minutes de la famille Candau étaient retenues par les notaires Descorps et Ducos, dont les papiers ne nous sont pas parvenus. Le 10 février, Jean Barsacq, maître-fourbisseur, lui fait un emprunt de 195 l 10 s (3 E 4 (18) 28). Le 13 février, Bertrand Parage, laboureur de Bretagne (Saint-Sever), tient de Jean Candau, une paire de bœufs, trois ânes, pour une durée d'un an, moyennant le paiement, « pour les bœufs, de 8 mesures de bled-seigle et 8 mesures de millet, et pour les ânes, une mesure de seigle et une mesure de millet, rendues en cette ville », dans le grenier de notre négociant (3 E 4 (18) 29). Pour travailler la métairie d'Ognoas, dans la paroisse de Maurrin, Bernard Lafitte et Jean Lafitte, cousins, laboureurs, ses métayers, reconnaissent le 27 février, lui avoir emprunté « 5 charrettes de grains, tiers seigle, tiers millet, tiers panic, bons et marchands, pour raison de pareils grains qu'il leur a aimablement prêtés, pour travailler la métairie d'Ognoas, plus la gazeille de trois ruches de mouches à miel, au capital de 3 livres pièce, le profit sera fait pour moitié ». Ils reconnaissent tenir du sieur Candau, un « charret » (Ca ou ka) à quatre roues, demi usé, une chaudière de cuivre, sept dalhes (faux), un gros pot, deux râteaux et deux piques de fer que le sieur Candau leur a baillés, pour travailler la métairie d'Ognoas » (3 E 4 (18) 39). Jean Candau attribuait le 3 mars, à Jean et autre Jean Tachon, laboureurs de Benquet, un contrat de faisande ou métayage de trois ans, pour cultiver sa « métairie, vignes et dépendances appartenances appelée au Prim, sise à Benquet, « moyennant le quart de tous les grains, la moitié du vin et ce immédiatement après chaque récolte, rendue en cette ville, au logis dudit Candau et payer chaque année, 6 mesures de seigle, 6 mesures de millet, le seigle à la Madeleine et le millet à la Saint Martin, rendues en cette ville, plus une gazeille de 20 brebis, au capital de 40 s pièce (3 E 4 (18) 45). Ce même jour, Bertrand Parage, laboureur de Bretagne (Saint-Sever), confesse devoir lui donner « 50 livres et un charret de panic, un demi-charret de millet, bons et marchands, aimablement prêtés et délivrés » (3 E 4 (18) 46). « Pour raison de prêt, ce même laboureur devra rembourser le 9 avril, 30 livres et un charret et demi de grain, tiers seigle, tiers millade, tiers panic » (3 E 4 (18) 74). Le 6 janvier, il avait fait aussi un emprunt de 40 livres (3 E 4 (18) 41). « Pour raison de deux obligations », concernant des prêts d'argent, Bernard Dabadie et Jean de Labarrère reconnaissent devoir 179 l 9 s 10 d (3 E 4 (18) 41). Le 5 mars Martial (Marsian) Cazade, laboureur de Maurrin, s'engage à rembourser une dette de 237 livres, portant sur des obligations antèrieures, et sur la livraison de céréales, dont « 16,5 mesures de millade aimablement prêtées » (3 E 4 (18) 50). Jean Dabadie dit d'Arnauton, laboureur de Benquet, prend à faisande et culture de Jean Candau, bourgeois et marchand, le 10 mars, « toute icelle métairie et vigne appelées de Floiracq, sise à Benquet, pour une durée de trois ans ; il sera tenu de bailler un quart des grains, la moitié du vin, et tenir à gazeille, 16 têtes de moutons, brebis et quatre agneaux, au capital les brebis et moutons, de 30 sols pièce et les agneaux de 20 sols pièce » (3 E 4 (18) 44). Le 26 mars, Antoine et Barthélemy Dargelos, laboureurs de Grenade, sont redevables de 150 livres, pour délivrance d'un demi « charret » de millade, moitié millet, moitié panic et le remboursement de deux autres obligations. Ce même jour, Françoise Barrère, veuve de Jeanton Tauziède, de Maurrin, s'engage à régler 164 l 4 s pour « six mesures de millade, moitié millet, moitié panic », délivrées à feu son mari. Toujours le 26 mars, Jean Darribau dit Jeanton, laboureur de Bascons, devra acquitter 707 livres de dettes en obligations, portant sur des livraisons de céréales et des prêts d'argent (3 E 4 (18) 67, 68, 69). Le 29 mars, César (Caezar) de Parage habitant de Bascons, confesse devoir un demi-charret de millade, moitié millet et moitié panic, bon et marchand, aimablement prêté (3 E 4 (18) 75). Pour livraison de céréales, Etienne Carrère dit Pouchicq, vigneron habitant au port de Mont-de-Marsan, doit rembourser, le 24 mai, un reliquat de dettes de 184 livres (3 E 4 (18) 101).

Depuis quelques années, on ne trouve plus trace de commerce du sel ; cet abandon pourrait être lié à la vente des bateaux que possédait son père, pour se recentrer sur le commerce des céréales et l'acquisition d'ateliers de forge. Le 16 janvier 1657, Jean Candau, bourgeois et marchand, exige de Françoise Tauziède, veuve de Jeanton Tauziède, le paiement de 27 livres, « pour raison de prêt et livraison de marchandises » (3 E 4 (19) 5). Le même jour, il achète à Pierre et Jean Faget, frères, laboureurs de la paroisse d'Ognoas, les biens de Bernard et Jean Lafitte d'Ognoas, constitués par Jean Faget leur père, et évalués à 85 livres (3 E 4 (19) 7). Pierre Descalan, vigneron de Grenade, confesse, le 19 janvier, devoir 800 livres (3 E 4 (19) 9). Propriétaire de la maison Gaule et de la forge, sises au port, il signe le 8 mars, un bail de location avec Jean Burguerie, moyennant 54 livres par an (3 E 4 (19) 8). Le 12 novembre, Bernard de Cist, bourgeois et marchand montois, lui vend une autre forge, « consistant en une enclume, un soufflet double avec ses tuyaux, un gros marteau et deux autres de main, deux paires de tenailles et un stock de fer », 139 livres (3 E 4 (19) 132). « Pour vente et livraison d'une barrique de sardines salées, le 27 novembre, Jean Carrère s'engage à lui régler 15 livres (3 E 4 (19) 146).

Son intérêt pour les productions agricoles et l'élevage de brebis et de moutons se manifeste au cours de l'année 1658. Dans un acte d'opposition et de consignation, daté du 5 février, il s'oppose aux agissements de Sarranson de Mouchès, jurat de Bascons, qui décide de prélever une cotisation de 8 l 16 s, sur les biens de foraine de sa métairie de Buignadet (?), par une saisie de brebis, qu'il juge illégale, ses biens n'étant assujettis qu'à la taille (3 E 4 (19) 11). Dominique de Saint-Léger, laboureur de Benquet, brassier de la métairie du Prim, appartenant à Jean Candau, détient, le 7 avril, en gazaille, 14 brebis et 3 moutons, d'une valeur de 28 sols la tête (3 E 4 (19) 52). Jean Dabadie, laboureur de Benquet et brassier dans la métairie de Labrit, reconnaît le 23 avril, détenir en gazeille, 19 brebis et 5 moutons, évalués chacun 28 sols (3 E 4 (19) 58). « Pour cause d'une obligation consentie par son frère, Jeanne Darribau, veuve de Bernard Dabadie de Bascons, confesse le 25 avril, devoir rembourser 78 l 5 s 4 d (3 E 4 (19) 60). Pierre Laborde dit Peyroton, marchand de la paroisse de Maurrin, acquiert le 30 juin, trois charrettes de millade, d'une valeur de 48 livres (3 E 4 (19) 84). Le 4 août, Jean Clavé laboureur de Saint-Médard-de-Beaussé et Jean Durou, laboureur de Saint-Pierre-du-Mont, prennent en métayage la métairie de Mauranx, située à Saint-Pierre-du-Mont, propriété de notre négociant (3 E 4 (19) 107). Claudon Ducournau, laboureur de Saint-Médard-de Beaussé, reconnaît le 26 août, détenir en gazaille de Jean Candau, trois vaches et deux petits veaux (3 E 4 (19) 114). Le 15 septembre, Vidau de Laian, « prend à faisande et culture », la métairie et les vignes appelées de Floiracq, sises à Benquet, pour une période de trois ans, contre « la moitié des gros grains, la quinte de la millade, le tiers du lin et la moitié du vin, la moitié de l'échalat et les droits accoutumés » (3 E 4 (19) 132). Ce même jour, Dominique de Saint-Léger, laboureur de Benquet, s'engage pour trois ans, comme métayer de la métairie de Labrit, avec ses vignes et dépendances, située à Benquet (3 E 4 (19) 133). Le 25 juillet, Bertrand Parage, Jean Durou et Antoine de Tachon, laboureurs de la paroisse de Bretagne, promettent de lui acquitter la valeur de 14 charrettes de millade, moitié millet, moitié panic (3 E 4 (19) 138).

La trentaine d'actes notariés de l'année 1659, reflète bien l'éventail des matières faisant l'objet de son commerce fluvial : céréales, vin, sel. Le 7 janvier, Jean Candau, « bourgeois et marchand au port », cède à Jean de Lacoste dit Bergnichot, son métayer dans la métairie de La Cadaigne, à Benquet, « onze charrettes de grain : tiers seigle, tiers millet, tiers panic, bon et marchand », à rembourser à la Madeleine (3 E 4 (20) 2). Jeanne de Lafitte lui achète, le 21 janvier, une charrette de mélange, moitié millet, moitié panic (3 E 4 (20) 13). Le 28 janvier, Bertrand Parage, laboureur de « la paroisse de Bretagne en la sénéchaussée de Saint-Sever », devra acquitter une dette de 420 livres, dont un ca de seigle, deux cas de millade, bons et marchands (3 E 4 (20) 16). Un autre métayer de Jean Candau, Blaise de Cauvabanes dit Blasiot, de la paroisse de Maurrin, reconnaît, le 18 février, devoir lui rembourser un prêt de deux charrettes de millade (moitié millet, moitié panic) (3 E 4 (20) 28). Son autre métayer, Jean de Sans, aussi de Maurrin, lui a emprunté, le 22 février, une charrette de seigle, bon et marchand et s'est engagé à la lui rendre, le jour de la fête de la Madeleine (3 E 4 (20) 31). Jean du Pouy dit Joan Clarcq, un de ses métayers de Bascons, s'engage à lui rétrocéder 17,5 mesures de seigle et 42 mesures de millade (moitié millet, moitié panic), le jour de la fête de la Saint Jean, pour un prêt équivalent du 23 février (3 E 4 (20) 32). Propriétaire d'un moulin dont nous ignorons la date d'acquisition, Jean Candau avait inclus dans le contrat de ferme, l'obligation de faire des réparations, aussi Marguerite de Lasserre, habitante du port, lui promet le 3 avril, « de lui bailler et délivrer deux pierres à moudre, pour le moulin de Granyot », et d'y faire les réparations requises (3 E 4 (20) 61). Suite à un prêt de 72 mesures de grain (tiers seigle, tiers millet, tiers panic), Dominique de Saint-Léger, laboureur de Benquet, s'engage, le 6 août, à rendre ces grains, la moitié à la Saint Jean et l'autre moitié à la Saint Martin (3 E 4 (20) 62). Le même jour, Françoise Barrière, veuve de Jean Tauziède, de Maurrin, confesse devoir 199 livres et 24 mesures de millade (moitié millet, moitié panic) (3 E 4 (20) 63). « Pour raison de prêt et délivrance de grain », Jean et Jean Darribau, père et fils, laboureurs de Bascons, s'obligent le 26 avril, à rembourser 440 livres (3 E 4 (16) 117). Le 28 avril, Françoise Labarrière, veuve de Jeanton Tauziède, reconnaît un prêt de vingt mesures de grain (tiers seigle, tiers millet, tiers panic) (3 E 4 (16) 119). Ce même jour, César et Jean Darribau, vignerons de Bascons, lui empruntent « une charret et demi de seigle, bon et marchand » (3 E 4 (16) 122). C'est encore ce jour-là, que Pierre de Peyron, marchand-batelier de Gousse en Auribat, lui achète un gros bateau, estimé 550 livres, « qui est sur la rivière du port » (3 E 4 (16) 125). Jean Candau achète, le 6 mai, à Josèphe de Serre, veuve de Joseph Tastet avocat, « toute icelle partie de maison, consistant en deux chambres et une garde-robe, la cave qui est en dessous, au port de cette ville », estimée 400 livres (3 E 4 (16) 129). Le lendemain 7 mai, Jean Parage, maître-tonnelier, habitant au port, lui vend « 40 bois de barrique neufs, bons et marchands », payés 40 sols pièce (3 E 4 (20) 89). Suite à de grosses acquisitions de barriques de vin, pour le compte de Pierre Lacroix, bourgeois et marchand de Bayonne, Jean Candau s'associe à Nicolas Racles, bourgeois et marchand montois : tous deux reprochent, le 26 mai, à Lagoanère dit Mirailh, marchand-batelier de Gousse, de ne pas avoir acheminé dans les temps convenus, à Bayonne, 410 barriques de vin (3 E 4 (16) 136). Le 24 juin, Pierre Descalan, vigneron de Grenade, s'engage à régler « un prêt de grain » de 60 livres (3 E 4 (16) 162) Propriétaire d'une métairie de vignes appelée à la Douze, située dans la paroisse de Saint-Pierre-du-Mont, Jean Candau en attribue le fermage, le 24 juillet, à Arnaud et Jean de Bache (Vache), père et fils, laboureurs de ce village, pour une durée de quatre ans, contre « la moitié partie de tous les grains vendus en ville, et la moitié du vin, pris sur le lieu, à chaque récolte » (3 E 4 (20) 130). Le 20 août, Raymond Tauziède et Antoine Deyre, marchands-voituriers de sel, achètent deux pipes de sel, évaluées 100 livres (3 E 4 (16) 147). Ayant acquis de Joseph de Serres, le jardin de Tastet, au port, il le loue à Jeanne de Tastet, quatre livres par an (3 E 4 (16) 210). Le 17 septembre, Charles de Saige, meunier de Mont-de-Marsan, prend à titre de ferme, le moulin de Granyot, situé au port, pour une durée de deux ans, contre trente mesures de grain (15 de seigle et 15 de millade) (3 E 4 (20) 166). Il poursuit ses investissements dans la pierre, par l'achat de 20 septembre ; à Jean-Jacques Dubon de Bascons, « de tout icellui appentis et maison et jardin à Bascons », estimés 50 livres (3 E 4 (16) 218). Ces locations pouvaient intéresser des personnes n'ayant pas de compétences agricoles : le 22 septembre, Bernard Dubernet, bourgeois et marchand montois, signe un contrat de ferme pour la métairie de La Pieta, sise à Saint-Pierre et quatre maisons dans le bourg de la ville de Mont-de-Marsan, pour trois ans, moyennant 450 livres (3 E 4 (16) 222). Bertrand Parage, laboureur de Bretagne, sollicite le 27 septembre, un « prêt d'argent » de 150 livres (3 E 4 (16) 225). Propriétaire de nombreuses métairies, tant à Bascons qu'à Maurrin, Jean Candau poursuit ses investissements fonciers, par l'achat le 20 octobre, à Raymond Dufau, laboureur de Bascons, d'un lopin de terre de la contenance de trois lattes, dans la paroisse de Maurrin, évalué 90 livres (3 E 4 (16) 241).

Comme de nombreux négociants, il accordait des prêts d'argent et de grain : le 27 octobre, Jean, Dominique et Bernard de Cist de Mont-de-Marsan, lui empruntent 229 livres (3 E 4 (16) 246) ; le 22 novembre, Bertrand Parage, laboureur de Bretagne, reçoit un prêt de 200 livres (3 E 4 (16) 272) ; le 3 décembre, Arnaud de Gourgue dit de Boge, laboureur de Maurrin, bénéficie « d'un prêt de grain et argent » de 150 livres (3 4 (16) 282) ; pour les mêmes raisons, Jean et Bernard Lafitte, et Jean Boyrie sollicitent le 26 décembre, « un prêt de grain et argent » de 1 210 livres (3 E 4 (16) 293).

Son fils, Jean Candau, le troisième nommé, devait être associé à ses activités commerciales depuis quelques années, même si nous n'avons aucune mention de leur association, avant cette année 1660, où meurt notre négociant, et où il remet en cause une vente de vigne effectuée par son père, avec l'appui de son curateur Bernard Dubernet, bourgeois et marchand montois (3 E 4 (21) 172).

Jean Candau, bourgeois, marchand et jurat de la ville de Mont-de-Marsan (1643-1712)

Baptisé le 9 avril 1643, Jean Candau est « escolier », lors de la disparition de son père. Avec l'aide de son curateur, il reprend la maison de commerce de son père et de son grand-père. Le 30 mars 1660, Jean Parage, maître-tonnelier, habitant au port, confesse devoir lui fournir 38 bois de barrique neufs, bons et marchands, conformes à la jauge du Tursan, achetés au prix de 40 sols pièce (3

E 4 (21) 68). Pierre Dupouy, laboureur de la paroisse de Maurrin, lui emprunte le 6 mai, un « demi charret » de seigle, « un demi charret » de millet et « un demi charret » de panic (3 E 4 (21) 83). C'est le 4 septembre que Jean Candau, « escolier », assisté de Bernard Dubernet, bourgeois et marchand, son curateur, propose, comme il en a le droit, de racheter à Françoise Dabadie, veuve de Jeanton Darrimajour de Bascons, une vigne appelée à Brusthon, sise dans ce même village et vendu récemment par son père (3 E 4 (21) 172). Le 11 septembre, pour son commerce des vins, Jean Parage, maître-tonnelier, doit lui fournir 64 bois de barrique, bons et marchands, conformes à la jauge du Tursan, au prix de 40 sols pièce et les lui livrer le 15 août prochain, « délivrés sur le port de cette ville » (3 E 4 (21) 30). Bonaventure Palue, homme d'armes, est sommé le 18 septembre, de régler « l'afferme des fruits décimaux de la dîme appartenant au diocèse de Dax, sur la paroisse de Castandet », qu'il détient pour une durée de trois ans (3 E 4 (26) 178). Jean Candau dit « escolier marchand », renouvelle le 29 septembre, le contrat de métayage (faisande) de Jean de Gauzère, habitant de la paroisse de Mauco (Tartas), que son père lui avait attribué sur « toute icelle métairie appelée à Darnaultguilhem », située à Benquet, pour une durée de trois ans (3 E 4 (21) 40). Le 6 octobre, un autre cultivateur de Benquet, Pierre de Castandet dit Charriot, lui achète « un charret et demi de grain, tiers seigle, tiers millet, tiers panic, pour la somme de 19 livres », destiné à la métairie de Lacassaigne (3 E 4 (21) 196).

Suivant l'exemple de son père et de son grand-père, Jean Candau, « escolier et marchand », très vite qualifié de bourgeois et marchand, pratique le commerce fluvial du sel, du vin et des céréales, tout en investissant ses bénéfices dans l'acquisition de terres labourables. Dès le 8 février 1661, Jean Candau achète à noble Charles de Junca, écuyer, seigneur de Carsin, une propriété de prés, landes et terres labourables, d'une contenance de 6,5 journaux, en la paroisse de Bascons, au prix de 500 livres (3 E 4 (22) 21).Le 8 mars, Antonine de Tauziède, veuve d'Arnaud de Toye, habitant à Saint-Pierre-du-Mont, lui donne quittance du paiement de « l'acquisition des biens de feu Pierre Tauziède son père » (3 E 4 (22) 41). « A cause et pour raison de prêt et délivrance de sel », La maison de Sans, marchand de Maurrin (Saint-Sever), s'engage le 12 juillet, à donner la somme de 36 livres (3 E 4 (22) 107). Le 9 septembre, Jean Candau, bourgeois et marchand, épouse Anne Racle, qui lui apporte une dot de 4 000 livres, comprenant une maison à Mont-de-Marsan, une métairie plantée de vignes, nommée à Bourderon, située à Saint-Pierre-du-Mont, « avec ses meubles, ses grains, ses vins, ses bestiaux à grosses cornes, ses mouches à miel » (3 E 4 (22) 138).

Grains, vins, animaux de ferme et prêts d'argent font l'objet des transactions de l'année 1662. Le 4 avril, Pierre de Beziat dit Jeanton, « hoste » de Maurrin, sollicite un prêt de 83 l 17 s (3 E 4(23) 71). Le même jour, il acquiert de Jean Parage tonnelier, 25 bois de barrique neufs, à 40 sols pièce, en versant un acompte de 50 livres, pour commercialiser ses vins (3 E 4 (23) 73). Le 11 avril, Pierre Deyris dit Peyreton de la Borde, habitant de Maurrin, et son fils Jean, lui sont redevables de 72 l 17 s (3 E 4 (23) 76). Le renouvellement du contrat d'afferme du moulin de Granyot, à Audet Cazade, meunier habitant au port, englobe aussi les dépendances de la grange de Notre Dame de Piétat, moyennant 12,5 mesures de seigle et 14,5 mesures de millade (moitié millet, moitié panic) (3 E 4 (23) 128). Raymond Tauziède, laboureur de la paroisse de Maurrin, lui vend le 25 novembre, « un petit cheval roux et deux ânes, l'un à poil noir, l'autre gris », pour la somme de 36 livres (3 E 4 (23) 246). Il lui arrivait d'avoir des retards de livraison de marchandises et de se faire tancer par Jean Cazaux de Taller, écuyer, seigneur de La Crouts, le 10 mai, « pour avoir promis audit Duvignac de lui bailler et délivrer trois barriques de vin , bon et marchand, restant à livrer, sur une commande de plusieurs barriques », et de ne pas l'avoir fait (3 E 3 (1-1)).

Son intérêt pour le commerce fluvial demeure attesté par un acte du 24 octobre, stipulant que Jacques Dumartin, batelier habitant de la paroisse d'Onard, lui était redevable de 45 livres, pour la location d'un bateau dont le loyer n'avait pas entièrement été acquitté (3 E 3 (1-1)). Le 1ier décembre, Jean-Jacques de Serres lui emprunte 300 livres (3 E 4 (23) 255). Pierre Descalans, laboureur de Grenade, confesse le 3 décembre, devoir lui donner, « deux charrets de grains, tiers seigle, tiers millet, tiers panic, pour raison de pareille quantité de grain, que Jean Candau lui a prêtée » (3 E 4 (23) 257). Les laboureurs de Saint-Avit, Jean et Etienne Duprat, reconnaissent, le 8 décembre, devoir lui payer 46 l 19 s et détenir en gazaille, « du bétail à grosses cornes d'un capital de 156 livres », pour une durée de trois ans (3 E 4 (23) 261).

Le commerce des céréales et des vins permet à Jean Candau de réaliser des profits qu'il réinvestit, en cette année 1663, dans des propriétés foncières. Le 1ier janvier, sa métairie de La Cassaigne à Benquet, est prise en métayage, pour trois ans, par Jean Bouchan, laboureur du village (3 E 4 (24) 1). Le même jour, « pour travailler sa métairie de Floiracq, Jean Descour dit Jeanton de Labrette, laboureur de Benquet, sollicite un prêt de 40 mesures de millade (moitié millet, moitié panic) (3 E 4 (24) 4). Jean Parage, maître-tonnelier, s'engage le 23 janvier, à lui fournir 50 bois de barrique neufs, jauge du Tursan, à 40 sols pièce (3 E 4 (24) 23). Sa propre production céréalière ne suffisant pas pour alimenter son commerce, il se fournit auprès d'Arnaud Labeyrie, bourgeois de Montégut (Saint-Sever), fermier de certaines métairies appartenant au marquis de Poyanne, qui lui donne quittance, le 24 janvier, du règlement des grains pris au cours de l'année 1657 (3 E 4 (24) 24). Le 2 février, Jean Dutauzia, homme d'armes de la paroisse de Maurrin, lui vend « une pièce de lande, tauzia appelée au Tauziat, de trois journaux 18,5 lattes, plus un lopin de lande appelé à La Crouts d'Avie, de la contenance de 7 lattes, plus une partie de maison, eyrial, terres labourables et lande, appelée au Deyre, de 3 journaux 15,5 lattes 6 escats, plus une pièce de terre labourable et lande appelée Pechontanx, contenant 3 journaux 20,5 lattes, plus un lopin de lande appelé au Grossa, moyennant la somme de 1 200 livres » (3 E 4 (24) 36). « Pour raison de prêt de grain et d'argent », Etienne de Pedemage, maître-tailleur montois, lui doit le 1ier avril, 151 l 20 s 10 d et Etienne Carrère, vigneron habitant au port, 131 l 3 s 6 d (3 E 4 (24) 57, 60). Le 7 août, Jean Tauziède dit Lapointe, de Maurrin, s'engage à rembourser un prêt de 33 livres (3 E 4 (24) 151). Le même jour, Jean Tauziède dit Arnauticq, laboureur du même village, lui vend « la moitié du lopin de terre labourable appelé d'Articolon », situé dans le même lieu, d'une contenance de 6 lattes, contre 15 livres (3 E 4 (24) 150).

Jean Candau, bourgeois et jurat de la ville de Mont-de-Marsan (1664-1666)

Cette période riche d'investissements fonciers, privilégie le commerce des céréales. Sa fonction de jurat de la ville de Mont-de-Marsan, durant ces trois années, couronnait ses efforts communs à tous les autres négociants, de parvenir à une haute fonction, faute de n'avoir pu acquérir une terre noble, lui permettant comme certains, de prétendre à des armoiries. Le 23 mars 1664, Pierre de Grolas, laboureur de Grenade, verse à Jean Candau, bourgeois et jurat, 135 livres et promet de lui rendre « un charret de grain, tiers seigle, tiers millet, tiers panic, aimablement prêté » (3 E 4 (25) 80). Le lendemain, Arnaud de Lamongis dit Fauret, laboureur de Benquet, confesse devoir lui donner « six mesures de seigle, 6 mesures de millade (moitié millet, moitié panic), le tout bon et marchand, mesure de cette ville, que le sieur Candau lui a prêtées » (3 E 4 (25) 81). Sa métairie de La Cassaigne, située à Benquet, est prise en métayage pour trois ans, le 4 juin, par Pierre de Pascoulin et Pascal Dabadie, laboureurs de ce village (3 E 4 (25) 176). Le 26 août, Jean du Tauzia, homme d'armes de Maurrin, vend à notre bourgeois et jurat, « une partie de maison, eyrial appelée aux Deyres, plus un lopin de jardin, eyrial appelé à Ponton, contenant 7 lattes, plus une autre pièce de lande appelée à La Crouts, contenant 21 lattes, plus un autre lopin de lande appelé à Chauton, contenant 3,5 lattes, plus une pièce de terre appelée à Peroton, contenant un journal vingt lattes », le tout estimé 145 livres (3 E 4 (25) 189). Précédemment il avait acheté le 4 mai, à Raymond Tauziède, laboureur de Maurrin, une chambre dans la maison de la métairie de Joandot, sise dans le même village et la louait 15 livres par an (3 E 4 (2)). Le 26 août, Jean Candau, bourgeois et jurat, échange avec Jean Barrère marchand, « le lopin de terre appelé à la pièce de Béguerie, contre toute icelle pièce de terre labourable appelée à la Pargue » (3 E 4 (25) 180). Le même jour, Arnaud

Tauzième dit Arnauton, laboureur de Maurrin, « prend à faisande et culture, toute icelle métairie appelée à Boué », située dans ce village, pour une durée de trois ans, contre « le quart de tous les fruits, la moitié du vin « (3 E 4 (25) 193). Marie de Beziat, habitante de Maurrin, échange avec Jean Candau, ce jour-là, le lopin de terre labourable appelé au Prat de Guiraut, de la contenance de deux journaux, contre « le lopin de terre labourable appelé de Béguerie, de la contenance d'un demi-journal » (3 E 4 (25) 194). Notre bourgeois et jurat, accorde le 19 octobre, à Dominique de Saint-Lézer de Benquet, le métayage de la métairie de Labrit, un contrat de gazaille portant sur 51 moutons et agneaux, « qu'il sera tenu de faire bien paître, herbager et entretenir », en bon père de famille (3 E 4 (25) 236). Le 9 décembre, Antoine Segues, laboureur de Saint-Avit, reconnaît devoir à notre bourgeois et jurat, un prêt de 10 mesures de seigle, « bon et marchand, mesure de cette ville » (3 E 4 (25) 271).

Au cours de l'année 1665, et des suivantes, il n'est plus question de commerce du sel ou d'eau-de-vie, seules les céréales font l'objet du commerce de Jean Candau. Le 8 mars, Jean Darribau, laboureur de Bascons, confesse devoir 482 l 14 s 3 d, de remboursement de dettes antérieures (3 E 4 (26) 32). Le vigneron de Grenade Pierre Descalan promet le 12 avril, de rembourser un charret de grain, tiers seigle, tiers millet, tiers panic et la somme de 13 livres, « à cause et pour raison de pareille quantité de grain et argent, que ledit Jean Candau lui a aimablement prêtés » (3 E 4 (26) 54). Le 26 mai, Pascal Dabadie et Pierre de Pascoulin, laboureurs de Benquet, s'engagent à lui rendre « deux charrets de grain, moitié millet, moitié panic, bon et marchand, aimablement prêtés » (3 E 4 (26) 83). Le forgeron Jean Barrière de Mont-de-Marsan, confesse le 4 octobre, « avoir pris à titre de ferme, de Jean Candau, bourgeois et jurat, une forge et ses outils », moyennant un loyer annuel de 14 livres (3 E 4 (26) 190).

Une prédominance du commerce des céréales caractérise cette année 1666. Le 11 février, Bernard dit Bernachon et Pierre Darigroan (Darrigran ?), laboureur de Maurrin reconnaissent une dette de 65 livres, plus un ca de dix-sept mesures de seigle et sept charrets et seize mesures de millade (moitié millet, moitié panic), le tout bon et marchand, pour raison de pareille somme et pareille quantité de grain, que Jean Candau, bourgeois et marchand, leur a aimablement prêtées et délivrées » (3 E 4 (27) 33). Son métayer Simon Lamaison dit Peyre, laboureur de Benquet, de la métairie de Floiracq, confesse le 14 février, devoir lui rendre « neuf charrets de grain, tiers seigle, tiers millet, tiers panic », qu'il lui a prêtés (3 E 4 (27) 35). Le même jour, Pierre Pascoulin, son métayer à Benquet, s'engageait à lui redevoir un prêt de « 27 mesures de seigle et trois charrets seize mesures et demie de millade, moitié millet, moitié panic, le tout bon et marchand, pour travailler sa métairie de La Cassaigne » (3

E 4 (37) 36). Un laboureur de Bascons, Jean Barrère, confesse le 11 avril, devoir donner à Jean Candau, bourgeois et marchand (il n'est plus jurat), « un demi-charret de grain, moitié mélange millade, pour raison de prêt de pareille quantité, pour travailler son bien « (3 E 4 (27) 60). Le 26 avril, il fait un prêt à Barthélemy Tauziède, de « 14 mesures de seigle, trois cas trois mesures de mélange millade », d'une valeur de 182 l 5 s (3 E 4 (27) 69). Ce même jour, Arnaud Tauziède dit Arnauton, laboureur de Maurrin (Saint-Sever), lui emprunte 23 l 7 s 6 d et « trente-deux mesures et demie de seigle, 45 mesures et deux pugnières de millade mélange, bon et marchand » (3 E 4 (27) 70). Le lendemain 27 avril, le vigneron de Grenade, Antoine Dargelos se fournit chez Jean Candau de « 2 charrets de grain, tiers seigle, tiers millet, tiers panic, le tout bon et marchand » (3 E 4 (27) 71). Métayer de sa métairie d'Arnaud Guillem à Benquet, Jean Labarrère confesse le 5 mai, lui devoir « 72,5 mesures de millade mélange, mesure de cette ville, et ce, à cause et pour raison de prêt, pour vivre et travailler ladite métairie » (3 E 4 (27) 78). Jean Labarrère dit Frolic de Pedounas, laboureur de Bascons, reconnaît le 23 mai, « une dette de 450 livres et de trois mesures de seigle, six mesures de millade, moitié millet, moitié panic, pour délivrance de grain » 3 E 4 (27) 97) ; il sollicite le 7 juillet, un nouveau prêt de 75 livres (3 E 4 (27) 137).

Nouveau regain d'intérêt pour le commerce du sel, du vin et des prêts d'argent, en sus du négoce des céréales, au cours des années 1667-1677. Le 22 février 1667, Jean Candau donne quittance à Jeanne Berges, veuve de Jean Tachon, du versement de 66 livres (3 E 4 (28) 30). Le 9 avril, il prête à Jean Cazan de Patges, habitant de Bascons, 620 l 2 s (3 E 4 (28) 69). « Pour cause de prix et valeur d'un cheval, avec ses harnais et une paire de pistolets », Marie de Tastet, veuve de Jean-Marie de Cist, homme d'armes, confesse, le 16 avril, devoir lui donner 170 livres (3 E 4 (28) 61). Le 1ier mai, Laurent Labarrère, laboureur de Bascons, « tient à faisande et culture », de Jean Candau, bourgeois et marchand, la métairie et la vigne appelées à La Claverie (3 E 4 (28) 70). Bernard de Castandet dit Bernauchot, marchand, lui achète le 21 novembre, une maison avec ses appentis, un jardin, de la vigne et des terres labourables, située sur la paroisse de Saint-Jean de Mont-de-Marsan, d'une surface de 1,5 journal, estimée 600 livres (3 E 4 (28) 177). Le 22 novembre, Jeanne Cabé, veuve de Pierre Descat de Bascons, s'oblige à rembourser 126 livres (3 E 4 (28) 180).

Reprise du commerce du sel et acquisition de biens immobiliers, marquent l'année 1668. Le 26 février, Léonard Nanot, habitant du port de Mont-de-Marsan, lui fait cession de 238 livres, à prendre sur le compte de noble Jean-Marie de Bordenave (3 E 4 (29) 34). Dans un acte de sommation du 23 mars, Jean Candau exige de Bernard Bejean, marchand voiturier de sel, habitant de

Labougue (?) en Armagnac, le règlement de 14 mesures de sel vendues pour le compte de Geoffroy Dussault, bourgeois et marchand de Bayonne (3 E 4 (29) 53). Jeanne Farbos, veuve d'Arnaud Tauziède, s'engage le 21 mai, à rembourser un prêt de 40 mesures de seigle, 16 mesures de millade (moitié millet, moitié panic) (3 E 4 (29) 93). Jean Candau achète le 25 juin à Isabeau Garrelon, une petite maison et un jardin, estimés 42 livres (3 E 4 (29) 117). Le 20 juillet, Jean Carrère, laboureur de la paroisse de Maurrin, lui fait cession de 22 l 2 s, à prendre sur le compte de Jean-Pierre Tauziède, marchand du même village (3 E 4 (29) 130). Son fournisseur de sel, Geoffroy Dussault, bourgeois et marchand de Bayonne, s'enquiert le 25 juillet, auprès de lui, « du commun prix que le sel se vendait sur le port de cette ville, pris au bord de la rivière, au mois de novembre et décembre 1667 » (3 E 4 (29) 133). Le 4 septembre, son métayer de la métairie de La Claverie à Bascons, Laurent Labarrère, lui demande un prêt de « 30 mesures de grain, moitié millet, moitié panic » (3 E 4 (29) 150). Ce même jour, Jean Candau achète à Bernard Castandet dit Bernauchot, marchand montois, « une chambre de corps de maison, haut et bas et sans le milieu dicelle, avec la chambre, l'eyrial, cabane et bouge, appelée à Bastone, située à Grenade, avec une partie des terres labourables et jardin », estimée 407 livres (3 E 4 (29) 151). Antoine Mouchès et ses enfants, laboureurs de Bascons, « prennent à faisande et culture », le 11 septembre, la métairie et vigne appelées au Branque, « avec prêt d'une paire de bœufs et de deux chevaux, pour le labourage de la métairie, pour lesquels ils paieront chaque année, 8 mesures de seigle, 8 mesures de millet, aussi rendues en ville » (3 E 4 (29) 153). Le 18 septembre, Jean Candau signe avec Jean-Marie de Prugue, un contrat de ferme des droits de prélation de la paroisse de Bascons, de 400 livres (3 E 4 (29) 159).

Le commerce des vins se maintient en cette année 1669, où dominent la gestion des métairies et le recouvrement des dettes de ses clients. Le 28 avril, Jean Candau, bourgeois et marchand, s'accorde avec Jean Dupouy, laboureur de Benquet, pour la prise en métayage de la métairie de Floiracq, moyennant chaque année, « la quatrième partie des grains, le tiers du lin et du foin, la moitié des sarments, et la tenue en gazaille de 14 brebis, d'une valeur de 32 sols pièce et de 9 agneaux » (3 E 4 (30) 55). Le même jour, Jean Labarrère dit Escoulier, laboureur de Bascons, s'oblige à lui acquitter une dette de 522 l 9 s 8 d, « pour raison d'anciennes obligations », de prêt de céréales et d'argent (3 E 4 (30) 56). Pour les mêmes raisons, Jean Puche et son frère confessent le 30 avril, devoir 749 l 14 s 4 d (3 E 4 (30) 58). Jean Lacroix, vigneron montois, prend à ferme le 31 août, de Jean Candau, bourgeois et marchand, « une pièce de terre labourable et un lopin de vigne de la contenance de deux journaux », à Saint-Pierre-du-Mont, pour une durée de huit ans (3 E 4 (30) .167). Suite à une livraison de marchandises, Marie Lamaignère doit acquitter, le 5 septembre, 60 livres (3 E 4 (30) 171). L'un des fournisseurs de vin de notre négociant, reconnaît le 22 septembre, avoir reçu 973 livres, « pour reste de la vente de 83 barriques de vin « (3 E 4 (30) 185). Le 19 novembre, Marsan Cazade, laboureur de Maurrin, s'engage à rembourser 146 l 10 s de dettes occasionnées par son frère lors de l'achat de marchandises dans le magasin de Jean Candau (3 E 4 (30) 216). Lui-même s'était vu assigné par Mathias Racle, bourgeois et marchand montois, à payer au sieur Contras, marchand de Bayonne, la somme de 426 l 6 s 11 d, en application d'un contrat du 26 juin 1664, non acquitté le 26 juillet 1669 (3 E 4 (51) 65). Nous ignorons pour quel motif, il versa le 3 décembre, à Jean Mamousse, homme d'armes de la paroisse de Pontonx, 120 livres (3 E 4 (51) 166).

Gestion de patrimoine immobilier, commerce des céréales et du vin occupent l'année 1670. Jean Candau, bourgeois et marchand, s'accorde le 21 février, avec Mathias Racle, marchand montois, pour régler 353 l 12 s 1 d au sieur Contras, marchand de Bayonne (3 E 4 (52) 39). Pour délivrance de quatre barriques de vin, Marie Lamaignière et Michel Brettes, maître-tailleur, devront régler le 23 avril, 72 livres (3 E 4 (31-1) 69). Le 18 mai, Antoine et Jean Dargelos reconnaissent avoir reçu « un charret de millade (moitié millet, moitié panic), deux charrets de seigle, le tout bon et marchand, aimablement prêté » (3 E 4 (31-1) 85). Jeanne Dabadie, veuve de Jean Descorps, habitant au port, loue le 30 mai, à notre bourgeois et marchand, « le corps de la maison sise au port, pour 2 ans, 22 livres par an » (3 E 4 (52) 111). Le 8 juin, Jean Labarrère, laboureur de Bascons, s'oblige à lui régler 61 l4 s 8 d, « pour raison de grain qu'il lui a aimablement prêtés, pour vivre et travailler sur ses terres et vignes » (3 E 4 (31-1) 103). . Un achat d'un journal environ de lande tauzia appelé « aux Claux », d'une valeur de 54 livres, est conclu le 13 juillet, avec Jean Barrère et ses frères (3 E 4 (31-1) 122). Léonard Nanot, hôte du port, lui vend le 31 janvier, « un jardin appelé le jardin de l'Hoste, situé au port », contre 300 livres (3 E 4 (31-1) 127). Arnaud et Pierre Castandet, frères habitants de Bascons, confessent le 2 septembre, « tenir à titre de colonne et faisandure, la métairie et la vigne appelées aux Granges, situées à Bascons », pour une durée de trois ans, moyennant « le quart de tous les gros grains, du lin, la moitié du vin et du foin » ; Jean Candau promet de leur prêter deux charrets de grain, à savoir : un tiers de seigle, un tiers de millet, un tiers de panic (3 E 4 (52) 190). Le contrat de métayage de sa métairie de Labrit à Benquet, est renouvelé le 25 août, avec Domenger, pour une durée de trois ans (3 E 4 (31-1) 143). Même reconnaissance de métayage signée le 26 août avec François, Jean et Jean Boing (3 E 4 (31-1) 145). Le 6 septembre, Antoine Mouchès laboureur de Bascons, métayer de la métairie des Granges, reconnaît lui devoir 124 l 10 s, « 18 mesures de seigle et 74 charrets de grain » (3 E 4 (31-1) 150). Le renouvellement de la location d'une forge à Arnaud Cazade, maître-forgeron, de Maurrin, concerne une forge équipée d'un barquin double (soufflet), d'une enclume, de trois marteaux, de deux paires de tenailles, pour une durée de 3 ans, au loyer annuel de 10 livres (3 E 4 (31-1) 176).

Recouvrement des dettes, commerce des céréales et du vin, telles sont les activités de Jean Candau, bourgeois et marchand, au cours de l'année 1671. Pour payer ses dettes, Clémentine Labarthe, veuve de Pierre Rechède, de la paroisse de Beaussiet, lui fait cession de 486 l 10 s 8 d (3 E 4 (31-2) 18). Le 26 avril, Jean Labarrère dit Escolier reconnaît devoir acquitter 204 l 15 s 4 d, solde d'une dette de 340 livres (3 E 4 (31-2) 57). C'est pour rembourser les dettes de son époux Etienne Carrère, que sa veuve Catherine Branlat et ses enfants, s'engagent le 2 mai, à lui donner 220 l 10 s (3 E 4 (31-2) 35). « Pour reste de vente de vin », Jean Lubet, hôte de Maurrin, fait rétrocession à Jean Candau le 28 mai, de 36 livres, à prendre sur le compte de Pierre Duvin l'aîné, bourgeois et marchand montois (3 E 4 (53) 111). Le même jour, Jeanne Barrère, veuve de Jean Pontonx de Maurrin, confesse devoir « un charret de grain (tiers seigle, tiers millet, tiers panic), que le sieur Candau lui a délivré, pour subvenir à sa nourriture » (3 E 4 (53) 110). Bartholomé et Pierre Tauziède, frères laboureurs de Maurrin, reconnaissent un prêt de 7 mesures de seigle et de 33 l 15 s (3 E 4 (53) 113). Pour reste de grain prêté, Etienne Tachon dit Margot, laboureur de Bougue, reconnaît le 4 juin, devoir payer 67 livres (3 E 4 (53) 118). Le 9 juillet, son frère Jean Candau, avocat à la Cour, épouse Catherine Landrieu, dotée de 5 000 livres, plus 5 000 livres de meubles, linges et autres donations (3 E 4 (31-2) 94). Suite à un préjudice occasionné par Jean Manieu, habitant au port, « qui a bâti dans un jardin joignant une maison que le sieur Candau possède au port », celui-ci demande le 17 juillet, la démolition de cette construction (3 E 4 (53) 153). Le métayer du sieur Filhucat, à Peyblancq, laboureur de la paroisse d'Arricau (Aire), lui achète le 22 novembre, une paire de bœufs, « un gris-blanc, l'autre rouge » (3 E 4 (31-2) 149). Pour payer Bernard Pouyarlieu, bourgeois et maître-tailleur de Bordeaux, Jeanne de Prugue, veuve de Joseph de Romat, emprunte la 3 décembre, 200 livres à notre bourgeois et marchand montois (3 E 4 (53) 262).

Pas de minute notariale concernant les activités commerciales de Jean Candau en 1672. Le 5 janvier, Jean Candau, toujours bourgeois et marchand, accepte une cession de 174 livres, de Pierre Dartigues, bourgeois et marchand de Grenade en Marsan, « à prendre sur son héritage de feu Bertrand Parage » (3 E 4 (54) 2). Jeanne Laplasse, servante de Jean Candau, bourgeois et marchand, perçoit le 20 août, la somme de 142 livres, « pour le reste des gages par lui dus, à ladite Laplasse, en qualité de servante, à raison de 21 livres par année » (3 E 4(54) 165). Le 7 septembre, il prend la ferme « des droits appartenant au roi, dans la paroisse de Bascons », moyennant 129 livres (3 E 4 (54) 173).

Plus richement documentée, l'année 1673 illustre la variété du commerce fluvial de Jean Candau, bourgeois et marchand, portant sur les céréales, le sel, les vins, mais toujours pas les eaux-de-vie. Suite à une saisie effectuée le 7 janvier, par François Salles marchand habitant au port montois, au préjudice de Lannegrand, Jean Candau rachète un bateau évalué 450 livres (3 E 4 (55) 13). Le 10 janvier, François Gallin, marchand et maître-cordonnier, reçoit un billet à ordre de 60 livres, de Jean Candau, émis en faveur d'Antoine Castisse, bourgeois et marchand de Saint-Sever (3 E 4 (55) 15). Pour certaine somme due par Jean Lubet, notre bourgeois et marchand, fait acte d'opposition le 20 février, auprès de Marie Garrelon, épouse d'Arnaud Saint-Pé, exigeant la saisie de 10 tonneaux de vin (3 E 4 (55) 47). Le 26 février, ses métayers Pierre Pascoulin et Jean Dabadie, laboureurs de Benquet, renouvellent leur contrat de métayage sur la métairie de La Cassaigne, pour une durée de trois ans, contre « la moitié du vin et vendange, la quatrième partie de tous les autres fruits », et la rétrocession de 11,5 mesures de seigle, 3 mesures de froment, 30,5 mesures de millade, prêtées par Candau, pour travailler la métairie (3 E 3 (8)). Pierre Tauziède, laboureur de Maurrin, confesse le 10 mars, devoir lui donner, « le nombre et quantité d'un charret de grain mesclage : le tiers seigle, le tiers millet, le tiers panic » (3 E 3 (8)). « Au nom et comme fermier de la baylie de Marsan », Jean Lurbes, maître-maréchal, habitant de Mont-de-Marsan, donne quittance du paiement de 48 livres, pour raison d'un droit de prélation, par Jean Candau (3 E 4 (55) 67). Jean Bancome, habitant de Mauco, lui fait cession le 9 mai, de 38 l 10s 6 d, pour règlement de marchandises (3 E 4 (55) 100). « Pour vente de sel », Jean-Pierre Tauziède, laboureur de la paroisse de Maurrin, doit le 12 juin, 15 livres à notre bourgeois et marchand (3 E 3 (8)). De même, « pour raison de livraison de huit pipes de sel », Catherine Dabadie, veuve de Joseph Dunogué, de la cité montoise, s'engage le 19 juillet, à régler 272 livres (3 E 4 (55) 152). Marie Mendix, veuve de feu Jean Contray, bourgeois et marchand de Bayonne, se voit réclamer par Jean Candau, bourgeois et marchand, le 10 octobre, une somme de 500 livres (3 E 3 (8)). Pour solder le compte de 200 livres, dues à la demoiselle Cazaux, il verse 150 livres à Jean Lagrange, bourgeois et maître-chirurgien de Mont-de-Marsan (3 E 4 (55) 264).

Au cours des années 1673 à 1678, pas de contrat particulier n'entrant pas dans les transactions coutumières de Jean Candau, bourgeois et marchand, si ce n'est l'acquisition d'un bateau, après quelques péripéties. Le 21 février 1673, au nom de Sarranson de Vives, marchand de Saint-Perdon, il fait opposition contre Jean Bancon, pour des arrérages (3 E 4 (32) 22). Marie Tastet veuve et son fils Jean-Marie de Cist, liquident le 14 juin, les intérêts de la somme de 170 livres dues à notre négociant (3 E 4 32) 71). Dans un contrat d'accord du 13 janvier 1674, Anne Cassaigne et Jean Cassaigne, de la bourgade de Porte de Campet, versent 12 livres, prises sur les biens de Jean Labarrère (3 E 3 (9-1)). Le 2 février, Jean et Bernard Dargelos frères, vignerons de Grenade, remboursent un prêt de grain et d'argent, d'une valeur de 241 livres (3 E 4 (56) 24). Antoine Dade, marchand de Saint-Sever, lui doit le 3 mai, 12 livres de marchandise (3 E 4 (56) 92). Pour des travaux effectués dans son grenier, Jean

Candau verse 39 livres à Bernard Cassagne charpentier (3 E 4 (56) 127). Le 28 juillet, Bernard Dumartin dit Garbage, laboureur de la paroisse de Bretagne-de-Marsan, métayer de la métairie de Joan Bon, lui emprunte 24 mesures de seigle, 47 mesures de millade (moitié millet, moitié panic) (3 E 4 (56) 155). Jean Carrère, vigneron habitant au port, fait échange, le 8 juillet 1675, avec Jean Candau, de deux chambres de maison contre la maison appelée de Roy, située dans la rue du Bournau (Bourg neuf), à Mont-de-Marsan (3 E 4 (33) 128). Le 4 août, Pascal Dabadie et Pierre Pascoualin, laboureurs de Benquet, renouvellent leur contrat de métayage sur la métairie et vigne de La Cassaigne à Benquet, pour une durée de trois ans (3 E 4 (33) 139). Les maîtres-forgerons Bertrand de Saint-Marcq et Arnaud Cazade, lui louent le 10 décembre, sa forge de Maurrin, pour trois ans, avec un loyer annuel de 10 livres (3 E 4 (33) 197). Contestant une décision de noble Pierre Dufourcq, seigneur d'Ognoas, Jean Candau lui adresse le 4 janvier 1676, un acte de commandement, « pour raison d'un bateau en faveur de Pierre Peyre, par arrêt de la Cour, du 7 septembre 1672 » (3 E 3 (9-1)). Le 7 mai, Jean Candau fait vente et cession de 650 livres, en faveur de Jean Balade huissier (3 E 4 (34) 55). Ce même jour, Pierre-Joseph Vios, avocat à la Cour, accorde enfin à Jean Candau, la légitime propriété du bateau que Pierre de Peyre lui avait vendu le 3 août 1639 (3 E 4 (34) 56). Jean de Brostra dit Jean Hoste, de la paroisse de Campet, règle le 21 août, les 220 livres d'un ancien contrat (3 E 4 (34) 118). Le 8 septembre, Jean Candau, bourgeois et marchand, fait cession de 93 livres, à Joseph Romat, avocat à la Cour, à prendre sur le sieur Baffoigne, maître-tailleur (3 E 4 (34) 126). Joseph et Jean Dartigue liquident le 13 septembre, deux obligations de 55 et 22 livres (3 E 4 (52) 241). Le 8 novembre, notre négociant attribue un contrat de métayage à Pierre et Pierre de Paloumat, laboureurs de Benquet, pour mettre en culture sa métairie et vigne de Prim, sise dans la même paroisse (3 E 4 (34) 159). Jean et Bernard Labarrère, laboureurs de Bascons, reconnaissent le 9 mars 1677, devoir 50 livres, « pour reste de grain et argent prêtés » (3 E 3 (10)). Le même jour, Jean Candau achète à Marie Clavé, veuve d'Etienne Marsan de Benquet, la « pièce de terre et barthe appelée à La Cassaigne, d'une contenance de deux journaux », sise dans le même village et estimée 50 livres (3 E 3 (10)). C'est l'année des transactions foncières : le 10 mai, Jean-Marie de Prugue, curé de Campagne, lui rachète la même pièce de terre, pour un prix bien moindre de 45 livres. Pour quelle raison revend-t-il à perte ? (3 E 3 (10)). Le 7 septembre, il troque un cheval contre trois barriques de vin, bon et marchand (3 E 3 (10)). Dans un acte de sommation, adressé le 19 octobre, notre bourgeois et marchand, exige de Pierre Labarrère, laboureur, le règlement de certaines dettes (3 E 3 (10)). Quand a-t-il investi en Armagnac ? Nous l'ignorons, par manque des minutes notariales de certains notaires. Toujours est-il, que le 4 mars 1678, il signe un contrat de métayage avec Bernard Moulin, habitant du Bas-Armagnac, qui confesse tenir à faisande et colonne, toute icelle métairie appelée à Pignontan, dans la paroisse de Lars (?) en Armagnac, pour la durée d'une année (3 E 3 (10)). Le 10 avril,

Marie Tastet, veuve, lui rembourse une « somme principale de 170 livres » (3 E 4 (35) 42). Jean Allein, bourgeois et marchand montois, lui donne quittance, le 7 septembre, du règlement de la somme due, « pour l'acquisition de la métairie de Joanot, à Saint-Médard-de-Beaussé, par contrat du 1ier décembre 1670 » (3 E 4 (60) 217).

Les dernières années de vie de Jean Candau, de 1679 à 1710, sont peu documentées, soit à cause de la disparition des minutes notariales de Descorps et de Ducos, ou du fait de son vieillissement et du peu d'intérêt de son fils Jean Candau, pour la reprise de cette maison commerciale, son orientation professionnelle devait être la magistrature.

Le 22 février 1679, il donne quittance à Guilhaume du Tastet, huissier de Tartas, d'un règlement de 393 l 10 s (3 E 4 (61-2) 34). Son intérêt pour l'investissement foncier ne faiblit pas : le 10 mars, il achète à Jean Dupouy, laboureur de Benquet, « trois journaux et demi de terre, lande, appelée au Chaure, à Benquet », estimés 72 livres (3 E 4 (61-2) 45). Une autre transaction de 2 000 livres est conclue le 23 mars, avec Joseph et Jean de Castera, sieur de Labarrère (3 E 4 (61-2) 56). Ce qui tendrait à prouver son désintérêt pour le commerce, c'est le contrat de location signé le 1ier avril, avec Michel Brettes, maître-tailleur, « du chai que ledit sieur Candau possède au port de cette ville », pour une durée de deux ans, moyennant un loyer annuel de 33 livres (3 E 4 (61-2) 61). Jean Lagrange, bourgeois et maître-chirurgien, lui règle le 28 avril 1680, 50 livres, « reste d'une dette de 200 livres » (3 E 4 (61-2) 91). Bernard de Cist, bourgeois et marchand montois, « faisant tant pour lui que pour François de Cist, prêtre et curé de Mazerolles, et Pierre de Cist, ses frères héritiers de François de Cist, leur père, règle des actifs restant de leur association commerciale (3 E 4 (61-2) 92).

L'absence de contrat de mariage et de testament rend difficile la reconstitution de la vie sociale, familiale et l'établissement du patrimoine immobilier constitué par cette famille de négociants montois. À sa mort, le 6 mars 1712, Jean Candau ne semble avoir qu'un garçon et une fille, Thérèse Candau, née en 1696, épouse d'Etienne Darmagnac. Son fils Jean Candau, le quatrième du nom, fera carrière dans la magistrature. Né en 1670, il épouse le 25 novembre 1711, Anne-Jeanne Filhoucat, dont il aura dix enfants : Thérèse née le 24 octobre 1712, Jean-François né le 12 septembre1713, Charles. Né le 5 septembre 1714, Thérèse épouse de Joseph Dosque Blanquefort, Marie née le 2 novembre 1715, Jean-François né le 31 octobre 1716, Madeleine née le 19 mai 1718, Madeleine née le 25 septembre 1719, Marie née le 3 juillet 1721, Marie née le 1ier avril 1725. Ainsi disparaît une maison commerciale, adepte du commerce fluvial du sel, du vin et des céréales, faute de repreneur.

Chapitre 7.

De la carrière militaire au commerce fluvial : les Lefrancq (Lefranc)

Originaires du nord de la France, trois frères Lefrancq, officiers des armées de Louis XIII, chevaliers de Saint-Louis, André, Jean-Baptiste et Barthélemy s'établissent à Mont-de-Marsan, au milieu du XVIIème siècle. Ils donnent naissance à trois familles dotées de nombreuses descendances. Seule la descendance de Barthélemy Lefrancq fera carrière dans le commerce fluvial, la judicature, le métier des armes et la politique. Est-ce au cours des guerres de La Fronde (1635-1649), que les trois frères décidèrent de se fixer dans cette ville ? Un marchand, Arnaud Lefrancq, vivait à Mont-de-Marsan, en 1598. Avait-il un lien de parenté avec eux ? Ils ne furent pas les seuls anciens militaires à se reconvertir dans le commerce des denrées agricoles (céréales, vins, animaux de boucherie). Guilhaume Sentets, ancien maître-arquebusier, futur beau-père de Barthélemy Lefrancq, était déjà bien implanté dans ce genre de commerce, avant que ce dernier n'épouse sa fille (3 E 4 (9)).

La Fronde fut l'occasion d'affrontements entre le Conseil de la ville de Mont-de-Marsan et le pouvoir royal. Pendant toute la durée des guerres, les jurats s'étaient montrés plus attentifs aux arguments des frondeurs, qu'à ceux des partisans du roi : c'était pour eux, un moyen d'affirmer leurs prérogatives. Il est vrai qu'ils durent accepter le verdict des combats et, par le serment du 11 septembre 1652, s'engager à refuser toute garnison hostile au roi. Cependant, comme le rapporte H. Tartière, la paix conclue en 1653, l'évêque d'Aire, Charles d'Anglure, s'aperçut que les partisans des princes avaient « trouvé moyen de se fourrer dans le conseil de la ville, et d'y faire des brigues, pour y établir une petite tyrannie, telle qu'à l'avenir, la charge de maire et de jurat ne puisse plus sortir de leurs mains, et s'assurer de l'autorité sur ceux qui n'ont pas été de leur part, et, ce qui est pire, pour être maître de la ville, et en disposer à leurs volontés, au plus offrant, si l'occasion s'en présentait, n'y ayant pas un d'entre eux qui dans un temps de désordre fut à l'épreuve de deux cents pistoles ».

L'administration municipale est bien aux mains des notables, une oligarchie solidement implantée, et qui dispose d'antennes dans les campagnes d'alentour.

En 1641, par exemple, les notables sont au nombre de 65 : 20 marchands, 6 bourgeois, 8 hommes d'armes, 5 avocats, 7 procureurs, 2 notaires, 4 apothicaires, 3 chirurgiens, 2 greffiers et 8 bourgeois sans profession. Guilhaume Sentets, maître-arquebusier, et marchand boucher, époux de Marie Lagardère, dans son testament du 28 décembre 1644, lègue ses biens à son épouse (sa maison et la boutique de boucherie), et reconnaît être en société avec Barthélemy Lefrancq. L'inventaire de ses biens, en sus de la maison et de la boucherie, comprend une chambre dans la rue de la porte d'Aire, 11 barriques de vin « blanc clairet », 4 charrets de seigle, un charret de millet, une paire de bœufs d'une valeur de 32 livres, cinq vaches dans la métairie de Boé (Boa), 41 têtes de brebis, 15 moutons, du numéraire et de nombreuses créances à recouvrer. Barthélemy Lefrancq allait faire partie de cette classe montante de bourgeois et marchands, dont l'ascension sociale repose sur les revenus tirés du commerce des grains, des vins, des bovins et bientôt des eaux-de-vie, des offices et des recettes fiscales.

Barthélemy Lefrancq (m. 30 juin 1697), du métier des armes au commerce des denrées agricoles

Mentionné dans le testament de son beau-père, daté du 28 décembre 1644, Barthélemy Lefrancq avait épousé Jeanne Sentets, fille de Guilhaume Sentets, maître-boucher et de Marie Lagardère, dotée de 200 livres, et d'une maisonnette, le 1ier janvier 1656, ce qui suppose que son époux était implanté bien avant ces deux dates, à Mont-de-Marsan. De cette union devait naître sept enfants, quatre garçons : Jean Lefrancq, Jacques Lefrancq, Joachin Lefrancq et Paul Lefrancq ; trois filles : Marie-Madeleine Lefrancq, Madeleine Lefrancq jumelles, et Jeanne-Marie Lefrancq.

La société de boucherie avec Jean Sentets, de 1652 à 1660

Sa première initiation au commerce, Barthélemy Lefrancq semble l'avoir faite en association avec son beau-père, Guilhaume Sentets et son beau-frère Jean Sentets, dans l'achat et la vente de bovins et d'ovins à destination de la boucherie. Le 10 juillet 1652, Barthélemy Lefrancq et Jean Sentets vendent 35 douzaines de peaux de moutons, au prix de 175 livres, au marchand Bertrand Dubos (3 E 4 (15) 25). Les deux associés établissent le 14 mars 1655, une reconnaissance de gazaille, à Joseph de Tachon, laboureur de la paroisse de Saint-Martin-d'Oney, métayer de la métairie d'Aiguillon, portant sur trois vaches, au capital de 90 livres, dont il jouit depuis le 15 décembre 1653 (3 E 4 (17) 45).Le 29 mars , Barthélemy Lefrancq, qualifié de bourgeois et marchand, achète à sa sœur Marie Lefrancq, « toute icelle maison située en la présente ville, rue du Mirailh », moyennant 516 livres (3 E 4 (9)). Tous deux ont des relations commerciales avec Nicolas Racle, bourgeois et marchand montois (3 E 4 (9)).

Berthommieu, laboureur , leur achète 10 vaches d'un capital de 26 livres par tête (3 E 4 (9)).Les jurats et le syndic de Mont-de-Marsan, Charles de Lobit, Lachapelle, Lafargue, afferment à ces deux « négociants et marchands », le 14 avril, « la boucherie de la présente ville », pour une durée de sept ans : « ils seraient tenus de tenir deux boucheries ouvertes, l'une au bourg et l'autre à la périphérie » (3 E 4 (9)). Le 22 juin, Barthélemy Lefrancq somme Guay de Joannau, laboureur de la paroisse de Bascons, de lui régler « une barrique de vin blanc », qu'on lui a fait porter (3 E 4 (19) 123). Ce premier acte, indépendant des activités de la société de boucherie, préfigure l'affranchissement des liens avec les Sentets, réalisé à partir de 1660. Le 4 octobre, il somme Jean de Manciet, « hoste de la présente ville », de lui prendre et retirer, une barrique de vin, « qu'il a acheté le jour d'hier, pour 37,5 livres » (3 E 4 (17) 197). Vidau Tauziède, laboureur de la paroisse de Nonères, « métayer de la métairie appelée au Gachi », prend en gazaille, le 27 novembre, de Barthélemy Lefrancq et Jean Sentets, sept vaches d'un capital de 156 livres, pour une durée d'un an (3 E 4 (17) 247).

Courtabillat et son oncle Barantinot, habitants de Saint-Médard-de-Beaussé, achètent le 29 octobre 1656, un bœuf, au prix de 75 livres (3 E 4 (18) 186). Jean Dubernet laboureur, reconnaît le 3 décembre de cette année, détenir en gazaille, des deux associés, 25 brebis, d'une valeur de 50 sols pièce, une jument et son poulain estimés 45 livres (3 E 4 (18) 200).

Le 23 février 1657, Barthélemy Lefrancq vend à son oncle maternel Jean Lagardère, marchand montois, « la maison à lui appartenant, rue du Mirailh, au bourg de cette ville », contre la somme de 144 livres (3 E 4 (19) 23). François de Bouniort, laboureur de Luglon, achète aux deux associés, des bœufs d'une valeur de 345 livres (3 E 4 (10)). Le même jour, Jean de Jegun, marchand de la paroisse de Meilhan, reçoit quittance d'un remboursement de 355 livres sur une somme de 600 livres (3 E 4 (10)). Alors que la veille, le 13 novembre, Guirons Dupin, laboureur de Luglon, sollicite de Barthélemy Lefrancq, un prêt de 30 livres (3 E 4 (10)).

En 1658, les deux associés réalisent des marchés conjointement et séparément. Le 13 mars, Barthélemy acquiert de Marie de Faure, demoiselle du sieur Arnaud du Tastet, bourgeois, 40 barriques de vin (3 E 4 (10)). Le 4 avril, Jean Farbos dit Jean Chiquoy, marchand de la paroisse de Bougue, lui donne quittance du versement de 127 livres, « pour raison de prix d'achat de toute icelle moitié de métairie appelée ...(?) » (3 E 4 (10)). Par contre, le 18 septembre, Catherine de Laburthe et Pierre de Clavé, maître-tailleur, mère et fils, vendent aux deux associés, « la petite métairie de Grau » contre 110 livres (3 E 4 (19) 135). Le 27 septembre, Jean de Jegun, marchand, reconnaît leur devoir 684 livres, pour achats de marchandises (3 E 4 (10)). Nos deux marchands devaient accorder le 21 octobre, une obligation « de paiement de la troisième partie de la métairie de Laborde, située à Uchacq », à Jean de Bordes dit Perricq, habitant de Parentis (3 E 4 (19) 146).

La stature commerciale de Barthélemy Lefrancq s'étoffe, lui permet de s'associer avec un membre d'une famille de commerçants montois, Pierre Dolly, et de prétendre à la ferme des revenus fonciers de la baronnie de Campet et Geloux, moyennant le règlement de 1 250 livres (3 E 4 (10)). Sa nouvelle orientation commerciale, vers le commerce des céréales, des vins et des eaux-de-vie, lui fait quitter son statut de « marchand-boucher », en revendant à Jean Lagardère boucher, « la boucherie de la présente ville qui ledit Lefrancq avait achetée » (3 E 4 (10)). L'association se maintient encore pour le commerce du bétail : le 17 avril 1659, ils accordent une quittance et une obligation de 630 livres, à Jean de Jegun, marchand de Meilhan (3 E 4 (10)). Jean Hinx, commerçant de Lencouacq, leur fait cession, le 23 juin, d'une créance de 323 livres, « à lui due par Jean de Jegun, pour la vente de huit bœufs, à raison de 24 livres la paire », et autres marchandises (3 E 4 (10)).

Du commerce du bétail au commerce des céréales (1660-1670)

Au cours de cette période (1660-1670), Barthélemy Lefrancq s'intéresse à l'élevage des bovins et des ovins, et tire de gros revenus de l'affermage des droits seigneuriaux ou des fruits décimaux de plusieurs paroisses, lui fournissant les céréales nécessaires à son commerce. Mathieu de Bounior reconnaît le 10 mars 1660, détenir de lui en gazaille, 6 vaches d'un capital de 147 livres (3 E 4 (21) 97).

Le gardien du couvent de Saint François, sis dans la ville de Mont-de-Marsan, ayant été prié par Barthélemy Lefrancq, habitant de la ville et boucher, « de lui vouloir concéder une sépulture dans notre couvent, pour lui et tous les siens, eu égard à sa pieuse requête », lui octroie le 3 avril 1661, « ladite sépulture, dans le cloître de notre couvent, à la contenance de deux corps » (2 F art. 2362). Comme ses confrères marchands, ses bénéfices sont investis en biens fonds : le 6 juillet, il achète à Jacques Lacroix, « vigneron natif du lieu d'Estang en Armagnac, depuis ça, du port de la présente ville », au nom de Jeanne de Salles, « la moitié de la maison, ruelle du Miraílh, au bourg de cette ville », au prix de 160 livres (3 E 4 (22) 103). Il avait acquis de Martial Farbos, habitant de Bougue, la moitié de la métairie appelée au Grand Qualoy (Caloy), en la paroisse de Saint-Cricq, non sans contestation, le 17 juillet 1663, de Jean du Nouau, laboureur de cette même paroisse (3 E 4 (24) 134).

En l'année 1665, un premier contrat d'affermage des seigneuries de Campet et Geloux, le place dans le cercle des grands négociants, bénéficiaires de ces revenus très recherchés. Il se fournissait en grain auprès de Simon de Bonnan dit du Brouste, marchand de Luglon, juridiction du Brassenx, qui lui a fait vente le 27 janvier, de 4 charrettes (cas) de millade, moitié millet, moitié panic, à raison de 54 livres, plus 7 charrettes de seigle à 38 l 10 s la charrette (2 F art. 2362). Le 4 mars, avec son associé Jean Sentets, il obtient le remboursement de 60 livres, versées deux ans auparavant à Jean Parage, vivant maître-tonnelier, par sa veuve Anne de Salles, pour une commande de 27 bois de barrique non exécutée (3 E 4 (26) 30). Barthélemy Lefrancq avait acquis, bien avant cette date, la métairie de Salles à Saint-Pierre-du-Mont, de Françoise de Faure ; René du Tastet, prêtre et curé de Beylongue son cousin, fait une demande de rachat, dans un acte de retrait lignager du 10 mars (3 E 4 (26) 9). Le 2 mai, Jean de Burguerie, bourgeois montois, vend à Barthélemy Lefrancq, « un lopin de terre, tauzia, communément appelé à Patabandau, consistant à trois-quarts de journal, en la paroisse de Saint-Avit, quartier de Caloy », au prix de 36 livres (2 F art. 2362). C'est le 29 juillet, que Alexandre du Lyon, baron de Campet, Geloux et autres places, signe un contrat de ferme avec Pierre Dolly, Barthélemy Lefrancq et François Dayre. Ce contrat porte sur l'attribution des droits seigneuriaux, « que ledit seigneur à le droit de prendre et lui appartenant, sur les paroisses de Campet, Sainte-Croix-de-Bague, Geloux » : les droits de péage du sel ou « pague sau », le péage de Geloux, le droit de dîme, l'affermage des trois moulins de Geloux, Campet et Loule, du moulin à cuivre et de Geloux ». Le seigneur de Campet se réservait les deux-tiers du poisson, exigeant 10 quintaux de foin, la première année, et deux cas chacune des deux autres. Cette afferme est faite pour le temps et espace de trois ans, moyennant le versement de 2 670 livres annuellement (3 E 4 (26) 130). Le 1ier septembre, Bernardin du Lyon, écuyer, habitant de Saint-Sever, dans un acte d'opposition, réclame à ces trois négociants, le versement de 2 670 livres, en acquittement d'une créance de 3 000 livres, plus les intérêts de plusieurs années, qui lui sont dues, « pour la légitime de feu noble Sébastien du Lyon, son père » (3 E 4 (26) 160).Le commerce des bovins réservait parfois des déconvenues à Barthélemy Lefrancq. Ayant acheté deux vaches à Marie de Bordesoulles, veuve de Jean de Nozeilles, qui étaient en gazaille dans la métairie de Manot, à Saint-Pierre-du-Mont, il reçoit un acte d'opposition de Blaise Lachapelle, avocat au Parlement, lui signifiant que ces vaches « n'appartiennent pas à la demoiselle, mais au dirigeant » (3 E 4 (27) 209). Le 5 octobre, Pierre Dolly, Barthélemy Lefrancq et Jean Dayre, « sous-afferme » le moulin de Geloux, au meunier Michel Daugé (3 E 4 (28) 150).

Réglementé par l'ordonnance du 29 avril 1667, le « pague sau » frappait le transport du sel sur les bateaux qui remontaient de la ville de Bayonne sur la Douze et passaient par Campet. Devant l'exigence des fermiers qui voulaient être payés « en sel ou en espèce », le sel étant « remboursé sur le pied de trois livres par sac », Etienne de Muret, Nicolas Chalosse, marchands habitant les paroisses de Saint-Jean-de-Lier et Vicq, « faisant tant pour eux que pour les autres marchands », exigeaient le 7 avril 1668, qu'Alexandre du Lyon, baron de Campet, se basât sur le prix du sel fixé chaque année, « suivant la valeur que le sel aura communément de marchand à marchand ». Or les péagers ont prélevé 99 sacs de sel, les marchands exigent le remboursement des prélèvements abusifs (3 E 4 (29) 70). Le contrat de ferme du moulin de Geloux, à deux meules, renouvelé le 15 septembre 1669, avait rapporté 600 livres, à Alexandre du Lyon, baron de Campet, par an (3 E 4 (30) 182).

Commerce des grains, fruits décimaux et investissements en biens fonds

Un nouvel affermage de ce moulin, le 5 mars 1670, toujours pour une année, fut fixé à 268 livres (3 E 4 (52) 55). Le commerce des produits agricoles prend son essor cette même année. Dans une obligation datée du 16 mars 1670, Jean Duboscq et Pierre de Besin, laboureurs de la paroisse de Saint-Pierre-du-Mont, reconnaissent devoir à Barthélemy Lefrancq, 38 l 5 s, « à cause et pour raison de prêt de grain », que le sieur leur a fait pour vivre (3 E 4 (52) 78). Le 30 mars, Jean Dupeyron et Jean de Cané, laboureurs de la même paroisse, lui demandent un prêt de 15,5 mesures de seigle, 2,5 mesures de froment, d'une valeur de 45 livres (3 E 4 (52) 88). Jean de Gourgues dit Jeanton, habitant de la paroisse de Corbleu à Roquefort, promet le 8 octobre, de lui verser au titre des fruits décimaux des paroisses de Poydesseaux et Corbleu, 47 mesures de millade (23,5 mesures de millet et 23,5 mesures de panic) (3 E 4 (52) 229). A la foire de Lencouacq, François Sol maître-pâtissier, agissant pour le compte de Bernard Labannée, fermier de Charles de Junca, avait acheté le 1ier décembre, une paire de bœufs payée 93 livres (3 E 4 (52) 285).

Vente de céréales, de vin, règlement des fruits décimaux et investissement foncier, marquent l'année 1671. Le 9 janvier 1671, Barthélemy Lefrancq fait un prêt de 105 livres, à noble Guy-Pierre de Ponson (3 E 4 (53) 7). Le 21 avril, il reçoit deux quittances, l'une pour le versement de 75 livres à Jean Bordessoulles, fermier du duc de Bouillon (3 E 4 (53) 80), l'autre pour l'acquittement de 78 livres, à Dominique de Douire dit Meignot, laboureur de Labrit, procureur constitué de Jean de Bordessoulles (2 F art. 2362). Un contrat de sous-ferme du moulin de Geloux, appartenant à Alexandre du Lyon, daté du 20 mai, lui rapporte 450 livres (3 E 4 (53) 100). Pour vente et délivrance de vin, Bertrand Dagos, de la paroisse de Garein, lui promet le 30 juin, un versement de 514 l 35 s (3 E 4 (53) 142). Le 1ier juillet, il achète à Pierre Tauziède dit Caloy, maître-tailleur de Saint-Avit, « un lopin de terre labourable de la contenance de trois-quarts de journal », situé dans ce village, pour un prix de 100 livres (3 E 4

(53) 143). Ce même jour, il prête au vendeur 15 livres (2 F art. 2362). Bertrand Dagos, hôte de Garein, règle ses achats de vin, par plusieurs cessions sur ses débiteurs du village : 22 l 12 s sur Jean de Broustic, 22 l 9 s 9 d sur Pierre de Poussade, 27 livres sur Jeanne Dupin, 18 livres sur Noël Dagès du Hillot, 18 l 10 s sur Antoine Lacroix, 15 livres sur Pierre, 22 livres sur Jeannique Dupont, tous laboureurs de leur état (3 E 4 (53) 182). Comme adjudicataire des biens de Pierre de Doux, il verse le 13 octobre, 200 livres à Jean Farbos dit Jean Chicoy, marchand de Bougue (2 F art. 2362). A cet effet, pour l'adjudication des biens appelés à Braux, ayant appartenu à Pierre de Doux, il verse le 13 octobre, 2 880 l 5 s 11 d à Gabriel Gaube, 200 livres et 146 l 9 s à Jean Farbos (3 E 4 (53) 217, 218, 219). Le 7 novembre, il détient de Jean de Marsan, avec Bernard Duvin, marchand de la paroisse de Bostens, les droits de dîme de cette paroisse, moyennant deux charrettes de seigle (3 E 4 (53) 240).

Pas d'acquisition de bien immobilier en 1672, mais vente de produits agricoles et gérance de divers contrats. Le 30 janvier, il verse 102 l 2 s 8 d à Bernard Barrailh, hôte montois, pour l'achat des biens de Pierre de Doux (2 F art. 2362). Le 2 mai, Michel Daugrè, meunier de Geloux, sollicite un rabais sur le prix de la sous-ferme du moulin, qui a chômé, en raison « de l'inondation d'eau qui y est arrivée le 8 septembre, jusqu'au 10 novembre 1670, et pendant 12 jours de Noël à la fin de l'année » (3 E 4 (54) 79). Barthélemy Lefrancq avait fait en 1665, « prêt et avance à la communauté de la présente ville, de certaines quantités de viande de mouton et de bœuf, qui furent employées pour l'entretien des troupes du roi, qui s'étaient logées », il en reçu, le 18 octobre 1672, un règlement de 700 livres (3 E 4 (54) 196). Le 28 octobre, il donne en gazaille, pour cinq ans, à Jean de Clavé, laboureur de la paroisse de Sainte-Eulalie, deux vaches d'un capital de 38 livres et un prêt de 13 l 5 s (3 E 4 (54) 201).

Son intérêt pour la boucherie est toujours manifeste, dans les trois contrats de gazaille de l'année 1673. Le 1ier janvier, Bernard Garrigue de Saint-Avit, prend à faisande, la métairie appelée « au Pisourda », et en gazaille 101 brebis de 32 sols pièce, 22 chèvres de 20 sols pièce et 28 ruches à 40 sols pièce ; il reconnaît devoir à Barthélemy Lefrancq, 4 charrettes 7 mesures de seigle, une charrette de millet, une charrette de panic, et 6 livres de prêt (3 E 4 (55) 3). Ce même jour, il signe un deuxième contrat de faisande, avec Raymond Brassenx, pour la métairie de Caloy, contenant 6 vaches d'un capital de 90 livres, 30 ruches de mouches à miel à 40 sols pièce, et une ânesse d'une valeur de 11 livres (3 E 4 (35) 10). Le 17 octobre, un contrat de faisande le lie à Jean Duvignau, laboureur de la paroisse de Labrit, quartier de Braux, dans la métairie de Reya, située dans ce village, pour une durée d'un an, moyennant le quart des gros grains, la quinte de la millade, la moitié du foin, la part de châtaignes recueillies dans la métairie : ce métayer tiendra en gazaille 203 agneaux d'un capital de 40 sols pièce, une jument et une petite mule d'un capital de 16 livres, une paire de bœufs ; il devra rembourser 12 mesures de seigle, 13 charrets 17 mesures de seigle, 15 mesures de panic, d'un prêt de grain et 12 livres en numéraire (3 E 4 (55) 232).

Des transactions immobilières, au cours de l'année 1674, confirment la persistance de l'intérêt de Barthélemy Lefrancq, pour l'acquisition de biens fonciers : le 8 mai, il vend à Joseph Labat, bourgeois et maître-apothicaire de Saint-Sever, « toute icelle moitié de maison appelée de Jozé, dans la rue du Miraılh de la présente ville » (3 E 4 (56) 100). Un récapitulatif de ses biens daté du 4 avril, mentionne qu'il est propriétaire de sa maison d'habitation, de la moitié de la boucherie, d'une pièce de terre et de vigne, d'un jardin, de trois métairies et de pièces locatives de maisons (2 F art. 2362). De plus, le 30 novembre, il achète à Barthélemy Lalanne, maître-tisserand de la bourgade de Porte de Campet, « toute icelle place vide qui est derrière la maison appelée « dou Nauton », située en la rue du Miraılh », du bourg de Mont-de-Marsan, pour le prix de 30 livres (3 E 4 (58) 245).

L'affermage des fruits décimaux des paroisses, conclu seul ou en société avec d'autres négociants, lui permettait d'alimenter son commerce des grains. L'afferme des fruits décimaux de la paroisse de Lucbardez, conclu le 6 juin 1673, avec Jean Bourguerie, bourgeois montois, lui rapportait le 18 juin 1675, trois charrettes six mesures de seigle et la même quantité de millade (moitié millet, moitié panic), ce qui lui permet, le 1ier septembre d'encaisser 18 livres de Pierre Lafitte, pour livraison de deux charrettes trois mesures de seigle (3 E 4 (57) 200). Ce genre de contrat associatif le liait à Pierre Dolly et François Dayre, importants négociants montois : il liquida un de ces contrats, en cette même année (2 F art. 2362).

L'année 1676, met en évidence l'intérêt de notre marchand pour les fruits décimaux et les denrées agricoles. Jean de Luxey, marchand de la paroisse de Labrit, devait lui verser 556 livres, « pour tout reste de vente et livraison de vin », effectuées le 28 janvier 1676 (3 E 4 (58) 25). L'abbé de Saint-Jean-de-la-Castelle, Alexandre du Buisson, lui afferme le 7 juin, la dîme de Juliacq, ainsi qu'à Charles Sausin de Saint-Cricq, au marquisat de Lacaze : ces fruits décimaux concernaient les paroisses de Lagrange, Uchacq, Créon et Saint-Justin., moyennant la somme de 1 822 livres annuelles, pour une durée de cinq ans (3 E 4 (118)). Le 23 juin, c'est un contrat de sous-ferme qu'il signe avec Bernard Labat et Bernard Lapeyre, laboureurs de Cauna, portant sur « les dîmes des grains gros et menus, appartenant à l'abbé de Pontonx, dans les paroisses de Ronsacq et Saint-Genés », pour un an, en échange de treize kas de seigle, deux kas de froment, quinze kas de millet, quinze kas de panic (3 E 4 (118)). Le 5 août, Pierre Dolly, bourgeois et marchand, lui rétrocède 30 livres et 200 l 13 s, à prendre sur Pierre Tauziède de Caloy (3 E 4 (118)). Il devait d'ailleurs acquérir pour 1 350 livres, la métairie du Caloy, avec François Dayre (3 E 4 (118)). Comme tout négociant, il effectue des prêts d'argent : le 17 novembre, Jean de Garein lui emprunte 36 livres (3 E 4 (118)).

Des années 1677 et 1678, peu de documents nous sont parvenus : une obligation du 13 mars 1677, concernant « un prêt d'argent et de marchandises », au marchand Jean-Jacques Sorbets (3 E 3 (10)) ; un prêt d'argent daté du 7 décembre, à Siméon de Bonnat dit Pierre de Brouste, marchand de Luglon (3 E 4 (65)).

Entre 1679 et 1683, Barthélemy Lefrancq commerce et gère ses fermages. Mathieu Dulong, tailleur d'habits de Luglon, doit lui régler le 9 février 1679, 55 livres, pour reste de la somme de 100 livres, montant d'un emprunt (3 E 4 (61-1) 6). Le 18 janvier, il obtient quittance d'un versement de 911 livres, du frère Bernard de Marsan, prieur de l'abbaye de Saint-Jean de-la-Castelle, en application du contrat d'afferme du 7 juin 1676, conclu avec l'abbé Alexandre du Buisson (3 E 4 (61-1) 13). Concernant les fruits décimaux de la paroisse de Ronsacq, il est saisi, le 6 juin, par Bernard de Labat de la paroisse de Cauna et Bernard de Peyre, de la paroisse d'Arthez, d'une demande de diminution du prix de la ferme, à cause « des dégâts de la grêle qui a gâté la majeure partie des fruits de la paroisse de Ronsacq » (3 E 4 (61-1) 131). Le 26 juillet 1681, Joseph Sasseur, prieur de l'abbaye de Saint-Jean-de-la-Castelle, au nom d'Alexandre du Buisson, abbé de Notre Dame de Sarrance, lui donne quittance du règlement de 750 livres de l'afferme de la dîme de Juliacq appartenant au seigneur abbé (3 E 4 (62) 17). Le 9 juin 1682, Antoine Augustin de Poyferré, seigneur baron Darricau, s'oblige à lui rembourses 785 l 7 s 4 d, « pour raison de pareille somme qu'il lui a prêtée » (3 E 4 (63) 93). De l'année 1683, on ne peut retenir qu'un contrat d'achat « d'un journal de terre, brouste, pignadar », situé en la paroisse de Belis (Labrit), à François Duboscq, habitant de la même paroisse, au quartier de Branx, pour la somme de 30 livres (3 E 4 (64) 31). Le mariage de son fils aîné, Jean Lefrancq, eut lieu le 20 février ; comme pour ses frères et sœurs, cette union s'effectue avec une famille de négociants montois. Son épouse Marthe Lasserre, fille du sieur Lasserre et de Claire de Lalanne, reçoit en dot 4 000 livres : 2 000 livres à la signature du contrat, 1 000 livres au mois d'août et 1 000 livres dans deux ans, sans intérêts. L'apport d'ameublement d'une valeur de 500 livres, comprend un lit garni, une couette, un coussin garni de plume, une courtepointe, une housse couverte d'indienne (2 F art. 2362).

Années de développement du commerce des denrées agricoles : 1684-1697

Au cours des treize dernières années de sa vie, Barthélemy Lefrancq semble intensifier le commerce fluvial des céréales avec Bayonne. Cette impression est peut-être due à la richesse de notre documentation pour cette époque. Le 27 février 1684, il signe un contrat de « faisande » avec Bernard du Houra, laboureur de Saint-Avit, pour l'exploitation de sa métairie de Perbos, sise dans cette paroisse (3 E 4 (65) 54). Jean de Cazenave, pour paiement de fourniture de marchandises, lui fait une cession de 45 livres, le 22 avril, à prendre sur l'hérédité de Jean de Saint-Marc (3 E 4 (65) 107). Le marchand Charles Lamothe lui donne quittance d'un règlement de 84 l 16 s, fait « à la décharge de Jean de Saint-Marc dit Mauras » (3 E 4 (65) 22). Son deuxième fils, Paul Lefrancq, promu à l'ordre de la prêtrise, est doté d'un contrat de constitution de rente annuelle de 120 livres, le 4 novembre : « laquelle somme il lui est assigné sur toute icelle maison appelée de Joyes, sise au bourg de ladite ville, sur la métairie appelée au Pirota, autrement à Poussade, située en la paroisse de Belis et sur la moitié de la métairie appelée de Berdole, située en la paroisse de Canenx, dans la banlieue de la présente ville » (3 E 4 (65) 297).

Seule la gérance de ses propriétés agricoles fait l'objet, au cours des années 1685-1691, de contrats retenus par les notaires montois. En dehors d'un acte de consignation de 1 200 livres, du 13 juin 1685, entre les mains d'Arnaud Lasserre (3 E 4 (66) 131), le 19 juin, Barthélemy Lefrancq signe un contrat de sous-ferme, concernant les fruits décimaux des paroisses de Cachen, Lencouacq, Saint-Etienne et Guirons, pour une durée d'un an, avec Etienne Danières, Jean Dunoau et Bernard Remazeilles, laboureurs de la paroisse de Cachen, moyennent 30 mesures de seigle (3 E 4 (66) 342) ; le 14 juillet, Jean Dolas dit Jeanticq, laboureur de Labrit, quartier de Branx, signe avec lui une « faisande », pour la métairie de « Mayson nave « (Maisonneuve), située à Labrit, avec obligation de « rendre et porter chaque année à Barthélemy Lefrancq, pendant deux ans, le quart des gros grains, le quinte de la millade, la moitié de l'herbe, des châtaignes et de la filasse », il devra laisser sur la métairie, en fin de bail, « cinquante charrettes de fumier et donner la somme de 41 livres, une charrette et six mesures de seigle, une charrette et 7,5 mesures de millade, et tenir en gazaille une jument d'un capital de 24 livres (3 E 4 (66) 167). Le 17 septembre, il eut des déboires lors d'une transaction avec Jeanne Lauray ; son fils François Lauray aurait vendu le 15 juillet 1683, une certaine place lui appartenant, « avec pouvoir de faire abattre une muraille », accordé par sa mère ; il fut condamné à rétablir « la muraille mitoyenne » (3 E 4 (66) 222). Le 4 novembre, il signe deux contrats de gazaille, l'un avec Pierre de Clavé, pour 4 vaches d'une valeur de 56 livres, pour trois ans, avec promesse de livrer chaque année, 4 mesures de seigle et 4 mesures de millet ; l'autre avec Jean de Clavé, pour trois ans, concernant 4 vaches estimées 56 l 10 s et 4 autres vaches de 48 livres (3 E 4 (66) 263). Un dernier contrat de gazaille daté du 9 décembre, le liait à Bernard Durou, laboureur de Saint-Pierre-du-Mont, pour 4 vaches cotées 96 livres (3 E 4 (66) 294).

Les années 1686-1695, sont, de plus, marquées par d'importantes acquisitions foncières. Le 10 juin 1686, Barthélemy Lefrancq baille à titre de « sous-ferme », à Jean Lesperon dit Dutauzen et Bernard de Peyre, laboureurs de la paroisse de Chin, tous les fruits décimaux appartenant à l'abbé de Pontonx, ainsi que ceux de la paroisse de Ronsacq, détenus par les Chevaliers de Malte, contre 2 charrettes de froment, 18 charrettes de seigle, 18 charrettes de millet et autant de panic (3 E 4 (67) 149). Par un contrat de vente du 8 juillet, sur enchère, il acquiert d'Arnaud Lasserre, marchand montois, la métairie du Grand Marc, dans la paroisse de Garein, pour le prix de 5 908 livres. Il en acquitte 1 505 livres, le 27 janvier 1687 (3 E 4 (121). Le 9 juillet, il achète « un lopin de terre de la contenance d'un journal, estimé 60 livres, à Isabeau de Campagne, veuve de Jean de Lassalle écuyer (3 E 4 (121)).

Les divers contrats d'affermage de terres agricoles de 1688, permettent à notre négociant d'alimenter son commerce des céréales. Le 7 février, Pierre de Junca lui donne quittance du versement de 75 livres, de la rente annuelle que Barthélemy Lefrancq devait lui acquitter, comme possesseur de certains biens et terres labourables et à présent partie vigne, sise près de Mont-de-Marsan, appelées aux Grays (3 E 4 (69) 322). Arnaud Cazenave, laboureur de la paroisse de Bougue, prend en fermage, le 1ier août, pour une durée de cinq ans, la métairie « au Perbos », sise en la paroisse de Saint-Avit ; Lefrancq promet de « lui donner purement et simplement », deux charrettes de seigle, une demie-charrette de millade, une demi-barrique de vin , un mouton et une robe de « cordillat » bleu, pour sa femme (3 E 4 (69) 273). Le 29 août, Antoine Descat, laboureur de Saint-Avit, prend « à faisande », pour trois ans, la métairie de Galleben, située dans le même village ; Lefrancq promet de lui prêter 18 livres (3 E 4 (69) 300). Enfin, le 23 décembre, les chanoines d'Aire, lui accordent la ferme de la dîme et des fruits décimaux de la paroisse de Cachen (Aire), pour trois ans, au prix de 365 livres par an (3 E 4 (122)). Jeanne de Puyo, métayère de la métairie d'Hauchon , signe une reconnaissance, le 20 août 1689, pour une période de quatre ans, moyennant quatre charrettes huit mesures de seigle, quatre charrettes vingt mesures de millade, un prêt de 21 livres d'argent, une barrique de vin valant 9 livres, et en gazaille, 4 brebis, 20 moutons, 59 ruches à 40 sols pièce, 5 vaches d'un capital de 72 livres (2 F art. 2362).

Désireux d'acquérir des biens fonds, Barthélemy Lefrancq entreprend de nombreux achats de terre agricole en 1691. Le 11 février, Pierre Lartigue, maître-corroyeur de Grenade en Marsan, lui vend « une terre et lande d'un journal et cinq lattes », au prix de 18 livres (3 E 4 (72) 52). Bernard et Jean de Bergès, frères laboureurs de la paroisse de Saint-Maurice (Saint-Sever), s'obligent à rembourser 58 livres, « pour valeur d'un charret de seigle », prêté par Lefrancq, « pour subvenir à leur nourriture et l'entretien de leur famille » (3 E 4 (72) 144). Le 1ier mai 1691, Pierre de Lartigue, maître-corroyeur de Grenade, lui fait une nouvelle vente « d'une pièce de terre, lande et tauzia », de la contenance de trois journaux, appelée à Paragade, et située dans cette ville, estimée 36 livres (3 E 4 (72) 160). Un contrat de faisande signé le 5 août, par Jean et Dominique Dulau, père et fils, laboureurs de Canenx, concernant la métairie de Berdot, sise dans ce village, est conclu pour quatre ans, avec en gazaille, un troupeau de brebis (3 E 4 (72) 279). Catherine de Banos et Bertrand Lacoste, mère et fils, gens de labeur de Mont-de-Marsan, prennent en gazaille, sept vaches d'un capital de 90 livres, et s'obligent à rembourser, le 12 septembre, un prêt de 36 livres (3 E 4 (72) 315). L'acquisition la plus importante, est l'achat à Pierre et André de Nolis , père et fils, laboureurs de Bascons, le 27 décembre, de deux chambres de maison, « d'un lopin de jardin et terre , le tout à un tenant, de contenance de six lattes, d'une pièce de terre labourable, appelée au Borge, d'une superficie d'un journal et une latte, d'une pièce de terre, vigne et taillis appelée à Capblanc et Lestage, d'un journal et dix lattes, d'une pièce de terre, touya et tauzia, de 15 lattes, dénommée à Lalanne, et finalement, de la pièce de terre, lande à Vidalon, d'une contenance d'un demi-journal, le tout situé en la paroisse de Bascons », pour le prix de 325 livres, dont furent soustraites diverses créances antérieures (3 E 4 (72) 451, (73-1) 282, (74) 194).

Ces diverses acquisitions de métairies et terres agricoles, laissaient présager un intérêt croissant de Barthélemy Lefrancq, pour le commerce des céréales, que l'on ne pouvait certifier, par manque de contrat en ce sens, avant la découverte de cinq lettres datées du 15, 22, 25 février, du 9 novembre 1693 et du 14 décembre 1695, échange épistolaire entre Pierre Danterre, négociant bayonnais et notre marchand. La lettre du 15 février porte sur un achat de 30 à 40 mille conques de seigle, au prix de 64 à 66 livres la charretée (charret) ; la seconde concerne 20 000 conques de froment à 4 livres la conque, 20 000 conques de seigle à 6 livres l'unité et 25 000 conques de blé ; la troisième, 8 charrettes de seigle à 66 livres chaque ; la quatrième concerne 16 barriques de vin ; la dernière est un décompte des marchandises envoyées par Barthélemy Lefrancq à Bayonne : le 23 février 1692, 5 vaches à 136 l 4 s ; le 30 mars, un prêt de 20 livres ; le 7 octobre , 8 charrets de seigle d'une valeur de 403 l 10 s ; le 14 octobre, 12 charrets de seigle à 744 livres ; le 21 octobre, 15,5 charrets de seigle à 974 l 19 s 6 d ; le 11 novembre, 35,5 charrets de seigle ; le 5 janvier 1693, 57 barriques de vin valant 1 331 l 7 s 4 d ; le 31 janvier, 24 barriques de vin à 622 livres ; le 29 avril, 34 charrets de seigle d'une valeur de 2 407 livres ; le

31 octobre, 20 conques de froment pour 120 livres ; le 8 mars 1695, 251 barriques de vin d'une valeur de 1 587 l 17 s 4 d. En retour, en 1692, Pierre Danterre solde son compte courant à 1 005 l 31 s ; le 17 février, il verse 808 livres à Dabadie de Navarrenx ; le 18 avril, il expédie deux barils de hareng, à 35 l 15 s ; en fin d'année 1693, le compte de Lefrancq s'élève à 2 364 l 5 s ; le 5 février 1694, c'est un envoi de 12 bouteilles de vin d'Espagne coutant 9 l 14 s 6 d ; le 10 mars et le 7 mai, envoi de 902 livres de marchandises ; le 1ier février et le 7 mai, envoi de 902 livres de marchandises ; le 1ier février 1695, 19 bouteilles de vin d'Espagne à 13 l 13 s ; bref le 9 novembre, le compte s'établit à 386 l 15 s 29 d (2 F art. 2362).

Les dernières années de sa vie, Barthélemy Lefrancq les passe à gérer ses biens et préparer sa succession. Le 11 avril 1694, les Jean de Farbos, père et fils, de Saint-Avit, reconnaissent détenir en métayage, la métairie de Caloy du Bas, pour un an et devoir donner à son propriétaire, 7 charrettes de seigle, 8 charrettes de millade, prêtées antérieurement et rendre 4 charrettes de seigle à la récolte, « 32 parts de froment » et détenir en gazaille, 2 vaches d'une valeur de 42 livres ; Lefrancq leur promet chaque année, « 25 dos de laine », et 4 livres en argent (3 E 4 (75) 139). Le même jour, Bernard, Jean et autre Jean Dartigues, père et fils, de la même paroisse, métayers de la métairie de « Pressourde », devront s'acquitter de 7 charrettes de seigle, 4 charrettes de millade prêtées par Lefrancq, et confessent devoir lui rembourser 35 livres, 4 charrettes de seigle, à la récolte prochaine, et détenir en gazaille, 7 vaches d'un capital de 47 livres, 105 brebis de 30 sols pièce, 5 ruches de 40 sols l'unité, et une « pouline » noire, évaluée 10 livres (3 E 4 (75) 140). Dans une troisième reconnaissance de « faisande », signée ce même jour, par Jeanne du Puyo et Jean de Lauron, mère et fils, métayers de Hauchon à Saint-Avit, ces derniers s'engagent à reverser 8 charrettes 3 mesures de seigle, 7 charrettes 2 mesures de millet, une mesure de froment, « pour raison de pareille quantité de grain que le sieur Lefrancq leur a prêtée », et à « rendre en espèce, 4 charrettes de seigle à la récolte ; ils tiennent en gazaille à moitié perte et profit, 20 brebis de 30 sols pièce, 59 ruches à 40 sols l'unité, 4 vaches d'un capital de 72 livres, et un « poulain rouge » de deux ans, valant 10 livres (3 E 4 (75) 141). Le 8 juin, Jean Pulane, chanoine d'Aire, afferme à Barthélemy et Jean Lefrancq son fils aîné, « tout le droit de dixième (dîme) appartenant au Chapitre d'Aire, sur les paroisses de Cachen et de Gins, juridiction de Roquefort », pour une durée de six ans, contre 400 livres (3 E 4 (75) 233). Le même jour, Barthélemy Lefrancq et Barthélemy Sentets afferment « le droit du dixième appartenant au Chapitre d'Aire, dans les paroisses de Gaillère et de Poydesseaux, pour la même durée, moyennant 14 charrettes et demie de seigle (3 E 4 (75) 234). Le 11 juin 1694, Barthélemy Lefrancq tombe malade et décide de rédiger un testament mutuel avec son épouse Jeanne Sentets. Ils demandent à être inhumés dans l'église « des pères de l'observance de Saint François » (les Cordeliers), et nomment Jean Lefrancq, leur fils aîné,

« héritier général et universel » (3 E 4 (75) 238). Le 27 décembre, notre marchand réalise sa dernière acquisition foncière, par l'achat à Jeanne de Samin, veuve de Jean Lasserre de Saint-Médard-de-Beaussé, de deux chambres de maison, un demi-journal de terre et vigne, huit lattes de taillis, un lopin de tauzia, un demi-journal de lande appelée à Grebille et « toute la moitié et portion qu'elle a présentement sur l'hérédité délaissée par feu Jean Lasserre, consistant en lande et châtaigniers, situés tous lesdits biens, en la paroisse de Bascons », au prix de 266 livres (3 E 4 (75) 432).

Effets de commerce et contrats de métayage semblent être la routine de cette dernière année 1696, d'activité commerciale, pour Barthélemy Lefrancq. Le 11 février, Bertrand Lafargue, maître-corroyeur de Mont-de-Marsan, lui fait cession de 55 livres, à prendre et se faire payer par Jeanne Delaunay, veuve de Joseph Lafargue, en paiement de marchandises (3 E 4 (76-2) 46). François de Garbay, laboureur de la paroisse de Cére, s'engage le 15 mars, à lui rembourser un prêt de 83 l 4 s (3 E 4 (76-2) 80). Dans un acte de renonciation du 24 juillet , Jean-Pierre de Prugue, prêtre, lui abandonne la ferme des fruits décimaux de la paroisse de Cachen (3 E 4 (76-2) 187). Le 27 novembre, Etienne de Tastet, laboureur de Sarbazan, lui donne quittance du versement de 127 l 10 s, « pour reste de somme de 165 livres, que le sieur Lefrancq lui devait, par le contrat de cession du 27 juillet » (3 E 4 (76-2) 300). Enfin, Jean du Heuca, « prend à faizande », le 14 décembre, la métairie de Maisonnave, pour cinq ans, avec un prêt de 4 livres, 4 mesures de blé, 2 mesures de millet (3 E 4 (76-2) 311).

Barthélemy Lefrancq meurt entre le 27 juin 1697, où il a signé avec son épouse Jeanne Sentets, un codicille, et le 11 septembre, date d'une quittance donnée par Jeanne Sentets qualifiée de « veuve de feu Barthélemy Lefrancq » (3 E 4 (77-1) 132, 209).

Une famille de juristes, de négociants et de militaires

De leur union, Barthélemy Lefrancq et Jeanne Sentets eurent quatre garçons et trois filles. L'aîné Jean Lefrancq, épouse le 20 février, Marthe Lasserre, il sera procureur du roi et syndic de la ville de Mont-de-Marsan, tout en gérant les biens agricoles hérités de ses parents. Jacques Lefrancq, né en 1658, époux de Madeleine Dolly, mourra le 4 juin 1730, après une carrière de bourgeois et marchand, ayant engendré dix enfants. Joachin Lefrancq, époux de Jeanne Laboge, issue d'une famille de grands négociants montois, s'adonnera au commerce. Paul Lefrancq, sera prêtre et curé de Sarbazan, doté par ses parents d'une rente annuelle, pour son titre clérical, de 120 livres. Quant aux trois filles, Marie-Madeleine Lefrancq, née le 15 septembre 1674, épousera Pierre Lubet, procureur du roi à Mont-de-Marsan, décédé lors de la rédaction du testament de son père ; Madeleine Lefrancq, née le 15 septembre 1674, jumelle de la précédente, sera l'épouse d'Antoine Dolly, bourgeois et marchand montois, le 16 août 1701, dotée de 1 800 livres (3 E 4 (78) 180) ; Jeanne-Marie Lefrancq, épouse de Dupeyre des Agreaux, ne recevra sa dot de 2 000 livres, qu'après le décès de son père.

Jean Lefrancq, procureur et syndic de Mont-de-Marsan

Après quelques années de pratique du commerce des produits agricoles, Jean Lefrancq se consacre uniquement à ses charges administratives de procureur du roi et syndic de la ville de Mont-de-Marsan, abandonnant à ses deux frères Jacques et Joachin, la charge de poursuivre le développement de la maison de commerce Lefrancq. De son union avec Marthe Lasserre, ne naquirent que trois enfants : Jean Lefrancq né le 17 août 1696, devenu prêtre et docteur en théologie, Claire Lefrancq épouse, le 11 février 1709, du bourgeois Barthélemy Ducournau, et Jacques Lefrancq, fils aîné. C'est ce dernier, par son union, le 25 avril 1714, avec Marie Gensoux (morte en couche le 23 novembre 1727), qui devait avoir une nombreuse descendance Marthe née le 26 décembre 1714, Marguerite née le 29 septembre 1716, Claire née le 20 novembre 1717, Jean-Jacques né le 7 janvier 1719, futur avocat du roi, Pierre né le 5 février 1720, Jean né le 5 juin 1721, Pierre né le 4 avril 1723, Jean né le 3 mai 1724, et une dernière fille née le 23 novembre 1727, décédée un moment après, en même temps que sa mère. Un fils de Jean-Jacques Lefrancq, avocat du roi, devait couronner la carrière administrative de cette branche des Lefrancq : le conventionnel Jean-Baptiste Lefrancq.

Jean-Baptiste Lefranc (Lefrancq), député à la Convention

Le conventionnel Jean-Baptiste Lefranc est né à Mont-de-Marsan, le 12 juillet 1758, il mourra veuf de la demoiselle Lefranc-Brans, cousine germaine, et survécut à son fils unique mort à 20 ans. En 1790, il fut nommé l'un des administrateurs des Landes, fut ensuite procureur et syndic de Mont-de-Marsan. Il était à cette époque commissaire rédacteur de la société des amis de la Constitution. Le 4 septembre 1792, il fut élu par son département, membre de la Convention. Il partit avec l'abbé Saurine. Ce fut à Bordeaux qu'ils apprirent la proclamation de la République. Arrivé à Paris, Jean-Baptiste Lefranc prit place parmi les modérés. S'il ne voulait pas un retour vers le passé, il n'était pas davantage dans son caractère de suivre les Jacobins, dans leurs excès, et il était très opposé au système de la Terreur. Son vote alla à toutes les mesures de salut public, mais il fit entendre, sans faiblesse, sa protestation contre les violences inutiles. Dans le procès du roi, malgré les invectives et les menaces des tribunes, il refusa de voter la mort et il fit une déclaration, pour expliquer son vote : « Je n'ai, dit-il, jamais cru voter que comme législateur. Je crois que la mesure de sureté préférable est le bannissement et préalablement la réclusion, jusqu'à la paix ». Il avait été membre de la commission des Dix, pour l'accusation du roi ; il s'opposa formellement à ce que le rapport fut autre chose qu'un document judiciaire. Il avait refusé de voter l'appel au peuple, et il en avait souvent expliqué la raison ; il n'avait pas voulu faire dresser des catégories, qui auraient servi à établir des listes de proscriptions. Il excitait dans les Landes, en raison même de ses sentiments modérés, les fureurs de Samson Batbedat, qui le traitait « d'aristocrate avéré et apostillé ». Il fut de ceux qui contribuèrent à la chute de Robespierre ; il proposa et fit admettre l'accusation de Carrier, célèbre pour les noyades de Nantes. Membre du conseil des Cinq-Cents, jusqu'en 1798, il rentre à Mont-de-Marsan.

Sous l'empire, il remplit les fonctions de procureur impérial jusqu'en 1815. Il fut compris dans les listes de bannissement qui furent alors adressées, contre ceux qu'on appelait les régicides relaps.

Dans ses papiers se trouvait une lettre de Boissy d'Anglas, qui cherche à le rassurer, sur l'erreur qui a été commise et qui lui fait connaître, qu'il a déjà protesté contre une mesure qui atteint un collègue qui a toujours voté comme lui. L'erreur fut en effet reconnue, il n'en résulta pas moins, qu'il fut destitué de ses fonctions, par la Restauration.

Figure 11: Métairies de St Avit (Carte de Belleyme, XVIIIème siècle)

A partir de ce moment, il se retira dans sa maison de campagne de Saint-Avit, où il s'occupa d'agriculture, tout en s'intéressant aux questions d'économie politique et d'administration, comme il l'avait toujours fait. Il y est mort, le 1ier septembre 1839, à l'âge de 82 ans (G. Cabannes, Galerie des Landais, tome II, p 56-59).

Les activités commerciales de Jean Lefrancq (1684-1697)

Avant de devenir procureur du roi et syndic de la ville de Mont-de-Marsan, Jean Lefrancq fut initié, comme ses frères Jacques et Joachin, au commerce fluvial des denrées agricoles en provenance de l'Armagnac (Gers). Qualifié de bourgeois et marchand, le 7 avril 1684, il acquiert de Jean Ducos, bourgeois et marchand de la ville d'Eauze en Armagnac, 16 pièces d'eau-de-vie « bonnes, loyales et marchandes ». Malheureusement, 6 d'entre elles étaient défectueuses et le sieur Ducos aurait promis « d'en faire partir d'autres, à la place, avec les dommages du retardement du navire, qui les attend sur le port et havre de Bayonne » (3 E 4 (65) 96).

Ayant affermé avec Barthélemy Sentets son oncle maternel, la métairie de Lagrange, à Pierre Lacassaigne, prêtre curé de Navailles (Lescar), le 25 juin 1693, il demande, le 11 mai 1694, une estimation des dommages causés par la grêle, pour bénéficier d'un abattement sur le fermage (3 E 4 (74) 65). Pierre Danterre Cégane, marchand de Bayonne, en paiement d'achat de marchandises, lui remet le 3 novembre 1694, « un billet de change » de 606l 11s, à prendre sur Bernard Branzeau, bourgeois et marchand montois (3 E 4 (75) 377). François Dayre lui a vendu les 13, 28 et 31 janvier 1695, 80 barriques de miel, au prix de 100 livres la barrique, on le qualifie, dans cet acte, de bourgeois, marchand, procureur du roi et syndic (2 F art. 2362).

À partir du mois d'août 1697, date du décès de son père, Jean Lefrancq abandonne le commerce, pour remplir les charges administratives de procureur du roi et syndic de la ville de Mont-de-Marsan. Il règle la succession de son père, et gère ses propriétés foncières. Le 4 août 1697, Antoine Salebert, de la paroisse de Lucbardez, reconnaît tenir de lui, en gazaille, 34 brebis d'un capital de 30 sols pièce (3 E 4 (77-1) 182). Pour non remboursement de dette, il adresse, le 15 août, une sommation à noble Jean-Charles de Lassalle (3 E 4 (77-1) 184). Il verse le 1ier septembre 1697, à Jean de Lasserre dit Jeanton, laboureur et tisserand de Bascons, la somme de 264 livres, « reste et final paiement de la somme de 300 livres de capital, dues par Barthélemy Lefrancq son père, de la vente de certain bien, du 5 avril 1695, reçu par Mauco » (3 E 4 (77-1) 202). Le 15 octobre, Etienne de Lamaison, demeurant au Hourestot, laboureur de la paroisse de Lamolère, lui prend en gazaille, « une jument au capital de 25 livres, à moitié perte et profit » (3 E 4 (77-1) 226). Trois jours plus tard, Jeanne Sentets sa mère et lui-même, règlent à sa sœur Madeleine Lefrancq, veuve de Pierre Lubet, conseiller du roi, le reste de sa dot, d'un montant de 150 livres (3 E 4 (77-1) 212). Une vente, datée du 21 octobre, faite par Barthélemy Ducournau, vigneron de Grenade, d'une « pièce de terre, touya, appelée à Vidalen, de la contenance de 32 lattes », estimée 29 livres, agrandit son patrimoine foncier (3 E 4 (77-1) 231). Le 17 novembre, Jean de Farbos, métayer de Grebère, à Saint-Perdon, prend en gazaille, 7 vaches d'un capital de 105 livres, pour trois ans, « le profit, s'il y a, sera partagé par moitié » (3 E 4 (77-1) 249). Suite à une vente effectuée par son père, le procureur et syndic Jean Lefrancq, reçoit de Mathieu Dupin dit Labouyrie, marchand de Luglon, la somme de 843 l 4 s, « reste et final paiement de la somme de 2 075 livres » (3 E 4 (77-1) 250). Antoine Lacoste, laboureur de Bougue et métayer de la métairie de Mounet, reconnaît le 24 novembre, détenir en gazaille, « 6 têtes de vaches au capital de 69 livres » (3 E 4 (77-1) 260).

Au cours des années 1700-1710, peu de contrats commerciaux ; Jean Lefrancq tire ses revenus et réalise des investissements fonciers, grâce aux fruits décimaux de diverses paroisses et à la gestion de ses biens et des ressources fiscales de la ville de Mont-de-Marsan. Le 18 mai 1700, il afferme, auprès de l'évêque d'Aire, les fruits décimaux des « gros et moyens grains, vin et autres », de Bascons, pour quatre ans, moyennant 1 800 livres, pour la présente année, et 600 livres pour chacune des trois suivantes (3 E 4 (49) 74). Les chanoines de la cathédrale d'Aire lui afferment, le 25 mai, « les vins, grains et autres fruits décimaux de la paroisse d'Artassenx et de Laguaresse », au prix de 84 livres (3 E 4 (49) 82). Le même jour, pour la même durée de quatre ans, il se charge de la ferme de la scise de la paroisse de Cére, « à prendre sur la ferme ordinaire des grains et fruits décimaux », contre une charrette et vingt-quatre mesures de seigle chaque année (3 E 4 (49) 85). Il s'intéresse encore au commerce des eaux-de-vie, lors d'une vente du 15 septembre, de 66 pipes d'eau-de-vie, proposées par plusieurs marchands d'Armagnac (3 E 4 (49) 140).

Un achat d'un « pré appelé communément à la Grane du Tuco, est réalisé le 31 mai 1701, avec Dominique Darthès, homme d'armes de Grenade, pour le prix de 39 livres (3 E 4 (78) 97). En tant que syndic de Mont-de-Marsan, il acquitte, le 30 juin, d'un versement de 1 200 livres, Bernard Branzeau, bourgeois et marchand montois, « fermier des deux-tiers de la scize de la présente ville », cette année-là (3 E 4 (78) 121). Il règle à Madeleine Lefrancq sa sœur, 1 800 livres léguées, dans son testament, par son père, le 11 juin 1694 (3 E 4 (78) 151), et paie 15 livres sur les 100 livres dues à Guirons Dufau, laboureur de Lencouacq, le 16 septembre, « suite à la vente de certain bien », effectuée par son père à Michel Dufau (3 E 4 (78) 220 ; (80) 88).

De nouvelles acquisitions sont réalisées en 1702. Le 13 mai, Jean de Gourgues Despignoles, laboureur de Lucbardez, lui vend une pièce de terre, lande, appelée au Prat de Lacrouts, de la contenance de deux journaux, estimée 42 livres (3 E 4 (79) 107). Dominique Darthés, bourgeois de Grenade de Marsan, lui cède, le 7 juin, une pièce de lande et touya de 31 lattes, située en la paroisse de Bascons, évaluée 30 livres (3 E 4 (79) 130). Jean Lamothe, laboureur de Saint-Avit, tient le 5 septembre, « à faizande », la métairie de Barcerac, à Lucbardez, pour un temps de neuf ans (3 E 4 (79) 309). Enfin, Pierre de Donde, maître-tailleur de Labrit, lui vend le 10 octobre, « une petite métairie appelée communément à Loustalet de Boué, consistant en une petite maison bâtie de bois et torchis, couvertes de tuiles, avec une petite cabane, le tout presque en friche, lande, tauzia », au prix de 250 livres ((3 E 4 (79) 240).

Jean Lefrancq, syndic et procureur du roi, poursuit la gestion de ses propriétés agricoles et l'exécution des vœux testamentaires de son père. Le 22 janvier 1704, Jean Persillon, laboureur de Campagne, dans la métairie de Lasac, prend en « gazaille » quatre vaches, « une velille (génisse) et deux veaux, au capital de 120 livres, à moitié perte et profit » (3 E 4 (81) 23). Dame Marie de Prugue lui fait cession, le 3 avril, « de 135 livres de capital et 28 livres d'intérêts, à prendre et se faire payer » par Jean-Jacques Gauzère, prêtre et curé de Lamothe (3 E 4 (81) 87). Mathieu Laurans lui donne quittance, le 18 décembre, du remboursement d'une dette de son père, de 1 000 livres, suite à un contrat du 10 avril 1693 (3 E 4 (81) 298,299).

Le 18 juillet 1708, il donne en métayage (faizande), la métairie appelée à Gourric, dans la paroisse de Saint-Pierre-du-Mont, à Jean Delay, Antoine Dupeyron et Bernard Lacoste, laboureurs de ce village (3 E 3 (41) 1).

Dans une lettre écrite de Victoria, en Espagne, le 7 novembre 1710, un commerçant remercie Jean Lefrancq de l'avis qu'il lui a envoyé, concernant les prix des grains, vins et eaux-de-vie, « dont les uns et les autres sont hauts, ces denrées sont assez chères, aussi dans le royaume, si vous pouviez m'avoir un tonneau d'excellent vin, en demi-barrique, me feriez plaisir de me l'envoyer par ledit Danterre, pour me le remettre ; les affaires commencent à s'accommoder et l'on attend les troupes de France, pour mettre à exécution que monsieur Vandome qui espère faire prisonnier l'archiduc et son armée » (2 F art. 2362).

Des années 1712 à 1717, on ne peut retenir que des contrats de gazaille ou de métayage : le 28 mai 1712, Jean de Farbos, laboureur de Saint-Pierre-du-Mont, dans la métairie de Grabère, tient de lui six vaches d'un capital de 84 livres. De même, Jean de Bezin, laboureur de la même paroisse, en la métairie de Manon, détient sept vaches estimées 58 livres, « à raison de six mesures, moitié blé et moitié millet » (3 E 4 (83) 61, 62). Le 23 juillet 1713, Jean Lefrancq signe un contrat de « faizande » avec Jean Darribeau, pour la métairie de Tuco, à Bascons (3 E 4 (84-1) 112). Anne Dulau et Jean Brassenx, de Saint-Avit, prennent le 18 mars 1714, en fermage, la métairie de Caloy de Bas, pour neuf ans, avec en gazaille, 93 moutons, 7 vaches, 6 chèvres et 27 ruches de « mouches à miel » (3 E 4 (84-1) 37).

Du fait de sa fonction de syndic de la ville de Mont-de-Marsan, il dût s'opposer, le 6 mars 1718, à l'établissement d'un bureau de contrôle, « pour jauger et mesurer les eaux-de-vie et autres marchandises, avec un contrôleur et deux gardes », jugeant cela « contraire aux privilèges de la ville » (3 E 4 (84-2) 30).

Les dernières années de la vie de Jean Lefrancq, en sus de ses fonctions de procureur du roi et syndic de la ville de Mont-de-Marsan, sont marquées, sur le plan familial, par l'attribution le 16 avril 1723, d'un « titre clérical », à son fils Jean Lefrancq, bachelier en théologie, composé d'une rente annuelle de 100 livres, « assignée sur toute la métairie appelée à Hauchon, située à Saint-Avit » (3 E 4 (85-1) 17). Après une vie bien remplie, Jean Lefrancq décédait en octobre 1731, si l'on en croit le bail à ferme, signé le 21 octobre, par Marthe Lasserre, qualifiée de « veuve de Jean Lefrancq » (3 E 4 (86) 255).

Jacques Lefrancq, bourgeois et marchand drapier (1658-1744)

Deuxième fils de Barthélemy Lefrancq, Jacques Lefrancq naquit en 1658. Au cours de son mariage, le 29 juillet 1682, il s'unit à Madeleine Dolly, fille de Pierre Dolly et d'Anne Dabadie, autre famille de commerçants, dotée d'une boutique et de son fonds de commerce, soit 5 270 livres, de la maison de La Tirade évaluée 1 800 livres, et de 1 200 livres en obligations, à prendre sur des débiteurs (3 E 4 (119) 2). De cette union naquirent neuf enfants, cinq garçons et quatre filles : Jeanne Lefrancq née le 25 octobre 1687, qui épousera le 6 avril 1704, Arnaud Sentets, marchand ; Marie-Madeleine naquit le 19 octobre 1688 ; Catherine née le 27 juin 1692 ; des cinq garçons, deux seront qualifiés par la suite, de bourgeois et marchands : Joseph Lefrancq né le 16 août 1686 ; Antoine Lefrancq né le 4 février 1690 ; Pierre Lefrancq né vers 1691, bourgeois et marchand drapier, qui épousera le 6 novembre 1710, Marie de Cist de Baché, dont il aura au moins dix enfants ; Philippe Lefrancq né le 30 juillet 1695, et Jean Lefrancq né le 15 février 1686, bourgeois et marchand, qui s'unira le 24 juin 1743, à Catherine Lapeyre, dont il aura douze enfants ; nous n'en retiendrons qu'un, Jacques Lefrancq né le 3 novembre 1750, futur général.

Jacques Lefranc général (1750-1828)

Entré dans l'armée le 26 février 1769, comme simple soldat, au régiment du Béarn, Jean Lefranc (et non Lefrancq) en fut congédié. Son goût prononcé pour la carrière des armes, le rappela bientôt sous les drapeaux. Il entre de nouveau comme soldat, dans le régiment de Dauphiné, le 13 mai 1776, y obtint les épaulettes de grenadier, le 1ier juin suivant, fut nommé caporal un an après, et devint sergent, le 1ier mai 1780. Il fit partie de l'expédition dirigée contre Genève en 1782, sous les ordres du marquis de Juncourt, fut promu adjudant sous-officier, le 31 mai 1784, porte-drapeau, le 22 juillet 1786, et sous-lieutenant des grenadiers, le 31 juillet 1787. Il passa dans la Garde Nationale, le 19 juin 1791, sous la révolution.

Le 15 janvier 1793, il est nommé chef du 3ème bataillon des Landes. Le 30 vendémiaire an II, il fut appelé au commandement de la 4ème demi-brigade. Envoyé à l'armée des Pyrénées-Orientales, il se distingua le 2 pluviôse an II. A la tête de 200 hommes d'élite, il enleva, à la baïonnette, la redoute d'Ibarietta, près d'Ispéguy. Le 13 prairial suivant, il commandait la colonne qui enleva les redoutes de Bédaritz. Aux journées des 6, 7, 8, 9 et 11 thermidor de la même année, il était encore à la tête de cette redoutable colonne, qui s'empara de la vallée de Bastan et du camp retranché des Espagnols. Après le traité de Bâle, il se rendit avec son corps à l'armée de l'Ouest, où il fit la campagne de l'an IV. Passé chef de la 27ème demi-brigade, par suite de nouvel amalgame, le 27 vendémiaire an V, il fut embarqué, le 20 frimaire, sur le vaisseau Le Pégase, pour faire partie de la première expédition d'Irlande. Au retour de cette malheureuse expédition, il passe à l'armée des côtes de l'Océan, cette année et la suivante.

En l'an VIII, il fut envoyé à l'armée du Rhin, fit partie de la division Richepanne, et se signala aux batailles de Hohenlinden et de Lambach : sa brillante conduite lui valut un sabre d'honneur, qui lui fut remis par le Premier Consul, le 15 ventôse an IX. Réputé l'un des meilleurs chefs de corps de l'armée, il refuse plusieurs fois le grade de général, que lui offrit le général en chef Moreau.

Le 6 germinal an X, il fut nommé député des Landes, au Corps législatif, où il paraît avoir joué un rôle peu important. Le 3 germinal an XI, il fut nommé général de brigade et le 25 prairial an XII, était fait commandeur de la Légion d'honneur.

Pendant la guerre de l'an XIV, contre la troisième coalition continentale, il fut attaché à l'armée du Nord, puis, à la suppression de cette armée, il passa au

2ème corps de réserve de la Grande Armée, prit part à tous les combats qui eurent lieu.

Il fit la campagne de 1806, et reçut une blessure à Galymin. Le 6 novembre 1807, appelé au corps d'observation des côtes de l'Océan, il passa en Espagne. À Madrid, d'un coup de main heureux, il s'empara de l'arsenal qu'il emporta de vive force, à la tête des grenadiers, après avoir tué le commandant. Ce trait de courage sauva la vie à des milliers de Français, qu'on mitraillait dans les rues.

Lors de la capitulation de Baylen, il fut fait prisonnier, et mourut le 19 novembre 1808, empoisonné, a-t-on-dit d'une part, des suites des mauvais traitements qu'il dut subir, dans les prisons de Malaga, a-t-on soutenu d'autre part. La lumière n'a jamais été faite, malgré les recherches du général Castagnos. (G. Cabannes, Galerie des Landais, tome II).

L'activité commerciale de Jacques Lefrancq, bourgeois et marchand drapier montois (1683-1739)

Né le 14 mars 1658, initié à l'art du négoce par son père, Jacques Lefrancq le pratique de façon indépendante, après son mariage. Le 10 septembre 1683, il prend en apprentissage, Jean Descorps, fils de Jeanne Dabadie, veuve de feu Jean Descorps, pour une durée de six ans, « pour lui apprendre les métiers du négoce ». Il est déjà qualifié de bourgeois et marchand (3 E 4 (64) 249).

Comme son père, il pratique le commerce des grains, des vins, des eaux-de-vie, des draps et le prêt d'argent, tout en investissant ses bénéfices dans des propriétés foncières agricoles, de 1684 à 1723, avant d'associer et de former son propre fils, dès 1724. Le 4 avril 1684, il encaisse de Simon de Bonnat, 216 l 14 s 9 d, somme due à son père Barthélemy Lefrancq (3 E 4 (65) 101). « Pour étoffes prises par ladite demoiselle, pour les habits de dimanche de son enfant, dans la boutique dudit sieur Lefrancq », mademoiselle de Lassalle de Bordes lui devra, le 12 février 1685, 305 l 17 s (3 E 4 (121)). Le 19 juillet 1687, il signe avec le maire et les jurats de Mont-de-Marsan, un acte « pour faire la quête en l'église Sainte Madeleine de Mont-de-Marsan, pour les captifs » (3 E 4 (68) 200). Antoine Augustin de Pouyferré, seigneur baron de Varenne et Darricau, lui devant 454 livres, « à cause et pour raison de marchandises à lui vendues et délivrées », lui afferme, le 23 juin 1688, deux métairies appelées de Vignot et de Rossole à Labrit (3 E 4 (61) 192). « Pour raison de grains » que Jacques Lefrancq lui a prêtés, pour vivre lui et sa famille, et pour travailler la métairie du Grand Meignon à Labrit, Etienne de Taris laboureur, s'engage le 13 octobre, à lui verser 45 livres (3 E 4 (74) 208).

C'est le 16 septembre 1697, qu'il réalise son premier investissement foncier, par l'achat à Jean Segas, maître-chirurgien, de la paroisse de Sainte-Foy, juridiction de Villeneuve-de-Marsan, de la piéce de terre labourable appelée, « la pièce de Lichon, de la contenance de deux journaux, sise dans la paroisse de Saint-Pierre-du-Mont », au prix de 226 livres (3 E 4 (77-1) 231).

En compagnie de ses frères Jean, Joachin et Paul, il marie sa sœur Madeleine Lefrancq, le 16 avril 1701, au marchand Antoine Dolly, la dotant de 1 800 livres, plus les meubles accoutumés (3 E 4 (78) 180). Jean de Villenave, maître-chirurgien de Garein, lui fait cession, le 26 septembre, de 102 livres de capital (3 E 4 (78) 105). Le 12 novembre, Pierre de Lamothe, vigneron de Saint-Avit, prend en métayage, « tout icelui bien appelé à Naute, avec la vigne et terre labourable, pour cinq ans ; il sera tenu de porter annuellement à Jacques Lefrancq, le quart de tous les grains, lin, chanvre et légumage, la moitié du vin et des sarments, et les deux-tiers de l'échalas », il reconnaît avoir donné 50 livres, « pour raison de grains et argent prêtés » (3 E 4 (78) 270). Le 21 novembre, il prête 95 livres à Martin Douat, bourgeois et marchand montois (3 E 4 (76) 291).

Des transactions financières et immobilières parsèment les années 1702-1710. Les deux hôpitaux de Mont-de-Marsan, dont il est trésorier, étaient en mauvais état, mal bâtis, mal situés et dépourvus de toutes commodités nécessaires aux pauvres : le 10 janvier 1702, l'évêque d'Aire et le Bureau de l'hôpital, décident de les vendre, pour en reconstruire un plus grand, sur un terrain situé entre les « deux portes d'Aire », à l'intérieur de la ville, appartenant à Jacques Lefrancq, qui consent à le vendre, au prix de 3 000 livres et de 12 messes basses annuelles à perpétuité, et une sépulture dans la chapelle de l'hôpital ; l'évêque donne son accord, moyennant 350 livres par an. Le 11 février 1702, Claire Dubernet, veuve de Mathias Racle, reçoit 50 livres, « pour la rente de 4 livres, que le sieur Lefrancq fait à la demoiselle de Racle, pour raison de toute icelle pièce de terre appelée à Léscommes, située à Saint-Pierre », suite à l'acquisition de ce bien (3 E 4 (79) 35). Jeanne-Marie de Ferrière, de la paroisse de Linxe, donne quittance le 11 mars, d'une cession de 400 livres (3 E 4 (79) 63). Antoine Gourgues et Jean de Sourbets associés, laboureurs de la paroisse de Saint-Avit, dans la métairie de Guillemont, signent avec Jacques Lefrancq, un contrat de fermage, le 1ier octobre, et s'engagent à lui fournir 2,5 charrettes de seigle, une charrette de millet, et lui remettre 90 livres « prêtées pour vivre » (3 E 4 (79) 237). « Pour raison de prêt et livraison de marchandises », Jeanne de Burriot s'oblige, le 14 octobre, à lui rembourser 73 livres (3 E 4 (49) 77). Le 23 décembre 1703, c'est un prêt de 172 livres que Blaise et François Daudon, père et fils, laboureurs d'Arengosse, s'engagent à reverser (3 E 4 (80) 340). Arnaud Sentets, fils de Jean Sentets et de Marie

Lefrancq, épouse le 6 avril1704, sa fille Jeanne Lefrancq, née le 25 octobre 1687, dotée de 2 000 livres (3 E 4 (81) 76). Pour achat de marchandises, les dames religieuses de Saint-Claire, lui doivent 980 livres ; elles signent le 20 novembre 1704, une cession de la même somme, « à prendre et se faire payer de la Communauté de la présente ville » (3 E 4 (81) 272). À la décharge d'Antoine Augustin de Pouyferré, baron Darricau , le 21 février 1705, Jean Versoris lui verse 377 livres, « pour raison de marchandises » (3 E 4 (82) 43). Louis Augustin de Lazarinx, lieutenant, s'oblige le 4 mars 1710, à lui rembourser 170 livres, « pour raison de vente et délivrance de marchandises », en lui donnant la jouissance des fruits de la métairie de Rausit à Saint-Avit, « jusqu'à concurrence de la somme » (3 E 3 (41-2)). Le 24 juillet, Jean Garrelon lui attribue 541 l 3 s, en règlement d'une partie de la dot de sa fille Jeanne Garrelon, mariée le 19 août 1709, à Antoine Lefrancq (3 E 4 (83) 76). Le même jour, Madeleine Dunogué lui ratifie la vente « de certaine pièce de terre labourable appelée de Luhon, située en la paroisse de Saint-Pierre-du-Mont », estimée dans le contrat du 16 septembre 1695, 226 livres (3 E 4 (76), (83) 77).

En 1711, Jacques Lefrancq traite des affaires profitables, et fait le bilan de son association commerciale avec Jean Descorps, bourgeois et marchand montois. Le 28 mars, il constitue une rente à Marie Dussére, veuve de Pierre Caumon, capitaine, annuelle et perpétuelle de 33 l 6 s 8 d, en remboursement d'un prêt de 600 livres (3 E 4 (83) 34). « Pour reste de marchandises » d'une valeur de 357 livres, Jean Candau, avocat à la Cour et marchand, s'engage le 16 avril, à faire porter annuellement dans la maison de Lefrancq, « deux cas de foin de Bascons, au moyen de deux charrets » (3 E 4 (83) 43). Françoise de Racle, veuve d'Antoine Banos de Benquet, confesse le 17 mai, devoir donner la somme de 160 livres, « pour raison d'un compte courant de marchandises livrées à la demoiselle Banos et à Richard Banos son fils, pour habiller et équiper le sieur Banos, pour le service du roi, où il est actuellement, dans le régiment des Fusiliers du roi » (3 E 4 (83) 59). Désirant se retirer de la société commerciale qui le liait à Jean Descorps, il déclare le 13 juillet, « avoir entre eux passé une société, pour le négoce de marchandises de draperie, grains, vin, eau-de-vie et autres marchandises, dont le fonds était composé de la somme de 1 400 livres, conformément à la police passée entre parties, le 1ier octobre 1697, jusqu'à ce jour, acquis en commun et société, toute icelle maison appelée de Banos, située sur la Grande Rue (Rue Victor Hugo) de la présente ville, suivant le contrat du 30 janvier 1702, plus une petite métairie appelée à Lahuque ..., plus un certain grenier et chai du sieur de Castera, contrat du 26 juin 1705, plus certaine maison et jardin du sieur Lopes, en la paroisse de Sabres, contrat du 20 janvier 1700, et une chambre de maison » (3 E 4 (84) 98). Jean Descorps rachetait la part de Jacques Lefrancq, dans cette société, le 13 juillet 1712, par un premier versement de « 1 000 livres de capital de la somme capitale de 3 000 livres », les biens délaissés de la société étant estimés à 6 000 livres (3 E 4 (83) 89).

De 1713 à 1744, il poursuit ses activités commerciales en association avec son fils Pierre Lefrancq, né vers 1690, époux de Marie de Cist de Baché (le 6 novembre 1716), dont il aura au moins dix enfants. Pour rembourser un emprunt de 750 livres, il constitue, le 1ier avril 1713, un contrat de « rente annuelle et perpétuelle » de 37 l 10 s, en faveur de Madeleine de Prugue, abbesse des « Dames religieuses de Sainte Claire » (3 E 4 (84-1) 45). Le 13 juillet 1717, il marie sa fille Catherine Lefrancq, née le 27 juin 1692, à Jean-Marie Saint-Marc, dotée de 2 000 livres ; il en règle 1 000 livres le 24 février 1720 (3 E 4 (84-1) 19, 3 E 3 (28)). Jean Darude, laboureur de la paroisse de Saint-Avit, prend à « faizande », la métairie de Guillemont, le 22 juillet 1720, pour cinq ans (3 E 4 (85-1) 92). Jacques Lefrancq réalise, le 1ier juillet 1722, l'achat de la métairie et brasserie appelée de la Vigne, située à Saint-Avit, et cédée moyennant 400 livres, par Marie-Thérèse Duvignau, veuve de Jean-Jacques de Lachapelle, sieur de Cazères (3 E 3 (30)). Pour l'acquisition, le 7 février 1724, des métairies de Naute, Bourrama, Basta et Nieu, sises en la même paroisse, et cédées par Jean-Marie de Prugue, seigneur de Cézeron, au prix de 4 000 livres, il s'associe avec son fils Pierre Lefrancq (3 E 3 (31-2) 30). Au cours de l'année 1730, acquisitions et gestion des propriétés agricoles, se font en commun, entre le père et le fils. Le 20 avril, tous les deux achètent à Ursule de Balade, épouse de Nicolas Labarchède, capitaine, la métairie appelée de Massac à Saint-Avit, quartier de l'église, d'une valeur de 1 200 livres (3 E 4 (87) 60). Pierre Dauga, Jean Dulau et Jean Gourgues, laboureurs d'Uchacq, prennent en « faizande », le 23 juillet, la métairie de Naute à Saint-Avit, pour sept ans, au revenu annuel de 60 livres : ils s'engagent à porter annuellement aux sieurs Lefrancq, « le quart de la millade, la moitié du vin, une mesure de seigle », et tiennent en gazaille, 60 brebis d'une valeur de 40 sols par tête (3 E 4 (87) 109). Jean Lacoste, laboureur de Saint-Avit, prend en métayage, le 8 août, la métairie d'Arribat (Ribat), sise dans ce même lieu, d'un revenu annuel de 40 livres, pour une durée de sept ans (3 E 4 (87) 119). Nos deux marchands drapiers signent en 1731, trois contrats de métayage (faizande) : le 22 juillet, Antoine Paris et ses enfants, laboureurs de Saint-Avit, s'engagent à cultiver la métairie de Damien et la brasserie de Basta, d'un revenu annuel de 40 livres, pendant neuf ans (3 E 4 (86) 149) ; le même jour, Dominique et Jean Bourgoit, de Saint-Avit, signent un contrat semblable, concernant la métairie de Naute, d'un revenu annuel de 40 livres, pour la même durée de neuf ans (3 E 4 (86) 152) ; le 29 de ce mois, Antoine et Bernard Dumartin, père et fils, laboureurs de Saint-Avit, s'engagent pour la même durée, et le même revenu annuel de 40 livres, à cultiver la métairie de Pouchiou (3 E 4 (86) 153). De 1732 à 1739, Pierre Lefrancq est associé à son père, dans tous les actes notariés concernant la gestion des propriétés agricoles. Le 20 juillet 1732, il signe avec son père, un contrat de « faizande », en faveur de Jean Clavé, Jean

Saint-Marc et Pierre de la Saubats, laboureurs de Saint-Avit, quartier de Lazarenx, pour la mise en culture, pendant sept ans, de la métairie d'Arribat (Ribat), au revenu annuel de 80 livres (3 E 4 (86) 196). Antoine Péres, laboureur de Saint-Avit, reconnaît le 29 juillet 1736, détenir de ces deux marchands, une paire de bœufs, évaluée 240 livres, « pour travailler la métairie du Nieu, appartenant aux sieurs Lefrancq » (3 E 4 (93) 159). Le 21 août 1736, Jacques et Pierre Lefrancq accordent à Jean Duvignau, laboureur de Saint-Avit, la métairie de Ribat, au revenu annuel de 60 livres, et un contrat de « gazaille », englobant 21 brebis à 40 sols la tête, 30 chèvres à 20 sols la tête, et 9 ruches d'une valeur de 3 livres l'unité (3 E 4 (93) 177). Même association du père et du fils, dans les contrats de métayage signés en 1737 et 1739. Le 9 juillet 1737, leur métayer Pierre Dauga, de la métairie de Naute, à Saint-Avit, s'engage à lui rembourser un prêt de 65 l 8 s 6 d, et une certaine quantité de grains (3 E 4 (94) 139). Le même jour, Jean de Gourgues prend en « faizande », la métairie de Guillemont, à Saint-Avit, « attendu que la métairie est un peu mal travaillée, les sieurs Lefrancq, lui donnent 10 mesures de seigle et 10 mesures de millet, d'une valeur de 30 livres, au moyen de quoi, ledit reconnaissant s'oblige de la mettre en bon état » (3 E 4 (94) 132). Le 18 mai 1739, François Gourgues, métayer de la métairie de Massac, sollicite un prêt de 36 livres (3 E 3 (35) 18), alors que le 24 novembre , Dominique Tartas et Pierre Garbay, laboureurs de saint-Avit, s'engagent à cultiver la métairie de Massac, au revenu annuel de 36 livres, pendant cinq ans, avec 32 brebis (3 E 3 (35) 36).

Jacques Lefrancq décédait le 24 décembre 1744, à l'âge de 86 ans. Deux de ses fils poursuivront le métier de marchand-drapier et négociant en grains, vin et eau-de-vie, son fils aîné Jean Lefrancq, marié à Catherine Lapeyre, le 24 juin 1743, et Pierre Lefrancq, qui pratiquait depuis 1715, ce genre de négoce, sous la houlette de son père.

Joachin Lefrancq, bourgeois et marchand (m. 1720)

Troisième fils de Barthélemy Lefrancq, adonné au commerce, Joachin Lefrancq épousa le 31 mai 1697, Jeanne de Laboge, issue d'une famille de négociants montois pratiquant le commerce fluvial, dont il eut un fils, Jean Lefrancq, bourgeois et marchand. Après le décès de son épouse, il se remaria avec Marie de Pandelle, mais n'eut pas de descendance de ce deuxième lit. Jeanne de Laboge était la fille de Jean Lagoanère de Laboge, bourgeois et négociant montois, et de Marie de Saint-Marc ; par cette union elle apportait une dot de 2 000 livres, et l'ameublement, « un lit de bois de noyer à double colonnes torses, garni d'un tour de lin et de rideaux de cadi vert, une couverte de laine verte, couette, coussin remplis de suffisamment de plume, matelas, courtepointe, un cabinet de bois de noyer à deux portes et un tiroir fermant à clé, six paires de draps, l'ensemble de lin, six douzaines de serviettes de lin, quatre nappes carrées de lin, une douzaine de chemises, deux vertes de bazin, quatre bonnets, douze mouchoirs, six assortiments de coiffures, une toilette brodée, deux paires de bas, deux paires de souliers, une coiffe de taffetas, deux habits avec leurs jupes, l'un de ferrandine (étoffe en laine fabriquée dans le limousin, parfois mêlée de soie, ou bien en fleuret et coton), l'autre d'estamine (tissu léger en laine), six cuillères d'argent pesant douze onces, le tout neuf » (3 E 4 (77-1) 113). Son beau-père lui verse 1 820 livres des 2 000 livres de dot, le 7 juin 1697 (3 E 4 (77-1) 115).

Peu d'informations nous sont parvenues sur la façon de commercer de Joachin Lefrancq, marchand-drapier. La quittance du 6 septembre 1701, accordée à Sabaté, habitant du Fréche en Marsan, mentionne le règlement de 81 livres, « pour des marchandises que ledit Lefrancq lui a livrées » (3 E 4 (78) 206). En 1702, deux achats immobiliers enrichissent son patrimoine : le 14 février, il acquiert pour 1 050 livres, « le vieil hôpital situé au bout du pont du bourg de la ville, avec toutes ses dépendances et appartenances » (3 E 4 (79) 40), et le 18 juin, Barthélemy Sentets lui achète « une chambre de maison et un petit jardin appelés à Cadilhac », moyennant 150 livres (3 E 4 (79) 143).

Une obligation du 27 février 1703, précise la nature des marchandises écoulées : Marie de Prugue de Campagne, s'engage à lui verser 231 livres, « pour raison de marchandises que ladite demoiselle a prises dans la boutique, pour les habits de deuil du décès de feu Dessangue, son mari » (3 E 4 (80) 46). Autrement, il loue le 17 août 1703, à Jeanne Castain, la maison de Page, « située en la rue du Mirailh, de la présente ville », pour une durée de trois ans, 38 livres, « payables de six en six mois » (3 E 4 (80) 214).

Ses activités de marchand-drapier sont confirmées le 4 avril 1704, par une demande de versement de dommages adressée à Etienne Broca, marchand montois, qui lui a livré, en provenance de Bordeaux, le 13 mars dernier, « trois balles de marchandises (étoffes), une caisse ..., les marchandises sont mouillées et presque gâtées » (3 E 4 (81) 71). Le 4 juin, Marie de Prugue, dans l'incapacité de régler les 231 livres, du contrat du 27 février 1703, lui accorde la jouissance des fruits de la métairie de Moncanc, à Campagne, « jusqu'à ce que le sieur Lefrancq soit entièrement payé » (3 E 4 (81) 144). Mais le métayer ne lui a pas encore versé ces revenus, le 13 juillet 1705 (3 E 4 (82) 163). Jean Laporte, maître-perruquier, lui loue, le 16 juillet, « toute icelle boutique qui est à côté de la boutique du sieur Lefrancq, de la maison qu'il possède en la présente ville, au bord du pont de la ville », pour une durée de deux ans, avec un loyer annuel de 21 livres (3 E 4 (81) 175). Bertrand de Castelnau, sieur de Brocas s'oblige le 23 octobre, à régler 486 livres, « pour raison de marchandises que la demoiselle Jeanne de Laboge-Lefrancq, lui a livrées dans sa boutique » (3 E 4 (81) 248).

Le 28 janvier 1705, Joachin Lefrancq fait cession de 906 l 3 s de capital, à Pierre du Lyon, baron de Campet, « à prendre et se faire payer de noble Bertrand de Castelnau, écuyer, seigneur de Brocas, pour deux contrats d'obligations du 12 août et du 23 octobre 1699 » (3 E 4 (82) 18). Catherine de Prugue, veuve de Jacques Laborde, prête le 4 juillet, à Joachin Lefrancq et Jean son fils, 900 livres, sur cinq ans (3 E 4 (82) 157). Lui-même avait « prêté et délivré », 240 livres, le même jour, à Jean de Larouy et Jean des Affans, laboureurs de Brocas (3 E 4 (80) 160).

Jean-Louis de Sanguinet, écuyer, seigneur de Buron, de la paroisse de Renung, confesse le 26 janvier 1706, devoir donner 91 livres, « pour reste de marchandises que le sieur Sanguinet a prises dans la boutique dudit Lefrancq » (3 E 4 (82) 17). Le 28 mars, Anne Lacroix lui loue une chambre de maison « qu'il possède au bout du pont du Bourg de la présente ville », pour une durée de cinq ans, contre un loyer annuel de 18 livres, à régler de trois mois en trois mois (3 E 4 (82) 58). De même, le 13 août , Jean Laporte, maître-perruquier, prend en location pour cinq ans, « une boutique et arrière-boutique, sur le devant de la maison qu'il possède au bout du pont de la présente ville », avec un loyer annuel de 35 livres, « payables au mois de mars de chacune des années » (3 E 4 (82) 144).

Les dernières années de sa vie, 1710-1720, n'offrent pas d'exemple de contrat de commerce des céréales, du vin ou des eaux-de-vie. Joachin Lefrancq semble ne pas avoir pratiqué le commerce fluvial, et s'être cantonné au négoce des draps et de mercerie. Le 26 septembre 1710, Mathieu de Castera, mari de Jeanne Laborde, est sommé de lui rembourser 900 livres (3 E 4 (83) 97). Pour payer 180 livres de fournitures, Charles Ducasse, maître-tailleur, s'accorde, le 28 avril 1719, à régler sa dette, « au moyen de grains saisis à son préjudice » (3 E 4 (85-1) 47).

Sentant sa fin prochaine, Joachin Lefrancq fait donation entre vif de 1 500 livres à son fils Jean, le 18 octobre 1719 (3 E 3 (27)), avant de rédiger, le 17 mai 1720, son testament, dans lequel il reconnaît avoir épousé en deuxièmes noces, Marie de Pandelle, n'avoir pas eu d'enfant de cette union, et désigner comme son héritier général, Jean Lefrancq, fils du premier lit, « bourgeois et marchand » (3 E 13 (6-1)).

La famille Lefrancq ou Lefranc, fit carrière dans le commerce des draps, de la mercerie, des céréales, des vins et des eaux-de-vie. Ce fut une dynastie de négociants et de magistrats, parfois de soldats et d'hommes politiques renommés, d'une grande prolixité. Jacques Lefrancq, bourgeois et marchand, mari de Madeleine Dolly eut une dizaine d'enfants, Jacques Lefrancq époux de Marie Gensous, procréa huit enfants, Jean Lefrancq, marchand-drapier, époux de Catherine Lapeyre, engendra douze enfants, alors que leur ancêtre commun, Barthélemy Lefrancq, fondateur de la dynastie, était père de sept enfants.

Chapitre 8.

Les Lesbazeilles et François Tartas des négociants associés dans la lutte contre les péages fluviaux sur la Midouze

Dans ses Commentaires, Monluc fait de Mont-de-Marsan « un des plus grands marchés de France » ! Ne le prenons pas au pied de la lettre. C'est plutôt un témoignage de l'intérêt stratégique de la place. Au temps des guerres de Religion, le transport des grains sur la Midouze est à plusieurs reprises interrompu par les hostilités. En juillet 1577, les échevins et jurats de Bayonne se plaignent auprès de monsieur de Treignan, commandant pour le roi de cette ville, de la cherté des vivres, et lui demandent de prendre des dispositions pour que les grains de la Chalosse et de l'Armagnac parviennent jusqu'à Bayonne. Les Montois « rebelles » au roi ne veulent pas céder leurs grains. La situation n'est pas meilleure en 1585 : après avoir perdu la ville, Henri de Navarre y est à nouveau le maître, depuis qu'il l'a reprise en 1583. Les maires et jurats de Dax supplient Henri III d'intervenir pour que Dax, ville catholique, et le plat pays, ne soient pas dégarnis de vivres, lesquels en temps normal descendent de Mont-de-Marsan à Bayonne. Les gens de cette dernière ville lancent au roi le même appel. Henri III, à la satisfaction des jurats de Mont-de-Marsan, accorde congés et sauf-conduits, et le trafic reprend sur la Midouze et l'Adour. Le 31 octobre 1586, le gouverneur, les échevins et les jurats de Bayonne se lamentent : de Mont-de-Marsan, il ne vient plus rien, ni grains, ni vin. L'activité de Mont-de-Marsan s'est ralentie pendant les guerres de Religion. Les troubles de la Fronde, puis la sédition de la Chalosse, entravèrent à leur tour la circulation des grains et des vins.

Au XVIIIème siècle, Mont-de-Marsan est toujours un lieu de rupture de charge entre les convois terrestres et ceux qui empruntent la Midouze, puis l'Adour, en direction de Bayonne. Des familles élargies de commerçants, de maîtres-de-bateaux ou de bateliers se spécialisent dans le commerce fluvial. C'est le cas de la grande famille des Lesbazeilles. Dans ses multiples branches, on compte des marchands, des bateliers et des marchands-bateliers. Le nom Lesbazeilles est le patronyme de nombreux portefaix, bateliers, maîtres-de-bateaux, agents de l'activité fluviale du port de Mont-de-Marsan. Dans la famille de Bernard Lesbazeilles marié à une demoiselle Tachon, trois fils sont portefaix, batelier ou maître-de-bateau. Jean Lesbazeilles l'aîné, né en 1706 et décédé le 1ier janvier 1767 à 61 ans, est d'abord portefaix, puis maître-de-bateau (2 C 853, 74). Un deuxième Jean Lesbazeilles batelier épouse le 26 avril 1771, Jeanne Gaube (3 E 13 (26)). Un troisième Jean Lesbazeilles batelier, meurt soudainement au port, le 5 décembre 1788, âgé de 63 ans. Pierre Lesbazeilles, né en 1777, époux de Marie Laborde, morte veuve le 30 juin 1838, âgée de 66 ans, eut trois enfants : Pierre, Marguerite et Madeleine. Un quatrième Jean Lesbazeilles, batelier, « invalide de la marine » (3 E 3 (75) 92), semble avoir bien réussi dans son commerce, si l'on en croit la vente le 27 novembre 1799, à Jean Darrose, négociant montois, de la métairie de Guillon « avec toutes ses appartenances et dépendances », sise dans la commune de Saint-Pierre-du-Mont et estimée 6 000 francs (3 E 4 (199)). Il est cependant surpassé par son frère François Lesbazeilles, un autre batelier, qui en 1802-1803, va vendre le 19 floréal an 11, à Jacques Tachon, négociant montois, « une pièce de fonds labourable et quelques arbres et pieds de vigne en treille, formant une dépendance de la maison dite de Pompet, estimée 350 francs (3 E 3 (77)). Le 15 brumaire an 11, Pierre Deydon , menuisier montois, lui achète « un autre petit lopin de fonds labourable », coutant 500 francs (3 E 3 (75) 79), et il cède à Joseph Tachon, maître-de-bateau, le 8 frimaire de la même année, « un autre petit lopin de fonds en labourable bordant la grande route de cette ville à Tartas (28 m sur 8 m), au prix de 100 francs (3 E 3 (77)). Le 20 brumaire, Louis Juzan Labrousthe, négociant montois, acquiert de lui « un petit lopin de fonds labourable, bordant la grande route de cette ville à Tartas, vis-à-vis le bassin du moulin appelé du port », contre 250 francs (3 E 3 (75) 93).

De très nombreux Lesbazeilles se sont spécialisés dans le commerce, au cours du XVIIème et du XVIIIème siècle, nous nous intéresserons uniquement à la descendance de Jean Lesbazeilles.

Jean Lesbazeilles (1669-1749), marchand-batelier

Né en 1669, Jean Lesbazeilles semble déjà avoir appartenu à une famille de marchands-bateliers, avant son mariage, le 4 mars 1701, avec Marguerite Carrère. De cette union naquirent cinq enfants Catherine, Jean, François, Jacques et François. Les deux François feront carrière dans le commerce fluvial au XVIIIème siècle.

Marchand-batelier habitant au port de Mont-de-Marsan, Jean Lesbazeilles s'est pourvu très tôt de magasin, grenier ou chai et de galupe ou gabare ; avant 1708. Lui-même et ses descendants seront de farouches contempteurs de la légalité des péages sur la Midouze, qu'ils combattront sur le plan juridique, au cours de tout le XVIIIème siècle, associés dans ce combat à la famille Tartas.

Le 16 novembre 1708, Jean Lombreignes, « marchand et négociant sur la rivière de la Douze, au nom et comme syndic des autres marchands, négociants sur ladite rivière », porte plainte auprès de l'intendant de Labourdonnais, contre le sieur Baron, « receveur du prétendu droit de péage appartenant à monsieur Ambroise d'Hosteins, propriétaire de la terre de Sainte-Croix », au sujet du « prétendu droit de péage, à raison de la qualité et contenance des bateaux des négociants sur ladite rivière », qui s'est permis d'arrêter « un bateau appartenant à Jean Lesbazeilles, marchand de la présente ville, négociant sur la même rivière, par prétexte que ledit Lesbazeilles n'a pas voulu, montant avec ledit bateau chargé de sel, vers la présente ville, lui payer le même droit », jugé inique, que lui réclamait le sieur Baron, comme s'il s'agissait « d'un grand bateau de la plus haute portée et contenance », or ce bateau ne faisait pas partie de cette catégorie : c'était une demi-galupe (3 E 3 (41)). Le 17 novembre, le sieur Baron refusait toujours de relâcher le bateau appartenant à Jean Lesbazeilles, qui transportait 15 mesures et demie et 2 « puignères ou poignées » de sel de Saint-Gilles (3 E 3 (41)). Cet incident nous informe sur la teneur du commerce pratiqué par notre négociant : au sel, s'ajouteront les céréales et les eaux de vie. .

La disparition des actes notariés de Descorps, notaire royal qui traitait beaucoup d'affaires au port de Mont-de-Marsan, nous prive d'informations sur les activités commerciales de Jean Lesbazeilles. Le 20 août 1709, Marie Cassaigne lui achète pour 68 livres de marchandises (2 C 855). Le sieur Landrieu fait opposition, le 26 février 1714, auprès de notre marchand, pour recouvrer une créance (2 C 772, 42). Madeleine Racle, achète dans son magasin, le 3 mai 1715, pour 38 livres de marchandises (2 C 773, 41). Le 13 novembre 1718, Bernard de Cist lui donne quittance d'un versement de 361 l 17 s 6 d (3 E 3 (27-1)). Le sieur Cassaigne avait fait le 16 octobre de la même année, un achat de 400 livres (2 C 771, 39). Son commerce semble générer quelques bénéfices qui lui permettent d'acquérir, le 26 janvier 1719, « une pièce de terre » sise à Saint-Pierre-du-Mont, du sieur Thomas, estimée 84 livres (3 E 4 (85-1)).

Jean Lesbazeilles, marchand-batelier, à la recherche de greniers et d'associés, dans le commerce fluvial du sel et des céréales (1720-1730)

Le vin et les céréales servaient de monnaie d'échange contre le sel, si demandé par les régions du Marsan, du Gabardan et de Chalosse, pour conserver les viandes de porc et des animaux d'élevage, nécessaires à la subsistance des populations locales. Rien de mieux, pour se procurer ces céréales si recherchées par Bayonne, que d'affermer les fruits décimaux des paroisses ou des propriétés agraires des communautés religieuses. Le 9 juin 1722, Jean Sorbets et Jean Lesbazeilles, marchands montois, afferment auprès de César Dabadie, prêtre, abbé et syndic du Chapitre de Saint-Girons, sénéchaussée de Saint-Sever, tous les fruits décimaux et autres revenus de la paroisse de Bretaigne (Bretagne-de-Marsan), « pour le temps et espace de neuf ans », moyennant 1 190 livres par an : 595 livres devant être versées à Noël et l'autre moitié à Pâques, chaque année (3 E 4 (132) 35).

En quête d'un grenier, Jean Lesbazeilles, marchand habitant au port, achète le 1ier octobre 1722, à Jean Descorps, maître-tisserand, habitant de la paroisse de Saint Jacques, au siège de Tartas, « la maison et jardin à un tenant, sise et située au port de la présente ville, au quartier de Laborde du Bouqué, ladite maison communément appelé à Monseigneur, confrontant de levant à maison de Jean Darrimajour, tonnelier, de couchant à chemin public, de midi à maison du sieur de Cist et de nord à rue publique », estimée 1 000 livres (3 E 13 (7-1) 62). Informée de cette vente, Marie Descorps, veuve de Paul Jumel, et sœur du vendeur, adresse le 19 février 1723, son droit de retrait lignager et propose à Jean Lesbazeilles, de lui racheter « la maison, grenier et jardin, le tout situé au port de la présente ville », au même prix (3 E 13 (7-2) 11). Cette transaction se fera le 8 mars, mais contre la somme de 920 livres seulement (3 E 4 (132) 18). Une autre de ses acquisitions fut contestée : il aurait acquis de Jean Dufau, maître-cardeur-de-laine, père, un jardin situé en la présente ville, appelé le jardin de Nourèse, pour la somme de 480 livres ; mais le 21 décembre, Jean Dufau fils, maître-cardeur-de-laine, demanda d'exercer son droit de retrait lignager, pour racheter ce bien foncier (3 E 4 (132) 166). Associé dans son commerce fluvial, avec Gabriel Duvin, marchand au port, Jean Lesbazeilles disposait de deux bateaux : le 2 juin 1723, il était en train de les charger d'une quantité importante de barriques de vin appartenant au sieur Luguet-Rey de Bayonne, prêt à partir, il fut saisi d'un acte d'opposition émanent d'Anne Tartas, veuve de Jean Lombreignes et de son fils Guillaume Lombreignes, créanciers « de sommes considérables dudit Luguet-Rey » (3 E 13 (72) 34).

Devant ces péripéties, notre négociant dût repartir en quête d'un nouveau grenier. L'occasion se présente le 16 novembre 1724, jour où Madeleine de Racle, veuve de Pierre Lubet, mère de François Lubet et ses frères et sœur, proposent à la vente, à Jean Lesbazeilles, « la maison et grenier avec une place, sise sur le derrière de ladite maison et grenier, qui va ladite place jusqu'au bord de la rivière de la Douze, et qui est de la largeur de ladite maison et grenier », situés dans le faubourg du port, « confrontant du levant à grenier du sieur de Cist et à présent appartenant au sieur Laurans, et de midi à la grande rue du port, tirant audit Saint-Pierre-du-Mont, de couchant, à grenier des héritiers de feu sieur Péres, et de nord à ladite place », pour une estimation de 2 800 livres (3 E 13 (7-2) 58).

Pour renforcer ses capacités de vente, il fonde le 21 octobre 1726, une société avec François Tartas, bourgeois et marchand montois et son père Jean Lesbazeilles, constituée pour pratiquer le commerce fluvial sur la Douze (Midouze). Jean Lesbazeilles père apporte « un galupat, avec ses apparaux, qui était en la société verbale d'entre le Lesbazeilles père et sieur Gabriel Duvin, bourgeois et marchand de cette ville ». De son côté, le sieur Tartas sera tenu « de bailler en ladite société, un galup avec ses apparaux qu'il a eu des sieurs Claire et Degos, et au cas que la galupat soit moins estimé que le galup, ledit Lesbazeilles père sera tenu payer le surplus audit Tartas ». Cette société était conclue pour une durée de quatre années, pour faire du commerce « sur la rivière de la Douze, allant et revenant à Bayonne, soit en grains ou autres marchandises qui conviendraient auxdits associés » (3 E 4 (134) 101).

La rareté des actes notariés, entre les années 1728 et 1748, ne permet pas de reconstituer l'activité commerciale de Jean Lesbazeilles ; quelques rares minutes font augurer des premiers combats judiciaires qu'il va mener, avec son associé François Tartas, contre la légalité des péages fluviaux sur la Midouze.

À peine est-il propriétaire de son grenier au port, qu'il y entreprend des travaux, devant entraîner des conflits de mitoyenneté avec Jeanne Laboge, veuve de Fortis Péres, qui lui reproche, le 9 août 1728, d'avoir édifié un mur qui obstrue les fenêtres de « son grenier, situé au port de cette ville, confrontant du levant à grenier dudit Lesbazeilles, du midi, à rue publique, du nord, aux vacants de ladite ville, et du couchant, à la descente de la rivière de la Douze, au derrière duquel grenier, elle et ses auteurs, ont toujours eu les fenêtres ouvertes et prenant jour sur ledit vacant » (3 E 4 (135-1) 59).

Le refus d'obtempérer et d'acquitter le péage de Campet, va lui valoir quelques problèmes, ainsi qu'à son associé : le 22 juin 1730, Bernard Larrieu, commis de Jean Ducournau, receveur du péage de Campet, avec les témoignages de Bertrand Pescarry, habitant de ce village et de Girons Dassé, domestique d'un religieux bénédictin de Saint-Sever, en visite au château de Campet, atteste que le samedi 20 juin, vers les 10 à 11 heure du matin, deux bateaux venant de Bayonne, au Mont-de-Marsan, appartenant aux sieurs Lesbazeilles aîné et Tartas, syndic des négociants , associés, sous la conduite du nommé Pignigues, passèrent devant le bureau de la recette du péage de Campet ; ledit Pignigues paya pour le bateau de Lesbazeilles, six livres, et « à l'égard de l'autre, il refusa, disant que le sieur Tartas le lui avait défendu ». Le préposé au péage décida de prendre la valeur de six livres de sel sur l'autre, « attendu que ce bateau est de contenance de beaucoup au-dessus de vingt pipes de sel ». Pignigues refusa que l'on monte à bord du bateau, encouragé par les bateliers de deux bateaux appartenant au sieur Brettes, marchand montois, allant à Bayonne, et criant audit Pignigues et à ses bateliers, « de rompre de coups de barre ledit Larrieu », et ses acolytes qui l'accompagnaient (3 E 3 (43)).

Ce refus d'acquittement d'un péage, tant à Campet qu'à Sainte-Croix ou Pontonx, se généralisa auprès de tous les négociants montois, adeptes du commerce fluvial. Le 10 décembre 1736, Jean Brettes, François Tartas, Barthélemy Baylin, Jean Lesbazeilles et Jean Garrelon, « tant pour eux que pour Joseph Lombreignes et autres négociants sur la rivière de la Douze », adressent une protestation à Suzanne Boudaut, veuve d'Ambroise d'Hosteins. Ils lui ont dit, « qu'ils n'ignoraient pas le jugement de la Maîtrise particulière des Eaux et Forêts, ni l'arrêt du Parlement du 17 août, demandant de payer les arrérages depuis le mois de décembre 1732, du péage prétendu en la terre de Sainte-Croix, en conformité de l'arrêt du Conseil du 7 avril 1693, et de l'ordonnance du sieur de Pellot, intendant, du 4 décembre 1667, conformément à la prétendue valeur du verbal d'évaluation , fait de la valeur du sel, à la ville de Dax en 1693, alors que le péage ne peut être retenu que sur la valeur d'une conque de sel, d'après l'ordonnance de Pellot ». Non seulement la légalité de ce péage faisait l'objet de contestation, mais aussi son mode de calcul (3 E 4 (140) 134).

L'année 1734 est surtout marquée par des problèmes de voisinage. Le 25 février 1734, son fils François Lesbazeilles, marchand, et Jeanne Fautoux, son épouse, exigent de leur voisin, la construction « d'un canal de pierre, pour recevoir les eaux pluviales dégorgeant dans la place du martinet », et qui inondent leur propriété (3 E 4 (139) 36).François Lesbazeilles et Jean Lesbazeilles, père et fils, s'étaient joints à Bernard Lacroix, marchand batelier comme eux, pour exiger le 3 avril 1734, de Marguerite Chauton, veuve du trésorier de la ville de Tartas, dans une requête adressée à monsieur de Pommeau, intendant , la démolition « d'un mur qu'elle avait jeté face le bord de la rivière et derrière sa maison, et encore d'abattre une terrasse … sur le même bord de rivière, qui font obstacles à la navigation » (3 E 4 (139) 51). Jean Lesbazeilles fait cession le 8 juin 1734, de 135 livres, en faveur de Jean Sabathé, marchand de la paroisse d'Arthez, à prendre sur le compte de Barruquère, marchand de Montégut, « débiteur du sieur Lesbazeilles, par promesse du 4 février 1720 » (3 E 4 (139) 81).

Jean-Pierre Descorps, maître-cardeur, et Jeanne-Marie Benquet, sa mère, lui font vente le 13 septembre 1735, d'un jardin « communément appelé de Manho », situé dans la ville de Mont-de-Marsan, estimé 200 livres (3 E 4 (139) 108). L'ensemble des négociants montois pratiquant le commerce fluvial sur la Midouze, joints à Jean Lesbazeilles, refusent toujours tout acquittement du péage de Sainte-Croix, et spécifient le 20 mai 1737, et exigent de Suzanne de

Boudaut, veuve d'Ambroise d'Hosteins, de prouver par des actes authentiques, la légalité de ce péage et de son mode de prélèvement en sel, sur les diverses catégories de bateaux (3 E 4 (140) 46).

Même contestation du péage de Campet, prélevé par Alexandre du Lyon, marquis de Campet, qui adresse, le 22 juin 1739, un énième acte à François Tartas, marchand, « tant pour lui que pour les sieurs Jean et François Lesbazeilles fils aîné associés », pour leur signaler que le 20 juin, deux bateaux venant de Bayonne et leur appartenant, sont passés devant « le bureau de la recette du péage de Campet », ledit Pignigue paya « six livres pour le droit du péage de l'un des bateaux, et refusa de payer les droits de l'autre, ce qui obligea Bernard Larrieu, commis de Jean Ducournau receveur, de prendre trois mesures de sel, et de lui exhiber la quittance du tout qu'il refusa » (3 E 3 (43)).

Suite aux nombreux procès intentés contre les droits de péage de Campet et de Sainte-Croix, « qui dérangent dans leur commerce, les négociants montois, et les exposent en frais considérables », Jean Lesbazeilles père, Jeanne Duvin, veuve de Fortis Péres, Jean Brettes, Fortis Laurans, Gabriel Duvin, François Tartas, Barthélemy Baylin, envisagent le 10 août 1739, de mettre fin à ces droits de péage sur « tous les bateaux vides montant la rivière de la Douze, et passant devant la seigneurie de Campet, qui les soumet à ce paiement, alors qu'ils ne font aucune sorte de profit, que d'ailleurs, ce péage est d'autant plus onéreux que la charge d'un bateau doit souvent être mise dans deux autres, servant d'allèges, ce qui grossit le droit de péage, sans augmentation de la marchandise ». Ces allèges chargent et déchargent les galupes ou gabares, au confluent de la Midouze et de l'Adour, où le niveau des eaux permet à ces bateaux de naviguer à pleine charge. À cet effet, ils décident : premièrement, d'acheter des terrains en deçà des péages de Campet et de Sainte-Croix, « pour y construire un magasin qui servira à recevoir les marchandises », apportées par les bateaux, déchargées et prises en charge par des « voituriers de terre, pour ne pas les faire passer par bateau, devant la seigneurie de Campet et de celle de Sainte-Croix » ; deuxièmement, la construction des magasins sera faite, de même que l'entretien, à frais commun ; troisièmement, un garde-magasin sera recruté, « pour y habiter et soigner la marchandise » (3 E 4 (96) 146).

Figure 12: Gabare en cours de chargement (Photo Bernède)

Figure 13: Gabares au bord de l'Adour (Photothèque Borda)

Dans son testament du 8 décembre 1748, Jean Lesbazeilles, marchand au port, reconnaît avoir eu de son union avec Marguerite Carrère, cinq enfants : Jean, François, Jacques, Catherine et François. Il lègue à Jean, François et Jacques ses fils cadets, en droits paternels, à chacun d'entre eux, 350 livres, à sa fille Catherine, mariée à Cadillon, marchand montois, 300 livres et le quart du jardin situé au port. Après 80 ans de vie et de dévotion au commerce fluvial, Jean Lesbazeilles décède le 28 décembre 1749, léguant sa maison de commerce à son fils aîné François Lesbazeilles. Son épouse Marguerite Carrère testera le 7 juillet 1752, précisant que ses cinq enfants sont toujours vivants et « ont été payés pour leurs droits paternels et maternels », en sus, elle lègue à chacun deux cents livres (3 E 4 (146) 86).

François Lesbazeilles, bourgeois et marchand-droguiste, troisième fils cadet (mort en 1764)

Les trois fils cadets de Jean Lesbazeilles : François Lesbazeilles, Jacques Lesbazeilles et Jean Lesbazeilles firent carrière dans le commerce, avec plus ou moins de réussite.

François Lesbazeilles, bourgeois et marchand-droguiste, épousa Catherine Douat, le 29 mars 1735. Dans le contrat de mariage officialisé le 18 juin 1750, il est précisé qu'elle apporte une dot de 1 000 livres, et reçoit de sa mère, la demoiselle Saint-Marc, « six douzaines de serviettes, six nappes, six paires de linceuls, le tout de lin, quatre assortiments de coiffures avec dentelles, six assortiments de coiffures basses, dix-huit chemises neuves de lin et douze demi-usées de lin, six paires de bas de laine et six paires de bas de fil, six mouchoirs de toile et six de coton, douze coiffures, douze bonnets de nuit, un habit complet de grisette, et un lit tout garni, dont les rideaux sont de cadis », plus une somme de 100 livres (3 E 3 (47)).

De cette union naquirent treize enfants. Claire Lesbazeilles l'aînée, vit le jour le 28 février 1735, un mois avant la date officielle du mariage de ses parents. Annet Lesbazeilles, bourgeois et marchand, né en 1739, a épousé le 29 janvier 1766, demoiselle Marie Vuanda, née à Mont-de-Marsan en 1742 et décédée le 23 octobre 1816. Jeanne Lesbazeilles est née le 18 février 1740 ; Françoise Lesbazeilles le 28 mars 1741 ; Jean Lesbazeilles le 28 avril 1742. Jean Lesbazeilles, né le 14 novembre 1743, épousera Marie Clermont le 8 août 1794, qui décédera le 1ier juin 1800, il s'adonnera au commerce. Catherine Lesbazeilles née le 30 octobre 1744, sera l'épouse de Jean Laubadère, marchand natif en 1740 de Castelnau-Rivière-Basse, le 12 février 1765. Paul Lesbazeilles est né le 29 novembre 1745, sa sœur Marguerite Lesbazeilles en 1747, épousera le 24 janvier 1769, le négociant Bernard Belin. Anne Lesbazeilles naquit le 16 septembre 1748, Marguerite le 2 décembre 1749, leur frère François le 25 novembre 1751, leur sœur Anne le 2 novembre 1752.

Le 15 septembre 1758, François Lesbazeilles rédige son testament. « Attendue la minorité de ses enfants, il veut et ordonne qu'il soit tout présentement procédé à l'inventaire de ses biens. Son épouse le fera effectuer : « le lit où il est couché, composé d'une paillasse, une couette, un matelas, une courtepointe, une paire de draps, un coussin et son tour de raze blanc, plus une table carrée, un grand cabinet de bois de noyer à deux portes et son tiroir fermant à clé », l'évaluation de ses biens portait sur cent quatre-vingt livres , nous sommes bien loin des fortunes amassées par les grandes dynasties des commerçants montois Laurans, Saint Loubert Bié, Marrast (3 E 4 (110) 178). Catherine Douat, leur mère, décédait le 28 janvier 1787.

De Jacques et Jean Lesbazeilles marchands, fils de Jean Lesbazeilles et de Marguerite Carrère, nous savons peu de choses, le premier est né en 1710 et décède le 29 juin 1782 à 72 ans, le second aurait épousé Françoise Laporte, le 2 septembre 1726, son père lui versa 2 100 livres, le 12 mars 1750 (2 C 804, 46). Un acte de délibération du 16 février 1754, nomme l'avocat Moral, conseiller du roi, pour régler un contentieux entre la Communauté montoise et les négociants Laboge, la demoiselle Dayre, de Nozailles, Jean Lesbazeilles et d'autres commerçants dont nous ignorons l'objet (2 C 809, 65). Il donne procuration, le 10 janvier 1755, au sieur Bazergue, procureur du bureau des finances, pour faire une offre, « aux fins d'affermer un terrain en cette ville » (2 C 809, 65). Le 6 août 1765, Jean Béarnes, maître-tailleur montois, lui vend une « maison sise en cette ville, appelée Béarnes ou Lagoubé », estimée 560 livres (3 E 13 (21-3) 174). Jacques Lesbazeilles, né en 1710, décédé le 29 juin 1782 à 72 ans nous a laissé une seule obligation datée du 27 avril 1763, concernant un prêt de 280 livres de son frère Jean Lesbazeilles, « pour raison d'avance et frais de maladie » (3 E 4 (149-2) 18).

François Lesbazeilles aîné, bourgeois et marchand au port (1703-1769)

Né le 26 décembre 1703, François Lesbazeilles aîné était déjà associé au commerce fluvial de son père, nous le trouvons à ses côtés, lors des procès engagés contre les péages fluviaux de Campet et de Sainte-Croix, avant son mariage le 21 mars 1723, avec Jeanne Fauthous. De cette union naquirent au moins six enfants : l'aîné Jean Lesbazeilles épousera le 11 septembre 1756, Jeanne Lacroix, née en 1731 ; François Lesbazeilles deviendra prêtre, religieux « aux Grands Carmes de Bordeaux » ; Jean Lesbazeilles, prêtre, décèdera le 1ier nivôse an XIII ; Jean Lesbazeilles fera aussi carrière dans le commerce et sera l'époux de Marie Lalanne, le 29 janvier 1743, fille de Jean Lalanne, maître-batelier et de Marie Capdenac, résidents de Saint-Pierre-du-Mont, dotée de 600 livres, le père du marié donnera à son fils, « toute icelle maison appelée de Lesbazeilles, située au haut du port de cette ville, son appartement et dépendance », évaluée 1 200 livres (3 E 4 (149-2) 4) ; Jacques Lesbazeilles épousera le même jour, Marie Lagaraine, fille de feu Jean Lagaraine et de Madeleine Dufau, apportant en dot, « un appartement haut et bas de la maison dite de Lagaraine, située rue de Saint-Sever et la moitié du jardin, le tout estimé 2 400 livres, plus un lit complet, des deux qui sont dans la chambre du haut, sur le devant de ladite maison, quatre paires de linceuls, quatre douzaines de serviettes et quatre nappes, dix-huit chemises, le tout de lin », estimés 300 livres (3 E 4 (149-2) 5) ; et Marguerite Lesbazeilles future femme de Jean Mauco, marchand de Bayonne, le 26 octobre 1748.

De ses activités commerciales nous ignorons tout, par manque de minutes notariales ; il dut suivre la voie tracée par son père auquel il était associé. Les seules informations dont nous disposions, ont trait à sa lutte avec François Tartas, contre les péages de Campet et de Sainte-Croix : le 10 juillet 1732, il déclarait, avec les autres négociants montois, à Pierre du Lyon, marquis de Campet, « que le petit commerce qu'ils entretiennent par leurs bateaux sur la rivière de la Douze (Midouze), entre la ville de Bayonne et la présente ville (Mont-de-Marsan), qui est la ressource du pays et intéresse les provinces voisines », est entravé par « le sieur de Campet, sous prétexte de ce que la rivière de la Douze coule le long de la paroisse de Campet, il aurait entrepris de s'arroger un prétendu droit de péage, en face de sa terre, sur les bateaux des comparants …. , il a introduit des exactions si excessives, qu'elles tendent à la ruine entière du commerce et de la nation » (3 E 4 (86) 180).

Plus intéressantes et mieux documentées sont les carrières commerciales de son neveu Annet Lesbazeilles et de son fils aîné Jean Lesbazeilles.

Annet Lesbazeilles (1739-1829), bourgeois et négociant adepte du commerce fluvial

De tous les Lesbazeilles, c'est avec son grand-père Jean Lesbazeilles, celui qui semble le plus doué pour le commerce des vins et des céréales, il développe son entreprise transmise par son père, acquiert un grenier et des galupes ou gabares. Tous ces efforts seront vains ; après sa mort, il n'eut aucun enfant pour prendre sa succession.

Né à Mont-de-Marsan en 1739, il est fils de François Lesbazeilles, bourgeois et marchand-droguiste, et de Catherine Douat, issue d'une famille de grands négociants montois. Âgé de 26 ans, orphelin de père, gérant de l'entreprise familiale et responsable de l'avenir de ses nombreux frères et sœurs, il épouse le 29 janvier 1766, après avoir signé un contrat de mariage la veille, Marie Vuanda (1742-1816), fille de Jean Vuanda, marchand et de feue Catherine Lacoupe. Dans son contrat de mariage daté du 28 janvier 1766, Annet Lesbazeilles, « de l'avis et consentement de ladite demoiselle Catherine Douat, sa mère, assisté de Jean Lesbazeilles son frère, des demoiselles Anne et Marguerite Lesbazeilles, ses sœurs, du sieur Jean Lesbazeilles son oncle, de Paul Douat son oncle maternel, de Jean Cadillon aussi son oncle (paternel, époux de Catherine Lesbazeilles, sœur de son père) … », reçoit en dot la somme de 2 000 livres, « dans laquelle sont comprises les quinze cents livres provenant du sieur Pierre Vuanda, négociant à Saint-Pierre-de-la-Martinique, en sorte que le sieur Vuanda, père , ne constitue de son chef, à la demoiselle sa fille, qu'une somme de cinq cents livres ». Catherine Douat sa mère, lui fait donation entre vif, de tous ses biens, à la charge pour lui de payer mille livres à Anne Lesbazeilles, mariée le 5 février 1763, au sieur Jean Tastet, marchand de Nogaro, déjà dotée de 2 000 livres par sa mère (3 E 4 (149-2) 6), autres mille livres à Jeanne Lesbazeilles mariée avec le sieur Manadé, autres mille livres à Catherine Lesbazeilles, épouse du sieur Laubadère, autres mille livres à chacune des deux filles qui restent à marier, nommées Anne Lesbazeilles épousée le 4 octobre 1776, par Joseph Badie, bourgeois et négociant montois, fils de Barthélemy Badie et de Marie Bentejac, dotée de 3 000 livres (3 E 13 (30) 224), veuve en 1777, son frère Annet Lesbazeilles l'aidera le 6 et le 8 octobre à faire l'inventaire des meubles, papiers et marchandises délaissés par son mari (3 E 13 (33) 242), et Marguerite Lesbazeilles, auxquelles il sera encore donné, lors de leur établissement, des habits de noces semblables à ceux qu'ont eus leurs sœurs déjà mariées, ainsi que deux douzaines de serviettes et deux paires de linceuls de lin à chacune d'elles …, « sera en outre chargé ledit sieur futur époux, de payer au sieur Jean Lesbazeilles son frère, trois ans après la majorité de ce dernier, et sans intérêts, jusqu'alors, la somme de deux mille trois cents livres ». Sur les treize enfants nés de Catherine Douat, il n'en reste donc, après la mort de leur père, et le mariage du fils aîné, que sept. En sus de ces charges financières, sa mère lui laisse le grenier de son père, tout en conservant « la liberté d'y mettre sa provision de bois, vin et autres choses » (3 E 4 (154-1) 31).

Dès le 27 mars 1767, en relation avec son commerce fluvial, Annet Lesbazeilles, « comme héritier de François Lesbazeilles son père, encaisse 335 l 2 s, de Jean Lesbazeilles, maître-de-bateau, « montant d'un reste de compte » (2 C 822, 57). Jeanne-Marie Garrelon, veuve d'un autre maître-de-bateau, lui verse le 20 janvier 1768, 26 l 17 s 3 d (2 C 824, 32). Respectant les décisions de sa mère, précisées dans son contrat de mariage, il donne le 28 juillet 1769, 2 000 livres à son frère Jean Lesbazeilles marchand, les 700 livres « qui lui sont advenues, du chef du sieur François Lesbazeilles son frère, mort ab intestat, pour sa tierce partie », et 240 livres, « pour lui tenir lieu d'intérêt » (3 E 13 (25-2) 160).

Annet Lesbazeilles, qualifié de bourgeois et marchand, attribue le 2 janvier 1771, « un contrat de la somme de quatre-cents-quarante livres, qui est du audit sieur Sausoube », en faveur de Jean Tastet, son beau-frère, bourgeois et négociant de la ville de Nogaro (3 E 13 (27-1) 6). Le 28 septembre, Jean Lesbazeilles, son frère, marchand montois, lui donne quittance du versement de 2 300 livres, « pour les droits légitimes du chef de Catherine Douat leur mère, conformément aux clauses du contrat de mariage du sieur Lesbazeilles aîné, du 28 janvier 1766, retenu par Lamaison » (2 C 825, 22).

Gérer le commerce fluvial des céréales, des vins ou des eaux de vie, exigeait des infrastructures importantes. Le grenier qu'il avait hérité de son père, ne devait pas suffire pour le stockage de ces denrées en transit. Aussi, le 22 janvier 1772, Annet Lesbazeilles décide d'acheter à Anne de Péres, veuve de Jean-Marie de Mesmes, chevalier, seigneur de Passiance, « tout icelui grenier haut et bas, avec le sol, toutes ses appartenances et dépendances, sans rien excepter, ni réserver, appelé de Péres, situé dans le port de cette ville, aux fiefs du roi, confrontant du levant à maison et magasin du sieur acquéreur, du midi à la rue publique du port, et à la grande route de Bayonne, du couchant à grenier appartenant au sieur Bié, négociant de cette ville, calle ou descente publique entre deux, allant à la rivière du Midou (Midouze), et du nord à jardin du sieur Lesbazeilles ». Il lui en coûtera 3 000 livres (3 E 4 (160) 24).

Son commerce se faisait aussi avec Bordeaux, où son oncle maternel Paul Douat, négociant dans cette ville, lui donnait procuration pour régler des marchandises sur Mont-de-Marsan (2 C 829, 13). Le négociant bordelais Marcadet lui adressa une pièce d'huile de noix, pour le compte du marchand Motier jeune, de Navarrenx. Entreposée dans le grenier de Sourbets, marchand montois, cette huile subit une grave avarie due à son mauvais conditionnement (3 E 13 (38) 99). Ce détail accrédite l'idée que le commerce d'Annet Lesbazeilles n'etait pas cantonné uniquement aux céréales, aux vins et aux eaux de vie.

Comme héritier de Jean Caussade, prêtre montois, Annet Lesbazeilles, « bourgeois et négociant », donne, le 4 mai 1774, une procuration, pour percevoir cet héritage auprès du sénéchal de Nérac, qui le lui a accordé le 14 juin 1765 (3 E 13 (30) 110). La veille du mariage de sa sœur Anne Lesbazeilles, avec Joseph Badie, marchand montois, le 3 octobre, il lui verse les 2 000 livres du legs mentionné dans le testament de son père, du 15 septembre 1758 (3 E 13 (30) 219).

Les marchands Godoffre frères de Montauban, lui adressent une lettre de change, le 21 mai 1775, d'une valeur de 300 livres, pour règlement de marchandises, à prendre sur le compte du sieur Caplanne aîné, négociant à Arsac (2 C 832, 51). Il ratifie un contrat de vente avec un Lesbazeilles, le 28 août, dont on ignore l'objet (2 C 832, 83).

De 1777 à 1795, Annet Lesbazeilles, toujours qualifié de bourgeois et négociant, même si nous n'avons aucune minute notariale attestant qu'il exerce toujours le commerce fluvial des céréales, des vins et des eaux-de-vie, semble uniquement absorbé par le règlement de la succession de Bernard Vuanda, oncle de son épouse, celle du mari de sa fille, Joseph Badie, la vente de son grenier au port et l'achat de propriétés foncières.

L'année 1777 est l'année des règlements de successions. Le 22 mars, il perçoit 24 045 l 18 s 10 d, de la succession de Bernard Vuanda, oncle de son épouse, mort dans le faubourg de la ville de Saint-Pierre, sur l'île de la Martinique, qu'il se charge de répartir entre les ayants-droit, sœurs de son épouse (3 E 13 (33) 55). Pierre Chanche marchand d'Orthez, mari de Catherine Vuanda, perçoit le 23 mars, 4 007 l 12 s 90d (3 E 13 (33) 56). Jean-Marie Marrast, marchand de Villeneuve-de-Marsan, se voit attribué le 1ier juin, 4 007 l 12 s 9 d, du ressort de feue son épouse Anne Vuanda (3 E 13 (33) 116). En exécution du testament de Joseph Badie, son gendre, Annet Lesbazeilles, « bourgeois et négociant », reçoit le 7 octobre , 799 l 46 s de Pierre Lalanne, maître-batelier, « pour remboursement d'un prêt d'argent consenti par le défunt, après avoir déduit tous les frais de voiture faits pour le sieur Badie » (3 E 13 (33) 241). N'ayant pas d'enfant, une marque de son désengagement du commerce fluvial, semble être la vente, le 9 décembre, au profit de François Cadillon cadet, bourgeois et négociant montois, de toute « la maison et jardin, appelée de Lesbazilles, ensemble du grenier, haut et bas, avec le sol et toutes les appartenances et dépendances, sans en rien réserver, ni excepter, lequel grenier, ledit sieur Lesbazeilles avait acquis de la dame Anne de Péres, veuve de messire Jean-Marie de Mesmes, chevalier, seigneur de Passiance, par contrat du 22 janvier 1772 », au prix de 6 500 livres (3 E 13 (34) 284). Cet apport financier est, en partie, réinvesti en propriétés foncières. Le 29 décembre, Pierre Cousin maître-maçon montois, lui céde « une pièce de terre labourable, sise et située en la paroisse de Saint-Pierre-du-Mont, appelée la terre de Bernouchet », estimée 270 livres (3 E 13 (33) 308). Bernard Lasserre, portefaix montois, lui fait vente le 9 juillet 1779, « d'un lopin de terre labourable, communément appelé de Darrieux, situé en cette ville, au quartier de Capdeville », estimé 300 livres (3 E

13 (35) 149). Comme procureur constitué de Dupuch, ancien curé de Garein, Pierre Gros, négociant montois, lui verse le 3 août 1780, 3 409 livres, fruits de la vente de la maison Dupuch (3 E 13 (36) 156). De la succession de Bernard Vuanda, décédé à la Martinique, son épouse Marie Vuanda perçoit 4 000 livres, qu'elle lui reverse le 27 juin 1782 (3 E 13 (38) 133). Le 27 avril 1785, sa sœur Anne Lesbazeilles, veuve de Joseph Badie, négociant, se remarie avec Nicolas Cayre, marchand, assistée de ses frères Annet et Jean Lesbazeilles, négociants, dotée de 4 000 livres (3 E 13 (41) 80).

Suite à un contrat de vente du 23 novembre 1777, dont nous ignorons l'objet, Annet Lesbazeilles, toujours qualifié de négociant, fait un premier versement de 900 livres, le 31 mars 1786, et un second de 2 000 livres, le 3 novembre, à Marie Castelnau, veuve de Pierre Castin-Peyrère, négociant (3 E 13 (42-1) 81 et 231).

Agée de 72 ans, sa mère Catherine Douat, décédée le 28 janvier 1787 ; dans son testament du 21 janvier 1781, avait fait de lui, son héritier universel, le donataire de tous ses biens, avec réservation « pour Anne Lesbazeilles mariée avec feu sieur Tastet, marchand de Nogaro, mille livres ..., pour Jeanne Lesbazeilles, mariée avec le sieur Manade, marchand de la ville d'Eauze, mille livres, ensemble pour Catherine Lesbazeilles mariée avec le sieur Laubadère, marchand de Castelnau-de-Rivière-Basse, autres mille livres, ensemble et sous la réserve encore, pour Anne Lesbazeilles, veuve du sieur Badie, négociant de cette ville, autres mille livres et finalement et sous la même réserve, encore pour Marguerite Lesbazeilles mariée avec le sieur Belin, négociant à Nogaro, autres mille livres, pour leur être payées à chacune d'elles après mon décés ». Elle y confirme que de son union avec François Lesbazeilles, « il en est procédé sept enfants, deux garçons et cinq filles : Annet et Jean, Anne, Jeanne, Catherine, Anne et Marguerite ». Ce testament ne sera déposé par Jean Lesbazeilles, employé au département, chez le notaire Broqua, que le 27 mai 1799 (3 E 3 (70) 300). A l'occasion de l'exécution des directives testamentaires de sa mère et des closes de son contrat de mariage, Annet Lesbazeilles verse donc 1 000 livres à Anne Lesbazeilles, sa sœur, le 6 février 1787. Etienne Manade, négociant de la ville d'Eauze, mari de Jeanne Lesbazeilles, son autre sœur, reconnaît un versement de 1 000 livres, le 27 mars, pour les mêmes raisons (3 E 13 (42-2) 47 et 95).

De 1795 à 1798, toujours qualifié de négociant, même si nous ignorons tout de la nature de son commerce, notre marchand règle la succession de Joseph Badie, premier mari d'une de ses sœurs, et investit dans l'immobilier. Nicolas Cayre, deuxième époux de sa sœur Anne Lesbazeilles, perçoit le 29 février 1795, 1 650 livres de capital et 515 l 1 s 7 d d'intérêt, sur l'hérédité de Joseph Badie, conformément à l'arrêté du tribunal d'Orthez, du 11 avril 1787 (3 E 13 (51) 132). Le 15 novembre, il achète au prix de 2 000 livres, la maison du citoyen François Laborie, prêtre, « la maison que ledit Laborie habite en ladite commune de Benquet, et ce compris le jardin et fonds dépendant » (3 E 3 (64) 49). Il fait faire le récolement et l'inventaire, le 25 novembre, des effets et des meubles qu'elle contient (3 E 3 (64) 59), et les confie au citoyen Jean Scize, procureur fondé des héritiers du sieur Laborie : « la totalité des meubles et effets appartenant aux héritiers de François Laborie, décédé à Benquet, sont évalués 600 livres-assignats » (3 E 3 (64) 93). Agé de 59 ans, il tombe malade au point de sentir la nécessité de faire son testament, le 25 août 1798. N'ayant pas d'enfant, il établit comme héritière universelle, son épouse, mais ne pouvait prévoir son rétablissement, ni la mort de son épouse, bien avant lui, le 23 octobre 1816. Il y déclare avoir « reçu en dépôt de la citoyenne Anne Vuanda, sa belle-sœur, la somme de sept mille francs en espèces métalliques », et détenir dans sa maison, « certains meubles à elle appartenant ». Il charge Marie Vuanda, son épouse, de les lui rendre, lui léguant tous les autres biens meubles et immeubles, possédés à ce jour (3 E 3 (64) 383). La mort ne voulut pas de lui, et lui consentit un délai de trente ans.

De 1797 à 1829. La vente du magasin et du grenier du quartier du port le laissait présager, Annet Lesbazeilles, après cette première alerte de santé, ne s'adonne plus au commerce. Ses préoccupations seront d'ordre familial. Son frère étant employé dans l'administration départementale, il en est fini de la maison de commerce Lesbazeilles, issue de la branche cadette, fondée par François Lesbazeilles, bourgeois et marchand-droguiste, mort en 1764. Durant quelques années, Annet Lesbazeilles est encore qualifié de négociant, mais les vingt dernières, de propriétaire. Le 10 octobre 1797, sa femme et ses belles-sœurs, Marie Vuanda, Jeanne Vuanda et Anne Vuanda, le chargent de régler la succession de leur sœur Suzanne Vuanda, par « la vente aux enchères d'une maison sise dans la commune de Mont-de-Marsan, où ladite Vuanda est décédée … et faire le recouvrement de ce qui est du en capital et intérêts » (3 E 3 (68) 46 et 61). Pour les mêmes motifs, il verse le 17 novembre à Françoise Lacroix, fille de service de Suzanne Vuanda, 494 l 14 s, « à elle dues, sur la succession de Suzanne Vuanda, provenant d'arrérage de ses gages » (3 E 3 (69) 57). Comme il héberge Anne Vuanda, sa belle-sœur, celle-ci lui verse, « à titre de prêt », le 14 décembre 1798, 2 400 francs, et « il promet et s'engage de pourvoir à la nourriture et entretien, tant en santé, qu'en maladie, de ladite Vuanda, dans son ménage et à son pot de feu, de la loger, chauffer et éclairer dans sa maison, et ce, pendant tout le temps que ladite Vuanda restera auprès de lui » (3 E 3 (69) 93).

Son épouse décède le 23 octobre 1816, ayant testé le 7 ventôse an IX (27 février 1801). Sans enfant, elle lègue à sa sœur Anne Vuanda, qui est auprès d'elle, la somme de 6 600 francs, « les linges, habits et nippes, généralement quelconques, servant à son usage personnel », un logement dans la maison qu'elle occupe et qui est un acquet entre son mari et elle, lequel logement consiste en une chambre et un bouge attenant sur le derrière de ladite maison au levant, et prenant jour sur la seconde basse-cour d'icelle, au premier étage, un petit emplacement dans ladite basse-cour de chaussée, entre le bucher et les latrines » ; elle devra l'occuper « par elle-même, sans pouvoir le louer, ni céder à d'autres ». Pour le « restant de ses biens meubles et immeubles, qu'elle aurait au jour de son décès, elle nomme et institue pour son héritier général et universel, Annet Lesbazeilles son mari (3 E 3 (71-2) 144). Ce dernier s'éteignit à l'âge de 90 ans, le 13 janvier 1829.

Jean-Marie Lesbazeilles, l'Américain (1743-1799)

Né le 30 octobre 1740, Jean-Marie Lesbazeilles est le dernier né des enfants de Jean Lesbazeilles et de Françoise Laporte, mariés le 2 septembre 1726. Ses oncles paternels, les deux grands négociants, François Lesbazeilles, dont nous avons retracé les carrières, ne sont peut-être pas étrangers à son installation dans l'île de Saint-Domingue. A l'âge de 23 ans, Jean-Marie Lesbazeilles, marchand-droguiste de Mont-de-Marsan, s'embarque à Bayonne en 1763, pour Saint-Marc, sur le navire « L'Heureuse Paix ». A cette époque, les bourgeois du Sud-Ouest, surtout dans les pays de Basse-Dordogne, de Gironde et d'Adour, émigrent en foule vers cet Eldorado, l'île de Saint-Domingue. Bordeaux devient le premier port français pour le commerce du sucre, du café, des épices et des plantes tinctoriales (l'indigo), armant en moyenne 140 navires par an. Bayonne se classait au huitième rang, avec une dizaine de navires par an (A.N.F 5 B 30).

Au cours de trente ans de présence dans l'île de Saint-Domingue, il crée ou acquiert des habitations ou exploitations de cannes-à-sucre, de caféiers, d'indigo et autres épices, dont il confirme la possession le 19 juin 1799 (1ier messidor an VII), dans son testament. En sus de la gérance de ses propres biens, il reçoit procuration, le 10 octobre 1782, de Jacques Sonnier, négociant habitant du Dondon, dans la même île, mais séjournant à Mont-de-Marsan, et pouvoir de révoquer le sieur Raynal, « habitant au Fond de Bleu, paroisse du Laceul, pour la gestion et l'administration d'une habitation sise audit lieu du Fond à Bleu, et ce pour des raisons particulières, voulant que ledit pouvoir donné audit Raynal, demeure dès cet instant révoqué », et le charge de lui trouver un remplaçant, pour assurer cette gestion (3 E 13 (38) 197). Le 9 juillet 1785, Jean-François-Pascal Laurans, seigneur de Peyrelongue, Annet Lesbazeilles (son cousin) et Pierre Gros, négociants montois, constituent leurs prucureurs, le capitaine de navire Lafargue et Jean-Marie Lesbazeilles, « négociant habitant de la ville du

Cap, Isle Saint-Domingue », pour faire exécuter les trois condamnations rendues par la cour consulaire de Bordeaux, au préjudice du sieur Tauzin, marchand de Miremont en Chalosse, « habitant depuis quelques temps, ladite ville du Cap », pour la saisie de ses biens et son arrestation, pour défaut de paiement de dettes importantes (3 E 13 (41) 127).

« Le commissaire civil de la République française, délégué aux Isles françaises de l'Amérique sous le vent », donne à Jean-Marie Lesbazeilles, le 21 juillet 1793, la permission de s'embarquer « pour la Nouvelle Angleterre », à destination de Philadelphie, Etat de Pensylvanie (U.S.A), où il réside du 9 août 1793 au 10 septembre 1795 (24 fructidor an III). Que fait-il au cours de ces deux années ?

Il rentre à Mont-de-Marsan, après avoir débarqué à Bordeaux le 27 brumaire an IV (18 novembre 1795). La route qu'il doit suivre nous est bien connue. Âgé de 56 ans, il quitte Bordeaux le 5 frimaire an IV (26 novembre 1795), muni d'un passeport qui le dit domicilié au « Dondon, Isle Saint-Domingue », et le décrit ainsi : « taille de cinq pieds deux pouces, cheveux gris, sourcils blonds, yeux gris, nez aquilin, bouche moyenne, menton rond, front découvert, visage ovale et grave ». Il loge le 9 frimaire à Castres, le 10 frimaire à Langon, le 11 à Bazas, le 12 à Roquefort et parvient le 13 frimaire an IV (4 décembre 1795), à Mont-de-Marsan, lieu de sa destination » (3 E 4 (197) 115).

Propriétaire, « demeurant jadis dans l'île de Saint-Domingue, retiré en France depuis la Révolution et actuellement domicilié de la commune de Mont-de-Marsan », Jean-Marie Lesbazeilles déclare dans son testament du 1ier messidor an VII (19 juin 1799), « qu'étant à même de revenir sur mes habitations d'outre-mer, j'entends faire mon testament et disposer de mes biens, ainsi qu'il suit : je déclare avoir été marié avec Geneviève Rimbault, qui est décédée, duquel mariage il n'est pas parvenu d'enfants ». Il lègue à sa belle-sœur Jeanne Castin-Peyrère, veuve de son frère Jean-Baptiste Lesbazeilles, une rente annuelle viagère de 500 francs, payable après son décès « et toujours d'avance », et l'institue son « héritière particulière ». Le citoyen Cassaignolle, « demeurant à Mont-de-Marsan, étant sans vacations, jouira d'une rente viagère et annuelle de 300 francs ; Annet Cadilhon apoticaire recevra un legs de 3 000 francs ; Jacques Jumel, « propriétaire, demeurant à Ousse », 2 000 francs ; Gabriel Cazade, marchand-boutonnier, 1 000 francs, « pour les récompenser des bons et agréables services que j'en ai reçus » ; à Jean-Marie Brunot, « mon filleul, du lieu de Saint-Marc à l'île de Saint-Domingue, et à sa mère Geneviève Gaudefroy, il lègue 10 000 francs « argent de France » (3 E 3 (70) 345).

Vers l'âge de 60 ans, il serait donc reparti gérer ses habitations ou exploitations agricoles à Saint-Domingue, nous ignorons s'il y est mort et à quelle date.

Chapitre 9.

Un commerçant du Maine et Loire : Bernard Branzeau (m. 1729)

La Fronde (1649-1659) permit aux gens du Marsan de manifester leur esprit d'indépendance (F. Loirette). La conduite des jurats de Mont-de-Marsan fut jugée fort suspecte, par les représentants du pouvoir royal. En 1650, la Fronde des princes a succédé à la Fronde Parlementaire. Bordeaux accueille les partisans des princes et se bat contre les troupes royales. La Gascogne landaise, si elle échappe encore à la guerre civile, subit les contrecoups des évènements de Bordeaux. Mazarin redoute une collusion des frondeurs et des Espagnols : il ordonne au fidèle Henri de Poyanne de mettre Dax en état de défense. Après la paix honorable accordée à Bordeaux, le cardinal envoie les troupes royales qui avaient combattu, prendre leurs quartiers d'hiver à Dax, Mont-de-Marsan et Tartas. Mais dès novembre 1651, la Fronde se rallume. Condé ayant pris l'initiative des hostilités contre les troupes royales, la Gascogne landaise devient le théâtre d'opérations militaires. On se bat pour le contrôle de la vallée de l'Adour et de la route des Petites Landes, par laquelle les frondeurs gascons communiquent avec ceux des pays de la Garonne. Condé, qui dispose de l'appui des habitants de Tartas, gagne à sa cause un certain nombre de notables montois, dont Joseph de Prugue, et s'assure l'aide du commandant de la place de Mont-de-Marsan, René de Plessis, comte de Jarzé. Une nouvelle fois est mise envedette la valeur stratégique de la place forte du Marsan, sur la voie des Petites Landes.

En février 1652, Poyanne avec son armée, venue de Dax, bouscule à Arengosse un corps de cavaliers de Condé, et parvient jusqu'aux portes de Mont-de-Marsan. En mars 1652, après Tartas, Mont-de-Marsan ouvre ses portes aux troupes du roi, et souffre de leurs exactions. Le comte de Raillac, venu occuper la ville au nom du roi, s'efforce d'y rétablir l'ordre et, le 10 mai 1652, obtient des habitants, « qu'ils renoncent à toutes ligues, traité d'union et association avec Monsieur le Prince et les rebelles de Bordeaux » (L et M Papy).

À quel parti, l'armée du roi ou l'armée de la Fronde, appartenait René Branzeau, maître-arquebusier, entre 1646 et 1655, nous l'ignorons ? Natif de Port-de-Cé en Maine et Loire, il épouse le 20 avril 1646, à Bazas, Jeanne de

Saige (ou Sage), dotée de 300 livres (3 E 4 (5)). Dans le cadre de son métier, après son installation à Mont-de-Marsan, René Branzeau achète à Mathieu Masson, conseiller du roi, contrôleur des Ponts et Chaussées, habitant de la ville de Dax, « douze canons de fusils, bons et marchands : quatre de la longueur de trois pieds et demi, quatre de quatre pieds et quatre de la longueur de quatre pieds ou quatre pieds et demi, à huit livres pièce », pour la somme de 96 livres (3 E 4 (14) 23). Cet achat pourrait-il signifier qu'il appartenait aux troupes royales ? Décédé, peut-être au combat, avant 1668, il laisse un fils Bernard Branzeau dont nous allons reconstituer la carrière professionnelle. Après le décès prématuré de son père, sa mère Jeanne de Saige se remarie avec Joseph Duverger, marchand montois.

Le métier de son père, René Branzeau, maître-arquebusier, ne prédestinait pas Bernard Branzeau, né le 28 septembre 1654, à faire carrière dans le négoce et la pratique du commerce fluvial sur la Douze (Midouze) avec Bayonne. C'est son beau-père, Joseph Duverger, lui-même bourgeois et marchand montois, qui signe le 5 décembre 1670, un contrat d'apprentissage avec Jean Lagoanère de Laboge, marchand-drapier et maître-boutonnier montois, pour son beau-fils Bernard Branzeau, âgé de 16 ans, d'une durée de trois ans, « pour lui apprendre le métier de marchand boutonnier », moyennant 60 livres pour les trois ans (3 E 4 (52) 276).

Lors de son mariage en 1686, à Bazas, avec Pétronille Castaing, dont le contrat fut rédigé par Lapeyre, notaire royal de Bazas, (à une date précise ignorée), Bernard Branzeau est déjà qualifié de « bourgeois et marchand ». Son « parâtre », Joseph Duverger, lui verse le 21 décembre 1686, les 600 livres promises à la signature de ce contrat (3 E 4 (67) 312). De cette union naîtront une dizaine d'enfants : Bernard Branzeau l'aîné, né le 6 juillet 1688, Vital Bernard Branzeau né le 27 juillet 1652, décédé le 3 mai 1693, François Branzeau né le 4 février 1696 ; Jean Branzeau né le 19 avril 1694, François Branzeau né le 18 juillet 1697, Bernard Branzeau né le 22 septembre 1699 ; futur prêtre, Joseph Branzeau né le 9 février 1701, Marie-Thérèse Branzeau née le 15 octobre 1702, Antoine Branzeau né le 17 janvier 1705 qui s'orientera vers la prêtrise, Anne Branzeau née le 17 août 1706, seule survivante de tous ses frères à la mort de leur mère en 1748.

Du fait de la perte des minutes notariales de Descorps, Ducos et Garrelon, nous ignorons ce que furent les premières années d'activité commerciale de Bernard Branzeau. Son apprentissage chez Lagoanère de Laboge dut être suivi d'une longue période passée chez son beau-père Joseph Duverger, marchand montois, avant de s'établir à son compte, au port de Mont-de-Marsan. Dans un acte du 23 novembre 1696, il est qualifié de « bourgeois et marchand », lors de l'achat à Martin Douat, bourgeois et marchand montois, « d'une pièce de vigne et terre labourable, de la contenance d'un journal ou environ, sise au quartier de Brisquet », estimée 300 livres (3 E 4 (76-2) 295).

Au cours de l'année 1699, son intérêt pour les productions agricoles semble supplanter sa formation de marchand-drapier. Jean de Coueir dit Seguette, marchand de Luxey, lui donne une procuration, le 20 janvier, pour endosser une dette de 31 l 14 s. Il s'intéressait, bien avant cette année-là, à l'acquisition de céréales, par l'affermage des fruits décimaux de la paroisse de Campagne. Dans un acte de dénonciation de grêle, du 10 juin, avec son associé Blaise Dulau, bourgeois et marchand montois, ils demandent à Bernard de Poy, prêtre de la prébende de Brisquet, de leur consentir une remise sur le montant du fermage (3 E 4 (46) 15). Une obligation de 397 l 15 s, du 22 décembre, consentie à Jean, François et Joseph Darrimajour, laboureurs, porte sur un prêt de céréales (2 C 763, 16).

Cet intérêt pour le commerce des céréales dut venir de sa mère Jeanne Sage, et se manifeste de façon évidente en 1700. Le 16 février 1700, il somme Blaise Dulau, de lui livrer les céréales convenues (2 C 763, 26). Le 18 mai, Jeanne Sage, sa mère, veuve de François Duverger, et Bernard Branzeau son fils, obtiennent de Jacques Dessans, chanoine de la cathédrale d'Aire, au nom et comme procureur de Louis Gaston, évêque et seigneur d'Aire, la ferme pour quatre ans, de tous les fruits décimaux, grains et autres productions agricoles, de la paroisse de Mazerolles, moyennant treize charrettes de seigle (3 E 4 (49) 68). Le 28 juin, Bernard Branzeau signe un contrat de « fabrication » de 2 240 livres avec Pierre Lannebras, maître-chirurgien (3 E 3 (19)). La veille, le 27 juin, en association avec Jean Lagoanère de Laboge, il signe un contrat de ferme avec les magistrats de Mont-de-Marsan, d'un montant de 3 400 livres (2 C 763, 50). Le 7 décembre, Pierre du Puyau reçoit de lui, une quittance d'un versement de 120 livres, pour prêt de céréales (2 C 763, 69).

Du commerce des céréales, au commerce fluvial avec Bayonne (1701-1720)

Des céréales, l'intérêt commercial de Bernard Branzeau va s'étendre, en 1701, aux eaux-de-vie, suivant l'exemple de Lagoanère de Laboge son maître d'apprentissage, cumulant le commerce des draps et le négoce des productions agricoles les plus recherchées, dans le cadre du commerce fluvial avec Bayonne. Il ne possède pas encore de grenier, ni de chai ou de gabare, mais utilise le grenier Lubet. Le 29 janvier, les religieuses de Sainte Claire de Mont-de-Marsan, lui attribuent l'affermage des fruits décimaux de la paroisse de Montesquiou, dans la sénéchaussée de Lectoure (Gers), moyennant 926 livres par an (3 E 3

(23) 5). Christophe Lafaurie, curé de Montaut, lui avait fait vente de huit pièces d'eau-de-vie, à raison de 71 livres les 32 verges, mais le 16 février, il n'en avait livré que cinq pièces (2 F 3003). Le même problème de livraison est relevé le 6 mars, dans une acte de sommation adressé à Bournau, habitant de Gabarret, qui lui aurait vendu « deux pipes d'eau-de-vie, bonnes et marchandes, d'environ 80 verges chacune, à raison de 77 livres les 32 verges », et reçu un acompte de 380 livres, sans respecter les délais de livraison (3 E 4 (78) 38). Le négociant Péres de Vic-Fezensac, lui avait livré quatre pipes d'eau-de-vie, le 6 mai, pour une valeur de 743 l 13 s ; étant redevable de pareille somme envers Lagranère et Campagne marchands de Montauban, il adresse un billet à ordre du même montant, à Jean Lagoanère de Laboge leur procureur, à porter sur le compte de Bernard Branzeau (3 E 4 (78) 110). Comme fermier de la dîme et des fruits décimaux de la paroisse de Mazerolles, il aurait fait porter au grenier de Pierre Lubet, par trois bouviers, six charrettes et six mesures de seigle, une partie du montant de la ferme des treize charrettes dues à l'évêque de Dax ; aussi demande-t-il, le 19 août, à Madeleine Racle, veuve de Pierre Lubet, de son vivant bourgeois et marchand montois, de lui livrer ces céréales, ce qui nous conforte dans l'idée qu'il ne possédait pas encore de grenier (3 E 4 (78) 184).

Le commerce fluvial nécessite des bateaux, pour ne pas dépendre du bon vouloir des maîtres-de-bateaux ; Bernard Branzeau va y pourvoir, en cette année 1702. Il semble avoir tissé des liens avec des négociants de Bayonne, et être le correspondant de certains d'entre eux. Le 24 mars, agissant par ordre de ses correspondants bayonnais, les sieurs Vesnich père et fils, bourgeois et marchands, il adresse une sommation à Fortis Péres, bourgeois et marchand montois, qui avait été payé 1 275 livres pour livrer au port de Bayonne, « 300 conques de froment, bon et marchand » ; n'ayant pas exécuté cette commande, il lui est demandé de rembourser cette somme, avec dommages et intérêts (3 E 4 (49) 30). Pour des litiges commerciaux jugés à la Bourse de Bordeaux, il signe le 31 septembre, une procuration en blanc (2 C 765, 9). Mais l'acte le plus important pour le développement de son commerce fluvial avec Bayonne, est celui qu'il signe le 21 septembre, avec Jean de Larrieu dit Pontonx, maître-charpentier de Saint-Jean-de-Lier, pour la construction « d'un bateau neuf de la portée de dix à onze pipes d'eau-de-vie et de la longueur et largeur du bateau que le sieur Brettes de Bayonne a fait construire, de bon bois de chêne, sain et non gelé, avec les clapiches et ferrures de celui-ci, ledit bateau, fait et parfait et mis à l'eau à la fête de la Saint Jean-Baptiste prochaine et plus tôt, s'il se peut », moyennant la somme de 500 livres (3 E 4 (79) 231).

Figure 14: Gabare au port de Tartas (Collection particulière)

De l'année 1703, un seul acte nous est parvenu, les autres étant perdus. En sus de ses activités commerciales, Bernard Branzeau était « père spirituel des religieuses de l'observance de Saint François », il versa le 15 février, à Arnaud conseiller du roi, 258 livres en leur nom (2 C 765, 22). Le maître-charpentier de bateau Jean de Larrieu, de la paroisse de Saint-Pierre-de-Lier, siège de Tartas, lui fait, le 21 juin, un emprunt de 100 livres, qu'il devra déduire du prix du bateau neuf en construction pour notre négociant (3 E 4 (80) 154). Dans une requête remise le 30 juillet, Bernard Branzeau doit « contrôler en lieu et place du sieur Lagoanère de Laboge », un contrat commercial dont on ne sait rien, du fait de la perte de l'acte (2 C 765, 12).

Malgré l'absence de nombreux actes, l'année 1704 comporte des affermages de dîme de paroisses ou de métairies, sources d'alimentation du commerce des céréales et des produits agricoles de notre marchand. Le couvent des Cordeliers, de l'obédience de Saint François, faisait partie de sa clientèle ; le père gardien Laroche s'acquitte, le 4 janvier, d'un versement de 288 livres (2 C 766, 10). Une procuration datée du 5 janvier, faite par Bernard Branzeau, et un acte de sommation du 1ier février, adressé à Etienne Broqua, ne nous sont pas parvenus (2 C 766, 10). Le 17 juin, Louis Gaston évêque d'Aire, afferme à Bernard Branzeau, bourgeois et marchand montois, tous les fruits, revenus et émoluments de la Fabrique de l'église de Saint-Pierre-du-Mont, moyennant 170 livres annuelles (3 E 4 (50) 60). Jean Deglise dit Micon, potier de terre de la paroisse de Castandet, reçoit quittance le 29 juin, d'un versement de 275 livres à Bernard Branzeau et Jacques de Jacques, maître-perruquier, habitant de Saint-Esprit à Bayonne, pour l'achat d'une métairie (3 E 4 (81) 166). Le 1ier juillet, Bernard Branzeau signe un compromis avec Arnaud Farbos, marchand de la paroisse de Renung, concernant un différend sur une vente de bois de cèdre (3 E 4 (81) 168). Deux procurations en blanc signées le 16 juillet et le 5 août, en faveur de Pierre Duvignau, pour affaires, ne nous sont pas parvenues. Le 28 juillet, Louis Gaston, évêque d'Aire, baille à titre de ferme à Bernard Branzeau et Bernard Duverger, son frère utérin, bourgeois et marchand montois, tous les fruits, revenus et émoluments de la Fabrique de l'église de Montaut, moyennant 1 800 livres, « payables en deux termes et paiements égaux, moitié par moitié chacun, jours des fêtes de Noël et de Pâques ». De plus, ils confessent devoir et promettre de payer audit seigneur évêque, la somme de 300 livres, « pour la valeur de prêt de bois de barriques qu'il leur a fourni pour ladite somme, payables par moitié, aux termes dudit prix de ferme » (3 E 4 (50) 79). Chargé de pouvoir de Nicolas Muelle de Lachaussée, écuyer et conseiller du roi, lui-même fondé de pouvoir de Charles Boucher, conseiller, secrétaire du roi, « chargé par sa majesté de la régie et administration des biens des religionnaires (membres de la religion de la Réforme) fugitifs et autres de cette nature », Bernard Branzeau afferme, le 5 août, à Pierre Lafargue, « tous les biens délaissés par Antoine Duconte, seigneur de Candale, situés dans les paroisses de Salles, Retjons et

Saint-Justin , dont trois métairies appelées à Capdise, dans la paroisse de Retjons, une métairie et une brasserie appelées Lou moulin nau (Le moulin neuf), situées à Saint-Justin », pour une durée de trois ans, moyennant 600 livres par an (3 E 4 (81) 195). Nous ignorons les raisons et le contenu de l'accord signé par Bernard Branzeau, Péres et d'autres négociants, le 23 août ; ce document étant perdu (3 E 4 (81)). Par contre, nous connaissons le contenu de la sommation qu'il adresse, en tant que receveur des deniers publics, aux magistrats de la ville de Mont-de-Marsan, à noble François-Adam de Prugue maire, noble Pierre de Lassalle, Jean Farbos, Bernard Laboge bourgeois et jurats, Jean Lefrancq syndic de la présente ville et Bernard Hoge, maître-boulanger, le 2 septembre, pour obtenir le remboursement de 300 livres « dépensées lors du passage des troupes qui ont tout consommé » (3 E 4 (81) 215). Un acte d'opposition lui est adressé le 13 décembre, par François Casteton marchand montois, contre Arnaud Farbos, marchand de Renung, qui lui doit 60 livres (3 E 4 (50) 91).

Le témoignage des actes de l'année 1705, du moins ceux qui nous sont parvenus, confirme l'étendue du commerce fluvial avec Bayonne, de notre marchand-drapier montois qui n'a pas renoncé à la vente des étoffes. Le 4 avril, il signe une procuration en blanc pour régler des litiges commerciaux devant le tribunal de la Bourse de Bordeaux (2 C 767, 3) ? Jean Broca, « hoste » de la ville de Mont-de-Marsan, s'oblige le 6 avril, à lui verser la somme de 90 l 7 s, « pour reste de loyer de l'appartement de maison appelée au Solen, qu'il tient du sieur Branzeau, à raison de 48 livres par an ». Depuis quand en est-il propriétaire ? (3 E 4 (82) 74). Joseph de Mesmes, écuyer seigneur de Passiance, confesse le 7 mai, devoir lui donner 789 livres14 sols 7 deniers, « pour raison de marchandises que ledit Branzeau a prêtées et délivrées dans sa boutique depuis le 3 novembre 1702 » ; notre négociant devra pour se rembourser, prendre « trois charrets de froment, mesurage de cette ville, annuellement, sur la métairie de Casemon, située en la paroisse de Barcelone » (3 E 4 (82) 98). Le 4 juin, Jean Bernède marchand de Bayonne, eût un différend avec Bernard Branzeau, au sujet d'un achat de cire : « le 30 mars dernier, Guilhaume Lacroix, batelier de Bernède, étant dans la ville de Bayonne, avec le batelier du sieur Branzeau, lui aurait fait vente pour le sieur Branzeau, de 393 livres de cire, à raison de 28 sols la livre », dont Lacroix aurait payé un acompte de 85 livres, promettant de lui remettre le solde de la somme, à son prochain voyage (3 E 4 (82) 126). Ce litige fut réglé le 4 juin, par un acte en bonne et due forme (2 C 767, 11). Toujours intéressé par l'affermage des fruits décimaux des paroisses, nécessaire à l'alimentation de son commerce des céréales, Bernard Branzeau signait le 9 juin, avec l'évêque d'Aire, un contrat de ferme des fruits décimaux de la paroisse de Mazerolles, pour une durée de trois ans, moyennant la quantité de onze charrettes de seigle. Le 17 juin, un nouveau contrat de ferme concernait la Fabrique de l'église de Saint-Pierre-du-Mont, contre 170 livres annuelles. Le 30 juin, on lui baillait à titre de ferme, en association avec Bernard Mauléon, laboureur de Mazerolles, les fruits décimaux des paroisses d'Artassenx et de Saint-Médard-de-Beaussé, contre la somme annuelle de 300 livres (3 E 4 (50) 34, 35). Le 29 juillet, il signait un contrat de ferme des fruits décimaux de la paroisse de Montaut, moyennant 180 livres (3 E 4 (50)). Était associé à son commerce Bernard Duverger, son frère utérin, auquel il adresse le 16 juin, une procuration, pour régler certaines affaires en son nom, auprès du tribunal de la bourse de Bordeaux (2 C 767, 11, minute absente). Fortis Péres et d'autres marchands devaient faire, le 21 juillet, une déclaration « en faveur de Bernard Duverger, pour les affaires de Bernard Branzeau » dont nous ignorons la teneur (2 C 767, 15, minute absente). Une requête faite par Bernard Branzeau, le 27 juillet, pour une affaire dont nous ignorons tout, nécessita les attestations de Douat et de Mauco notaires montois (2 C 767, 15, minute perdue). Son commerce connut une prospérité suffisante pour lui permettre d'investir ses bénéfices le 11 août, dans l'achat de « l'office de contrôleur des exploits et autres actes sujet au contrôle établi au bureau de ladite ville de Mont-de-Marsan, ensemble la distribution du papier et du parchemin timbrés », moyennant 900 livres (3 E 4 (82) 185). François-Adam de Prugue, maire de la ville, adressait le 7 septembre, à Bernard Branzeau, un acte d'opposition, dans lequel il l'informait que « la Communauté de la présente ville a sur les bras un enfant bâtard qui a été accusé appartenir au sieur Pierre Dartegalas, garçon-marchand du sieur Branzeau, lequel en doit supporter les frais » ; comme son patron détient des gages appartenant à cet employé, le maire demande qu'ils soient versés pour l'entretien de cet enfant (3 E 4 (82) 208). Le 16 septembre, c'est l'inverse qui se produit : Bernard Branzeau somme Jean Versoris, trésorier du pays de Marsan et Jean Lefrancq procureur-syndic de ladite ville, de lui rembourser 1 300 livres, « à lui dues par le compte de l'année 1704, …, pour avoir été consommées par les foules de passage, des gens de guerre, tout de l'année 1704 » (3 E 4 (82) 209).

De 1706 à 1709, les nombreux actes notariés délivrés par le notaire Descorps, concernant l'activité commerciale de Bernard Branzeau, ne sont accessibles qu'en l'état d'intitulés, dans les répertoires d'enregistrement administratif des actes notariés (2 C 767, 768, 769). Le 14 avril 1706, Martial Cabijos, bourgeois habitant de la paroisse d'Esperonx (Parleboscq), au marquisat de la Caze, « au nom et comme mari de Françoise de Romat », fait cession à Bernard Branzeau de 440 livres : 300 livres en capital et 140 livres en intérêts, dues par François Pandelle (3 E 4 (82) 70). Le 14 avril 1706, Bernard Branzeau représente Jean Lombreignes dans un procès (2 C 767, 39) et Martial de Lavigne lui fait cession de 440 livres (2 C 767, 40). Le 5 mai Peyrelongue promet de lui verser 60 livres (2 C 767, 48). Le 7 juin, il reçoit un « vidame d'office » collationné par Descorps et Mauco, notaires (2 C 767, 45). Le 9 décembre, il signe un acte de délégation avec les autres marchands du port de

Mont-de-Marsan. Pour quelle raison ? (2 C 768, 9). Le 30 décembre, Pierre Diris, maître-maçon, lui adresse une requête dont nous ignorons le contenu (2 C 768, 10).

Le 9 janvier 1708, le sieur Pradelle s'engage à lui régler 140 livres (2 C 769, 11). Pierre Labrouche fait une déclaration à Bernard Branzeau, le 7 juin, dont on ignore l'objet (2 C 769, 5). Notre négociant donne une procuration à François Douat, le 20 juillet, pour régler quel litige ? (2 C 769, 11). Peut-être un problème de recouvrement de dette, car le 4 août, il donne quittance à ce dernier d'un versement de 630 livres (2 C 769, 13). Le sieur Carban s'engage à lui verser 119 livres, le 13 octobre (2 C 769, 19). Le 23 octobre, Martial Cabijos lui fait cession de 200 livres et il adresse un procès-verbal à Remy Dabadie de Couzepente (Bougue). Le seul acte parvenu, est une quittance de 2 250 livres, du 12 juillet, concernant entre autres, le règlement de 1 500 livres par Catherine de Prugue, veuve de Joseph de Laborde de Saint-Sever, « pour des marchandises et habits nuptiaux de demoiselle Jeanne de Laborde, sa fille » (3 E 3 (41-1)).

Les actes enregistrés par l'administration en 1709, ne sont que des quittance : en avril 1709, Jean-Louis Dupoy a versé 50 livres (2 C 769, 38), le 26 juillet, le 11 octobre et le 20 octobre, Jean Cassaigne s'est acquitté de 165 livres, 90 livres et 54 livres (2 C 769, 38).

Les deux frères utérins sont de nouveau associés en 1710 : le 25 mars dans la perception d'une dette de 92 livres et le 1ier avril, lors d'un engagement de Bernard Dayre, conseiller du roi et lieutenant général, à verser 1 000 livres (3 E 4 (83) 5, 6).

Les années 1711 et 1712 semblaient très riches en contrats commerciaux dont la teneur ne nous est accessible que de façon très concise, du fait de la perte des originaux rédigés par les notaires Descorps et Cazade qui exerçaient leur activité dans le quartier du port. Dominique Brettes fait cession le 10 janvier 1711, de 250 livres à Bernard Branzeau (2 C 770, 64). Le 17 février, Pierre Mereson signe un acte contre notre marchand (2 C 770, 67), qui le 17 juillet somme Dominique Brethous et Barthélemy Cazales, marchands de Buanes, de lui livrer les « 4 000 merrains, de bon format de la jauge de Bordeaux vendus quarante et un escat de trois livres pièce », toujours pas acheminés bien que payés 370 livres (3 E 38 (42)).

Jean-Louis Sourbets doit acquitter le 12 février 1712, une cession de 845 livres (2 C 771, 19, Descorps). Le 29 mars, notre négociant fait un compromis avec Jean Lombreignes et Jeanne Clavé ((2 C 771, 14, Descorps). Il renouvelle le 13 mai, un contrat d'affermage de 365 livres, avec l'évêque d'Aire (2 C 771, 20, Cazade), et le 19 mai, un contrat de ferme des fruits décimaux de 950 livres (2 C 771, 21, Cazade). Le 19 mai, Jean Folon lui adresse une sommation (2 C 771, 21, Cazade). Le sieur Puilauzy se fait, le 27 mai, son procurateur. Le 28 mai, Anne Villefranche s'acquitte d'une cession de 413 livres (2 C 771, 23). Suite à une procédure criminelle, il donne quittance, le même jour, à Salles greffier, d'un versement de 137 l 16 s 8 d (2 C 771, 23). Un nouveau contrat de fermage des fruits décimaux, d'un montant de 560 livres, est signé le 7 juin, avec l'évêque d'Aire, suivi d'une sommation datée du 21 juin, adressée à Laurent Dufouras. Le 5 juillet, il adresse une protestation au sieur Laperche, somme le sieur Lagarde, le 14 octobre et prend possession d'une maison acquise de Lubet fils, à une date ignorée (2 C 771, 40). Seuls deux actes notariés complets nous sont accessibles : le 17 mai 1712, Jean Folon, marchand voiturier de Lyon, se plaint à Bernard Branzeau et Pierre Lapeyre, bourgeois et marchands, « fermiers des droits du péage appartenant à sa majesté, en la présente ville » de Mont-de-Marsan, de s'être opposés à l'embarquement vers la ville de Bayonne, de 344 canons de fusils et baguettes, pour l'armée d'Espagne, et sur le passeport de sa majesté, le 12 juillet 1709, « sans payer les droits de péage, or lesdites armes sur le passeport , sont exemptées de tout droit de scise et de péage », il proteste contre « le retardement de quatre bateaux qui sont sur le port et havre de la présente ville, pour charger lesdites caisses » (3 E 4 (83) 56) ; le 7 juin, Jean-Marie de Prugue, abbé seigneur de Saint-Loubouer, au nom de l'évêque d'Aire, baille à titre de ferme à Bernard Branzeau et Jean Londres, marchand demeurant à Grenade, les fruits décimaux de la paroisse de Grenade et de Saint-Maurice, pour une durée de quatre ans, moyennant 370 livres par an (3 E 3 (25) 37).

L'année 1713 souffre du même handicap, beaucoup d'actes ayant été retenus par Descorps ou Cazade. Un achat de 3 000 livres est réalisé le 1ier mars ; s'agit-il d'une maison ou d'une propriété foncière ? (2 C 772, 5). Une sommation, datée du 19 juin, contre Jean Lesbazeilles, bourgeois et marchand montois (2 C 772, 13). Le 17 juillet, Bernard Branzeau adresse à Dominique Brethous et Barthélemy Cazales, marchands de Buanes, un acte de réclamation de dommages, pour la non livraison des 4 000 merrains, payés 370 livres, en temps voulu, et qui étaient destinés à la revente pour le marchand Jean Londres (3 E 38 (42)). Jean Lamaison s'oblige le 22 juillet, à lui acquitter 135 l 19 s (2 C 772, 18). Jean Bernadé, laboureur de la paroisse de Maillères, prend en métayage (fezande), le 5 septembre 1713, sa métairie de Langlet, pour une durée de trois ans, sise dans le même village (3 E 4 (84-1) 133). Le 18 septembre, il fait opposition contre messire de Mesmes ; nous en ignorons la raison (2 C 772, 23). Marguerite de Racle, veuve de Pierre Lubet, bourgeois et marchand montois, demande le 26 septembre, à Bernard Branzeau, de lui revendre la maison et le jardin situés rue du Port, acquis de Marie Racle (3 E 4 (84-1) 145). Le lendemain, 27 septembre, Jeanne Clavé, veuve de Guilhaume Lacroix, marchand montois, adresse une sommation à Bernard Branzeau et Jean Lombreignes marchands qui réglaient leurs comptes avec les sieurs Broqua et Durau, au sujet d'une somme de 1 500 livres (3 E 4 (84-1) 146).

La majorité des actes commerciaux de l'année 1714 étaient enregistrés chez le notaire Descorps, donc perdus ; ils ne sont connus que par leurs intitulés enregistrés par l'administration ; quelques-uns permettent de mettre en valeur d'importantes ventes de céréales et des obligations, témoignant de l'activité de son commerce. Le 6 mars, Jacques Lafargue reconnaît devoir lui verser 137 livres (2 C 772, 43). Le 2 mai, Vincent de Lartigau lui adresse un « département d'appel », pour une raison inconnue (2 C 772, 49). Pour recouvrer une créance de Jean Marqueley, Bernard Branzeau adresse le 6 juin, un « acte d'opposition » à Jean Fleppes, commerçant de la ville de Lucbardez (3 E 4 (84-1) 76). Le 17 juillet, Vincent Dupeyré lui adresse une sommation (2 C 773, 8). Garrelon verse 200 livres le 14 août (2 C 773, 12). Les 20, 26 et 27 septembre, Madeleine Racle, veuve de Pierre Lubet, lui règle un contrat de 26 kas de seigle, d'une valeur de 1 820 livres (2 C 773, 14). Jean-Marie Versoris lui adresse une sommation le 25 septembre. Bertrand Ducournau lui fait cession le 6 novembre, de 121 l 5 s 8 d (2 C 773, 19), et le 31 décembre, Anne Dolly lui reverse cette même somme (2 C 774, 27).

Tous les actes notariés de l'année 1715 sont perdus : une quittance de 285 livres, du 28 février ; un cautionnement de 3 000 livres, en faveur de Madeleine Péres, le 24 mai ; trois rétrocessions du 29 mai, de 75 livres, faite par Langlade, du 17 juillet de 978 livres contre Dupeyron , du 30 juillet du sieur Mauléon et une « collation de mandement », tirée par messire de Prugue, maire de la ville, sur Bernard Branzeau (2 C 774, 3, 15, 17, 19).

Sur les dix-huit actes émis au cours de l'année 1716, deux nous sont accessibles. On ne peut que regretter l'absence de la minute concernant le partage d'une société composée de trois bateaux. Le 31 janvier, Bernard Branzeau et Jean Lombreignes associés, donnent procuration au sieur Duteilh ; le 4 février, messire de Prugue de Cézeron, s'engage à verser 1 200 livres ; le 11 février, messire Arnaud paie 288 livres ; le 6 avril, une offre et un refus de Jean Ducournau à Bernard Branzeau ; le 7 avril, une procuration en faveur du sieur Dubourq ; le 28 avril, une obligation de 1 896 l 10 s 10 d, concernant messire Pierre du Lyon baron de Campet ; le 30 avril, une cession de 350 livres à prendre sur le compte du sieur Dabadie de Saint-Loubouer ; le 29 juin, un versement de 123 l 15 s de Jeanne Duloué ; Fossier et Branzeau arrêtent les comptes des fermages perçus par l'évêque d'Orléans, entre août 1713 et juillet

1716 ; le 8 juillet, Bernard Branzeau émet un acte d'offre, refusé par Jeanne Clavé : ce pourrait être les prémices de la rupture d'une association concernant l'exploitation de plusieurs bateaux sur la Midouze ; le 14 juillet, il adresse une sommation à Madeleine de Racle ; le 18 août, le sieur Jordanet, supérieur du séminaire d'Aire, lui verse 300 livres ; le 24 août, Bernard Branzeau et Jean Lombreignes adressent une sommation à Jeanne Clavé, certainement en rapport avec leur association commerciale fluviale ; Branzeau et Saint-Quentin arrêtent les comptes de 1710 à 1716, des recettes faites par Monseigneur de Matton, évêque d'Aire ; le 21 octobre, un billet de 24 l 7 s est émis contre le sieur Leys de Roquefort. Les deux actes les plus intéressant demeurent : 1°) La réclamation de Jeanne Clavé, veuve de Guillaume Lacroix, datée du 8 juillet, qui assigne Bernard Branzeau, devant les juges du Conseil de la Bourse de Bordeaux, pour le non-paiement de 134 l 10 s 6 d ; 2°) l'acte de partage de trois bateaux, du 12 novembre, qui devaient être exploités en association par Bernard Branzeau, Jean Lombreignes et Guilhaume Lacroix, demandé par Jeanne Clavé qui cède sa part, rachetée par Bernard Branzeau, au prix de 649 livres ; le 11 décembre, Bernard Mauléon, marchand de Mazerolles, s'engage à verser 327 l 7 s, « pour la valeur de certains grains à prendre sur la métairie de Roustangues », dans ce même village

Les intitulés des actes notariés de l'année 1717 n'apportent pas d'information originale, dans la routine des encaissements, des sommations et des oppositions, témoins des difficultés de notre marchand à percevoir ses gains. Un constat cependant, contrairement aux grands négociants montois, Bernard Branzeau ne semble pas avoir de grandes capacités financières pour investir dans l'achat de propriété foncière, ce n'est que très tardivement qu'il parviendra à se doter d'un grenier au port. Le 30 avril, il donne une procuration à Sarbos, maître-tailleur d'habits, pour plaider sa cause dans un procès (2 C 775, 16). En juillet Despiau promet de lui régler 20 livres (2 C 775, 32). Une sommation datée du 15 août, enjoint Dabadie d'honorer un contrat (2 C 775, 14). Le 19 septembre, Jean-Paul Dupeyron fait opposition sur les biens, d'un de ses créanciers, détenus par Bernard Branzeau (2 C 775, 32). Après condamnation par le tribunal de Bordeaux, le 5 mars 1716, Etienne Destangue, habitant de Campagne, s'acquitte d'une dette de 390 livres (3 E 4 (26-2)). Le 16 novembre, Claude Marraquier, maître-perruquier, s'engage à lui payer 187 l 13 s, pour des marchandises prises dans sa boutique (3 E 4 (84-1) 66).

Promesses de règlement, obligations, sommations, oppositions se poursuivent en 1718 : l'avocat Denis Rivière plaidait le 3 février et le 17 juin une affaire concernant Bernard Branzeau ; Serres lui verse 100 l 11 s le 3 avril ; il adresse une sommation le 20 avril à Bernard Mauléon ; le 17 juin, Racle de Banos lui promet un versement de 49 livres ; le même jour, la demoiselle Jeanne

Bernéde, veuve de Jean Bernéde, s'engage à lui donner 290 l 14 s, « pour un compte courant de marchandises que ledit sieur Branzeau a délivrées » (3 E 4 (84-2) 48) ; le 9 septembre, il donne quittance du règlement d'une lettre de change de 400 livres, de Pierre Dupin, à Maria Legras sa veuve (3 E 4 (84-2) 99). Et apure des lettres de change de 2 700 livres, avec Bertrand Forsans bourgeois, marchand et banquier de Bayonne (3 E 4 (84-2) 98) ; enfin, le 20 décembre, Gabriel Duvin bourgeois et marchand montois, demande la saisie de « trois métiers à faire des bas », appartenant à son créancier Blanq, maître-serrurier, entreposés dans le magasin de Branzeau (3 E 3 (27-1) et (27-2) 27), (2 C 775, 776, 6).

Malgré l'absence de nombreux actes ayant marqué la vie commerciale de Bernard Branzeau, ceux qui nous sont parvenus enrichissent notre connaissance sur ses pratiques, en cette année 1719. Une reconnaissance de fief de 36 livres, versée par notre négociant le 8 janvier, aux dames religieuses de Sainte Claire de Mont-de-Marsan, révèle qu'il a acquis une métairie appelée de « la Maison Nabe » (maison neuve), sise en la paroisse d'Uchacq, et consistant en une « maison, parc, parquier, eyre, jardin, terres labourables, bois, lande et brouste » (3 E 3 (27-2) 6). Le 31 janvier, il bénéficie d'un désistement du sieur Planton (2 C 776, 33). Son association commerciale avec son fils éponyme Bernard Branzeau, se confirme dans une obligation de 2 599 l 6 s 10 d, qu'ils versent tous les deux à Pierre du Lyon, baron de Campet, « pour restant du prix des deux derniers baux des trois mois de la présente année, du péage et scize levant droits appartenant au seigneur de Campet » (3 E 3 (27-2) 49). Le 2 mai, il signe une procuration pour régler des affaires en cours au tribunal de Bordeaux (2 C 776, 44). Un rédime de partage fait le 25 mai, entre Bernard Branzeau, Jean Lombreignes et Jeanne Clavé, met fin à leur association commerciale concernant l'exploitation de trois bateaux destinés au commerce fluvial avec Bayonne (2 C 776, 47, Cazade, perdu). Une sommation est adressée le 1ier juin à Jean Lubet de Barbon, résidant à Saint-Pierre-du-Mont, pour qu'il retire de son grenier, 10 charrettes de millet achetées le 28 décembre 1718 et 10 autres charrettes acquises du sieur Senglin, homme d'affaires de l'évêque d'Aire, vendues au mois de mars 1719 (3 E 4 (85-1) 63). Le 16 juin, syndic des Cordeliers d'obédience de Saint François, il réquisitionne le maçon Ducasse (2 C 776, 49). Mathias Laurans, bourgeois et marchand montois, lui adresse le 18 juillet, un acte de sommation, l'enjoignant de lui livrer les dix charrettes de seigle qu'il lui avait achetées le 9 mai dernier (3 E 4 (85-1) 8). Pour non délivrance de billets de paiement, après l'achat de plusieurs charrettes de seigle, Bernard Branzeau adresse le 17 octobre, une sommation au marchand Videns du Peyre, de la paroisse de Le Leuy (Aire), qui lui rétorque qu'il lui manque une charrette de seigle et deux charrettes de millet (3 E 13 (5)). Le 21 novembre, notre marchand réclame au sieur Cabeyo Dupouy, habitant de Gabarret, 39 livres qu'il prétend « lui être dues des marchandises tirées de son livre qui en fait mention » (2 C 777, 32).

Développement du commerce fluvial avec Bayonne, lourdes créances, engagement du grenier (1720-1729)

Ces dix dernières années de la vie de Bernard Branzeau sont caractérisées par une bonne activité commerciale, de nouvelles charges administratives et des relations avec des négociants bayonnais, signe d'une intensification du commerce fluvial, mais aussi par l'accumulation de dettes, envers la société commerciale ou Pierre du Lyon, baron de Campet.

En 1720, le 18 mars, son fils Antoine Bernard Branzeau prend possession de la prébende de Gontaud (Aire), des mains de Saint-Jean Dusonet, capitaine de marine, habitant de Bayonne (2 C 777, 37). Trois sommations sont adressées le 26 mars à Etienne Combes, marchand de Bayonne, le 5 avril, au sieur de Prugue, maire de Mont-de-Marsan, et le 2 juillet, à Etienne Combes, une deuxième fois (2 C 777, 39, 45, et 779, 1). Par un acte d'offre portant consignation, daté du 30 octobre, Pierre Depouy, lieutenant d'Infanterie de Grenade, comme mari d'Elizabeth Ducournau Dantichau, offre à Bernard Branzeau, « père spirituel des pères Cordeliers de cette ville », plusieurs billets pour rembourser un capital de 500 livres et 25 livres d'arrérages (3 E 3 (28) 306). Le 18 novembre, Etienne Dubroqua, marchand montois, obtient de notre négociant, « fermier du domaine du roi », un droit de prélation de 200 livres, sir la métairie appelée au Peigne, sise à Uchacq (2 C 780, 1).

Encaissements, règlements de dettes administratives, ou des suites d'un procès, sont le lot commun de l'année 1721. Comme « fermier du domaine du roi », Bernard Branzeau reçoit quittance le 22 janvier, d'un versement de 25 l 2 s, de Berouet, concierge de la prison de Mont-de-Marsan (2 C 786, 13). François Villiers, curé de Cère, comme héritier de Jeanne Castaing sa tante, fait opposition contre Bernard Branzeau, pour recouvrer des créances (3 E 3 (21) 14). Suite à un procès, il acquitte 200 livres, le 16 avril, à Pierre Lannebras, bourgeois et maître-chirurgien à Castelnau (3 E 3 (22)). Pour une autre affaire il donne une procuration le 18 avril, « pour plaider » (2 C 780, 30). Pierre Gruin, conseiller du roi, lui donne quittance le 21 juillet, d'un versement de 980 livres, au Trésor royal (2 C 780, 20), et d'un deuxième règlement de 990 livres, le 7 septembre (2 C 781, 21). Bernard Branzeau perçoit le 10 octobre, une obligation de 35 l 16 s 6 d, du maçon François Plantier (2 C 761, 27). Le 3 novembre, il donne procuration au sieur de Lassus, inspecteur des fermes à Bordeaux (2 C 780, 20). Trois autres obligations lui sont adressées le 10 novembre : l'une de 182 l 8 s 10 d de Mauco, notaire royal, une deuxième de

Destangue de Batannes, à Campagne, d'un montant de 140 l 7 s 7 d, et la troisième, de la demoiselle Saint-Pé, de 39 l 6 s 1 d (2 C761, 30 et 31).

Outre les obligations et autres oppositions ou sommations inhérentes à son commerce, Bernard Branzeau débute l'année 1722 par une « aumône dotale » du roi, de 288 livres, versée par Arnaud receveur des domaines du roi à Bordeaux, au profit des Cordeliers de Mont-de-Marsan (3 E 3 (30) 24). Le même jour, Doute prêtre à Saint-Sever, s'engage à lui régler 37 l 8 s (2 C 782, 5). Le 6 mars, Fayar à Escource, lui est redevable de 149 l 12 s (2 C 782, 7), ainsi que Bernède prêtre et vicaire de Saint-Gor, de 21 l 15 s (2 C 782, 7). Le notaire Cazade devra lui acquitter le 24 avril, 52 l 18 s (2 C 782, 18). Le 27 juillet, il adresse deux oppositions contre le sieur de Castéra de Labarrère, à Mont-de-Marsan (2 C 782, 39). Et contre le notaire Cazade (2 C 782, 34). Deux procurations sont signées pour défendre ses intérêts auprès des tribunaux, l'une le 4 août, l'autre le 31 décembre, au profit de Thomas Escousse (2 C 783, 24).

Grâce à l'enregistrement par l'administration des intitulés des actes émis par Bernard Branzeau, dans le cadre de sa fonction de fermier du domaine du roi, nous sont révélés, en ce mois de février 1723, une vingtaine de quittances liées à cette fonction, au milieu de nombreux actes dont la richesse surprend cette année-là. Le 1ier janvier 1723, Bernard Branzeau, bourgeois et marchand, en tant que « père spirituel des religieux de l'obédience de Saint François », reçut d'Ambroise d'Arnaud, receveur du domaine du roi, 288 livres de « caution annuelle de sa majesté, faite auxdits religieux, comme fondateur dudit couvent » (3 E 3 (31-1) 1). L'administration enregistre en date du 6 février, dix actes émis par notre négociant, en qualité de « fermier du domaine du roi » : Darrimajour, laboureur de Bascons, a fait un achat de 5 l 10 s ; Jean Manciet, tailleur de Bascons, règle un acte datant de mars 1720, et régularise une dette du 14 novembre 1708 ; ce même tailleur bénéficie d'un droit de prélation de 168 livres ; Jeanne de Gude et Jean-Marie de Castandet de Bascons s'étaient acquittés de 34 l 15 s, le 6 janvier 1721 ; François et Jean-Marie Castandet, frères de Bascons, avaient versé, le 26 août , suite à un achat, 33 l 6 s 8 d ; Jean et Mathieu Lataste bénéficiaient d'un droit de prélation de 1 050 livres, au 10 août 1711 ; Darrimajour, laboureur de Bascons fit le 10 mars 1712, un versement de 5 l 10 s ; Jeanton Darrimajour de Bascons, en fit un de 3 livres, le 29 mars 1712 ; Joseph Darrimajour, de la même famille de Bascons, régla 10 l 10 s 8 d, le 20 février 1711. Sept actes sont enregistrés à la date du 12 février : Bernard de Vincens, de Bascons aurait réglé le 4 décembre 1708, 18 sols ; Berger dit Bastore, laboureur de Bascons, 4 l 14 s, le 10 mars 1720 ; Pierre Saint-Marc dit Pillo, aussi de Bascons, 4 l 10 s, pour un achat du 8 avril 1708 ; Petit et Simon de Lataste, de Bascons, 69 livres de marchandises prises le 29 juin 1722 ; Pierre de Saint-Marc fit un nouvel achat le 14 février 1710 ; Simon de Lataste acquitta le 4 avril 1712, un droit de prélation de 37 l 10 s et Jean d'Arribau de Bascons, 135 l le 19 décembre 1709, et le 7 septembre 1711, 127 livres. Le 30 mars, Jean Castandet, laboureur de Bascons, règle 2 l 10 s 10 d (2 C 783, 46). Pierre de Junca, marchand montois, adresse le 4 juin, une sommation à Bernard Branzeau, bourgeois et marchand, au sujet d'un marché de voiturage vers la ville de Bayonne, de quatorze pièces d'eau-de-vie, à raison de 10 livres par pièce, avec les frais ; le marchand-batelier de Tartas, le sieur Ducamp, devait se charger du transport des 14 pièces d'eau-de-vie, sur deux bateaux ; refus de livraison de Branzeau, qui récuse se transporteur, d'où demande de dommages et intérêts du comparant (3 E 13 (7-2) 36). Comme fermier des Domaines du roi, Branzeau consent un « acte d'appel », le 17 juin, contre demoiselle Dulamon veuve (2 C 784, 20). Le 25 juin, Jean-Marie Versoris, meunier de Mont-de-Marsan, adresse une sommation à notre négociant, qui consent deux obligations à ce dernier, l'une de 300 livres, l'autre de 56 l 2 s 6 d (2 C 784, 22). Jean-Louis Dubosq, lieutenant général de Saint-Sever, reçoit le 9 août, une sommation de Bernard Branzeau (2 C 784, 37), renouvelée le 18 août. Toutes ces sommations laissent présager une année difficile que viennent confirmer trois actes, heureusement pour nous, sauvés du naufrage, mais annonceurs d'une faillite imminente. Déjà, lors du décès de Guillaume Lacroix, mort lors d'un naufrage, associé de Lombreignes et Branzeau, sa veuve s'était prétendue créancière de sommes considérables, lors du règlement de la société et de la poursuite de ses activités entre Lombreignes et Branzeau père et fils. La situation s'aggrave avec le décès de Lombreignes. Sa veuve, Marie Tartas, demande le 12 juin 1723, au sénéchal de Mont-de-Marsan, d'examiner « les comptes de la société dudit commerce, de présenter les livres et autres titres et papiers, et de lui remettre les fonds et les tiers des profits », ce qui révéla une créance de 1 500 livres et des dettes envers de nombreux négociants (3 E 13 (7-2) 39). L'endettement de Bernard Branzeau ne se limite pas à ses activités commerciales : du fait de ses charges administratives, ou de l'affermage du péage et de la scize des domaines de Pierre du Lyon, baron de Campet, dès le 28 mars 1714, ce dernier se déclare, pour impayé, créancier des Bernard Branzeau père et fils associés, redevables de 3 599 l 6 s 10 d ; le 4 juillet 1723, Bernard Branzeau donne en paiement de cette dette, « la maison, grenier ou magasin, à lui appartenant, appelée le grenier de Branzeau, confrontant du levant à la descente qui va à la rivière de la Douze, de midi, à rue publique, de couchant, à maison ou grenier de messire Pouyferré, curé, et de nord, à la rivière de la Douze » (3 E 3 (31-1) 107). Les nombreuses sommations adressées par la suite, à notre commerçant, augurent mal de l'état de ses finances : l'une, datée du 23 août, émane de Jean Bibers, marchand de Grenade, pour le paiement d'un billet de 500 livres (3 E 13 (72) 63) ; une deuxième du 6 septembre, concerne Jean Larrère, bourgeois montois, ; une troisième, du 15 octobre, provient du marchand Bellin ; une quatrième, le 12 novembre, de Baray, lieutenant général de Saint-Sever ; une cinquième du 21 novembre .

Bernard Branzeau semble assurer les règlements des fermages dont il a encore la charge, en 1724, et le passif de « la société de trois bateaux », avec Marie Tartas, tout en poursuivant ses activités commerciales. Le 22 janvier, il acquitte d'un versement de 172 l 17 s, Jean Clavé, sous-fermier des Domaines du roi (2 C 785, 34), et le 31 mai, de Cist lui verse une somme de 25 l 16 s. Dans une promesse « d'écrit privé », il s'engage le 13 juin, à régler 1 000 livres à Letellier, marchand de Bordeaux (2 C 786, 18), et signe un bail le 9 août, en faveur de Farbos, marchand de Grenade (2 C 786, 29). En septembre, ses créances envers la famille Tartas ressurgissent : le 6, c'est une opposition contre Tartas marchand ; le 9, un désistement en faveur de Marie Tartas ; le 19, il verse à cette dernière, 61 l 17 s et 79 l 17 s, provenant de « la vente des effets appartenant à Branzeau sur le marché » (3 E 4 (85-1) 75) ; le 28, Martin Berrouet, bourgeois et marchand, concierge des prisons de Mont-de-Marsan, « qui aurait fourni pour le pain des prisonniers qui étaient détenus dans lesdites prisons, jusqu'à la concurrence de la somme de 193 l 4 s », lui en réclame l'acquittement (3 E 4 (85-1) 77, 79). Le 21 et 23 novembre, il règle des affaires avec Jérôme Cassaigne, Jean Lartigue, bourgeois et marchands de Saint-Sever et Farbos, bourgeois de Grenade (3 E 4 (85-1) 91, 92).

Ses dettes envers Pierre du Lyon, chevalier, baron de Campet et de Geloux, seigneur de Garein, devaient être épongées, en cette année 1725, au cours de laquelle il est toujours propriétaire de la métairie de Maison nabe (Maisonneuve), sise à Uchacq, et pour laquelle il acquitte le 12 avril, une reconnaissance de fief de 4 livres (3 E 3 (32) 32). Le 25 avril, il perçoit 104 l 11 s (2 C 787, 20). Le 26 mai, Destangue de Balanes, lui verse un acompte de 61 livres, sur une partie de la marchandise prise dans son grenier (2 C 787, 2). Le 13 août, il donne procuration à Lalanne, postillon de Meillan, pour régler une affaire (2 C 787, 39).

Au cours de l'année 1726, son fils, successeur et associé, semble prendre la relève de son père. Dans un acte de protestation, François Deyrie, bourgeois et marchand montois, signale qu'il a reçu une lettre de change tirée sur le sieur Branzeau, par le sieur Despaigne de Bordeaux, le 7 novembre 1725, d'un montant de 175 livres, dont il n'a pas reçu le remboursement (3 E 4 (134) 10). Bernard Cazade, notaire royal, et procureur au sénéchal de Marsan, a versé le 20 mai, à Bernard Branzeau : 177 l 15 s 1 d, en application de l'arrêt de la Cour du 21 mai 1724, et 230 l 13 s 1 d, suite à l'arrêt de la Cour du 17 juin 1724 (3 E 13 (8-1) 18). Le 27 août, son fils Antoine-Bernard Branzeau, prêtre, adresse un « acte d'opposition » à Jean-Marie de Prugue, syndic du Chapitre d'Aire (3 E 4 (86-1) 8). Notre négociant montois acquitte une « reconnaissance de fief », à messire Charles Marquin, commandeur des Chevaliers de Maltes, à la commanderie de Cobin (2 C 789, 22). Le 18 septembre, Broca de Lubon, lui verse 30 livres (2 C 789, 22). Le sieur Gabarra de Campagne s'acquitte le 3 décembre, de 250 l 10 s (2 C 790, 1) .

L'activité commerciale de Bernard Branzeau, bourgeois et marchand montois, se poursuit en 1727, sans évocation d'une quelconque faillite. Le 5 février, il facture au marchand montois Lubet, 130 livres de marchandises (2 C 790, 1) ; le même jour, le sieur Lasserre verse 5 l 11 s (2 C 790, 94). Destangue, bourgeois et marchand montois, acquitte le 27 février, un billet de 17 l 8 s (2 C 790, 61). Le 11 mars, il reçoit un « acte de protestation » des frères Joseph et Pierre Lombreignes (2 C 790, 8). Son fils Bernard Branzeau époux de Catherine Combes, donne procuration à cette dernière, le 2 mai, pour vendre une maison en ville (2 C 790, 21), et le 13 mai, achète à Jean Lasserre, bourgeois et marchand, une maison, située rue du Bourg, appelée la maison de Lasserre, estimée 2 500 livres (3 E 4 (134) 43). Pour quel motif adresse-t-il une sommation le 19 mai, aux marchands montois Brettes, Sourbets et Lefrancq ? (2 C 790, 23). Est-ce pour la même affaire que le 23 mai, les marchands Sourbets et Brettes font des déclarations en sa faveur ? (2 C 790, 34). Le 11 juin, c'est lui qui émet un « acte verbal de sommation » contre Jean, Etienne et Marie Mauléon de Marta, habitants de Mazerolles.

Certainement très affaibli, Bernard Branzeau dut déléguer ses pouvoirs à son épouse et à son fils. Une seule quittance est consentie le 7 septembre 1728, au profit du receveur général des Domaines du roi, d'un montant de 576 livres (2 C 791, 13). C'est par procurations, le 29 mars et le 11 avril, adressées à Arnaud Grégoire, procureur auprès du sénéchal de Guyenne, qu'il règle une affaire avec noble Henri de Faget (2 C 792, 41). Sa dernière quittance de 288 livres, versées aux pères Cordeliers de Mont-de-Marsan, datée du 24 avril 1729, semble être son ultime acte commercial, avant qu'il ne décède le 12 mai 1729. Son fils Bernard Branzeau et son épouse Pétronille Castaing règleront sa succession.

Dans son testament du 19 décembre 1746, ouvert le 27 août 1748, Pétronille Castaing reconnaît avoir eu deux enfants avec Bernard Branzeau, Bernard Branzeau époux de Catherine de Combes, dont sont issus Joseph et Henri Branzeau, et une fille Anne Branzeau. Le fils aîné Bernard Branzeau, est déclaré décédé à la mort de sa mère, entraînant la disparition définitive de la maison commerciale Branzeau à Mont-de-Marsan. De la vie de notre bourgeois et marchand montois, de son intérêt pour le commerce fluvial, par l'acquisition d'un grenier et de bateaux, de ses difficultés financières qui obérèrent sa maison commerciale, en la comparant à celles des Marrast, des Biés, des Lefrancq, et d'autres grands négociants montois, on peut tirer cette conclusion évidente, qu'il faut être bien ancré dans le commerce, de préférence depuis plusieurs générations, pour réussir dans le commerce fluvial avec Bayonne, à Mont-de-Marsan.

Conclusion

Depuis 1062, Gascogne et Aquitaine étaient réunies sous l'autorité du duc d'Aquitaine et comte de Poitier, Gui Geoffroi. « C'est dans cette grande Aquitaine qui englobait le Poitou, le Limousin et une partie de l'Auvergne qu'est né le futur comte de Marsan, Pierre » (Jeanne-Marie Fritz). Pierre fils de Loup Aner *(Lupus-Aner)* dont la contraction a donné Lobaner ou Lobanner, est le fondateur de la ville de Mont-de-Marsan. Vers 1136, ce vicomte souhaite édifier un château au confluent de la Douze et du Midou. Les raisons de ce choix sont économiques comme nous l'avons amplement développé et peut-être politique. Le confluent constituait un point de rupture de charge, une zone de contact entre l'arrivée des voies de terre nord-sud et de la Midouze, navigable à partir du confluent. « L'implantation d'un château vicomtal permettait de contrôler les échanges locaux, de fonder un ou des marchers et de tirer des revenus de cette activité économique, tout en contrôlant les hommes ainsi regroupés » (J-M. Fritz).

Au XIIème siècle, le confluent se situait à l'extrémité nord de la paroisse de Saint-Pierre-du-Mont, sur laquelle sélevait un prieuré dépendant de l'abbaye de Saint-Sever. La paroisse de Saint-Pierre est issue d'une paroisse plus ancienne, celle de Saint-Genés. Dans ces deux paroisses existaient deux habitats fortifiés, deux *oppida* ou vivaient les habitants auxquels Pierre de Lobanner s'adressa pour peupler le château fondé au confluent. La ville de Mont-de-Marsan s'est rapidement développée grâce au commerce des céréales, des vins, des eaux-de-vie, du chanvre, des laines d'Espagne, du sel, des poissons salés et autres denrées, avec Bayonne et les provinces avoisinantes.

Ce sont ces échanges commerciaux sur la Midouze que nous avons exposés tout au long de ces deux volumes consacrés au « Commerce fluvial à Mont-de-Marsan, du XVIIe au XVIIIe siècle », période de son apogée. A l'origine de l'installation de nombreuses familles de commerçants venant du Gers, du Languedoc, du Nord de la France, ce commerce a drainé les céréales, les vins et les eaux-de-vie produits dans la Chalosse, le Gabardan, l'Armagnac et le Marsan, les a acheminés vers le port de Bayonne, à destination de l'Espagne, de la Hollande, de la Prusse, de l'Angleterre et des pays du nord de l'Europe. Les maîtres-de-bateaux et bateliers montois, à bord de leurs galupes ou gabares, de leurs demi-galupes ou galupats et galupots, construits à Saint-Jean-de-Lier, Laurède ou Nay, par des familles de charpentiers spécialisés de père en fils, dont les mêmes noms se retrouvent sur tous ces chantiers, remontaient vers

Mont-de-Marsan, le sel de Saint-Gilles et de Le Pouliguen, des marais salants d'Aunis, de Saintonge et de Bretagne, si nécessaire à la conservation des aliments. Les laines d'Espagne, le chanvre et d'autres denrées, de Bayonne transitaient à Mont-de-Marsan, pour honorer les commandes des fabriques de drap du Languedoc, du Rouergue, de Montauban et autres lieux.

Toute la prospérité de cette ville est le fruit du génie commercial des marchands et négociants montois du XVIIème et du XVIIIème siècle : Jean Allein, bourgeois et marchand-drapier-mercier au XVIIème siècle, la maison de commerce Dayre, active sur les deux siècles, Jean Lagoanère de Laboge (m. 1707), bourgeois et marchand-drapier, maître-boutonnier, la dynastie marchande des Marrast venue du Gers au XVIIIème siècle, les Laurans, une famille de négociants originaires de la même province, les Saint-Loubert-Bié (1730-1821), négociants et banquiers gersois. Beaucoup prospérèrent, certains connurent la faillite : les Péres et les Baylin, ou s'installèrent, fortune faite, aux Antilles, à Saint-Domingue ou aux Etats-Unis (les Marrast). Une grande famille protestante de bourgeois et marchands montois, demeurera à Mont-de-Marsan, contre vents et marées, du XVIIème au XVIIIème siècle, les Duvin. Tous eurent le mérite de croire à l'avenir de ce commerce fluvial, maigré les lourdeurs des péages ou *« pague sau »* exigés par les seigneurs de Campet, Sainte-Croix et Pontonx, le mauvais état du lit de la rivière Midouze et de son chemin de halage.

Tous ces sujets furent développés dans le premier tome de cet ouvrage. Le second s'attache à faire l'historique du quartier du port, crée par l'installation des magasins, greniers, chais et maisons à sel de ces négociants, en bordure de la Midouze et autour de la place du Commerce. Toute une infrastructure de moyens de transport terrestre (les cas, kas ou charrets) et fluvial (galupes, gabares, galupats, galupots) fut mise à contribution. Ayant peu de tisserands ou de teinturiers à leur service, les marchands drapiers se fournissaient d'une grande variété d'étoffes, dans diverses provinces de France et à l'étranger, révélée par les inventaires après décès. Quatre familles de négociants montois y battirent de belles fortunes, les Douat, les Brettes, les de Cist, les Lefrancq dont les investissements en biens fonciers témoignent de leur prospèrité. Les Lesbazeilles consiliaient tous les métiers du commerce fluvial : négociants, maîtres-de-bateaux, bateliers ou portefaix, ils animaient le port de Mont-de-Marsan, mais devaient disparaître en partie, faute de repreneur. Le même sort attendait la maison de commerce de Bernard Branzeau. Toutes ces familles avaient aussi des intérêts dans les Antilles ou à Saint-Domingue, où l'un des membres s'installait dans des plantations de cannes-à-sucre ou de caféiers.

Mont-de-Marsan n'est pas à cette époque, la seule ville à pratiquer le commerce fluvial et à en prospérer. Les vins de Chalosse, Tursan, Béarn, Jurançon, les huiles de térébenthine, les résines et les bois intéressent aussi les négociants de Mugron, de Tartas et de Dax. L'histoire de ce commerce fluvial sur l'Adour, cette fois, reste à faire, nous nous y employons.

BIBLIOGRAHIE

I - Archives départementales des Landes (Mont-de-Marsan)

Minutes notariales du XVIIe siècle et XVIIIe siècle

- Balade (1673-1690), (3 E 4 (117-122))
- Benard (1702-1710), (3 E 3 (40-41))
- Bordenave (An V-VII), (72 l 85)
- Bordenave (An V-XIII), (3 E 13 (53-64))
- Broqua (1785-an XIV), (3 E 3 (59-83))
- Broqua (An IV-VII), (72 L 85)
- Cazade (père) (1696-1730), (3 E 3 (23-24))
- Cazade (fils) (1731-1757), (3 E 3 (35-39))
- Cazade (1727), (3 E 8 (91))
- Darribau (1773-1780), (3 E 4 (206-208))
- Darrimajour (1757-1765), (3 E 3 (56-58))
- Dosque (1631-1668), (3 E 4 (3-13))
- Douat (1646-1708), (3 E 4 (14-50))
- Douat (1651-1662), (3 E 8 (90))
- Dubernard (1638-1658), (3 E 13 (1-3))
- Dupouy (1754-1760), (3 E 3 (53-55))
- Duvignau (père) (1735-1752), (3 E 3 (42-47))
- Duvignau (fils) (1778-an V), (3 E 3 (48-52))
- Filhucat (1597-1698), Tartière G 52
- Garrelon (1680-1722), (3 E 3 (14-22))
- Gauzère (1624-1673), (3 E 4 (1-2))
- Gauzère (1637), 3 E 8 (90))
- Gourgue (1666-1668), (3 E 3 (7))
- Lamaison (père) (1762-1778), (3 E 4 (150-168))
- Lamaison (fils) (1789-1792), (3 E 4 (169))

- Lamarque (1673-1695), (3 E 3 (8-13))
- Lamarque (fin XVIe-début XVIIe s.), Tartière H 205
- Livier (fin XVIe-début XVIIe s.), Tartière H 205
- Lombreignes (1721-1763), (3 E 4 (132-149))
- Marsan (1764-1793), (3 E 25 (187-267)
- Mauco (père) (1668-1726), (3 E 4 (51-85))
- Mora (1688-1732), (3 E 4 (123-130))
- Palue (1662-1680), (3 E 3 (1-6))
- Salles (1711-1713), (3 E 13 (108))
- Salles (1714-an V), (3 E 13 (4-52))
- Salles (An IV-V), (72 L 85)
- Sarraute (1653), (3 E 8 (90))
- Serres (1697-1698) ; Tartière G 52
- Vives (aieul) (1723-1797), (3 E 4 (170-197))
- Vives (père) (1773-1790), (3 E 4 (198-205))
- Répertoires, (3 E 4 (209)) et (3 E 4 (210-215))

II – Ouvrages et études consacrés à Mont-de-Marsan

- Landes et Chalosses, sous la direction de Serge Lerat, Société nouvelle d'édition régionale et de diffusion, Pau, 1983, 2 volumes
- L et M. Papy, Histoire de Mont-de-Marsan, tome I, Des origines à 1800, éditions interuniversitaire, Mont-de-Marsan, 1994
- L. Papy, « Mont-de-Marsan, port fluvial », Bulletin de l'ALDRES, n° 2-3, 1984-1985, Mont-de-Marsan, pp. 64-66
- S. Abbate, « Du XVIIe au XIX siècle à Mont-de-Marsan, une famille venue d'ailleurs : les Jumel », Bulletin de l'ALDRES, n° 13, 1999, p. 29-38
- « Sept siècles d'histoire de l'armagnac », colloque, bulletin de la société archéologique, historique, littéraire et scientifique du Gers, Auch, n°400, 2ième trimestre 2011
- G. Dardey, Y. Lafitte-Tambon et J.P. Suau, « Le commerce du sel à Mont-de-Marsan d'après les actes notariés (Vers 1650-vers 1758), Actes du colloque international du sel, Salies-de-Béarn, 10-11-12 septembre 1992, pp. 249-271.

- Hubert Delpont, Les conventionnels landais. Portrait de groupe, Bulletin de la Société de Borda, 2013, n°511, pp. 301-312.
- Jeanne-Marie Fritz, Pierre de Marsan, dit de Lobaner, fondateur de Mont-de-Marsan (après 1108-1163), Bulletin de la Société de Borda, 2013, n°511, pp. 256-276.
- Elizabeth Hardouin-Fugier, Bernard Berthod, Martine Chavent-Fusaro, Les étoffes, Dictionnaire historique, Les Editions de l'Amateur, Paris 1994, 416 pages.
- F. Jaupart, « L'activité commerciale de Bayonne au XVIIIe siècle », Société des sciences lettres et arts de Bayonne, 1966, pp. 32-102.
- G. Kerlorc'h, La batellerie de l'Adour en images, du XVIIe siècle à nos jours, édition Cairn, 2012, 141 pages.
- Ch. Lacrouts, « Tartas au temps des gabares », -169-Bulletin de la société de Borda, n°497, 1ier trimestre 2010, pp. 19-40.
- Y. Lafitte, « Jean Allein, bourgeois et marchand habitant la rue du Bournau à Mont-de-Marsan dans la seconde moitié du XVIIe siècle », Bulletin de l'ALDRES, n° 2-3, 1984-1985, pp. 45-63.
- Y. Lafitte, « Du domaine de Lartigue au château Marrast dans la paroisse de Bordères (Lamensans) », Bulletin de l'ALDRES, n+ 11, 1996-1997, pp. 39-51.
- Y. Lafitte-Tambon, Mont-de-Marsan à l'époque moderne (XVIe-XVIIIe siècle), ALDRES, Mont-de-Marsan, 1992, 94 pages.
- Jean-Paul Lagardère, Jean-Jacques Taillantou, « Kas » par cas. Histoire d'un char landais, Bulletin de la Société de Borda, 2012, n° 507, pp. 267-290.
- B. Lalande, « Une dynastie bourgeoise de Mont-de-Marsan : la famille Marrast », Autour de l'ancien Marsan, textes réunis et présentés par M. Papy, éditions interuniversitaires, Mont-de-Marsan, 1997, pp. 143-147.
- L. Larbaigt, Les derniers gabariers et les derniers pêcheurs de l'Adour, éditions Marrimpouey jeune, Pau, 1977.
- M. Le Grand, « L'ancienne navigation de la Midouze et le port de Mont-de-Marsan », Bulletin de la société de Borda, n°58, 1934, pp. 139-146.
- S. Lerat, « La navigation sur l'Adour et ses affluents du XVIIIe siècle au début du XXe siècle », Bulletin de la société de Borda, 1ier trimestre 1957, pp. 169-181.

- Philippe Soussieux, Dictionnaire historique des Landes, Editions Etudes Landaises, 2012, 824 pages.
- J. J. Taillantou, « Bayonne, port des Landes aux XVIIe et XVIIIe siècles », Bulletin de la société de Borda, n°494, 3ième trimestre 2010, pp. 321-336.

TABLE DES MATIERES

L'histoire
aux éditions L'Harmattan

Dernières parutions

ESSAIS D'HISTOIRE GLOBALE
Sous la direction de Chloé Maurel ; Préface de Christophe Charle
L'histoire globale est une approche novatrice qui transcende les cloisonnements étatiques et les barrières temporelles et promeut un va-et-vient entre le local et le global. Développé depuis plusieurs années aux États-Unis, ce courant connaît un essor récent en France. Voici un tour d'horizon varié des travaux récents en histoire globale (concernant l'abolition de l'esclavage, l'histoire du livre et de l'édition, des revues et celle des organisations internationales).
(23.00 euros, 226 p.)
ISBN : 978-2-336-29213-7, ISBN EBOOK : 978-2-296-53077-5

VERS UN NOUVEL ARCHIVISTE NUMÉRIQUE
Ouvrage collectif coordonné par Valentine Frey et Matteo Treleani
La réinvention permanente apportée par le numérique suscite de nombreux débats. Notre rapport à la mémoire et à l'histoire, longtemps basé sur l'objet matériel et sa conservation physique, est à présent bouleversé. Les techniques ont beaucoup évolué, apportant de nouvelles problématiques, dans le domaine de l'informatique comme celui des sciences humaines. Quelles tensions entre technique et mémoire ? Comment se souvenir du passé à travers ses vestiges ? Que change le numérique ?
(Coll. Les médias en actes, 22.00 euros, 224 p.)
ISBN : 978-2-336-00174-6, ISBN EBOOK : 978-2-296-53103-1

MENSONGES (LES) DE L'HISTOIRE
Monteil Pierre
Chaque génération hérite des *a priori* et des idées reçues de la génération précédente. Ainsi, nombreux sont les mensonges de l'Histoire qui ont survécu jusqu'à nos jours. Nos ancêtres les Gaulois ? Napoléon était petit ? Au Moyen Age, les gens ne se lavaient pas ? Christophe Colomb a découvert l'Amérique ? Ce livre revient sur 80 poncifs considérés par beaucoup comme une réalité...
(Coll. Rue des écoles, 28.00 euros, 282 p.)
ISBN : 978-2-336-29074-4, ISBN EBOOK : 978-2-296-51351-8

FLAVIUS JOSÈPHE
Les ambitions d'un homme
Cohen-Matlofsky Claude
Quelles furent les ambitions cachées de Flavius Josèphe, historien Juif de l'Antiquité ? Il prône, à travers ses écrits, le retour à la monarchie de type hasmonéen, à savoir d'un roi-grand prêtre, comme réponse à tous les maux de la Judée. La question fondamentale est la suivante : comment les élites locales ont-elles géré leurs relations avec la puissance romaine et quel rôle les membres de l'élite ont-ils assigné à leurs traditions et constitution politique dans cet environnement d'acculturation ?
(Coll. Historiques, série Travaux, 15.50 euros, 152 p.)
ISBN : 978-2-336-00528-7, ISBN EBOOK : 978-2-296-51387-7

MER (LA), SES VALEURS
Groupe «Mer et valeurs» Sous la direction de Chantal Reynier – Préface de Francis Vallat
La mer, plus que jamais, est la chance des hommes et la clef de leur avenir. Elle leur apprend la responsabilité, suscite l'esprit d'initiative, mais elle oblige tout autant à rester humble devant ses

forces naturelles. Le groupe de réflexion «Mer et Valeurs», réunissant navigants et universitaires, examine l'influence de ces valeurs rapportées à toutes les activités humaines. Des références historiques et géographiques illustrent le développement intellectuel et économique des pays qui se sont tournés vers la mer.
(21.00 euros, 188 p.)
ISBN : 978-2-336-00836-3, ISBN EBOOK : 978-2-296-51412-6

MÉTAMORPHOSES RURALES
Philippe Schar : itinéraire géographique de 1984 à 2010
Sous la direction de Dominique Soulancé et Frédéric Bourdier
Philippe Schar était convaincu que la géographie ne saurait exister sans la dimension du temps et la profondeur de l'histoire, seules capables de mettre pleinement en lumière le présent et de le restituer dans toutes ses dimensions. On retrouve en filigrane dans ses recherches concises et pointues la volonté de replacer les opérations de développement à l'interface des logiques promues par les décideurs d'un côté et par les populations de l'autre. Cet ouvrage présente une sélection de ses écrits.
(33.00 euros, 320 p.)
ISBN : 978-2-296-99748-6, ISBN EBOOK : 978-2-296-51501-7

POUVOIR DU MAL
Les méchants dans l'histoire
Tulard Jean
L'Histoire n'est pas une magnifique suite d'actions héroïques et de gestes admirables. Sans le Mal pas d'Histoire. Et il faut l'avouer, les méchants sont les personnages les plus fascinants de la saga des peuples. En voici treize, présentés à travers des dramatiques interprétées jadis sur les ondes. Treize portraits où l'on retrouve méchants célèbres comme Néron ou Beria et héros insolites comme Olivier Le Daim ou le prince de Palagonia. Ils illustrent le pouvoir du Mal.
(Coédition SPM, 25.00 euros, 270 p.)
ISBN : 978-2-917232-01-9, ISBN EBOOK : 978-2-296-51010-4

VIES (LES) DE 12 FEMMES D'EMPEREUR ROMAIN
Devoirs, intrigues et voluptés
Minaud Gérard
Grâce à un méticuleux travail de recherche se redéploie ce que furent les vies de 12 femmes d'empereur et leur influence, non seulement sur leur mari mais aussi sur le destin de Rome. Les pires informations se mêlent. Un amour maternel allant jusqu'à l'inceste, un amour conjugal virant au meurtre, un amour du pouvoir justifiant tout. D'un autre côté, un sens du devoir exceptionnel, une habileté politique remarquable, un goût du savoir insatiable.
(34.00 euros, 332 p.)
ISBN : 978-2-336-00291-0, ISBN EBOOK : 978-2-296-50711-1

MONDE (LE) DES MORTS
Espaces et paysages de l'Au-delà dans l'imaginaire grec d'Homère à la fin du Ve siècle avant J.-C.
Cousin Catherine
Ce livre propose d'étudier l'évolution des conceptions que les Grecs ont pu se former des espaces et des paysages de l'au-delà, jusqu'à la fin du Ve siècle avant J.-C. Monde invisible, interdit aux vivants, mais sans cesse présent à leur esprit, les Enfers relèvent pleinement de l'imaginaire. Une comparaison entre productions littéraires et iconographiques enrichit cette étude et laisse entrevoir l'image mentale que les Grecs se forgeaient du paysage infernal.
(Coll. Kubaba, série Antiquité, 39.00 euros, 402 p.)
ISBN : 978-2-296-96307-8, ISBN EBOOK : 978-2-296-50624-4

CORPS ET ÂMES DU MAZDÉEN
Le lexique zoroastrien de l'eschatologie individuelle
Pirart Eric
Selon les conceptions mazdéennes, l'individu posséderait plusieurs types d'âmes. Est-ce vrai ? Et qu'advient-il de telles âmes au-delà de la mort ? De quel sexe sont-elles ? Et le corps ? Pour

répondre à de telles questions, Éric Pirart analyse les textes zoroastriens des diverses époques anciennes ou médiévales et y décrypte le lexique de l'eschatologie individuelle.
(Coll. Kubaba, 29.00 euros, 294 p.)
ISBN : 978-2-296-99286-3, ISBN EBOOK : 978-2-296-50580-3

3000 ANS DE RÉVOLUTION AGRICOLE
Techniques et pratiques agricoles de l'Antiquité à la fin du XIXe siècle
Vanderpooten Michel
De la Grèce et la Rome antiques à l'Andalousie arabe, des campagnes gauloises à la France des Lumières et de la Révolution industrielle du XIXe siècle, l'évolution des connaissances et des pratiques agricoles est ici retracée à travers l'étude de près de 4000 documents. Les étapes de la production agricole, à différentes époques, sont étudiées, ainsi que l'entrée de l'agriculture dans l'ère de la chimie et du machinisme.
(Coll. Historiques, série Travaux, 34.00 euros, 332 p.)
ISBN : 978-2-296-96444-0, ISBN EBOOK : 978-2-296-50329-8

ANTIQUITÉ (L') MODERNE
Wright Donald
Ce livre étudie le regard que l'homme de la Belle Époque porte sur l'Antiquité. Il analyse la modernité de la Troisième République et ce que celle-ci doit à une interprétation systématique et scientifique des apports grecs et romains. Au travers des textes littéraires et scientifiques ainsi que de nombreux documents ensevelis puis retrouvés dans les archives françaises, ce livre est une étude sociologique d'une époque moderne par excellence qui se veut «classique».
(Coll. Historiques, série Travaux, 27.00 euros, 274 p.)
ISBN : 978-2-296-99168-2, ISBN EBOOK : 978-2-296-50407-3

GRANDEUR ET SERVITUDE COLONIALES
Sarraut Albert - Texte présenté par Nicola Cooper
Albert Sarraut fut l'un des maîtres-penseurs du colonialisme de la période de l'entre-deux-guerres. Cet ouvrage de 1931 est l'un des meilleurs exemples de la justification du colonialisme français : il touche à tous les impératifs coloniaux de la France, du tournant du siècle aux débuts de la décolonisation. C'est essentiellement Sarraut qui façonna le langage avec lequel les Français parlaient de leur empire colonial.
(Coll. Autrement mêmes, 24.00 euros, 200 p.)
ISBN : 978-2-296-99409-6, ISBN EBOOK : 978-2-296-50121-8

HOMO SAPIENS (L') ET LE NEANDERTAL SE SONT-ILS PARLÉ EN RAMAKUSHI IL Y A 100000 ANS ?
Paléontologie génétique et archéologie linguistique
Diagne Pathé
Cet ouvrage présente les découvertes qui permettent pour la première fois d'éclairer de manière factuelle la révolution culturelle et linguistique, qui a planétarisé avec l'avènement de la parole de Sapiens, voire de Néandertal, le monothéisme et les cultes bachiques de bonne fortune et de fécondité, à partir de 300000 et 200000 ans av. J.-C. Les faits qui rendent compte de manière précise de cette révolution sont portés par le ramakushi et son vocabulaire comme langage datable matériellement entre 8000 et 10000 ans av. J.-C.
(Editions Sankoré, 14.50 euros, 138 p.)
ISBN : 978-2-296-99334-1, ISBN EBOOK : 978-2-296-50189-8

HISTOIRE DES PEUPLES RÉSILIENTS (Tome 1)
Traumatisme et cohésion VIe-XVIe siècle
Benoit Georges
Ce livre revient sur l'histoire de communautés éparses qui, surmontant le traumatisme de leur naissance improbable, firent preuve de résilience collective. Histoire particulière, marginale, de rescapés et de fuyards qui se prirent en charge pour se sauver, trouvant en eux-mêmes, dans leur cohésion intime, cette énergie qui les hissa au-dessus de l'ordinaire. Histoire de petites sociétés

horizontales qui, vivant en périphérie du continent européen, irradièrent au loin jusqu'à se poster en économies-monde, quand la société médiévale, toute pétrie de verticalité hiérarchique, clouait la population au sol.
(Coll. Historiques, série Essais, 23.00 euros, 222 p.)
ISBN : 978-2-296-99201-6, ISBN EBOOK : 978-2-296-50168-3

HISTOIRE DES PEUPLES RÉSILIENTS (Tome 2)
Confiance et défiance XVIe-XXIe siècle
Benoit Georges
Au XVIe siècle, la Contre-Réforme déclara le meilleur de la bourgeoisie *persona non grata* et, poussant des communautés entières à l'exil, elle les contraignit à se réfugier dans une Eglise plus sociétaire, à tramer du lien social - source de cohésion et de puissance, à faire preuve de cette résilience collective qui fit la fortune de l'Amérique puritaine. Dans ce second tome, cette histoire dit aussi ce que - privées d'une aventure commune - l'Inde des castes et l'Italie du Mezzogiorno ne furent pas ; ce que - par esprit de défiance - l'Amérique des temps modernes pourrait ne plus être.
(Coll. Historiques, série Essais, 23.00 euros, 224 p.)
ISBN : 978-2-296-99200-9, ISBN EBOOK : 978-2-296-50167-6

VAGABOND (LE) EN OCCIDENT. SUR LA ROUTE, DANS LA RUE (Volume 1) – Du Moyen Age au XIXe siècle
Sous la direction de Francis Desvois et Morag J. Munro-Landi
Les textes ici réunis se proposent de fixer une image du vagabond dans les cultures occidentales. Du Moyen Age à nos jours, les sociétés occidentales ont hésité entre fascination et répulsion pour le nomadisme, enviable quand il est choisi, détestable et harassant quand il est imposé. Ces contributions reviennent sur l'histoire de ce phénomène, son accueil et sa pénalisation, ainsi que sur ses représentations dans la littérature et les arts plastiques.
(38.00 euros, 378 p.)
ISBN : 978-2-296-99153-8, ISBN EBOOK : 978-2-296-50110-2

VAGABOND (LE) EN OCCIDENT. SUR LA ROUTE, DANS LA RUE (Volume 2)
Sous la direction de Francis Desvois et Morag J. Munro-Landi
Ce volume s'interroge sur l'esthétisation progressive et simultanée, partout en Occident, du vagabond. Bohème et poète, on le voit dériver lentement d'une recherche d'identité plus ou moins consciente et assumée vers la désagrégation personnelle et le désenchantement incarnés par les bandes de voyous et les punks. Le vagabondage retrouve alors sa fonction première de quête de la survie, mais avec un horizon beaucoup plus sombre désormais.
(35.00 euros, 346 p.)
ISBN : 978-2-296-99154-5, ISBN EBOOK : 978-2-296-50111-9

BALEINES (LES) FRANCHES
Soulaire Jacques
Véritable encyclopédie richement illustrée, ce livre nous plonge dans les mers froides, à la découverte de l'univers passionnant des baleines franches. Un premier volet détaille l'anatomie et la physiologie de ces géants du monde animal, un second déroule l'histoire de leur pêche par pays de manière chronologique, ce qu'aucune histoire de la chasse à la baleine n'avait fait auparavant.
(SPM, 39.00 euros, 560 p.)
ISBN : 978-2-901952-93-0, ISBN EBOOK : 978-2-296-50078-5

L'HARMATTAN ITALIA
Via Degli Artisti 15; 10124 Torino

L'HARMATTAN HONGRIE
Könyvesbolt ; Kossuth L. u. 14-16
1053 Budapest

L'HARMATTAN KINSHASA
185, avenue Nyangwe
Commune de Lingwala
Kinshasa, R.D. Congo
(00243) 998697603 ou (00243) 999229662

L'HARMATTAN CONGO
67, av. E. P. Lumumba
Bât. – Congo Pharmacie (Bib. Nat.)
BP2874 Brazzaville
harmattan.congo@yahoo.fr

L'HARMATTAN GUINÉE
Almamya Rue KA 028, en face du restaurant Le Cèdre
OKB agency BP 3470 Conakry
(00224) 60 20 85 08
harmattanguinee@yahoo.fr

L'HARMATTAN CAMEROUN
BP 11486
Face à la SNI, immeuble Don Bosco
Yaoundé
(00237) 99 76 61 66
harmattancam@yahoo.fr

L'HARMATTAN CÔTE D'IVOIRE
Résidence Karl / cité des arts
Abidjan-Cocody 03 BP 1588 Abidjan 03
(00225) 05 77 87 31
etien_nda@yahoo.fr

L'HARMATTAN MAURITANIE
Espace El Kettab du livre francophone
N° 472 avenue du Palais des Congrès
BP 316 Nouakchott
(00222) 63 25 980

L'HARMATTAN SÉNÉGAL
« Villa Rose », rue de Diourbel X G, Point E
BP 45034 Dakar FANN
(00221) 33 825 98 58 / 77 242 25 08
senharmattan@gmail.com

L'HARMATTAN TOGO
1771, Bd du 13 janvier
BP 414 Lomé
Tél : 00 228 2201792
gerry@taama.net

www.ingramcontent.com/pod-product-compliance
Lightning Source LLC
LaVergne TN
LVHW011307061026
849535LV00005B/1445
* 9 7 8 2 3 4 3 0 3 0 3 5 7 *